«Das ganze ungeteilte Dasein»

T V Z

Christentum und Kultur

Basler Studien zu Theologie und Kulturwissenschaft des Christentums
Herausgegeben von
Albrecht Grözinger, Georg Pfleiderer und Ekkehard W. Stegemann †

Georg Pfleiderer, Anne Louise Nielsen (Hg.)

«Das ganze ungeteilte Dasein»

Unbedingtheit und Universalität im Zeitalter des
Fragmentarischen und Pluralen

T V Z
Theologischer Verlag Zürich

Die Druckvorstufe dieser Publikation wurde vom Schweizerischen Nationalfonds zur Förderung der wissenschaftlichen Forschung unterstützt.

Der Theologische Verlag Zürich wird vom Bundesamt für Kultur für die Jahre
2021–2024 unterstützt.

Bibliografische Informationen der Deutschen Nationalbibliothek
Die Deutsche Nationalbibliothek verzeichnet diese Publikation in der Deutschen
Nationalbibliografie; detaillierte bibliografische Daten sind im Internet über
http://dnb.dnb.de abrufbar.

Umschlaggestaltung
Simone Ackermann, Zürich

Druck
gapp print, Wangen im Allgäu

ISBN 978-3-290-18559-6 (Print)
ISBN 978-3-290-18560-2 (E-Book)

DOI: https://doi.org/10.34313/978-3-290-18560-2

Gewidmet dem Andenken von Wilhelm Gräb († 23. Januar 2023)

«Vor Gott und in der Hinwendung zu ihm, wie sie jeder christliche Gottesdienst vollzieht, kann dennoch die Gewissheit wachsen, dass nichts vergeblich war und auch dieses Leben, auch mein Leben, im Ganzen gut ist und gut gewesen sein wird.»

(Wilhelm Gräb, in diesem Band)

Inhalt

Vorwort

Die im vorliegenden Band versammelten Beiträge gehen zurück auf Vorträge, die bei der Jahrestagung 2022 der Schweizerischen Theologischen Gesellschaft (SThG) gehalten wurden. Diese Konferenz fand vom 12. bis 14. Mai 2022 in Basel statt und wurde vom Fachbereich Systematische Theologie/Ethik der Theologischen Fakultät, vertreten durch die beiden Unterzeichnenden, organisiert. Für das uns vom Vorstand der SThG, namentlich von dessen Präsidenten, Prof. Dr. Andreas Dettwiler (Universität Genf), bezeugte Vertrauen bedanken wir uns.

Für finanzielle Zuschüsse, die diese Konferenz ermöglicht haben, danken wir der Schweizerischen Akademie für Geistes- und Sozialwissenschaften (SAGW), dem Schweizerischen Nationalfonds (SNF) sowie der Freiwilligen Akademischen Gesellschaft, Basel (FAG), bzw. deren Verantwortlichen.

Die Druckvorstufe dieses Bandes wurde durch die finanzielle Unterstützung wiederum des Schweizerischen Nationalfonds ermöglicht, für die wir uns ebenfalls bei diesem bedanken. Basis dieser Zusprache war ein Gutachten, das Prof. Dr. Karlheinz Ruhstorfer, Freiburg i. Br., innert kurzer Zeit anfertigte. Dafür danken wir ihm sehr.

Was die Erstellung des Bandes selbst angeht, danken wir zunächst und vor allem den Autorinnen und Autoren, die in einer relativ kurzen Frist im Sommer 2022 ihre Beiträge für den Druck ausarbeiteten. Die Redaktionsarbeit lag im Wesentlichen in den Händen der wissenschaftlichen Hilfsassistierenden Nora Hurter, Damaris Zaugg, Ruben Cadonau und Marie-Louise Rösli, denen wir für ihre rasche und dennoch sorgfältige Arbeit sehr danken.

Ebenfalls danken wir dem Theologischen Verlag Zürich und seinen Mitarbeitenden, vor allem Frau Lisa Briner, für die gewohnt gute, effiziente und zuvorkommende Betreuung und Drucklegungsarbeit.

Für uns als Tagungsveranstalter und Herausgeberinnen ist der Band die sichtbarste Frucht einer (leider nur) zweieinhalbjährigen Zusammenarbeit am Basler Fachbereich für Systematische Theologie/Ethik bzw. an unserem Basler «Karl Barth-Zentrum für reformierte Theologie», in deren Rahmen trotz Corona-Pandemie neben einigem anderen immerhin vier kleinere und grössere wissenschaftliche Konferenzen durchgeführt werden konnten. Davon werden zwei publizistisch dokumentiert. Neben der hier vorgelegten verweisen wir an dieser Stelle gerne auf das Themen-

heft der Theologischen Zeitschrift 1/2023 zur Rezeption der Paradieses-
geschichte in Philosophie und Literatur der Moderne. Nimmt man den
Titel der ebenfalls vom Fachbereich organisierten «Thementage» der
Theologischen Fakultät «Wie politisch soll/darf Religion sein?» (10.–
12. Mai 2021) hinzu, dann dürfte deutlich werden, dass das Profil des
Fachbereichs mit dem Titel der Buchreihe, in dem der vorliegende Band
erscheint, ebenso bündig wie offen beschrieben ist: «Christentum und
Kultur». Dass wir dieses breite Themenfeld in enger und grossenteils per-
sonalidentischer Zusammenarbeit mit unserem Basler «Karl Barth-Zent-
rum für reformierte Theologie» zu «bespielen» versuchen, ist für uns kein
Widerspruch.

Zum Schluss ist zu erwähnen, dass einer der Beitragenden, der Berliner Praktische Theologe Wilhelm Gräb, das Erscheinen dieses Bandes leider nicht mehr erleben kann. Er ist am 23. Januar 2023 nach längerer
Krankheit verstorben. Die Teilnahme an unsrer Basler Tagung im Mai
2022 und an der hier nun vorgelegten Publikation gehört zu den letzten
wissenschaftlichen Aktivitäten dieses unermüdlichen, anregenden, streit-
baren und so humorvollen Kollegen, den wir sehr vermissen. Nach christlicher Glaubenshoffnung möge er nun «schauen» dürfen, worüber er so
viel nachgedacht und gerade in diesem Band noch einmal bündig geschrieben hat: «das ganze ungeteilte Dasein». Dem Andenken von Wilhelm Gräb möchten wir diesen Band widmen.

Kopenhagen/Basel im Juli 2023,
Anne Louise Nielsen, Georg Pfleiderer

Ganzheit und Fragmentarität
Metaphysische Fragen und ihre Bedeutung für die Theologie. Zur Einleitung in den Band

Georg Pfleiderer

1. Zu Thematik und Aufbau des Bandes

Religion, jedenfalls abrahamitische, geht notorisch «aufs Ganze». An der Bibel geschulte christliche religiöse Rede etwa spricht von Gott als Schöpfer und Vollender der – darum geschichtlichen – Wirklichkeit. Christus ist «Alpha» und «Omega» der Welt und der Zeit. Christliche Theologie, die solche biblischen Vorstellungen begrifflich zu artikulieren sucht, adaptiert dazu seit langem philosophische Begriffe wie «das Unbedingte», das «Ganze der Wirklichkeit», «das Absolute». Die christliche Theologie kann und will auf derlei Ausgriffe auf Ganzheit, Absolutheit oder auch Universalität in der Regel kaum verzichten.

Mit solchen Transzendenzausgriffen hat unser heutiges (alltägliches) modernes, zumal postmodernes und von den Naturwissenschaften geprägtes Wirklichkeitsbewusstsein jedoch bekanntlich grosse Schwierigkeiten. Nach dem (allerdings eher vermeintlichen) «Ende der grossen Erzählungen» ist das bloss Empirische bzw. Subjektive, Individuelle, Plurale und vor allem Fragmentarische *der* Wirklichkeit bestimmend für die heutzutage allgemeine Auffassung von Wirklichkeit. Ganzheitsbegriffe stehen vor diesem Hintergrund notorisch unter Kitsch- oder gar Totalitarismusverdacht. Aber auch aus theologischer Sicht darf – im Licht des Kreuzes – ungebrochen vom «Ganzen», vom Absoluten oder Unbedingten nicht mehr geredet werden. Sowohl mit Blick auf die Identität der Individuen als auch der Gesellschaft, Geschichte und Wirklichkeit insgesamt seien Fragmentarität, Pluralismus und Relativität die Leitkategorien.

Aber solche Brechungen können umgekehrt nicht übersehen machen, dass die Theologie auf Ausgriffe auf Absolutheit, Unbedingtheit wie auch Universalität wohl nicht verzichten kann, ohne ihren Wahrheitsanspruch zu gefährden. Im Gottesbegriff selbst steckt eine Zumutung an den (post-) modernen Relativismus, die sich nur um den Preis der Selbstverleugnung übersehen liesse.

Wie lassen sich diese Differenzen gegebenenfalls vermitteln? Wie entgeht die theologische Rede von Unbedingtheit, Absolutheit und Universalität der geschaffenen Wirklichkeit und ihrer Vollendung, «totalitaristischen» Versuchungen oder «hyperbolischen», «romantischen» Verzeichnungen von Wirklichkeit?

Die Jahrestagung der Schweizerischen Theologischen Gesellschaft, die vom 12. bis 14. Mai 2022 an der Universität Basel durchgeführt wurde, ging solchen grossen Fragen in theologischen und in ausgewählten religionsbezogenen Disziplinen nach. Welche biblischen Konzepte lassen sich für die Klärung solcher Fragen nutzbar machen? Welche Anregungen lassen sich dazu aus der diesbezüglich bekanntlich reichhaltigen Dogmen- und Theologiegeschichte gewinnen? Haben protestantische und katholische Theologie unterschiedliche Umgangsweisen mit diesem thematischen Feld? Was ist theologisch aus anderen religionsbezogenen Kulturwissenschaften, etwa der Musikologie, zu lernen? Wie kann es der theologischen Ethik gelingen, zwischen faktischem Werterelativismus und intentionalem Werteuniversalismus zu vermitteln? Dabei sollte auch gefragt werden, welche Hilfen die Theologie von der Philosophie beziehen kann, insbesondere etwa von der derzeit für Furore sorgenden Strömung des «Neuen Realismus».

Die Beiträge, die zu diesem – in der Tat weitläufigen – Themenfeld im vorliegenden Band versammelt sind, werden im Folgenden in drei Gruppen präsentiert: In einer ersten Gruppe sind Aufsätze zusammengefasst, die sich als Beiträge zu aktuellen philosophischen und theologischen Theoriediskursen zu den angeschnittenen Fragen, namentlich zum Projekt des Neuen Realismus, aber auch zu alternativen Positionen bzw. Diskursen verstehen. Die zweite Gruppe versammelt Arbeiten zu historischen theologischen Diskursen des Themenfeldes. Darin werden drei «Probebohrungen» durchgeführt, nämlich eine bibeltheologische, eine dogmengeschichtliche und eine zur neueren Theologiegeschichte. Die dritte Gruppe wendet sich ethischen, praktisch-theologischen und kulturellen, nämlich musikologischen Konkretionen der Thematik zu.

2. Die Einzelbeiträge in Kurzvorstellung

2.1 Nach längerer Abstinenz sind auch in der Philosophie wieder Stimmen laut geworden, welche die metaphysischen Fragen nach der «Wirklichkeit» und ihrer «Ganzheit» wieder neu stellen. Im französischen Sprachraum verbindet sich mit Namen wie Alain Badiou, Quentin Meillassoux oder Bruno Latour gar die Rede von einer «ontologischen

Wende». Aus der sonstigen kontinentalen Philosophie wären etwa Slavoj Zizek und seine Slowenische Schule sowie im deutschsprachigen Raum der Resonanztheoretiker Hartmut Rosa zu nennen.

Vor allem aber hat hier in der letzten Zeit mit grosser Energie und Breitenwirksamkeit *Markus Gabriel* mit seinem «Neuen Realismus» solche metaphysischen Fragen wieder auf die philosophische Tagesordnung gesetzt. Darum eröffnet ein Beitrag dieses Bonner Philosophen sozusagen standesgemäss das Themenfeld *«Neuer Realismus und Metaphysikdiskurse»*. In seinem Aufsatz skizziert Gabriel zunächst einige der konzeptionellen Grundideen seines Programms, insbesondere den «ontologische(n) Pluralismus», um diesen sodann als «Grundlage eines neuen moralischen Realismus» zu entfalten. Von einem ontologischen Pluralismus sei zu sprechen, weil alle Versuche, die Existenz «der Welt», also ein monistisches Verständnis von «Wirklichkeit», zu behaupten, sich als selbstwidersprüchlich erwiesen. Wenn Wirkliches zwar existiere, jedoch immer nur in Kontexten, die Gabriel «Sinnfelder» nennt, dann könnte der Inbegriff alles Existierenden, also «die Welt», auch wiederum nur in einem Kontext, alias Sinnfeld, auftreten, was zu einem Selbstwiderspruch bzw. zu einem infiniten Regress führe.

Ungeachtet eines solchen theoretischen bzw. ontologischen Pluralismus des Wirklichen, sei aber im Bereich des Moralischen, also des praktischen Handelns und seiner ethischen Beurteilung, gerade nicht von einem moralischen Pluralismus auszugehen, sondern (wie im Falle der theoretischen Vernunft) von einem moralischen Realismus, der seinerseits jedoch (anders als im Falle der theoretischen Vernunft) als moralischer Universalismus auszulegen sei. Aus dem «neo-existentialistisch» verstandenen Wesen des Menschen als «self-interpreting animal» (Charles Taylor) leiteten sich zwingend Urteile über «moralische Tatsachen» ab, die unter allen zeitlichen wie räumlichen Umständen als wahr und gültig zu betrachten seien. Der russische Angriffskrieg auf die Ukraine liefere dafür derzeit probate Beispiele.

Für die Tübinger Systematische Theologin *Elisabeth Gräb-Schmidt* ist dieser Neue Realismus Gabriels theologisch anknüpfungsfähig, aber auch kritikwürdig. Anknüpfungsfähigkeit attestiert sie seinem realistischen Anspruch und seiner Kritik an einer einseitigen Verabschiedung metaphysischer Fragen durch die Mehrzahl heutiger, insbesondere auch postmoderner Philosophien. Grundsätzlich plausibel findet sie ausserdem den ontologischen und epistemischen Pluralismus jener neuen Philosophie. Seinerseits Kritik verdiene der Neue Realismus jedoch wegen seiner – in ihren Augen – empiristischen Theorieunterlage, die «ohne Umweg über bewusstseinstheoretische Reflexionen [...] zum Sein vorzudringen» suche. Unter Anknüpfung an Kierkegaard, Levinas, Schleiermacher und Hartmut Rosa entwickelt Gräb-Schmidt eine alternative Theorie des Subjekts, namentlich des Individuums, als des Trägers von Wirklichkeitserfahrung, die sich in konkreten, kontingenten Begegnungen als Alteritätserfahrung manifestiere und auf eine «Transzendenz» als deren Grund und Möglichkeitsbedingung verweise, die rational uneinholbar sei. Für solche notorisch und konstitutiv fragmentarisch-individuelle Erfahrung könne gerade nicht die abstrakte Allgemeinheit der Vernunft, wohl aber «Universalität» in Anschlag gebracht werden. Zwar naheliegend, nicht zwingend, aber möglich sei es, solche Transzendenzerfahrung religiös zu besetzen.

Zu den nicht besonders zahlreichen Theologen und Theologinnen, welche sich bisher mit dem Anregungspotential des «Neuen Realismus» für die Theologie auseinandersetzen, gehört neben Elisabeth Gräb-Schmidt auch die Basler bzw. Kopenhagener Theologin *Anne Louise Nielsen*. Wie Gräb-Schmidt begrüsst auch sie dessen Öffnung für metaphysische Grundfragen, wobei sie jedoch deutlich stärker als jene positiv auf dessen (ontologischen und epistemologischen) Realismus abstellt, den sie in der heutigen kontinentalen Theologie, namentlich in der deutschsprachigen, weithin vermisst. Ein Blick auf die theologische Tradition, angefangen mit der Bibel, aber auch etwa auf Luther, zeige jedoch, dass dies zumindest Kontinuitäts- und insofern auch Legitimitätsfragen aufwerfe. Nielsen teilt ebenfalls Gräb-Schmidts kritische Lesart Gabriels, nach welcher dieser die transzendentalphilosophische Frage nach der Art und Weise des Gegebenseins «der Wirklichkeit» für das Subjekt mit seiner Sinnfeldertheorie allzu leichtfüssig und noch dazu in sich nicht wirklich klar beiseitestelle. In ihrem Aufsatz zeigt Nielsen auf, dass Gabriels These von der Welt, «die es nicht gibt», auf eine – in ihren Augen allerdings einseitige – Lesart von Kants Lehre der transzendentalen Ideen der reinen Vernunft zurückgeht, die in Gabriels Rezeption in ihrem konstruktiven Potenzial nicht richtig gewürdigt werde. Dieses sieht sie besser geleistet bei Karl Barth, der zwar für einen «realistisch» verstandenen theologischen Gottesgedanken plädiert, diesen zugleich jedoch gerade nur in kritisch-dialektischer Brechung präsentiert, die er in einem Aufsatz von 1929 mit dem Idealismusbegriff belegt.

Vielleicht (je nach Lesart) im Unterschied zur protestantischen Theologie ist in der katholischen Theologie das Bewusstsein für die Bedeutung metaphysischer Fragen für die Theologie und die Rezeption klassischer philosophischer Metaphysik nie ganz zum Erliegen gekommen. Das zeigt auf seine Weise gerade der Streit um das Verhältnis der Theologie zur Metaphysik und um die Stellung der Metaphysik in der Theologie, der in der deutschsprachigen katholischen Theologie in den letzten Jahren und in der Gegenwart besonders heftig geführt wird. Diesem widmet sich der Beitrag der Luzerner Fundamentaltheologin *Margit Wasmaier-Sailer*. In ihrer klaren Analyse der verwickelten Debattenlage zeigt sie plausibel auf, dass diese von starken Polarisierungen geprägt ist: Zum einen sei ein «grundsätzlicher Methodenstreit zu beobachten»: der Logik- und Metaphysikfreundlichkeit des von der analytischen Philosophie inspirierten «realistischen» Lagers stehe eine an der praktischen Philosophie Kants und deren Freiheitsgedanken orientierte Hermeneutik gegenüber. Darin liege schon die zweite Differenz, die von der Prävalenz der «Wahrheit» gegenüber derjenigen der «Freiheit» bzw. vice versa, die sich wiederum mit dem dritten Gegensatz, demjenigen von theoretischer und praktischer Vernunft berühre. Eine weitere Version der Polarität sei der vor allem in der etwas älteren Debatte virulente Gegensatz von «Bibel und Philosophie, von Jerusalem und Athen», der sich aus ihrer Sicht mit einem (eventuell fünften) Gegensatz von Allgemeinheit und Individualität verbindet. Keinen von diesen Gegensätzen hält Margit Wasmaier-Sailer für einseitig auflösbar. Im Gegenteil werde es für die Theologie darauf ankommen, sich in diesen unauflöslichen Gegensätzen pluralitätsbewusst und zugleich selbstkritisch konstruktiv zu bewegen.

2.2 Die Abteilung *«Historische theologische und philosophische Diskurse»* beginnt sinnvollerweise mit einem bibeltheologischen Beitrag, der sich – ebenfalls sinnvollerweise – mit der biblischen Schöpfungsgeschichte beschäftigt. Er stammt vom Luzerner Alttestamentler *Matthias Ederer* und widmet sich – auch dies eine nachvollziehbare und überdies vielversprechende Entscheidung – der «Rolle der Finsternis in der guten Schöpfung Gottes»; sind damit doch in mythologischer Redeweise «die mannigfaltigen Erfahrungen des Brüchigen und Fragmentarischen in der Schöpfung» aufgerufen. Dass die Bibel diesbezüglich keine ganz eindeutige Position bezieht, ist etwa daran erkennbar, dass der einschlägige Text, der Schöpfungsbericht von Gen 1,1 – 2,3, und hier namentlich Gen 1,15, in späteren Texten, insbesondere in Sach 14,6f, weitergeführt und charakteristisch modifiziert werden konnte. In fein ziselierten Exegesen arbeitet Ederer zunächst heraus, wie im Schöpfungsbericht der Genesis die Finsternis als Gegenstück zum Licht in ihrer chaotischen Bedrohlichkeit begrenzt und der Ordnung und rhythmischen Taktung von Gottes guter Schöpfung eingeordnet und dienstbar gemacht wird. Allein, schon in der Genesis bleibt diese Einbindung nicht ohne ein leises Unbehagen, das sich in einer nur dem sensiblen Leser, der sensiblen Leserin bemerkbaren Modifizierung und Verschiebung der Billigungsformel mehr versteckt als bekundet. Der Prophet Sacharja zur Zeit der Ptolomäer scheint ein solch sensibler Leser gewesen zu sein. In seinen ihrerseits hochkomplexen und von wohl absichtlichen sprachlichen Mehrdeutigkeiten nicht freien eschatologischen Visionen deutet sich die Hoffnung auf einen «Neustart der Schöpfung» an, der diese zwar nicht von ihrer rhythmischen zeitlichen Ordnung, wohl aber von deren latenten Schrecknissen befreit. So dokumentiert sich in diesem späten Text «ein Bewusstsein für das Fragmentarische und Unvollkommene der in Gen 1 noch als ‹sehr gut› qualifizierten Schöpfung» und die Hoffnung auf eine Lösung dieser Probleme, die Gott allein bringen kann.

Theologiegeschichtlich war es jedoch aus naheliegenden Gründen vor allem die Disziplin der Dogmatik, in der die im vorliegenden Band thematisierten Probleme der Verhältnisbestimmung von Ganzheit und Fragmentarität in einer begrifflichen Sprache gefasst und verhandelt wurden. Darum kommt der Theologie- und näherhin zunächst der Dogmengeschichte besondere Bedeutung zu. Obwohl sich die Problematik im Grunde in allen dogmatischen Lehrstücken als virulent nachweisen liesse, ist es vor allem die Christologie, in der sie gewissermassen «an sich selbst» zu bearbeiten war, wozu in der klassischen Dogmatik das Begriffsbesteck der Zweinaturenlehre benutzt, ja in gewisser Weise geradezu (zu diesem Zweck) entwickelt wurde.

Innerhalb der protestantischen Lehrbildung waren die hier vielleicht mit Notwendigkeit auftretenden Paradoxien ein wesentlicher (dogmatischer) Grund für die Polarisierung der beiden protestantischen Hauptdenominationen Luthertum und Reformierte. Mit dem weiterentwickelten dogmatischen Besteck wurde die Differenz im Streit um das sogenannte Reformierte «Extra-Calvinisticum» manifest bzw. lokalisierbar. Waren sich beide Konfessionen darin (auf dem Boden der altkirchlichen Dogmenbildung, namentlich des Chalcedonense) einig, dass in der Person des Gottmenschen die göttliche und die menschliche Natur vereinigt zu denken seien, so gingen die Meinungen bei der Frage auseinander, ob solche Einigung (im Gottmenschen Christus) auch von den Eigenschaften der göttlichen und der menschlichen Natur als solchen auszusagen seien. Während die Lutheraner dies vor allem aus soteriologischen Gründen, um der Verlässlichkeit der in und von Christus geleisteten Versöhnung Gottes mit den Menschen, behaupteten, sahen die Reformierten in diesem «neuen Dogma der lutherischen Christologie» eine gefährliche Übertreibung, die in ihren Augen die Voraussetzung bzw. das Ziel von Inkarnation und Heilswerk, nämlich die innige Verbindung von Gott und Mensch in dem Menschen Jesus von Nazaret zu sichern, gerade aufzulösen drohte, indem sie nämlich das «wahre Menschsein» des Menschen Jesus preiszugeben schien.

Die überaus verwickelte innerprotestantische Auseinandersetzungsgeschichte um dieses Dogma, das spätestens im 19. Jahrhundert auf die einprägsame Streit- und Kampfformel «finitum (non) capax infiniti» gebracht wurde, wird von dem Münchner reformierten Dogmenhistoriker *Jan Rohls* luzide skizziert. Dabei wird deutlich, dass in einer ersten Phase, die von der Reformation bis ins 18. Jahrhundert reicht, die gegensätzlichen Auffassungen zunächst immer genauer herausgearbeitet wurden, sodass sie sich schliesslich in der Lehre von der sogenannt Ideomenkommunikationen präzise auf den – antagonistisch besetzten – Begriff bringen liessen. Im Sinne eines klassischen Falls eines Paradigmenwechsels im Sinne von Thomas S. Kuhn führte jedoch genau diese polarisierte Präzisierung dann in der Aufklärungstheologie zur Kritik am gesamten Begriffsapparat der metaphysischen Zweinaturenlehre und ihrer exklusiv christologischen Fokussierung, die ihrerseits klassisch von David Friedrich Strauss auf den Begriff gebracht wurde. Im Rahmen der darauf bezogenen Umstellung vom Natur- auf den Religionsbegriff von Schleiermacher bis Troeltsch konnten (oder wollten) jedoch deren Akteure den Bezug der Theologie auf die Konkretheit des Individuums (Jesus von Nazaret) als den einheitsstiftenden Grund des Christentums schliesslich nur noch religionssoziologisch-funktional sichern und lagerten sie damit am Ende aus der Theologie aus. Dies führte wiederum in der dritten Phase bei Karl Barth zur religionskritisch-offenbarungstheologisch motivierten Wiederaufnahme der klassischen Terminologie und darin zur Wiedereinsetzung des reformierten Extra-Calvinisticum. Allerdings kann man dann, wie Rohls im Schlussteil seines Aufsatzes zeigt, an der Entwicklung dieses Lehrstücks in den verschiedenen Entwürfen bzw. Teilen von Barths Dogmatik erkennen, wie sich dessen Struktur paradoxaler Ambiguität offenbar zwangsläufig wieder einstellt. An der Dogmengeschichte dieses Lehrstücks scheint sich, so insinuiert Rohls' Fazit, Strauss' Diktum zu bestätigen, dass die Geschichte des Dogmas seine Kritik sei.

In einer fundamentaltheologischen bzw. methodologischen Form stellt sich die Problematik von Ganzheit und Fragmentarität vor allem solchen Theologen und Theologinnen, welche die durch den Historismus ausgelöste Problemstellung als von grundlegender Bedeutung für die Theologie erachteten. Dazu zählten im 20. Jahrhundert neben anderen vor allem Paul Tillich und, eine oder zwei Generationen später, Wolfhart Pannenberg. Am Beispiel beider zeigt der Basler Systematiker *Alexander Heit* auf, wie das – vom Historismus radikal aufgeworfene – Problem der Möglichkeit von Geschichtsschreibung gewissermassen von selbst und zunächst eben aus methodologischen Gründen zum Rekurs auf die Kategorie der Ganzheit, nämlich der Ganzheit der Geschichte und ihres Sinnes, führt. Von Paul Tillich wird die im Grunde hermeneutische Grundeinsicht, dass sich ein Etwas, etwa ein Ereignis, nur unter Bezugnahme auf einen Deutungshorizont als solches beschreiben oder gar deuten lässt, wissenschaftstheoretisch ausgearbeitet: Es sind die Geisteswissenschaften, die in dieser Weise allen Einzelwissenschaften, insbesondere auch der Geschichtswissenschaft, zugrunde liegen. Während Tillich als Schelling- und Kierkegaardinterpret und in einer gewissen Nähe zur Dialektischen Theologie stehend die Ganzheitskategorie als das «Unbedingte» über disruptive Figuren der Entscheidung bzw. des Kairos einführt, knüpft Pannenberg Heit zufolge stärker an die integrationalistische Perspektive des Deutschen Idealismus an, die den Ausgriff auf Sinnganzheit, letztlich auf das Ganze der Geschichte, für die Geschichtswissenschaft, aber auch lebenspraktisch, für individuelle Identitätsbildung als unerlässlich erachtet. Beide Theologen, vor allem aber Pannenberg, spielen gemäss Heit das so in den Blick genommene Problem kategorialer Vermittlung von Teil bzw. Einzelheit und Ganzem auch an der Stelle des Gottesbegriffs selbst durch.

Neben der historistischen Problematik meint Heit noch eine zweite zu erkennen, die für die Theologie des 20. Jahrhunderts von schicksalhafter und formatierender Bedeutung geworden sei, nämlich die durch die moderne marktwirtschaftliche Ökonomie, den Kapitalismus, bedingte. Inwiefern diese zu fundamentaltheologischen Ansätzen führt, in denen wiederum die Verhältnisbestimmung von Ganzheit und Einzelheit eine zentrale Rolle spielt, sucht Heit am Beispiel der Theologie von Eilert Herms zu zeigen. Auch hier sei es der Sinnbegriff, nämlich der des Handlungssinnes, an dem die Verhältnisbestimmung aufgehängt wird bzw. zutage tritt. Von diesem gelte, dass er ökonomischem Handeln einerseits zugrunde liege, andererseits von diesem, nämlich vom «Markt», gerade nicht reproduziert werden könne.

Mit seinem fast gleichzeitig mit Barths zweitem Römerbriefkommentar erschienenen «Stern der Erlösung» (1921) hat der im selben Jahr (1886) wie Paul Tillich und Karl Barth geborene jüdische Religionsphilosoph Franz Rosenzweig ein frühes Hauptwerk vorgelegt, das ähnlichen zeit-, ideen- und kulturgeschichtlichen Krisenkontexten entstammt. Auch die dort ausgearbeiteten religionsphilosophischen Gedanken haben durchaus Ähnlichkeiten mit den zeitgleichen Schriften der Dialektischen Theologen und ihres Umfelds. Dies hängt, was Barth und Rosenzweig angeht, auch damit zusammen, dass zu beider wichtigsten philosophischen Bezugsgrössen der Marburger Neukantianismus, insbesondere in der Version von Hermann Cohen, gehört. Auf durchaus parallel laufenden Bahnen denken beide, wie die Berliner Philosophin und Judaistin *Gesine Palmer* für Rosenzweig zeigt, moral- und näherhin altcritätsthcorctische Anregungen Cohens weiter, die von starken Bezügen auf die eigentümliche Handlungsrealität des Sprechens und der Sprache bestimmt sind. Bei Rosenzweig hängen sich diese am «Namen» auf, bei Barth am «Wort» (Gottes). Beide versuchen, Ganzheit im Medium sich sprachlich zusagender, so offenbarender Alterität Gottes unter den Bedingungen radikaler Gebrochenheit des Endlichen zu denken.

In ihrem Essay zu Rosenzweig legt Palmer den Finger auf dessen jüdisch-intellektuelle Existenz und deren aus ihrer Sicht – exemplarische – (Aussenseiter-)Probleme im Raum eines trotz Aufklärung, Emanzipation und Assimilation immer noch stark von christlich-theologischer Hegemonie, ja Arroganz, geprägten intellektuellen und akademischen Welt. Barth etwa hält es trotz Drängens eines seiner Schüler zeitlebens nicht für nötig, sich mit dem Parallelwerk seines jüdischen Geistesgenossen zu beschäftigen. Der Riss und die Beschädigungen solcher kultureller Zurücksetzungserfahrungen sind auch im Werk Rosenzweigs spürbar und werden dort reflektiert. Am wohl unmittelbarsten zugänglich sind die existenziellen Zerrissenheiten einer schwierigen Identitätssuche in Egodokumenten, insbesondere im Briefwechsel Rosenzweigs mit seinen engsten Freunden, namentlich mit der Geliebten, Margrit Rosenstock-Huessy, der Frau seines Freundes (und Konkurrenten) Eugen Rosenstock. In dieser biografischen Brechung wird «Ganzheit des Daseins» als kulturelles, oft von den Theologen verwaltetes Privileg gedeutet, womöglich gar als hegemonialistisches Konstrukt, das sich in weniger privilegierten, marginalisierten intellektuellen Verhältnissen oft nur im Medium existenzieller Zerrissenheit ansinnen lässt – dort aber eben darum, wie das Beispiel des früh verstorbenen Rosenzweigs zeigt, zu bis heute relevanten intellektuellen Höchstleistungen führen kann.

2.3 Dass in einen Band über Absolutheit, Unbedingtheit und Universalität im Zeitalter des Fragmentarischen und Pluralen zwingend ein Artikel über die Menschenrechte hineingehört, dürfte unstrittig sein. Ob ein solcher in der Abteilung *«Konkretionen»* sinnvoll platziert ist, kann man jedoch durchaus fragen. Denn die Menschenrechte beziehen sich auf moralische, politische und rechtliche Ansprüche, die allen sonstigen Ansprüchen von Menschen gegenüber Menschen als deren moralische Bedingung von deren Geltung und Realisierung vorausliegen. Und die Begründungsversuche der Menschenrechte sind traditionell eng mit den Konstitutionsreflexionen der praktischen Vernunft verbunden, wie sie in den Beiträgen von *Markus Gabriel, Elisabeth Gräb-Schmidt und Margit Wasmaier-Sailer* auf je unterschiedliche Weise angeschnitten wurden. Insofern wäre eine Abhandlung über die Begründungsprobleme der Menschenrechte durchaus auch in der Abteilung «Metaphysikdiskurse» gut untergebracht.

Jedoch ruft der Beitrag des auf diesem Feld langjährig geübten und ausgewiesenen Luzerner theologischen Ethikers *Peter G. Kirchschläger* prägnant in Erinnerung, dass Eigenart und moralische Bedeutung der Menschenrechte gerade darin bestehen, dass sie als moralische Prinzipien auf eine politische und rechtliche Realisierung, also Konkretion, drängen. Als moralische Prinzipien reklamieren sie Universalität, Kategorialität, Egalität und Individualität und zielen gerade darum auf Justiziabilität und politische Durchsetzung. Die Brückenfunktion der Menschenrechte wird auf ihre Weise auch daran erkennbar, dass ihre historische Dimension für sie zwar keine geltungstheoretische Bedeutung, wohl aber die der Entdeckung von Verletzungssituationen beinhaltet.

Genau dies, «das Prinzip der Verletzbarkeit», muss aus Kirchschlägers Sicht im Zentrum auch der moralischen Begründungsversuche der Menschenrechte stehen. Denn die auf Kant zurückgehenden, vernunftbasierten Begründungsansätze der Menschenrechte sieht er in der Gefahr potenzieller Diskriminierung, zumindest dann, wenn diese – wie etwa im *capability-approach* von Martha C. Nussbaum – eigenschafts- bzw. fähigkeitstheoretisch ausgeführt würden. Um solchen Gefährdungen zu entgehen, stützt sich Kirchschläger bei seinem Begründungsversuch der Menschenrechte auf das «Prinzip der Verletzbarkeit», mit dem zunächst das grundsätzliche Wissen des Menschen um die Bedrohtheit seiner leiblichen Existenz und die Endlichkeit seines Lebens gemeint ist. Moralisch normativ relevant wird jenes Verletzbarkeitsprinzip dann jedoch durch seine hervorgehobenen Inhalte, die «‹Erste-Person-Perspektive› und das ‹Selbstverhältnis›», die in jenem Prinzip wiederum reflexiv adressiert werden. Eben solche doppelte Selbstbezüglichkeit («das Selbstverhältnis wird sich seiner Verletzbarkeit bewusst») bedinge deren Ausweitung zu einem universalen, egalitären Prinzip, das seine Extension in einem zweiten «Filterungsschritt» als dynamische verstehe und konkretisiere. Diese Konkretisierung vollzieht sich näherhin in einem dritten Filterungsschritt, in dem die konstitutiven Prinzipien der Menschenrechte wie «Fundamentalität», «Universalität», «Unveräusserlichkeit» zunächst theoretisch, dann aber auch praktisch umzusetzen sind. Aufgrund ihrer allgemeinen anthropologisch-moraltheoretischen Rückführung auf jenes «Prinzip der Verletzbarkeit» sieht Kirchschläger die Menschenrechte gegen kulturalistische bzw. postkolonialistische Kritik als «westliche» Kulturhegemoniestrategie gefeit. Im Gegenteil bildeten die in diesem Sinne recht verstandenen Menschenrechte die Möglichkeitsbedingung eines ethisch legitimen kulturellen Pluralismus der Lebensstile. Sicher nicht zu Unrecht hat man hinter den Menschenrechten die Imagination der «Sakralität der Person» (H. Joas im Gefolge von E. Durkheim) aufscheinen sehen und darin einen sakralen Kern der verbindenden Werte moderner Gesellschaften identifiziert. Allerdings fehlt den Menschenrechten als moralischen Normen eine entscheidende Qualität zur Religionsbildung: ihre Kultfähigkeit. Wenn man nicht die verbreitete Praxis der Geburtstagsfeier hierzu rechnen will (aber von Egalität, Universalität und anderen Absolutheitsattributen ist in Geburtstagsansprachen so gut wie nie die Rede), ist die kultische «Darstellung des ‹ganzen ungeteilten Daseins› und seiner Brüche» nach wie vor zumindest in dem Sinne die Domäne traditioneller Religion, dass die inzwischen zahlreichen säkularen Analogiebildungen sich vom «religiösen Original» phänomenologisch wenigstens bisher selten wirklich lösen konnten.

Umgekehrt hat freilich, und das ist die erste These des Berliner Praktischen Theologen *Wilhelm Gräb*, die er in zahlreichen früheren Arbeiten intensiv ausgearbeitet hat, auf dem Feld der christlichen Gottesdienste der traditionelle Sonntagsgottesdienst der (immer in etwa personalidentischen) Gemeinde inzwischen stark gegenüber den sogenannten Kasualgottesdiensten, die aus Anlass von zumeist individuell-biografischen Lebensschwellen (Taufe, Konfirmation, Hochzeit, Beerdigung) gefeiert werden, an Boden verloren. Diesem Feld typologisch zurechnen möchte Gräb auch die öffentlichen Gottesdienste, insbesondere Gedenkgottesdienste, die aus Anlass von grösseren kollektiven Unglücken oder Katastrophen gefeiert werden. Denn im veranlassenden Zentrum solcher Kasualien stehe der Umgang mit «lebensgeschichtliche[n] Umbruchs- und Grenzerfahrungen, also mit dem Unverfügbaren, Kontingenten, oft auch Schicksalhaften des Lebens, das an solchen Schwellensituationen, in denen, wie Gräb formuliert, «wir vor die Ganzheit unseres Lebens geraten», bedrohlich oder auch hoffnungsvoll aufscheint und nach sprachlicher Formulierung und ritueller, gemeinsamer Praxis ruft.

Konkret nähert sich Gräb seinem Thema auf einem – für Liturgiker – eher ungewöhnlichen Umweg: dem der philologischen Archäologie. Die besagte Metapher, die ja auch dem vorliegenden Band den Titel gegeben hat, geht bekanntlich auf Friedrich Schleiermachers Einleitung in seine Glaubenslehre zurück, wobei er dort in einer Fussnote sich offen als Zweitverwerter der Formel bekennt. Deren eigentlicher Erfinder ist der mit Schleiermacher befreundete Philosoph Henrich Steffens, der – anders als Schleiermacher – damit jedoch lediglich beschreibende und gerade keine philosophisch oder theologisch konstruktiven Absichten verfolgt. Schleiermacher hingegen nimmt, wie Gräb in Erinnerung ruft, die Formel in den Dienst seiner Theorie des religiösen Gefühls, kommt dabei mit seinem Freund darin überein, dass er diese ebenfalls nicht auf den Gottesdienst, sondern eben nur, aber immerhin, auf den Religionsbegriff als solchen bezieht. Eine Übertragung auf den Gottesdienst sei aber Gräb zufolge gleichwohl durchaus möglich und sachgemäss, sofern man nämlich in die Formel einen mehr oder weniger starken «Ausgriff auf Transzendenz» einzeichne, wie er für den christlichen Gottesdienst unabdingbar sei. Nur auf diesem Umweg lasse sich in den Brüchen des Lebens angemessen von seiner unmittelbaren Ganzheit sprechen.

Trotz oder vielleicht gerade aufgrund seiner notorischen, wenn nicht berüchtigten Wortlastigkeit hat der protestantische Gottesdienst bekanntlich, seit Luther die Grenzen dieses Mediums im Angesicht der Transzendenz erkannt und auf die Mithilfe eines anderen kulturellen Mediums gesetzt: auf das der Musik. Diese Öffnung vollzieht der vorliegende Band zum Schluss mit. Einem Diktum Schopenhauers folgend, nach welchem die Musik als ein «verborgenes metaphysisches Exerzitium» zu betrachten sei, stellt der Basler Systematische Theologe und Musikwissenschaftler *Stefan Berg* die Fähigkeit und Eignung der Musik zu «Transzendenzausgriffen» in einem historischen Dreischritt, den er mit Abbildungen, im Vortrag vor allem auch mit den entsprechenden Hörbeispielen unterlegte, vor. Analog zu ideengeschichtlichen Entwicklungen vollzieht sich dieser Dreischritt durch die europäische Musikgeschichte von einer metaphysisch-kosmologisch-ontologischen Phase *expliziter* Transzendenz, die Berg vom Mittelalter bis in die Frühen Neuzeit reichen sieht, über eine neuzeitliche Phase der – bestimmten, als allgemein geltend angenommenen Regeln folgenden – subjektiven und insbesondere gefühlsbezogenen Verinnerlichung der Transzendenz, die von der Barockzeit im 17. Jahrhundert bis ins 19. Jahrhundert datiere, zu einer in der Gegenwart angesiedelten, ihrerseits in verschiedene Richtungen auseinanderstrebenden, «postmodernen» Phase «prekärer Ganzheit».

Als idealtypisches Beispiel, näherhin Instrument, der Vorstellung einer kosmologisch-metaphysischen, objektiven Weltordnung präsentiert Berg das sogenannte «Weltmonochord». Dieses einsaitige Instrument erlaubt durch entsprechende proportionale Saitenteilung die Illustration der sogenannten Sonanzgrade, die jahrhundertelang als Beleg für die objektive Ordnung und Harmonie des Weltganzen galten. Transzendenz kommt hier als diejenige des ebenfalls objektiv gedachten bzw. dargestellten Schöpfergottes als des «Instrumentenstimmers» zur Darstellung. Die in der

Barockzeit beginnende Phase neuzeitlicher Verinnerlichung des Transzendenzbezugs basiere, wie sich am Beispiel der Ballettmusik J.-F. Rebels
(1666–1747) zeigen lasse, auf der Annahme stabiler Zuordnungen von
musikalischen Klangfolgen und bestimmten Gefühlen, welche sich jedoch
im 19. Jahrhundert auflöse und, an Beethoven bzw. dem Beethoven-Hörer
E. T. A Hoffmann veranschaulicht, Musik als «Sprache» des «Unaussprechlichen» präsentiere. In der Gegenwartsmusik sei diese Form des
Transzendenzbezugs zerbrochen. An deren Stelle träten unterschiedliche,
ja gegensätzliche Strategien, wie einerseits das hypertrophe Unternehmen
des musikalischen Umsetzungsversuchs einer sogenannten kosmologisch-
metaphysischen «Superformel» bei K. Stockhausen oder die ganz anders,
eigentlich dazu gegensätzlich strukturierten, tastenden Kompositionen
von Mark Andre, die Grenzphänomene der Musik aufsuchen, «wo Geräusch in Klang kippt und Klang in Geräusch übergeht» – eine Art musikalischer Mystik des Horchens, bei der «in Selbstzurücknahme und Stille
das Ausgreifen [auf Transzendenz] zur Ruhe kommt – und sich Raum für
die Möglichkeit auftut, selbst ergriffen zu werden».

3. Fazit bzw. Eröffnung

Dass ein Sammelband, der auf eine interdisziplinäre Tagungsveranstal-
tung zurückgeht, die ins Visier genommenen Grossfragen nach der Verhältnisbestimmung von «Ganzheit» bzw. «Wirklichkeit» und «Teilen»
bzw. plural-fragmentarischer Sicht der Wirklichkeit, würde erschöpfend
beantworten können, dürfte von niemandem erwartet werden. Es kann
auch nicht der Sinn des narrativen Durchgangs durch die Texte sein, einen solchen Eindruck erzeugen zu wollen. Jeder andere Tagungsband zu
diesem Thema würde andere Aspekte ins Licht stellen. Gleichwohl mag
sich im günstigen Falle im Auge der Betrachtenden, zu denen im Falle
eines Tagungsbandes zunächst naturgemäss diejenigen zählen, die beim
Ursprungsevent dabei waren, die Wahrnehmung und das Gefühl von so
etwas wie einem gewinnbringenden gemeinsamen Gesprächsgang einstellen. Bei der Basler Tagung war das gemäss den Rückmeldungen vieler
Teilnehmenden, denen Veranstalter bekanntlich gerne glauben wollen,
durchaus der Fall. Ob sich ein analoger Eindruck auch den Leserinnen
und Lesern dieses Bandes einstellt, das zu entscheiden bzw. herbeizufüh-
ren liegt nicht in der Macht der Herausgeber. Wo dies nicht oder weniger
der Fall ist, können Sammelbände bekanntlich auch dann noch von Nutzen sein, wenn sie nicht wie ein Roman von der ersten bis zur letzten Seite
gelesen, sondern selektiv rezipiert werden. Eine Sammlung mag mehr sein

als die Summe ihrer Teile, aber die Qualität der einzelnen Teile ist es, die ihren Gesamtwert entscheidend bedingt. «Tolle lege»!

Auf welchen, von den unergründlichen Algorithmen elektronischer Suchmaschinen gelegten Pfaden Leserinnen und Leser auf dieses dank dem Schweizerischen Nationalfonds auch zugleich *open access* publizierte Buch und seine Texte gestossen sein werden, werden zunächst nur diese «big data» selbst «wissen». Die Kontrolle dieser neuen Absolutheitsmächte ist ein Thema, das in diesem Band auch gut gepasst hätte.

I. Aktuelle Theoriediskurse

Der ontologische Pluralismus als Grundlage eines neuen moralischen Realismus

Markus Gabriel

Unsere Gegenwart ist seit einiger Zeit durch ein fragmentiertes und damit pluralistisches Wirklichkeitsbewusstsein geprägt. Religionen, Lebenswelten, Wissenschaften, Medien und andere sozial wirksame Systeme der subjektiven und intersubjektiven Selbstverständigung lassen sich nicht sinnvoll auf einen gemeinsamen Nenner bringen, der als ein geteiltes Weltbild für normative Orientierung sorgt. Das ist bekannt, vielfach beschrieben, gelobt oder auch bedauert worden. Gleichzeitig ist unsere Gegenwart in ihrem Krisenbewusstsein darauf angewiesen, eine normative Orientierung mit globaler Reichweite zur Verfügung zu stellen, weil wir wissen oder zumindest aus guten Gründen zu wissen glauben, dass wir derzeit vor Menschheitsherausforderungen in der Form existenzieller Krisen (Pandemien, Klimawandel, technologischer Fortschritt im KI-Sektor, Energiekrise, Neo-Imperialismus usw.) stehen, die sich nur lösen lassen, wenn wir begründbare Werturteile fällen. Zu diesen Werturteilen gehören insbesondere die ethischen, die in ihrem Wesen auf unbedingte Geltung setzen und damit nicht in derselben Weise wie unser sonstiges Wirklichkeitsbewusstsein plural und fragmentiert sein können.

In meinem Beitrag geht es entsprechend darum, eine Antwort auf die Frage zu entwickeln, wie das pluralistische Wirklichkeitsbewusstsein mit dem universalistischen Wertbewusstsein der Ethik vereinbar ist.

Zur Unbedingtheit von Werturteilen gehört es dabei, dass es keine *theologische*, etwa im Unterschied zu einer *philosophischen* Ethik geben kann. Ethik gibt es nur im Singular, und es handelt sich bei ihr (meiner Auffassung zufolge) um diejenige Teildisziplin der Philosophie, die sich im Allgemeinen mit der Existenz, Struktur und Reichweite moralischer Tatsachen beschäftigt. Im Besonderen befasst sie sich mit der Frage, was wir jeweils aus moralischen Gründen tun sollen. An dieser Stelle kommen sicherlich theologische Überlegungen ins Spiel, insofern es spezifisch religiöse Praktiken, individuelle Formen und soziale Formationen des Denkens und Handelns gibt, die ohne theologische Forschung nicht verstanden werden können.

Um die Frage zu bearbeiten, wie unbedingte Werturteile Teil einer nicht nur intrinsisch pluralen, sondern überdies komplexen Wirklichkeit sind, werde ich im ersten Teil meines Beitrags skizzieren, in welchem Sinn

Wirklichkeit keinen eminenten Singular bildet. Dabei werde ich mich
Sokrates und Paulus anschliessen und die «Weisheit der Welt (σοφία τοῦ
κόσμου)» zu Grabe tragen: Es gibt in der Tat nicht die eine, alles umfassende Wirklichkeit, den Kosmos, die Welt. An die Stelle einer allumfassenden Wirklichkeit, einer Totalität der Gegenstände, Tatsachen oder En-
titätenbereiche, tritt eine ontologisch irreduzible Pluralität von Sinnfeldern, wie ich dies nenne.[1] Dabei wird mein Fokus auf einer dezidierten
Zurückweisung jeglicher Metaphysik, d. h. hier: jeglicher Weltanschauung, liegen, die annimmt, es gebe eine substanzielle «Ordnung der Dinge
a priori», wie Wittgenstein dies in seinem «Tractatus logico-philosophicus» kritisch genannt hat.[2] Gleichwohl gibt es sowohl Wirklichkeit
als auch Wirkliches. Wirklichkeit ist allerdings kein gigantischer Gegenstand oder Weltbehälter, zu dem wir als Teile, als mehr oder weniger
unwichtige randständige Weltbeobachtende gehören. Wirklichkeit ist
vielmehr eine epistemische Modalkategorie, die sich in unserem Denken
und Handeln darin manifestiert, dass wir richtig oder unrichtig denken
und handeln können, dass es also Massstäbe gibt, an denen sich unser
Denken und Handeln bemisst – ob wir diese nun sozial anerkennen oder
nicht.[3] Oder in der für unseren Kontext geeigneten Sprache ausgedrückt:
«καὶ τὸ φῶς ἐν τῇ σκοτίᾳ φαίνει, καὶ ἡ σκοτία αὐτὸ οὐ κατέλαβεν»[4] bzw. anders
gewendet: «ἀλλὰ καὶ αἱ τρίχες τῆς κεφαλῆς ὑμῶν πᾶσαι ἠρίθμηνται. Μὴ
φοβεῖσθε πολλῶν στρουθίων διαφέρετε.»[5]

Im Unterschied zur Wirklichkeit als epistemischer Modalkategorie ist
das Wirkliche weitgehend davon unabhängig, dass und wie wir urteilen.
Unsere faktischen Urteile – unser Denken und Handeln – sind zwar selbst
etwas Wirkliches, aber sie sind nicht ontologisch konstitutiv, d. h. vieles,
aber bei Weitem nicht alles, ist so, wie es ist, weil wir urteilen.

Im zweiten Teil geht es sodann um die transzendente Normativität,
die im ethischen Werturteil aufscheint. Diese transzendente Normativität
gründet in nichts ausser in sich selbst. Die offene, in einem bestimmten

---

1 Dies habe ich ausführlich entfaltet in: Gabriel, Markus, Sinn und Existenz.
   Eine realistische Ontologie, Berlin 2016.
2 Wittgenstein, Ludwig, Tractatus logico-philosophicus. Tagebücher 1914–
   1916, Philosophische Untersuchungen, Frankfurt a. M. 2019, 5.634.
3 Vgl. dazu ausführlich Gabriel, Markus / Krüger, Malte Dominik, Was ist
   Wirklichkeit? Neuer Realismus und Hermeneutische Theologie, Tübingen
   2008 und ders., Der Sinn des Denkens, Berlin 2018.
4 Joh 1,5 «Und das Licht scheint in der Finsternis, und die Finsternis hat es
   nicht erfasst.» (Zürcher Bibel, Zürich 2007).
5 Lk 12,7 «… bei euch sind sogar die Haare auf dem Kopf alle gezählt! Fürchtet
   euch nicht! Ihr seid mehr wert als viele Spatzen.» (A. a. O.).

Sinne fragmentarische Struktur des Wirklichen ist die Grundlage für die Anerkennung einer Ethik, die keiner externen Begründung bedarf, die also rundum autonom ist.

Diese Autonomie besteht allerdings nicht in einer Selbstsetzung der reinen praktischen Vernunft – wie sie etwa Fichte als radikalisierter Kantianer in verschärfter Fassung inszeniert hat. Denn, so werde ich argumentieren, es gibt moralische Tatsachen, die partiell anerkennungsunabhängig sind, ohne dass ein solcher moralischer Realismus impliziert, dass sie maximal modal robust, d. h. gänzlich unabhängig von unseren menschlichen Werturteilen existieren. Moralische Tatsachen richten sich dank ihres imperativischen Charakters an uns. Da sie mithin nicht gänzlich ohne uns verständlich wären, sind wir, d. h. Menschen, konstitutiv dafür, dass moralische Tatsachen bestehen.

Doch das bedeutet nicht, dass sie nicht epistemisch objektiv sind. Was ontisch auf irgendeine Weise subjektiv ist, weil es den Standpunkt der ersten Person konstitutiv involviert, ist damit noch lange nicht epistemisch subjektiv, also in seiner Wahr- oder Falschheit lediglich Ausdruck einer Meinung, eines Fürwahrhaltens, das mit dem Standpunkt der ersten Person verschmilzt und zu einer blossen Befindlichkeit gerinnt.

Der neue moralische Realismus, den ich skizzieren werde, ist an die menschliche Lebensform gebunden, d. h. humanistisch kodiert, ohne dass daraus in irgendeinem relevanten Sinne die angeblich postkolonialen, aus meiner Sicht moralisch verwerflichen Vorstellungen abgeleitet werden könnten, denen zufolge jeder Realismus, Humanismus und Universalismus in der Ethik versteckte oder gar offene imperialistische, politisch totalitaristische Ansprüche erhebt.[6] Zugespitzt formuliert und damit es nicht langweilig wird: Es gibt keine Dialektik der Aufklärung, sondern nur eine der Gegenaufklärung, in deren Zug die Moderne seit dem ausgehenden 18. Jahrhundert ihre Pathologien entfaltet. Doch nun zur Sache selbst.

1. Der ontologische Pluralismus

Unter «Metaphysik» verstehe ich einen Ausgriff auf das Ganze. Dieser Ausgriff auf das Ganze beansprucht, die Wirklichkeit oder Welt als das

---

6   Vgl. einführend Gabriel, Markus, Moralischer Fortschritt in dunklen Zeiten. Universale Werte für das 21. Jahrhundert, Sonderausgabe für die Bundeszentrale für politische Bildung, Bonn 2021, sowie weiter differenzierend die Repliken auf Klingner, Moledo, Stiening und Pasquaré in diesem Band.

maximale Ganze zu thematisieren. Natürlich bedeutet der Ausdruck Metaphysik auch anderes, unter anderem eine Festlegung auf die Existenz von Gegenständen oder das Bestehen von Tatsachen, die nicht physikalisch erforschbar sind. In diesem Sinne sollte man Metaphysiker oder Metaphysikerin sein, darauf komme ich noch zurück, nicht aber in jenem. Es gibt vieles, was nicht sinnvoll physikalisch erforschbar ist, ohne dass daraus folgt, dass es eine allumfassende Wirklichkeit, die Welt gibt.

Die Metaphysik als Theorie eines Allumfassenden – eines Ganzen, von dem alles, was es gibt – womöglich es selbst[7] – jeweils einen Teil bildet, basiert auf einem ontologischen Monismus. Sie nimmt an, dass es genau eine einzige relevante Totalität, *die eine* Wirklichkeit gibt.

Den ontologischen Monismus kann man nun von einem ontologischen Pluralismus unterscheiden. Dieser bestreitet, dass es genau eine Wirklichkeit gibt, und rechnet stattdessen mit einer Vielzahl, einer Pluralität des Wirklichen. Viele Positionen, die auf den ersten Blick pluralistisch anmuten, sind es bei genauerer Betrachtung nicht. Ich denke hier etwa an William James' «A Pluralistic Universe»[8], Nelson Goodmans «Ways of Worldmaking»[9] oder in jüngerer Zeit Bruno Latours «Enquête sur les modes d'existence»[10]. Denn diese Positionen unterstellen, dass es ein Universum gibt (wie dies James und Goodman nennen) bzw. eine privilegierte Existenzweise (bei Latour ist dies die Relation), in welche die Pluralität eingebettet bleibt. Die Tiefenstruktur dieser Ansätze bleibt daher nachweisbar im Bannkreis der Metaphysik.[11]

Der gemeinsame Nenner einer Metaphysik, die sich hinter einem pluralistischen Jargon versteckt, ist die Auffassung, dass wir die Wirklichkeit –

---

[7]   Zu dieser Schleife einer nicht wohlfundierten Mereologie als Metaphysik vgl. die Debatte in Gabriel, Markus / Priest, Graham, Everything and Nothing, Cambridge 2022.

[8]   James, William, A Pluralistic Universe, New York 2014.

[9]   Goodman, Nelson, Ways of Worldmaking, Indianapolis 1992.

[10] Latour, Bruno, Enquête sur les modes d'existence. Une anthropologie des modernes, Paris 2012.

[11] Vgl. mit Belegen Gabriel, Markus, An den Grenzen der Erkenntnistheorie. Die notwendige Endlichkeit des objektiven Wissens als Lektion des Skeptizismus, Freiburg i. Br. 2014, 82; ders., Sinn und Existenz, Ort?, 238f., sowie ders., Der Neue Realismus zwischen Konstruktion und Wirklichkeit, in: Felder, Ekkehard / Gardt, Andreas (Hg.), Wirklichkeit oder Konstruktion? Sprachtheoretische und interdisziplinäre Aspekte einer brisanten Alternative, Berlin / Boston 2018, 45–65; Gabriel, Markus, Fiktionen, Berlin 2020, 383f. Dasselbe gilt *mutatis mutandis* für die meisten Phasen von Nietzsches Perspektivismus sowie für Heideggers Metaphysikkritik, wobei ein Nachweis dieser These mehr als nur einen Aufsatz in Anspruch nähme.

wie auch immer sie an sich beschaffen sein mag – durch die vielfältigen Register unserer Weltauffassung immer nur aus der einen oder anderen Perspektive, im einen oder anderen Sprachspiel, oder im Rahmen der Modellkonstruktion der einen oder anderen Wissenschaft erfassen können. In dieser Denkbahn wird eine singuläre Wirklichkeit unterstellt, die wir allerdings nur plural kodiert und damit partiell erfassen können. Doch das ist noch lange kein ontologischer Pluralismus, sondern allenfalls heterodoxe moderne Metaphysik.

Der genuine ontologische Pluralismus verabschiedet sich von der Welt, er lässt die σοφία τοῦ κόσμου hinter sich. Dafür stehen eine ganze Reihe von sogenannten Antitotalitätsargumenten in der Gegenwartsphilosophie zur Verfügung.[12] Diese stützen sich teilweise auf logische, metamathematische sowie naturwissenschaftliche Resultate des 20. Jahrhunderts, wie die Paradoxien einer naiven Mengenlehre, die über alle Mengen überhaupt quantifiziert; das Halteproblem der theoretischen Informatik; die Unvollständigkeitssätze und Unabhängigkeitsbegriffe der Mengenlehre seit Gödel und Paul Cohen oder auch die Emergenzstrukturen des physikalisch erforschbaren Universums, die gegen den Versuch sprechen, eine *theory of everything* in einer physikalischen Sprache zu formulieren, die alle physikalischen Systeme auf eine einzige Wirklichkeitsschicht – etwa die mikrophysikalische der Quantentheorie – reduziert.[13]

In den technischen Details dieser Argumentationen liegen allerdings Fallstricke, weshalb ich nun zunächst mein eigenes Hauptargument für die These des ontologischen Pluralismus darstellen werde. Die Konklusion des Arguments, dass es die Welt, d. h. die eine allumfassende Wirklichkeit, nicht gibt, bezeichne ich als *die Keine-Weltanschauung*.

So here goes: Was existiert, kommt offensichtlich in einem Kontext vor. Wir finden deswegen keine isolierten Dinge vor, weil Dinge bereits im physikalischen Sinn des Wortes «Ding» mit Feldern interagieren, ohne die es das Universum im Sinne des Gegenstandsbereichs der mathematisierten Naturwissenschaften nicht gäbe. Gegenstände sind Teile von Feldern bzw. sie gehören zu Feldern, in denen sie erscheinen. Nun kommt offensichtlich nicht alles, was es gibt, in physikalischen Feldern vor. Die-

---

12 Zur Rolle von Antitotalitätsargumenten im Aufbau eines durch ihren Ansatz nachweislich neuen Realismus vgl. die Bonner Dissertation von Voosholz, Jan, Objektiver Realismus und Korrelationismus. Die Realismus-Antirealismus-Debatte der Wissenschaftsphilosophie im Lichte des Neuen Realismus, Bonn 2022.

13 Zu Letzterem vgl. neuerdings Voosholz, Jan / Gabriel, Markus (Hg.), Top-Down Causation and Emergence, Cham 2021.

jenigen Gleichungen, mittels derer wir Felder bestimmen, indem wir jedem Punkt in einem mathematisch definierten Raum einen Wert (etwa
einen Skalar oder einen Vektor) zuweisen, beschreiben nicht alles, insbesondere nicht sich selbst. Die Operatoren der Vektoranalysis, ohne die es
keine modernen Feldtheorien gäbe (wie der Nabla- oder der Laplace-
Operator), kommen nicht in physikalischen Feldern vor. Dasselbe gilt für
die Physik als Wissenschaft, die sich ebenfalls nicht in mathematischer
Sprache selbst erforschen kann. Doch wir brauchen hier keine anstren-
genden Übungen in reflexiven Argumenten gegen den Physikalismus, der
alles Wirkliche für physikalisch messbar hält, zu bemühen. Es genügt,
darauf hinzuweisen, dass es offensichtlich vieles gibt, das als Gegenstand
in einem Feld vorkommt (etwa eine gemalte Blume, die sich auf einem
Gemälde befindet, das ein Feld in der Provence darstellt), ohne deswegen
ipso facto in einem physikalischen Feld vorzukommen. Es gibt eben vieles: den Äquator, die Cosinus-Funktion, Alpträume, Frankreich, die Zukunft, Gott, Zahlen, Gerechtigkeit, die Universität Basel usw., das nicht
sinnvoll als Teil der physikalischen Wirklichkeit *in sensu stricto* begriffen
werden kann. Doch nichts von dem, was es gibt, kommt isoliert vor, als
eine Einheit, die keinen Kontext hat. Das Eine oder Absolute gibt es nicht
und schon gar nicht als einen Gegenstand, der in keinem Feld erscheint.

Damit können wir nun leicht den Begriff des Sinnfeldes bilden. Ein
Sinnfeld ist ein Feld, in dem Gegenstände erscheinen, die in eben diesem
Feld, nicht aber in anderen Feldern erscheinen, weil das Feld so beschaffen ist, dass ihm diese, nicht aber jene Art von Gegenständen zugewiesen
wird. Diese Zuweisung lässt sich als Einrichtungsfunktion verstehen, womit wir über den Begriff der Funktion auch schon beim Sinnbegriff wären. *Sinn* ist die Art und Weise, wie Gegenstände in einem Feld erscheinen, weil der Sinn des Feldes die Bedingungen der Möglichkeit festlegt,
die einige Gegenstände eben diesem Feld zuweisen.

Wenn dies der Wirklichkeit entspricht, stellt sich die Frage, ob sie insgesamt vereinheitlicht ist. Die Idee, dass die Wirklichkeit insgesamt vereinheitlicht ist, dass sie der eine, allumfassende Raum ist, zu dem absolut
alles gehört, was existiert, ist die Idee der Welt. Die Welt wäre demnach
eine Totalität, sei es die Gesamtheit der Gegenstände, der Tatsachen oder
eben genauer: die Gesamtheit der Sinnfelder.

Wenn die Gesamtheit der Sinnfelder existiert, gibt es ein Sinnfeld, in
dem sie erscheint. Wenn nichts kontextfrei ist, dann auch nicht die Welt.

Doch wenn es die Welt gibt, dann erscheint sie entweder in der Welt
oder in einem anderen Sinnfeld. Erscheint sie in sich selbst, erscheint sie
neben anderen Sinnfeldern, sodass sich eine Struktur ergibt, die nur dann
konsistent ist, wenn wir eine nicht wohlfundierte Mereologie annehmen,

wie Graham Priest in einer Diskussion zwischen uns beiden gezeigt hat.[14] Die Welt müsste dann in einem Sinnfeld in der Welt erscheinen, das wiederum in der Welt erscheint. Ähnlich hat Renaud Barbaras während einer Pariser Tagung im April 2022 über die Existenz der Welt dafür argumentiert, dass das Absolute nur als «double enveloppement», also als etwas erscheinen kann, das in sich selbst als etwas erscheint, was keines der Dinge ist, die in ihm erscheint. Allerdings konzedieren sowohl Priest als auch Barbaras, dass in diesen Fällen nicht von Existenz gesprochen werden sollte. Priest führt einen paradoxen Begriff des Gegenstandes ein, um die Welt letztlich in einem absoluten Nichts zu fundieren, und Barbaras attestiert ihr eine «surexistence», wobei noch unklar ist, was das besagen soll.

In der Tat ist eine mereologische Selbstinklusion der absoluten Totalität tatsächlich unter bestimmten Theoriebedingungen völlig unproblematisch, führt aber in weitere Aporien, weil wir nicht sinnvoll angeben können, in welchem Sinnfeld, das in der Welt erscheint, die Welt erscheint. Die naheliegende Antwort: im metaphysischen Denken, das sich auf die Welt bezieht, scheitert, weil in keinem Denken, das irgendwem von uns zugänglich ist, eine Totalität aller Sinnfelder erscheint, die in sich selbst in der Form unseres Denkens an sie erscheint. Der alte Hegelianische Traum vom absoluten Wissen platzt an dieser Stelle, weil es zu vieles gibt, was wir faktisch niemals wissen werden, was wiederum etwas ist, das wir heute dank wissenschaftlicher Fortschritte wissen, von denen Hegel noch nichts wusste.[15]

Erscheint die Welt aber nicht in sich selbst, sondern in einem anderen Sinnfeld, dann gibt es entweder ein Sinnfeld, das mehr umfasst als die Welt, oder wir laufen wiederum in nicht wohlfundierte Schleifen, in denen es ein Sinnfeld gibt, in dem die Welt erscheint, das wiederum in der Welt erscheint.

Das Problem der nicht wohlfundierten Schleifen besteht darin, dass wir für diese einen Sinn angeben müssen, damit wir ein Sinnfeld erhalten. Und dafür genügt der Hinweis, dass es Mereologien gibt, deren logische Struktur nicht wohlfundiert ist, nicht, weil wir daraus längst noch nicht ableiten können, dass wir uns in einer solchen Struktur befinden, dass die Welt also wirklich so ist, wie sich der Mereologe dies in seinem Kämmerlein vorstellt.

14 Vgl. Gabriel / Priest, Everything and Nothing.
15 Vgl. dagegen Gregory Moss' Projekt, eine Position zu charakterisieren, die Priests Dialetheismus, die Keine-Welt-Anschauung und Hegels absoluten Idealismus vereint, in: Moss, Gregory Scott, Hegel's Foundation Free Metaphysics. The Logic of Singularity, London 2022.

Also, kurz und knackig:

Was existiert, erscheint in einem Sinnfeld.
Sinnfelder existieren, erscheinen also in Sinnfeldern.
Die Welt ist das Sinnfeld aller Sinnfelder.
Wenn es die Welt gibt, erscheint sie in einem Sinnfeld.
Das ist aber unmöglich.
K.   Folglich existiert die Welt nicht.

Allerdings folgt daraus nicht, dass es nichts Wirkliches gibt, oder gar, alles in irgendeinem aufregenden Sinne «relativ» ist. Vor diesem Hintergrund vertrete ich inzwischen seit über einem Jahrzehnt eine Spielart des Neuen Realismus, die sich über die beiden folgenden Hauptthesen individuieren lässt:

Die Keine-Welt-Anschauung, d. h. die Welt gibt es nicht.
Es gibt Wirkliches, das wir genau so erkennen können, wie es an sich ist.

Für These 1 habe ich soeben argumentiert. These 2 ergibt sich aus demjenigen, was ich als das «Argument aus der Faktizität»[16] bezeichne, das in aller wünschenswerten Präzision etwa in Paul Boghossians realistischem Klassiker «Fear of Knowledge. Against Relativism and Constructivism»[17] oder auch in Charles Taylors und Hubert Dreyfus' «Retrieving Realism»[18] dargestellt wird. Für unsere Zwecke genügt die folgende Überlegung, die zum moralischen Realismus überleitet, wie wir sehen werden. Es ist eine weitverbreitete, Hegel sagt: «natürliche Vorstellung»[19], dass wir das Wirkliche nur durch ein Medium der Repräsentation erfassen können. Zwischen uns und dem Wirklichen stünden demnach: unsere mentalen Repräsentationen; neuronale Verarbeitungsprozesse, die Wahrnehmungen als kontrollierte Halluzination produzieren; soziale Konstruktionen von Weltbildern; evolutionspsychologisch erklärbare Verzerrungen der Umwelt, ohne die wir nicht einmal überleben könnten; unsere Sprachen und Kulturen oder irgendeine andere Schicht von irgendwie historisch kontingent produzierten Filtern, die uns das Wirkliche verstellt. Kurzum, unser Denken soll durch eine durch unser Denken epistemisch fatal kontaminierte und imprägnierte Korrelation zwischen Denken und Sein

---

[16] Gabriel, Markus, Neutraler Realismus, (Jahrbuch-Kontroversen, Bd. 2), Freiburg i. Br. 2016.
[17] Boghossian, Paul Artin, Fear of Knowledge. Against Relativism and Constructivism, Oxford 2007.
[18] Dreyfus, Hubert / Taylor, Charles, Retrieving Realism, Cambridge 2015.
[19] Hegel, Georg Wilhelm Friedrich, Phänomenologie des Geistes (Gesammelte Werke, Bd. 9), Hamburg 1987, 53.

konstituiert sein, die wir niemals vollständig durchschauen können, weswegen es in manchen Kreisen immer noch als «naiv» gilt, Realistin sein zu wollen. Nun ist es allerdings so, dass dieser Prämissenrahmen des seit Quentin Meillassoux' einflussreichem Büchlein «Après la finitude»[20] sogenannten «Korrelationismus» unterstellt, dass es eben diese Korrelation gibt, bei der es sich um eine besondere Form der Relation handelt. Die Relata der Relation sind dabei das Sein oder Wirkliche an sich auf der einen Seite und unsere filterförmige Auffassung auf der anderen Seite. Wer annimmt, dass es diese Korrelation gibt, muss damit wissen, dass es das Relat «Sein» oder «Wirkliches an sich» gibt. Doch wenn er dieses nur gefiltert erfassen kann, dann auch in dem Gedanken, dass er es nur gefiltert erfassen kann, sodass sich die Korrelation verändert. Denn nun stehen nicht mehr das Sein und das filterförmige Denken, sondern das gefilterte Sein und das filterförmige Denken in einer Korrelation. Doch auch dies kann nicht stimmen, weil das gefilterte Sein ja *ex hypothesi* vom filterförmigen Denken durch die Korrelation modifiziert wird, sodass wir vielmehr mit einem gefilterten, gefilterten usw. *ad infinitum* Sein konfrontiert sind, das so dünn ist, dass nichts mehr übrigbleibt. Das Wirkliche wird so lange verschoben, bis nichts ausser einer Verschiebung übrigbleibt, die freilich auch nicht übrigbleiben darf. Bekannt ist diese Dialektik aus den unermüdlichen Turnübungen der différance mit «a», die einige Jahrzehnte unter dem Titel der «Dekonstruktion» dafür gesorgt hat, dass seinerseits zunächst die Geisteswissenschaften und später die Neurowissenschaften sowie jüngst die KI-Forschung einen bizarren Beitrag zur menschlichen Entfremdung von der Wirklichkeit geleistet haben. Der gemeinsame Nenner der Entfremdung von der Wirklichkeit ist die Bestreitung erreichbarer Objektivität, die sich auf die eine oder andere Spielart des Korrelationismus stützt, der die Wirklichkeit zu einem prinzipiell unerreichbaren Jenseits macht, unsere Wahrheits- und Erkenntnisansprüche also auf den Sankt Nimmerleinstag verschiebt.

Lange Rede, kurzer Sinn: Die Vorstellung, unsere Vorstellungen drängten niemals zum Wirklichen durch, ist in der Sache hoffnungslos inkohärent, weil an irgendeiner Theoriestelle Wissen beansprucht wird, etwa das scheinbare Wissen darum, dass wir wie Rilkes Panther in einer Korrelation gefangen sind, «als ob es tausend Stäbe gäbe und hinter tausend Stäben keine Welt»[21].

---

20 Meillassoux, Quentin, Après la finitude. Essai sur la nécessité de la contingence, Paris 2006.
21 Rilke, Rainer Maria, Der Panther, in: Rilke-Archiv in Verb. mit Sieber-Rilke, Ruth (Hg.), Sämtliche Werke. Bd. 1–7, (Bd. 1), Wiesbaden / Frankfurt a. M. 1955, 505.

Wirklich ist solches, worüber wir uns täuschen können. Dasjenige, worüber wir uns täuschen können, ist aber zugleich auch dasjenige, was wir erkennen können. Wir erkennen einiges, wir haben wahre Überzeugungen, von denen einige sogar Wissen sind. Anderes erkennen wir nicht, wobei es eine Pluralität der Formen des Nichtwissens und des Irrtums gibt, was auf einem anderen Blatt steht.[22] Diese Tatsache, die sich aus dem Argument aus der Faktizität ergibt, nenne ich Wirklichkeit, weshalb es sich bei dieser um eine epistemische Modalkategorie, also eine Beschreibung unserer Wissensansprüche, handelt.

2.   Ein neuer moralischer Realismus

Einen Wissensanspruch zu erheben, kann man in gewohnter Manier als «Urteil» bezeichnen. Hierbei erstreckt sich der Begriff des Urteils auf Denken und Handeln – schon deswegen, weil Denken eine Art des Handelns und Handeln eine Art des Denkens ist. Denken und Handeln sind normiert. Die Normativität des theoretischen Denkens besteht darin, dass es das Wirkliche entweder erfasst, wie es ist, und das nennen wir dann «Wahrheit», oder es eben nicht so erfasst, wie es ist, und das ist der Fall der «Falschheit» bzw. des «Irrtums».

Das praktische Denken bzw. das Handeln untersteht hingegen auch anderen Kategorien. Es ist nicht nur theoretisch, aber eben auch. Ist es normiert im Hinblick auf eine geteilte Praxis, dann haben wir es mit sozialen Normen zu tun, die Handeln auf eine spezifische Weise in korrekt und inkorrekt unterscheiden. Wie man seine Suppenschale in Japan hält, ist eine soziale Praxis, ebenso wie die Schweizer Neutralität oder die Konventionen der Länge eines Abendvortrags auf einer wissenschaftlichen Jahrestagung. Im Allgemeinen sind Handlungen paradigmatisch etwas, wofür man Gründe anführen kann, was nicht bedeutet, dass man vor oder bei einer Handlung sozusagen Gründe vor Augen hat, denen man wie einem Leitstern folgt. Zwar gibt es auch den Fall eines Tuns, das einfach nur so etwas tut – sagen wir das ziellose Spazierengehen oder das Abschweifen der Gedanken auf dem Nachhauseweg in der S-Bahn. Doch um dieses soll es im Folgenden nicht gehen, weil es ethisch nur peripher von Belang ist.

---

[22] Vgl. dazu ausführlich Gabriel, Markus, Being Wrong. Sense, Nonsense, and Subjectivity, Cambridge, MA (im Erscheinen).

Gründe, die man für eine Handlung anführen kann, nennen wir «Handlungsgründe». Nun können Handlungsgründe besser oder schlechter sein, was Indiz für die Präsenz von Normativitäten ist.

Vor diesem Hintergrund können wir das folgende Begründungsproblem der Ethik formulieren: Welche unserer Handlungsgründe sind solche, die spezifisch *moralisch* normiert und insofern Gegenstand einer Wissenschaft sind, die als «Ethik» bekannt ist? Klar ist, dass nicht alle Handlungsgründe moralisch normiert sind. Wer die Wahl hat und lieber in Basel als in Zürich lebt, begeht damit – trotz anderslautender Meinungen mancher Zürcher:innen – weder einen moralischen Fehler noch hat man – trotz anderslautender Meinungen mancher Basler:innen – damit einen moralischen Vorzug gegenüber eingefleischten Zürcher:innen. Klar ist auch, dass jemand, der Iskander-Raketen auf Kindergärten in der Ukraine abfeuert, etwas moralisch Verwerfliches, ja Böses tut. Kurzum: Es gibt moralische und nicht-moralische Handlungsgründe, und ein Teil der Ethik ist der Beantwortung der Frage zu widmen, worin dieser Unterschied besteht. Eine Ethik, die keine Antwort auf diese Frage hat, ist dann eben keine, wie Ernst Tugendhat etwa gegen Julian Nida-Rümelins inflationären Gebrauch des Wortes «Gründe» eingewandt hat.[23]

Damit kommen wir zum Eröffnungszug der Ethik des Neuen Realismus, die – wenig überraschend – als neuer moralischer Realismus zu verstehen ist. Dieser Eröffnungszug besteht darin, eine Klasse von Handlungsgründen als die moralischen folgendermassen auszuzeichnen: *Ein Handlungsgrund ist moralisch, wenn ein:e Akteur:in ihn immer schon dadurch hat, dass sie oder er etwas tut bzw. unterlässt, was sie oder er tun bzw. unterlassen soll lediglich, insofern sie oder er ein Mensch ist.* Ein Beispiel möge die Grundidee hinter dieser Auffassung illustrieren, von der aus wir dann die Begriffe moralischer Realismus, Universalismus und Humanismus in den ontologischen Pluralismus integrieren können.

Nehmen wir dazu an, eine Person, die unter keiner relevanten Einschränkung (wie Gebrechlichkeit aufgrund sehr hohen Alters oder Krückstöcke nach einem schweren Beinbruch usw.) leidet, befinde sich auf dem Weg zum Eiswagen in einem Schwimmbad. Sie sieht, wie ein einjähriges Kleinkind in ein für die Person flaches Becken fällt und kopfüber im Wasser liegt. Vor die Wahl gestellt, den Weg zum Eiswagen fortzusetzen oder umgehend das Kind aus dem Wasser zu retten, gibt es genau eine Antwort auf die Frage, was die Person tun soll: Das Kind aus dem Wasser retten. Dabei spielt es keine weitere relevante Rolle, wer die rettende Person und

---

23 Vgl. Tugendhat, Ernst, Zu Nida-Rümelin, in: Scarano, Nico / Suárez, Mauricio (Hg.), Ernst Tugendhats Ethik. Einwände und Erwiderungen, München 2006, 275f.

wer das Kind im Einzelfall ist. Die spezifischen Akteurinnen und Akteure sind bei der allgemeinen moralischen Bewertung ausser Acht zu lassen.

Dieses einfache Beispiel belegt, wie absurd es wäre, an dieser Stelle zu irgendeinem relativierenden Manöver überzugehen und etwa zu vermuten, dass hier kulturelle oder religiöse Grenzen für die ethische Bewertung eine Rolle spielen könnten. Wer den Weg zum Eiswagen mit dem Hinweis fortsetzt, dass in seiner Kultur Eis wertvoller als das Leben dieses Kleinkinds sei, begeht schlichtweg einen Fehler. Dasselbe ist angesichts der radikal bösen Gräueltaten zu sagen, die sich gerade in der Ukraine abspielen. Wenn ein russischer Soldat etwa sagte, es sei in der russischen Kultur geboten, ukrainische Frauen zu vergewaltigen und ukrainische Zivilisten zu erschiessen, wenn sie ihm keine Zigaretten aushändigen, ist nicht dadurch entschuldigt, dass er eben kulturell andere Werte als «der Westen» hat. Vergewaltigung und andere Kriegsverbrechen sind böse, auch wenn eine ganze Armee oder sogar 80 % eines Wahlvolkes meinen mögen, es handele sich doch gar nicht um Kriegsverbrechen, sondern um eine Denazifizierung im Rahmen einer Spezialoperation. Dasselbe gilt freilich für die Verteidigung der Ukraine, die aus verschiedenen Gründen, sicherlich auch im Rahmen einer Kriegsethik, gerechtfertigt ist, ohne dass daraus abgeleitet werden könnte, dass es moralisch vertretbar wäre, die russischen Aggressoren durch Gräueltaten von weiteren Angriffen abzuhalten.

Vor diesem Hintergrund können wir nun den Begriff des moralischen Realismus präzisieren. Im Allgemeinen ist der *moralische Realismus* die These, dass es moralische Tatsachen gibt, die wir erfassen oder bezüglich derer wir uns auch täuschen können. Hierbei ist zunächst eine *Tatsache* etwas, was wir als wahre Antwort auf eine sinnvoll gestellte Frage bezüglich des Wirklichen verstehen können. Eine sinnvoll gestellte Frage bezüglich des Wirklichen ist etwa, ob Basel östlich von Paris liegt. Die wahre Antwort: «Ja, Basel liegt östlich von Paris» drückt daher eine Tatsache aus.

Eine *moralische* Tatsache ist nun eine solche, die wir als wahre Antwort auf eine sinnvoll gestellte Frage bezüglich dessen verstehen können, was wir aus Handlungsgründen tun bzw. unterlassen sollen, über die wir immer schon deswegen verfügen, weil wir Menschen sind. Hier übernimmt der Begriff des «Menschen» oder der «Menschheit» die klassische Funktion, die ihm etwa auch im kategorischen Imperativ zukommt, der bekanntlich in einer seiner Kantischen Fassungen die Forderung artikuliert, so zu handeln, «dass du die Menschheit sowohl in deiner Person, als in der Person eines jeden anderen jederzeit zugleich als Zweck, niemals bloss als Mittel brauchest».[24]

Weil der moralische Realismus sich auf die Existenz von Handlungsgründen festlegt, die uns als Menschen betreffen, ist er *ipso facto* ein Humanismus. Freilich lädt diese Auskunft nun die Rückfrage ein, was der Mensch ist – eine Frage, der man nicht ausweichen kann, wenn man – in der Begründungsdimension anders als Kant, der die reine praktische Vernunft und nicht den Menschen als «Faktum» bemüht, – davon ausgeht, dass die Ethik ein anthropologisches Fundament hat.

An dieser Stelle kommt ein Theoriezug des Neuen Realismus ins Spiel, der – ein weiterer Neo-Logismus – als Neo-Existentialismus gekennzeichnet ist. Dahinter verbirgt sich der einfache Gedanke, dass der Mensch dasjenige geistige Lebewesen ist, das im Licht einer Vorstellung seiner selbst handelt. Das entspricht Charles Taylors berühmter Formulierung vom Menschen als «self-interpreting animal»[25]. Selbstvorstellungen des Menschen sind landläufig als «Menschenbilder» in aller Munde, ob es sich den *homo ludens, oeconomicus, sapiens* oder was auch immer handelt. Das Wesen einer anthropologischen Selbstvorstellung besteht darin, dass wir durch unser Denken und Handeln eine Antwort darauf geben, wer wir als Menschen sind und sein wollen.

Konkret: Einige glauben, sie seien geistige Lebewesen, weil sie eine unsterbliche Seele haben; andere hingegen meinen, sie seien identisch mit neuronalen Mustern, die sich während ihres Lebens in bedeutsamen Regionen des zentralen Nervensystems abspielen. *Grosso modo*: Die einen identifizieren sich mit einer Seele, die andere mit einem Gehirn. Selbstvorstellungen gibt es viele, und die Geisteswissenschaften sind in meiner Auffassung diejenigen Wissenschaften, die sich mit der synchronen und diachronen Ausdifferenzierung eben solcher Selbstvorstellungen befassen.

Dieser vertraute Gedanke impliziert allerdings nicht, dass wir uns einfach zu demjenigen machen können, wofür wir uns halten. Denn die Tatsachen haben hier ein Wörtchen mitzureden. Wir haben nämlich entweder eine unsterbliche Seele oder wir haben keine. Platon, Daniel Dennett

24 Kant, Immanuel, Grundlegung zur Metaphysik der Sitten, Berlin 1900ff (Königlich preussische Akademie der Wissenschaften [Hg.], Kants Gesammelte Schriften, [Bd. 4]), 429.
25 Taylor, Charles, Self-interpreting Animals, in: Philosophical Papers, Cambridge 1985, 45–76, 45. Für einen Dialog zwischen Taylors Hermeneutik und dem Neo-Existentialismus vgl. Gabriel, Neo-Existentialismus, 83–91 und 130–140.

oder beide täuschen sich – auch wenn wir derzeit nicht wissen, wer vom Irrtum betroffen ist.

Weil es anthropologische Tatsachen gibt, die wir nur keineswegs abschliessend zur Kenntnis genommen haben können, ist der Neo-Existentialismus überhaupt ein relevanter Theoriezug des Neuen Realismus. Geist ist selbst etwas Wirkliches, das sich in unseren Selbstvorstellungen artikuliert.

Nun ist die Fähigkeit, ein Leben im Licht einer Selbstvorstellung zu führen, d. h. Geist, ihrerseits nicht in derselben Weise diachron und synchron variabel wie die vielfältigen, geisteswissenschaftlich messbaren, will sagen: hermeneutisch kartografierbaren Selbstvorstellungen. Geist ist als solcher immer und überall gleich, dasjenige, was in seiner Entfaltung derart viele Definienda des Menschen zur Verfügung stellt, dass nicht sinnvoll davon geredet werden kann, der Mensch sei doch auch «nur» ein Tier. Die Menschheit ist eben kein «Haufen Spatzen», um noch einmal auf die Lukas-Stelle hinzuweisen.

Es ist eben ein moralisch relevanter Unterschied, dass wir unsere sozio-ökonomischen Verhältnisse steuern können, indem wir uns fragen, ob Fleischverzehr vertretbar ist, während Löwen diese Diskussion bezüglich einer gross angelegten Modifikation ihres Verhaltensportfolios nicht führen. Deswegen ist es wohlgemerkt moralisch verwerflicher, wenn eine Jägerin ein Löwenjunges aus Vergnügen erschiesst, als wenn ein Löwe ein Menschenbaby zerfleischt. Denn wir wissen, was wir tun und dass wir es ändern können, die Löwen nicht. Das ist kein Vorwurf an die Löwen, sondern Ausdruck unserer anthropologisch fundierten Verpflichtungen, die selbstverständlich über die Handlungskoordination von Menschenhorden hinausgehen, sodass eine anthropologisch fundierte Ethik *trivialiter* tier- und umweltethische Verzweigungen aufweist.

Die Fähigkeit, ein Leben im Licht einer Vorstellung seiner selbst als geistiges Lebewesen zu führen, ein Leben also, das Geist als Geist zur Geltung bringt, ist ein menschliches. Dieser Humanismus identifiziert ein Humanum, dessen historische Verwirklichung Variabilität und Pluralität generiert, ohne dass daraus der Irrtum folgt, es gäbe kein universales Humanum, sondern nur eine Vielzahl irgendwie gearteter Identitäten, die sich in einem unversöhnlichen Konflikt befinden. Der nur vermeintlich post-moderne, in der Sache schlichtweg inkohärente, verworrene Identitätsdiskurs der Öffentlichkeit übersieht völlig, dass er entweder eine genuine ethische Grundierung hat oder auf einen mehr oder weniger gut kaschierten Willen zur Macht hinausläuft, der einen politischen Gestaltungswillen einiger Menschengruppen (seien dies quantitativ betrachtet nun Mehrheiten oder Minderheiten) als Moral in Stellung bringt. Dann wird Kriegsführung mit entsprechender Propaganda als Verpflichtung auf ein angebliches Gutes verkauft. Doch wenn ein Partikularinteresse gegen ein anderes ins Feld zieht, handelt es sich niemals um das Gute, sondern um eine Spaltung der universalen menschlichen Identität. Das mag geopolitisch und militärstrategisch völlig richtig sein, hat aber nur dem Wortlaut zufolge etwas mit «Moral» zu tun.

Doch nun: Zurück ins Fahrwasser der ethisch-philosophischen Rationalität!

Die dritte Dimension des neuen moralischen Realismus ist der Universalismus, der seinerseits synchron und diachron gilt. Wenn es moralisch verwerflich, ja sogar böse ist, einen Menschen zu versklaven, dann war dies auch schon in Zeiten des Perikles der Fall. Dass Sklaverei moralisch verwerflich ist, ist nicht eine Tatsache, die erst durch ihre Anerkennung in die Existenz kommt. *Moralischer Fortschritt* im Sinne einer sozial grossflächigen Änderung von Verhaltensstandards mit dem Ergebnis einer drastisch erhöhten Wahrscheinlichkeit eines unter ethischen Gesichtspunkten besseren Verhaltens in einer vom Fortschritt ergriffenen Population besteht nicht darin, dass die besagte Population mehr oder weniger grundlos ihre Wertvorstellungen ändert, sondern vielmehr darin, dass die betroffenen Wertvorstellungen sich der Wirklichkeit dessen, was wir einander schulden, angenähert haben.

Diese Annäherung kommt dabei freilich durch Prozesse zustande, die als solche wertneutral oder sogar in Einzelhandlungen moralisch verwerflich sein können. Die Menschenwürde steht etwa heutzutage im Grundgesetz für die Bundesrepublik Deutschland, was fundamentaler juristischer Ausdruck eines moralischen Fortschritts ist, doch die historischen Ursachen der damit verbundenen Verhaltensänderung involvieren eine Vielzahl moralisch verwerflicher Einzelhandlungen, deren Existenz das Ergebnis nicht rechtfertigt. Kurzum: Es gibt keine Theodizee, die sich darauf stützen kann, dass die Opfer der Geschichte letztlich für die Sache des Guten gestorben sind. Das Martyrium ist immer tragisch und das heisst, rational nicht auflösbar.

Ein wichtiges Element, das jede Ontologie moralischer Tatsachen in Rechnung stellen muss, unterscheidet die moralischen etwa von den in manchen Hinsichten vergleichbaren mathematischen Tatsachen. Während es sowohl immer schon der Fall war, dass Vergewaltigung böse ist, sowie, dass $\cos^2(\varphi) + \sin^2(\varphi) = 1$ ist, ist es unproblematisch, die Möglichkeit anzunehmen, dass niemals jemand die Eigenschaften des Einheitskreises erkannt hätte. Die Bosheit der Vergewaltigung hingegen ist für das Opfer durch die Tat selbst gegeben, kann also nicht übersehen werden. Das bedeutet, dass moralische Tatsachen sich auf eine bestimmte

Weise an uns wenden, dass ein Licht von ihnen ausgeht, für das die
Menschheit häufig mehr *nolens* als *volens* empfänglich ist. Auslöschen
lässt es sich allerdings nur um den Preis der völligen Selbstausrottung der
Menschheit – eine Faktizität, die sich in den letzten furchtbaren Wochen
und Monaten in der Sorge um einen thermonuklearen dritten Weltkrieg
ausdrückt. Die Gräueltaten in der Ukraine sind derart offensichtliche moralische Übel, dass die Annahme, Russland habe eben andere Werte als
der Westen, ohne dass man zwischen diesen ethisch entschieden wählen
könne, als widerlegt gelten kann. Damit wird der faule Alltagsrelativis-
mus der letzten dreissig Jahre vor den Augen unserer Wohlstandsöffent-
lichkeiten einer brutalen und für viel zu viele Menschen gewaltsamen *re-
ductio ad absurdum* unterzogen.

Die moralischen Tatsachen können ihrem Wesen nach nicht vollständig verborgen sein. Das entspricht dem altgriechischen Unterschied von
Physik und Ethik: Während es sinnvoll ist anzunehmen, die Natur könne
sich ihrem Erkanntwerden entziehen, wie Heraklit mutmasste, ist es abwegig zu glauben, das Gute könne unerkennbar sein. Die Idee des Guten
wurde daher von Platon in vielerlei Hinsicht zutreffend mit der Sonne
verglichen.

In einem gegenwärtigen Theorieumfeld wäre zu sagen, dass die moralischen Tatsachen auf eine spezifische Weise geistabhängig sind, was
nicht zuletzt in ihrem imperativischen Charakter zum Ausdruck kommt,
d. h. im spezifisch moralischen Sollen, das durch seine Unbedingtheit gekennzeichnet ist.

Abschliessend möchte ich nun noch, wie versprochen, darlegen, wie
der erste Teil meines Beitrags, der einen genuinen ontologischen Pluralismus eingeführt hat, nicht nur mit dem neuen moralischen Realismus vereinbar ist, sondern diesen sogar begründet.

Die Begründung besteht dabei zunächst darin, dass es die Struktur einer pluralistischen Ontologie erlaubt, eine Ontologie moralischer Tatsa-
chen anzunehmen, ohne damit «Moronen» zu postulieren, wie dies
Ronald Dworkin in seinem berühmten Aufsatz «Objectivity and Truth:
You'd Better Believe It» spöttisch genannt hat.[26] «Moronen», er sagt im
Englischen «morons», wären quasi-physikalische Moralpartikel, wie
Protonen, Elektronen usw., nur eben moralischer Natur. In diesem Sinne
gibt es natürlich keine moralischen Tatsachen, was aber in einem ontolo-
gischen Pluralismus, wie ihn etwa auch der späte Derek Parfit in «On
What Matters» vertreten hat, nur bedeutet, dass moralische Tatsachen

---

[26] Dworkin, Ronald, Objectivity and Truth. You'd Better Believe It, in: Philosophy & Public Affairs 25/2, 1996, 87–139, 104.

keine weiteren Naturtatsachen sind, die von der Physik erfasst werden könnten.[27] Doch heisst das nicht, dass es nur physikalische Tatsachen und damit keine moralischen gibt – was einfach nur eine Konstellation ineinander verschachtelter *non sequitur* ist. Der inzwischen allenfalls vorgestrige Physikalismus und handelsübliche Naturalismus ist heutzutage keine ernstzunehmende metaphysische Position mehr, schon gar nicht, wenn es um die Frage der Objektivität und Wirklichkeit der Ethik geht.

Doch die ethische Begründungsleistung, die mit dem ontologischen Pluralismus im Neuen Realismus verwoben ist, geht über diese einfache logische Topografie hinaus. Denn die Keine-Welt-Anschauung, also die These, dass es die eine, alles umfassende Welt nicht gibt, hat die anthropologische Konsequenz, dass wir den Menschen in seinen metaphysischen Urteilen über eine angebliche absolute Totalität als in einem Irrtum befangen betrachten können. Überwindet man diesen Irrtum, durchschaut man die Eigenleistung des menschlichen Geistes im Zustandekommen von luftigen metaphysischen Gebäuden, was seit Kant die Grundlage dessen ist, was als «Kritik» Karriere gemacht hat. Eine kritische Theorie der Gegenwart unterminiert daher das Scheinwissen der vormaligen Metaphysik, doch nicht, wie Kant dachte, um zum Glauben, sondern um zur Selbstkorrektur unserer Selbstvorstellungen Platz zu bekommen.

Auf diese Weise schliesst sich nun der Zirkel meiner Überlegungen im Hinblick auf ihren Anlass, d. h. meinen ursprünglichen Vortrag zur Eröffnung der Jahrestagung der Schweizerischen *Theologischen* Gesellschaft. Und dies ist einer der Gründe, warum ich die Legitimität der Keine-Welt-Anschauung sowie des Universalismus unter Hinweis auf die Autorität des Heiligen Paulus gestützt habe. In 1Kor 1,20 lesen wir im Original und dann in meiner Übersetzung:

> ποῦ σοφός; ποῦ γραμματεύς; ποῦ συζητητὴς τοῦ αἰῶνος τούτου; οὐχὶ ἐμώρανεν ὁ θεὸς τὴν σοφίαν τοῦ κόσμου; Wo ist ein Weiser? Wo ein Sprachgelehrter? Wo ein Erforscher dieser Weltlichkeit? Hat denn etwa nicht Gott die Weisheit der Welt einer Torheit überführt?

Ich meine, vor einiger Zeit eine bisher nicht beachtete Parallelstelle entdeckt zu haben, die die Grundlage eines post-coronialen Handschlags von Theologie und Philosophie sein könnte. In Xénophons «Memorabilien» heisst es nämlich über Sokrates, zunächst im Original und dann in meiner Übersetzung:

> οὐδὲ γὰρ περὶ τῆς τῶν πάντων φύσεως [...] διελέγετο σκοπῶν ὅπως ὁ καλούμενος ὑπὸ τῶν σοφιστῶν κόσμος ἔχει [...] ἀλλὰ καὶ τοὺς φροντίζοντας

---

27 Vgl. Parfit, Derek, On What Matters. Volume Two, Oxford 2011, 464–474.

τὰ τοιαῦτα μωραίνοντας ἀπεδείκνυε. Denn er unterhielt sich nicht über die
Natur des Ganzen, indem er betrachtete, wie sich der von den Sophisten
sogenannte Kosmos verhielt, sondern überführte diejenigen, die über solches
nachdachten, einer Torheit.[28]

Es gilt also, die alte Parallele von Sokrates und Christus in Erinnerung zu
rufen. Beide überführen die falsche Allgemeinheit eines objektorientierten
Ausgriffs auf eine absolute Totalität, die alles umfasst, einer versteckten
Partikularität. Der Ausgriff auf das Ganze kann nicht im Modus der Betrachtung, d. h. theoretisch erfolgen, weil es dieses vermeintliche Ganze
nicht gibt. Stattdessen gibt es uns als Subjekte, die inmitten komplexer
Vernetzungen im Wirklichen das Wirkliche in ihrem Denken und Handeln erfassen und verändern. Diese Modifikation ist auf vielfältige Weise
normiert, sodass es freilich auch zu Normkonflikten kommt.

Doch all das darf nicht davon ablenken, dass es etwas gibt, was wir
aus moralischen Gründen einander schulden. Dazu gehört die beständige
Erinnerung daran, dass es überhaupt etwas gibt, was wir uns aus moralischen Gründen schulden, sprich: die allgemeine Ethik, sowie ein spezi-
fisches Bekenntnis zu denjenigen moralischen Tatsachen, die in einem gegebenen Kontext bestehen.

---

[28] Xénophon, Mémorables. Introduction générale, Livre I, Paris 2000, 1.1.11.

Ganzheit und Fragment
Zur responsiven Resonanzstruktur von Individualität

Elisabeth Gräb-Schmidt

1. Hinführung: Zur Sinndimension des Fragmentarischen der Existenz angesichts des «ganzen ungeteilten Daseins»

Was macht ein gutes Leben aus? Diese den Menschen seit Anbeginn umtreibende existenzielle und auch philosophische Frage wird durch die Krise der Moderne verschärft, deren Kernproblem durch eine Einsamkeit und Leere, ein Verstummen angesichts der Erfahrung eines «Stummbleibens der Welt»[1] gekennzeichnet ist. Als Antwort auf vollmundige metaphysische und auch noch metaphysikkritische Versuche der Neuzeit in ihrer Rationalitätsorientierung stellt sich dieses Narrativ der Herausforderung, der Einsamkeit und Leere, den Zumutungen der Fragilität und Fragmentarität menschlichen Lebens angesichts von dessen Endlichkeit zu begegnen.

Wenn es um die Frage gelingender Existenz geht, um die Erfassung der Gesamtheit ihrer Sinnbezüge, dann ist das «ganze ungeteilte Dasein», wie es im Anschluss an Friedrich Schleiermacher in den Blick genommen werden kann, nicht nur ein Sehnsuchtsnarrativ, sondern – so die These des Beitrags – der Ausgriff auf sein Erleben entspricht gerade in dieser Sehnsucht auch einem Festhalten an Sinn und Bedeutung, ohne die offensichtliche Fragmentarität menschlichen Daseins zu negieren oder negieren zu müssen. Vielmehr wird gerade diese im Festhalten an jener Sehnsucht nach Ganzheit und Heil affirmativ in ihrer Bedeutung für das menschliche Leben bestätigt. So wird durch die Frage nach dem Sein, nach der Wirklichkeit und Wahrheit, die als Desiderat eben gerade dem Fragmentarischen innewohnt, eine grundlagentheoretische Dimension herausgefordert, die als solche das Anliegen der Metaphysik und Metaphysikkritik erinnert. Mit ihm stellt sich die Frage, inwiefern die Philosophie in ihrer Verabschiedung von Ontologie und Metaphysik in der Aufklärungstradition nicht nur normative Wurzeln verlassen habe, sondern

---

1   Vgl. Rosa, Hartmut, Resonanz. Eine Soziologie der Weltbeziehungen, Berlin 2019, 48.

angesichts des proklamierten Tods des Subjekts und nach dem Ende der grossen Erzählungen[2] diesem Verlust auch nichts entgegenstellen zu können scheint. Wie ist der daraus erwachsenden Orientierungslosigkeit zu begegnen? Wo findet sich ein Grund und Anhalt des menschlichen Seins?

In thetisch fast provokativer Form wird solcher Anhalt als normative Tatsache gegenwärtig etwa in den Konzeptionen des Neuen Realismus behauptet.[3] Hingegen als jene genannte ausgesprochene Sehnsucht nach einer Erfahrung von Wirklichkeit finden wir diese Frage in der belletristischen Literatur. Plakativ nachvollziehbar wird das etwa, wenn in der Wochenzeitung «Die Zeit» zehn Bücher empfohlen werden, die das Leben der Leser:innen verändert haben sollen, «keine revolutionären Bücher der Weltgeschichte», «keine Welterklärungen», war es doch Überzeugung des Verfassers, dass an die «grossen Erzählungen» nur noch wenige glauben, da man zu schlechte Erfahrungen mit Menschheitsbeglückungen gemacht habe. Aber – so der Rat – «jeder kann doch ein Buch lesen, das sein kleines Leben revolutioniert, das ihn erschüttert, ihm ein Lebensgefühl gibt, das er zuvor nicht kannte»[4]. In dieser Vorstellung wird der Ruf laut nach Erleben, geteiltem Erleben der Existenz in einer Welt, die unsere gemeinsame sein soll.

Ein Anspruch, ein hoher Anspruch, zu dessen Einlösung es offenbar der Kunst bedarf. Es geht darum, einer dichten Erfahrung auf die Spur zu kommen, weil nur sie die Wirklichkeit erfahrbar werden lässt. Anscheinend begegnen wir der Wirklichkeit nicht beiläufig, und offenbar existiert solche Wirklichkeit nicht einfach. Solche Wirklichkeit hat mit Selbsterleben zu tun. Und dieses wird am dichtesten in der Irritation durch eine Begegnung hervorgerufen. Selbstverstehen und Selbsterleben ist auf solche Alterität durch eine Begegnung angewiesen. In solchen Begegnungen ist die Dimension des Geistes angesprochen, eine Dimension, die nicht als solche existiert, sondern die erfahren werden muss und zu deren Erfahrung unser Selbstverhältnis vorausgesetzt ist. Im Trott des Allgemeinen,

---

[2] In äusserst vereinfachender Weise kann man sagen, Postmoderne bedeutet, dass man den Metaerzählungen keinen Glauben mehr schenkt. Vgl. Lyotard, Jean-François, Das postmoderne Wissen, Engelmann, Peter (Hg.), übers. v. Pfersmann, Otto, Graz / Wien 1986, 14.

[3] Vgl. Gabriel, Markus, Der Neue Realismus, Frankfurt a. M. 2014; Boghossian, Paul, Angst vor der Wahrheit, Berlin 2013; Ferraris, Maurizio, Manifest des neuen Realismus, übers. v. Osterloh, Malte, Frankfurt a. M. 2014; Messailloux, Quentin, Nach der Endlichkeit, übers. v. Frommel, Roland, Zürich / Berlin 2018.

[4] Soboczynski, Adam, 10 Bücher, die das Leben verändern, in: Die Zeit Nr. 27, 30.6.2021.

der sich immer wieder einschleicht, nach Kierkegaard sichtbar in der «Masse»[5] oder nach Heidegger im «Man»[6], manifestiert sich hingegen der Verlust einer Wirklichkeit des Erlebens oder eines Erlebens der Wirklichkeit, der uns geistlos werden lässt. Mit dem Geist verlieren wir aber nicht nur unser Selbstverhältnis, sondern die Lebendigkeit, die Kreativität unserer Freiheit. Schliesslich ist die durch den Geist ausgezeichnete Freiheit nicht lediglich die Wahl zwischen Gut und Böse, sondern die Besiegelung unserer schöpferischen Ursprünglichkeit. Diese wird wirksam in der Eröffnung einer Differenz, in der sich in unserem Selbsterleben ein Geistverhältnis aufbaut, das uns vor uns selbst stellt und so Wirklichkeit erfahrbar werden lässt.

Eine Gewinnung bzw. Wiedergewinnung von solch unverstellter Wirklichkeitserfahrung gelingt daher offensichtlich in den gebrochenen Erfahrungen endlichen Daseins nur durch eine differenzsensible Transzendenz, wie sie im reflexiven Selbsterleben vorausgesetzt wird. Mit ihr kommt eine Alterität ins Spiel, die das neuzeitliche Subjekt in seiner Autonomie brüchig bzw. durchlässig werden lässt für Erfahrungen des Neuen und Fremden. In dieser Öffnung hin auf die Wirksamkeit einer Alterität in der Selbsterfahrung kommt es zum Ernstnehmen der prinzipiellen Fragmentarität, der Bruchstückhaftigkeit des Lebens.

Solches Ernstnehmen – so die These – setzt damit das Zulassen einer Alterität als einer Transzendenz, die nicht in der Selbsttranszendenz aufgeht, sondern die dieser eine diese ermöglichende Transzendenz vorhergehen lässt, die durch die Alterität in Levinasschem Sinne als Widerfahrnis[7] hervorgerufen wird. Mit dieser Alterität als dem Subjekt transzendent begegnendem Einbruch in dessen Wirklichkeit rückt die unverrückbare und unhintergehbare Stellung des Individuums in die konzeptionstheoretischen Bestimmungen von Wirklichkeit ein. Mit ihm wird die Fragmentarität des Daseins theoretisch nicht nur begründbar, sondern auch validiert, indem es solche fragmentarische Wirklichkeit im konkreten einzelnen Dasein erfahrbar werden lässt. Denn gerade das Individuum steht

---

5 Vgl. Kierkegaard, Søren, Der Einzelne, Greve, Wilfried (Hg.), Berlin 2002; Vgl. dazu Wolf, Jean-Claude / Buchmüller-Codoni, Catherine, Kierkegaard. Der Einzelne gegen die Masse, in: Freiburger Zeitschrift für Philosophie und Theologie 61, 2014, 77–95.

6 Vgl. Heidegger, Martin, Sein und Zeit, Tübingen 1977, 113–130.

7 Vgl. Levinas, Emmanuel, Die Zeit und der Andere, 2. Aufl. Hamburg 1989, 47: «[...] das andere, das sich anzeigt, besitzt dieses Sein nicht so, wie das Subjekt es besitzt; sein Ausgreifen auf mein Sein ist [...] widerständig, ... doch dies zeigt genau an, dass das andere nicht in irgendeiner Weise ein anderes Ich-selbst ist».

als solches in seiner Konkretion dafür, Fragmentarität und Ganzheit zu
verbinden, und zwar genau dadurch, dass es in seiner Konkretion einer
systematischen Offenheit für eine ihm transzendente Ganzheit korrespon-
diert. Der Begriff für diese Konstellation des transzendenzoffenen Individuums könnte dann – um mit der modernen Soziologie oder auch der
klassischen Physik zu sprechen – als Singularität gefasst werden. Allerdings wird hier von einer Singularität in erweitertem Sinne zu sprechen
sein.[8]

Dieser Problematik und Chance einer in der Alterität der Transzendenz verorteten Wirklichkeitsbezogenheit fragmentarischen Lebens soll
in folgenden **fünf** Schritten nachgegangen werden. Zunächst (1.) sollen
vor dem Anspruch von Metaphysikkritik und (Post)-Moderne und den
jüngeren Versuchen des Neuen Realismus zunächst die neuen Herausforderungen für die Geltungsbedingungen des Daseins beleuchtet werden.
(2.) Diese zeichnen sich dadurch aus, dass sie sich nicht mehr an einem
abstrakt Allgemeinen orientieren können, sondern auf Konkretionen angewiesen sind. Diese Bemühungen zeigen sich besonders eindrücklich in
dem seit einigen Jahren aufkeimenden spekulativen bzw. Neuen Realismus, aber auch schon zuvor in den Konzeptionen der Phänomenologie
und des Dekonstruktivismus. Sie dokumentieren eine Anstrengung der
Wiedergewinnung normativer Orientierungen. Die Versuche des Neuen
Realismus treten dabei auch als Kritik des descartesschen Subjektivitäts-
denkens in Erscheinung, das – so nach H. Dreyfus und Ch. Taylor – den
Zugang zur Welt verstellt, indem unsere «Erkenntnis der Welt – bzw.

---

8   Mit dem Begriff der Singularität treten wir in eine Debatte ein, die die Wahr-
     nehmung einer neuen Konstellation bezeichnet. Der Begriff der Konstellation
     ist in diesem Zusammenhang bewusst gewählt, da es um die Parameter der
     In-Beziehung-Setzung verschiedener Aspekte in verschiedenen Disziplinen
     geht, die aber aufeinander verweisen können. (Vgl. zu diesem Begriff: Hen-
     rich, Dieter [Hg.], Konstellationen, Probleme und Debatten am Ursprung der
     idealistischen Philosophie [1789–1795], Stuttgart 1991.) Vgl. zum Begriff der
     Singularität in der Soziologie: Reckwitz, Andreas, Die Gesellschaft der Singu-
     laritäten, Berlin 2017. Dort ist der Begriff allerdings nicht in der tiefen Trans-
     zendenzdimension verankert, die die Konnotation der Einzigartigkeit veran-
     schaulichen kann. Das gilt auch für die Verwendung des Begriffs in den
     neueren Technologien der digitalen Welt. Singularität ist dort Kennzeichen
     einer Künstlichen Intelligenz. Sie bezeichnet den Zeitpunkt, ab dem Maschi-
     nen sich selbst verbessern und so auch den technischen Fortschritt massiv be-
     schleunigen können. Zwar hält auch dort der Begriff der Singularität Einzug
     als Einführung eines Bedingungslosen, einer sich selbst konzipierenden Enti-
     tät. Aber es ist gerade die Undurchdringlichkeit und Unableitbarkeit der Sin-
     gularität, die dort nicht als solche in ihrer Bedeutung reflektiert werden kann.

unser Zugang zur Welt, »ausser« uns, einzig und allein durch bestimmte im Innern angesiedelte Merkmale des Geistes/Organismus – zustande» kommt.[9] Im Gegensatz zu den Postulierungen von Realität im Zuge des Neuen Realismus versucht der vorliegende Beitrag jedoch (3.) vor dem Hintergrund Schleiermachers und im kritischen Gespräch mit den Ansätzen des Poststrukturalismus die Rolle der Transzendenz, der Alterität als Zugang zur Realität ins Spiel zu bringen (4.). Dies führt (5.) zu einem qualifizierten Begriff des Individuums, wie er auch durch die Singularität gekennzeichnet werden kann. Nur so kann gewährleistet werden, nachmetaphysisch eine Wirklichkeitserfassung zu beanspruchen, die einer Rückbindung an das Allgemeine entbehren kann und daher nicht der Gefahr erliegt, in metaphysische Ganzheitsaussagen und Totalitätsfantasien zurückzufallen.

2. Gegenwärtige Herausforderungen: Die Frage nach Realität und Geltung in den gegenwärtigen philosophischen Strömungen des Neuen Realismus und des Poststrukturalismus

Der «Neue Realismus», der im letzten Dezennium die Bühne – meist fulminant[10] – betreten hat, geht davon aus, dass wir unseren Sinnen, unserem Erleben vertrauen können und daher Realitätserfassung möglich ist. Die Auseinandersetzungen um die Frage zwischen einem subjektivitäts- und bewusstseinstheoretischen Zugang auf der einen und einem ontologischen auf der anderen Seite, wie sie in hoher Komplexität den Deutschen Idealismus prägten, werden damit hintangestellt. Anders als noch in den Entwürfen des Deutschen Idealismus versucht man im Neuen Realismus direkt, ohne Umweg über bewusstseinstheoretische Reflexionen, zum Sein vorzudringen. Und anders als bei Heidegger und Husserl geht man nicht über den Weg der Phänomenologie, sondern über den Weg der direkten Wahrnehmung und Reflexion von Sachverhalten als Seienden.

---

[9] Vgl. Dreyfus, Hubert / Taylor, Charles, Die Wiedergewinnung des Realismus, Frankfurt 2016, 24.

[10] Vgl. die Medienpräsenz der diesbezüglichen Debatte mit dem jungen Bonner Ordinarius Markus Gabriel und dessen zahlreiche Publikationen (bspw. Gabriel, Markus, Warum es die Welt nicht gibt, Berlin 2013; ders., Sinn und Existenz – eine realistische Ontologie, Berlin 2016; ders., Der Sinn des Denkens, Berlin 2018; ders., Moralischer Fortschritt in dunklen Zeiten. Universale Werte für das 21. Jahrhundert, Berlin 2020; ders., Der Mensch als Tier, Berlin 2022).

Als ontologischer Realismus, aber auch metaphysischer Skeptizismus rekurriert der Neue Realismus dabei auf Sinnfelder, die für Realität bürgen, denen jedoch der letzte Grund entzogen ist.[11] In dieser Konstatierung der Entzogenheit des Grundes signalisiert er so den Anspruch einer Metaphysikkritik, hält zugleich aber an einer Berechtigung der Ontologie fest. Das Konzept eines Neuen Realismus ist dann zwar insofern antimetaphysisch gewendet, als keine Einheitsvorstellungen mehr leitend sein sollen. Dieser gleitet aber nicht in einen Eklektizismus der Beliebigkeit oder eines pluralistischen *anything goes* ab, sofern er auf einem Zugang zur Realität beharrt. Er erweist sich so als Gestalt eines Realismus, der eben darin neu ist, dass er erstens überhaupt zwar die Frage nach Realität wieder zu stellen vermag, sie aber zweitens nur als empirisch verifizierbar festhält, nicht jedoch drittens als erkenntnistheoretisch in einen Grund rückführbar ansieht. Das heisst, als ontologischer Realismus zweifelt er nicht an der Realität des Seins, jedoch als metaphysischer Skeptizismus zweifelt er an der Möglichkeit ihrer umfassenden Erkenntnis.[12]

Damit steht der Neue Realismus nicht in seinem Anliegen, aber in seinem Ansatz und seiner Konzeption eigentlich quer zu den Versuchen des Poststrukturalismus. Während der Neue Realismus eine Kritik der Metaphysik, aber zugleich eine Rehabilitierung der Ontologie intendiert, zielt der Poststrukturalismus eines Emmanuel Levinas und Jacques Derrida in Weiterführung der Phänomenologie Husserls und Heideggers auf eine Absage an ontologische Refundamentalisierungen. Gegen eine vereinfachende Ontologie wird geltend gemacht: Sein ist nicht objektzentriert an Seiendes gebunden. Es zeigt sich in Begegnung und Erfahrung und wird sozusagen *dynamisch* legitimiert. Wirklichkeit wächst dem Einzelnen in kontingentem Begegnungszusammenhang mit dem Anderen zu.[13] Denn die Wirklichkeit des Seins wird nur durch Begegnung mit dem Anderen gesichert. Er muss als solcher gehört werden. Er kann nicht einfach vereinnahmt werden. Das heisst, Wirklichkeit verdankt sich einer Alterität und so einer Transzendenz. Dieses Widerständige des Anderen wird so zum heuristischen Angelpunkt der Bewährung von Wirklichkeit. Emmanuel Levinas' fundamentaltheoretische Bestimmung der Ethik sistiert daher nicht die Frage nach dem Sein. Solches Sein wird aber nicht substanzontologisch und auch nicht als empirisch beobachtbar bestimmt. Sein

---

11 Vgl. Gabriel, Welt, bes. 87–95.

12 Vgl. Gabriel, Markus, Der Sinn der Religion, in: Meyer-Blanck, Michael (Hg.), Geschichte und Gott, XV. Europäischer Kongress für Theologie (14.–18. September 2014 in Berlin), (VWGTh Bd. 44), Leipzig 2016, 58–75.

13 Vgl. Levinas, Emmanuel, Totalität und Unendlichkeit. Versuch über Exteriorität, Weinberger, Gerhard (Übertr.), Freiburg / München ³2002.

wird dynamisiert. Eine solche Dynamik hat zwar auch im Rahmen der aristotelischen Ontologie einen Ort im Gedanken des Werdens als Potenz, als Möglichkeit, sie wird jedoch bei Levinas nicht als teleologisches Werden verstanden. Dieses Werden gewinnt seine Dynamik vielmehr aus einer dialogischen Bewegung, die ihre Potenzialität als eine Responsivität erfährt, und zwar als eine Antwort auf ein Sollen: «Tu me ne tuera pas.»[14] Dieses Werden baut sich auf durch ein Gegenüber in Begegnung und in Antwort auf diese Begegnung. Das heisst, Wirklichkeit begegnet in Raum und Zeit, und zwar als Sollen. Diese Konstellation führt bei Levinas zur Konzeption einer «Ethik als prima philosophia»[15].

Die Aufmerksamkeit auf die Bewährung von Wirklichkeit in der dynamischen Konkretion diesseits eines abstrakten statischen Allgemeinen verbindet die gegenwärtigen Ansätze des Neuen Realismus und Poststrukturalismus mit dem Ansatz Schleiermachers.

3. Schleiermachers Begriff des Individuellen als Quelle eines transzendent gegründeten Wirklichkeitsbezugs

Nicht das neuzeitliche Subjekt, das für die Stellung des Allgemeinen steht, sondern das Individuum, der Einzelne in seiner leiblichen Basalität, firmiert bei Schleiermacher als die Instanz, die für den Rückbezug auf «das ganze ungeteilte Dasein» und dessen Wirklichkeitsanspruch stehen kann. Dabei kommen bei ihm unterschiedliche inhaltliche Bestimmungen des unverrückbar Individuellen ins Spiel: das Gefühl, die Natur, die Leiblichkeit. Dies sind jedoch immer solche Bestimmungen, die nur über eine rationalitätsexterne Instanz gesichert werden können, die sich ehemals im Sein als Sein repräsentiert hat. Diese Externität, die das Sein repräsentiert, ist als wirklichkeitsgarantierende Macht nicht aufgegeben, sie findet aber jetzt im Inneren des Individuums, im Gefühl, einen Ort. Das Gefühl ist bei Schleiermacher jedoch nicht mit dem Sentiment zu verwechseln. Es steht für eine Dimension des Selbstbewusstseins, für dessen dem Subjekt zugleich entzogene, aber es informierende Unmittelbarkeit. Mit dieser Unmittelbarkeit ist der Widerfahrnischarakter angesprochen, der in seiner Externität sowohl legitimierende als auch begründende und inhaltlich

---

14 Im Aufmerksamwerden auf den anderen durch dessen Antlitz, dass Wirklichkeit erfahrbar werden lässt im Gebot: *Tu me ne tuera pas*. Hier begegnet das Sollen als Anspruch einer Wirklichkeit, die gerade als unmittelbares Gegenüber Realität repräsentiert. Vgl. Levinas, Totalität und Unendlichkeit, 283–289.

15 Vgl. der Vortrag von Levinas, Emmanuel, Ethik als Erste Philosophie (1982), aus dem Französischen übertragen v. Weinberger, Gerhard (Übertr.), Wien 2022.

informierende Gestalt hat. Erkenntnistheoretisch relevant ist diese Verlegung der Externität des Seins in das Innere des Gefühls, weil dadurch die nachmetaphysisch als kognitiv unzugänglich bestimmte Externität des Seins im inneren Erleben nun einen Zugang zu dieser Externität findet. Das unmittelbare Selbstbewusstsein fungiert damit als legitimierende Instanz von Wirklichkeit, die zugleich ineins damit einen rational zugänglichen Ankerpunkt bildet. Damit ist – um mit Markus Gabriel zu sprechen – das Projekt der Aufklärung auf Dauer gestellt, ohne auf «Ontologie», wenn auch in nachmetaphysischem Sinne, verzichten zu müssen.

Über die Formation des Gefühls bzw. des unmittelbaren Selbstbewusstseins rückt das Individuum bei Schleiermacher somit in den kategorialen Horizont von Erkenntnis- und Geltungsbestimmungen vor. Damit problematisiert Schleiermacher zugleich einen erkenntnistheoretischen Anspruch der Reflexionssubjektivität in kantischem Sinn. Das Individuum fällt daher bei Schleiermacher nicht mit der freiheitlichen Reflexionssubjektivität zusammen, die sich als autonom von aller vertikalen Dimension befreit hat. Vielmehr geht das Individuum als vertikal bestimmte Individualität der Subjektivität voraus als dasjenige, das diese Subjektivität in ihren Leistungen des freien Handelns und Denkens informiert. Erkenntnis wurzelt dann nicht allein in Rationalität, sondern in einer spezifischen *Wahrnehmungskapazität*, die ein *Achten* auf das Woher des Angesprochenseins und ein Wohin des Antwortens beschreibt. Im Unterschied zu einem Gegründetsein in der Vernunft, wie bei Kant die neuzeitliche Subjektivität gefasst wird, wird nun mit dem Fokus auf das Individuum in seiner unverrechenbaren Gestalt bei Schleiermacher ein auch der Vernunft selbst Externes aufgeboten. Wie er in seiner «Dialektik» formuliert, bedarf es eines «transzendenten Grundes», um die theoretische Bestimmung der Erkenntnisvollzüge des Menschen vorzunehmen.[16] Und vor dem Hintergrund der Glaubenslehre und der Reden[17] entspringt mit der Fokussierung des unmittelbaren Selbstbewusstseins das Bewusstsein keiner reinen Vernunft, sondern es ist eingelassen in die Konstellationen des «Gefühls», bzw. des unmittelbaren Selbstbewusstseins.

Damit steht das Individuum gerade in seiner Unvertretbarkeit auch für das Bemühen, mit einer Kritik der allgemeinen Vernunft, d. h. des

---

[16] Vgl. Schleiermacher, Friedrich D. E., Dialektik, Bd. 2, Frank, Manfred (Hg.), Frankfurt a. M. 2001, 279ff.
[17] Schleiermacher, Friedrich D. E., Über die Religion. Reden an die Gebildeten unter ihren Verächtern, in: ders., Schriften aus der Berliner Zeit 1796–1799, Meckenstock, Günter (Hg.), (KGA I.2), Berlin / New York 1984, 185–326; ders., Der christliche Glaube 2. Auflage (1830/31), 2 Bd., Schäfer, Rolf (Hg.), (KGA I.13,1.2), Berlin / New York 2003.

Anspruchs der Vernunft, das Allgemeine erfassen zu können, nicht auch jeglichen Anspruch auf Erfassung der Wirklichkeit zu verabschieden. Diese Erfassung geschieht jedoch nicht ohne Rekurs auf Konkretion. Das Individuum löst die Subjektivität nicht ab, sondern hat sich jeweils als solche auch zu bewähren. Als aus der Transzendenz kommende hat die Unhintergehbarkeit des Einzelnen bei Schleiermacher in den Konkretionen des Gefühls, d. h. in seinen materialen Gehalten, Anhalt an Wirklichkeit, die dann orientierend für die Handlungsbezüge des Subjekts werden können.

Ontologisch und erkenntnistheoretisch relevant sind daher die Konkretionen, indem diese in ihren Begegnungen im Widerständigen Anhalt für Realitätswahrnehmung bieten. In den Konkretionen verdichtet sich die Wirklichkeit, die in ihrem Kern eben gerade nicht sich unter ein Allgemeines der Vernunft subsumieren lässt. Daraus resultiert der herausragende Stellenwert des Individuums für die Erfassung von Wirklichkeit bei Schleiermacher. Empirisch aufweisbar findet sich diese Wirklichkeit allerdings immer nur in Brechungen, Irritationen, Ambivalenzen. So zeigt sich im Individuum die Wirklichkeit als das Unverwechselbare, aber auch Widerständige, nicht Verrechenbare in allen Wahrnehmungen.[18]

Schleiermacher weist mit der Hervorhebung der Besonderheit des Individuums voraus in eine moderne (Post-)Moderne, die nicht die allgemeine Vernunft, wohl aber die Vernunft in ihren konkreten Variationen erfasst, wie sie in individuellen Brechungen im Einzelnen in dessen Fragmentarität erscheint. Ein solcher Begriff des Individuums verleiht dem geforderten Ausgriff auf das ganze ungeteilte Dasein Anhalt in einer Geltungsfigur, die nicht mehr das Allgemeine, wohl aber das Universale im Blick hat, das in der transzendenten Freiheitlichkeit und Kontingenz des Individuums bewahrt ist und dieses auszeichnet. Während das Allgemeine für die vernunfttheoretisch begriffliche Erfassung eines Ganzen steht, wie es traditionell durch die Metaphysik zu leisten beansprucht wurde, steht das Universale für eine heuristisch anvisierte Vorstellung eines Ganzen, das nur in offener Unbestimmtheit – jedoch in Konkretionen partikular manifestiert – aber gleichwohl in seinem Geltungsanspruch für eine Allumfassenheit vertreten werden kann.

Diese Gedankenfigur einer offenen Unbestimmtheit, die jedoch in Konkretionen partikular manifestiert erscheint, lässt sich durch die Aufnahme des Begriffs der Singularität, wie er hier in diesem Beitrag verwen-

---

[18] Gleich dem physikalischen Urknall legitimiert sie ihr Erscheinen durch sich selbst. In ihrer Kontingenz hat sie gerade durch sie so identitätsstiftende Funktion.

det wird, abbilden. Diese Fassung des Begriffs der Singularität unterscheidet sich dann gerade durch diese Bestimmtheit des Individuums durch das in ihm und seiner Konkretheit manifeste Universale von jener Fassung der Singularität, wie wir diese in der Soziologie vorfinden. Die am Universalen orientierte Singularität steht eigentümlich quer zu einem Verständnis von Singularität, wie es in den gegenwärtigen soziologischen Theorien, etwa von Andreas Reckwitz, thematisiert wird.[19] Diesem Verständnis gegenüber wird darauf hinzuweisen sein, dass ein als Singularität apostrophiertes Individuum sich nicht notwendig in einer Vereinzelung von sogenannten «Singles» erschöpfen muss. Wird das Individuum in seiner Konkretion an den Gedanken des Universalen angeschlossen, ist es als Individuum gerade in seiner Konkretion nicht als isoliert und der Einsamkeit preisgegeben zu verstehen, sondern als transzendent offen. In Rückbindung an das Universale erhält es so einen kontextuell gebundenen Realitäts- und Geltungsanspruch. Dieser Realitäts- und Geltungsanspruch wird dem Individuum in der Konkretion – als welche das Individuelle im Zusammenhang des Universalen auftritt – durch das Universale garantiert.

Schleiermacher verwaltet mit der Fokussierung des Individuums in seiner unverfügbaren Einzigartigkeit gerade dieses Erbe, das sich gegen eine bloss am Allgemeinen orientierte Subjektivität und damit auch gegen einseitige Entwicklungen einer instrumentellen Rationalität richtet, durch seine Hervorhebung des unvertretbaren und unhintergehbaren Individuellen in aller Wahrnehmung und in allem Erkennen. Damit richtet sich seine ursprüngliche Einsicht[20] schon früh gegen ein eindimensionales Vernunftverständnis, wie es dann später auch – etwa von Max Horkheimer und Theodor W. Adorno[21] – kritisch analysiert worden ist.

[19] Vgl. Reckwitz, Andreas, Die Gesellschaft der Singularitäten, Berlin 2017.

[20] Vgl. Gräb-Schmidt, Elisabeth, Schleiermachers original Insight. Infinite Inwardness as Consciousness of Freedom and its Consequences for Theology as Encyclopedia, in: Gräb, W. / Sockness, B. (Hg.), Schleiermacher, the Study of Religion, and the Future of Theology. A Transatlantic Dialogue, Berlin / New York 2010, 257–272.

[21] Vgl. Adorno, Theodor W. / Horkheimer, Max, Dialektik der Aufklärung (1947), Frankfurt 1969.

4. Fragmentarität des Daseins und die Transzendenz von Wirklichkeit

In Weiterführung der Linie Schleiermachers können wir nun auch in Bezug auf die jeweiligen philosophischen Konzeptionen des Neuen Realismus und Poststrukturalismus die Anforderungen an die Geltungsdimension von Wirklichkeit unter nachmetaphysischen Bedingungen näher bestimmen.

Wir haben gesehen, auch bei Schleiermacher ist der Realitätsbezug nur über eine Begegnung mit einem Externen, einem Transzendenzbezug möglich. Zentral sind dafür die Begriffe der Transzendenz als transempirischer und der Kontingenz als empirischer Bedingung von Realität. Dabei liegt für Schleiermacher die Wirklichkeit allein in der Reichweite dessen, was sich im Individuum auf der Erlebensebene konkretisiert. Diese Konkretion geschieht im dialogischen Verstehen im Sinne Platons, das sich zum einen in Begegnungen und zum anderen als responsive Resonanz zeigt. Wirklichkeit kann sich dort allein (und allein dort) als darstellende Vergewisserung Ausdruck verschaffen, sei es in der Kunst der Bilder, in der Dichtung oder Musik. Das heisst allein narrative, mimische und gestische Formen der Wirklichkeitsbeschreibung können sich diesem Anspruch, Wirklichkeit einzufangen, nähern, die eben dadurch sogleich zu brechen ist und die sozusagen nur in individuellen Brechungen begegnet. Was mit einer solchen Vorstellung von Wirklichkeit gewonnen wird gegenüber traditionellen metaphysischen Erklärungen, ist, dass Wirklichkeitsansprüche nicht in einer theologischen oder kosmologischen Ordnung gegründet werden, die nachmetaphysisch als nicht mehr rational zugänglich diagnostiziert wird. Trotzdem kann ein Geltungsanspruch von Wirklichkeit erhalten und dieser sogar als rational zugänglich, wenn auch als nicht einholbar, aufgezeigt werden. Dies gelingt, indem nicht nur auf eine Externität unseres Bewusstseins und unserer Erkenntnisbemühungen verwiesen wird im Sinne ehemals ontologischer und metaphysischer Realität, sondern indem diese Externität gerade für die empirischen Bedingungen ins Spiel kommt und dort die Transzendenz in ihren kontingenten Wirkungen für die Immanenz manifestiert. So ist es bei Schleiermacher in dessen Gefühlskonzeption impliziert.

Dabei ist es der Transzendenzbezug des Individuums und dessen Konsequenz eines nur gebrochenen Wirklichkeitszugangs, der Schleiermacher für die postmodernen Formen eines Neuen Realismus ebenso wie eines Dekonstruktivismus konstruktiv anschlussfähig werden lässt. Jedoch wird es uns mittels seines gefühlstheoretischen Ansatzes ermöglicht, zugleich über deren Setzungscharakter auf Seiten des Neuen Realismus –

beziehungsweise über deren Beschreibungscharakter aufseiten des Poststrukturalismus – hinauszuführen. Entscheidend dabei ist daher mit dem Poststrukturalismus und gegenüber dem Neuen Realismus, dass ein Transzendenzbezug als *conditio sine qua non* – auch und gerade für das Wissen – aufrechterhalten wird. So kann mittels dieses Transzendenzbezugs auch in gewisser Weise die Ambivalenz und Ambiguität unseres Seins verortet werden, die dann in gewisser Weise ein Verstehen der Irritationen und Brüche unserer Existenz in der humanen Welt ermöglicht. Dies gelingt, weil mit den Transzendenzbezügen zwar nicht – wie in der traditionellen Metaphysik – das Allgemeine als Abschlusskategorie einer Vernunft, wohl aber das Universale als Unabgeschlossenes leitend bleibt. In den Reden ist dies manifestiert in Anschauung und Gefühl angesichts des Unendlichen;[22] in der Dialektik in Bezug auf den transzendenten Grund, der in oszillierenden Bewegungen zwischen Begriff und Urteil, zwischen Denken und Sein, Annäherungen ermöglicht.[23] Diesen Zusammenhang in vollem Umfang erkennen zu können, macht die grundlegende Relevanz des Transzendenz- und des mit ihm verbundenen Kontingenzbezugs aus, aus dem jetzt Wirklichkeitsbestimmung im und für das Individuum hervorgehen kann.

5.   Die wirklichkeitsstiftende Kraft der Transzendenz im Individuum: Zur Frage der Singularität

Die wirklichkeitsstiftende Kraft des Transzendenzbezugs wohnt bei Schleiermacher im Individuum. Im Anschluss an Schleiermachers Verständnis des Individuums könnte dem Individuum in seiner transzendent verankerten Unhintergehbarkeit und Unableitbarkeit so der Charakter einer Singularität in qualifiziertem Sinne zugesprochen werden.

Es wurde schon darauf hingewiesen, dass der Begriff der Singularität gegenwärtig vor allem in der Soziologie[24] begegnet, aber auch in den Naturwissenschaften, dort bereits früher in der traditionellen Physik, nun auch neuerdings in der Transhumanismusdebatte. Die Komplexität dieses Begriffes ist jedoch dort kaum darstellbar, fällt diese doch den Weichenstellungen einer technisch-rationalen Vernunft zum Opfer. Die Betrachtung der Verwendung des Begriffs Singularität in der Soziologie und im naturwissenschaftlichen Kontext der Transhumanismusdebatte ist hier auch nicht der Fokus. Aber sie dient der Klärung unterschiedlicher

---

22 Schleiermacher, Religion, 211ff.
23 Schleiermacher, Dialektik, 279ff.
24 Vgl. Reckwitz, Singularitäten.

Bedeutungsmöglichkeiten des Begriffs der Singularität. Dabei kann der physikalische Begriff der Singularität auf Entscheidendes hinweisen. Er ist symbolisch manifest in der so benannten Singularität des Urknalls. Gleich dem physikalischen Urknall legitimiert eine Singularität ihr Erscheinen durch sich selbst.

So besagt die Urknalltheorie, «dass alles – also Materie, Raum und Zeit – aus einem unglaublich dichten Punkt, einer sogenannten *Singularität*, entstanden ist».[25] Diese Theorie verweist auch auf eine der Singularität eigene Initiativfunktion, die den Urknall symbolisch mit der Schöpfung aus dem Nichts, der *creatio ex nihilo* zusammenbinden könnte.

Eine solche radikal-vertikale Singularität entspricht jedoch nicht der soziologischen Verwendungsweise etwa im Sinne des Sozialphilosophen Andreas Reckwitz, der diesen Begriff der Singularität für das Auseinanderdriften des Subjekts in isolierte Individualitäten fasst. Bei Schleiermacher wäre der Begriff der Singularität für das Individuum dadurch gerechtfertigt, dass in das Individuelle eine vertikale Geltung eingebaut ist, die das Selbst in seiner (Selbst)Wirksamkeit als Singularität kennzeichnen könnte.

Hartmut Rosa legt den Begriff der Selbstwirksamkeit seiner Resonanztheorie zugrunde.[26] Mit Selbstwirksamkeitserfahrung wird bei ihm eine wesentliche Dimension unseres Realitätsbezugs benannt. Es ist die Erfahrung, dass wir in der Welt darauf vertrauen können, etwas durch unser Tun und Sein auszulösen und dies in Resonanz gespiegelt zu bekommen. Damit zeigt sich als und in der Widerständigkeit als Aussenwelt eine Realitätserfahrung für das Individuum. Das ist eine wichtige Beschreibung; aber was setzt sie voraus?

Sie setzt nach vorliegender Interpretation voraus, dass wir uns jenseits unserer individuellen Eigenaktivität auf etwas verlassen können müssen, das a.) diese Eigenaktivität umgreift und das b.) dieses Umgriffensein wahrnimmt, d. h. darauf antwortet. Dieser responsive Charakter von Wirklichkeit deutet dann aber daraufhin, dass das Erste vor allem Denken und Handeln eine Rezeptivität ist. Nur als Wirkung *von einem transzendenten Grund* wird es in und für dieses Individuum möglich, die Selbstwirksamkeit als solche zu erkennen, zu bestätigen und zu valorisieren. Solche Realität, wie sie durch die Transzendenz kontingent als Widerständigkeit auftritt, bestimmt sich in Resonanz und Responsivität als Selbstwirksamkeitserfahrung und kann so die Funktion eines Garanten der Wirklichkeitsbestimmung übernehmen.

---

[25] Deeg, Janosch, Die 10 grössten physikalischen Rätsel unserer Zeit, spektrum.de, 30.10.2014 (letzter Zugriff am 27.10.2022).
[26] Vgl. Rosa, Resonanz, 269–281.

Solch responsives Resonanzerleben vermittelt Gewissheit, Wirklichkeit als solche zu identifizieren. Über Gewissheit als Anhalt einer Realität kommen wir jedoch nicht hinaus, denn:

> Ob am «Grund der Welt» die Resonanz des Universums steht [...] Oder nur das öde Schweigen des eisigen Weltraumes [...], lässt sich mit den Mitteln des Verstandes nicht entscheiden.[27]

Solcher Resonanzraum wird vielmehr – um auf den Anfang zurückzukommen – gestiftet durch Irritationen, die instantan eine andere, gerade so aber wirkliche Seinsdimension aufscheinen lassen.

Es sind diese Wirklichkeit verbürgenden kontingenten, irritierenden Momente, die im Individuum und für dieses das Ganze des ungeteilten Daseins nicht nur aufscheinen lassen, sondern auch – wenn auch gebrochen – repräsentieren können. Dem Individuum wohnt damit gerade durch seine in der Resonanz erfahrene Selbstwirksamkeit eine kritische Kraft inne. Mit dieser Kraft ist die Dimension der Selbstreflexion angesprochen. Aber auch diese ist eben nicht durch einen spontanen Akt, sondern durch Begegnung initiiert. Denn auch und gerade die kritische Kraft resultiert nicht aus der Reflexion selbst, nicht aus einer Spontaneität, sondern gewinnt sich aus einer Rezeptivität. Sie ist auf Hören und Kommunikation des Individuums angelegt und vermag so die Gefahr eines Solipsismus, wie es dem neuzeitlichen Subjekt in seiner «glasglockenartigen Eingeschlossenheit»[28] vorgeworfen wurde, zu überwinden. Dies geschieht durch jenen Resonanzraum der Responsivität, der eine Antwort auf ein Sollen darstellt.[29]

In der durch Schleiermacher vorbereiteten Individualitätstheorie ergibt sich die gesuchte normative Valenz aus einer Erfahrung der inneren Gestimmtheit, die das Individuum als Individuum vor sich bringt und die so das Individuelle in seiner Transzendenz als Singularität fassen kann.

In ihrer Kontingenz hat solche Singularität gerade durch sich selbst identitätsstiftende Funktion. Nicht von ungefähr ist diese Dimension abzulesen in ethischen Konzeptionen, die das Selbstverhältnis aussprechen, etwa als vorausgegangene Verpflichtung, unser Leben führen zu müssen

---

27 A. a. O., 450f.
28 Vgl. Dreyfus/Taylor, Wiedergewinnung.
29 Was daher Schleiermacher von Kant unterscheidet, ist die Unterscheidung von Grund und Ganzem. Dies ermöglicht es, durch Transzendenz jene Distanz zu plausibilisieren, die im Selbstbewusstsein die Forderung der Freiheit als Selbstbegrenzung und d. h. als soziale Freiheit versteht, um Intersubjektivität zu ermöglichen, die den anderen als anderen erkennt. Dieser Ansatz wäre mithin im Kern pluralismusfähig.

(Kant), als Sorge, zu der wir aufgerufen sind (Heidegger), als unser Hinausgestelltsein ins Dasein (Gehlen und Plessner), als Verurteiltsein zur Freiheit (Sartre) bzw. zur Absurdität (Camus), als unser Angerufensein durch das Antlitz des Anderen, das uns selbst auf unsere Einmaligkeit und Verpflichtung anspricht (Levinas) und uns mit unserer singulären Bedeutung konfrontiert.

Realität und Normativität haben damit eine letztlich nur aus der Alterität, d. h. an Transzendenz orientierter Haltung zu gewinnende Grundlage. Philosophisch ist dies im Entzogenheitsmodus als das Nichteinhol- und Unbegründbare zu bestimmen, *theologisch* aber kann es als in kontingenter konkreter Erfahrung Begegnendes plausibilisiert, wenn auch nicht letztbegründet werden.

Nach Schleiermacher ist das Individuum damit der Ort, an dem die Wirkungen des Da- und Soseins in ihrer Kontingenz sich zu einer *Transzendenz*erfahrung verdichten, die sich spiegelbildlich in der Einzigartigkeit des Individuums als Konzentration der Verschmelzung transzendenter Kontingenz und immanenter Konkretion zeigt. Im Individuum gefasst als singuläre Ursprungskategorie bündeln sich damit die Geltungs- und Realitätsbestimmungen, die das nachmetaphysische Subjekt für seine Freiheit und Autonomie in Anspruch nimmt. Denn diese Wirkungen verweisen auf eine bleibende Transzendenz, auf die das neuzeitliche Subjekt bereits durch die sich seinen geschlossenen Konzeptionen querstellenden Begegnungen mit der Kontingenz des In-der-Welt-Seins gestossen wird, die eben solche Transzendenzbezüge nicht in die Immanenz des Begreifens und Verstehens holen kann. Im Individuum hingegen, als das sich solches Subjekt in den konkreten kontingenten Widerfahrnissen vorfindet, bündeln sich solche Begegnungen wie in einem Brennglas. Diese Bündelung ist in ihrer manifesten Unüberwindbarkeit und rationalen Nichteinholbarkeit dennoch und gerade so (widerständige) Realitätserfahrung.

Hier in jener Transzendenz, in der das Individuelle sich gegründet erfährt, ist Kontingenz das letzte, aber nicht Kontingenz als blinder Zufall, sondern Kontingenz als auf gewisser Erfahrung einer Selbstwirksamkeit beruhend. Die Seins- und Geltungsbestimmtheit von solch gewisser Erfahrung als Wirkungen der Transzendenz ermöglicht dabei, die Selbstverständigung des Menschen in seinem Sein einzubeziehen, ohne sich dem metaphysischen oder metaphysikkritischen Anspruch rationaler Einholung beugen zu müssen und gleichwohl rational nachvollziehbar zu sein.

Wesentlich ist es dann aber, diese Kontingenz nicht nur zu konstatieren, wie im Neuen Realismus, sondern ihr als Wirkung Raum zu geben, wie im Poststrukturalismus. Denn nur in ihren Voraussetzungsbedingungen und Konsequenzen bedacht, lässt sich die Kontingenz als Bürgin von

Realität erfassen. Dies gelingt nicht, wird sie nur gesetzt und auf sich zu-rückgeworfen. In der Aufnahme der genannten Wirkungen der Kontin-genz in Responsivität und Resonanz wird so, in Weiterführung der Ge-danken Schleiermachers und in der Aufnahme der Deutungskategorien Rosas, eine neue Überwindung des metaphysikkritischen Hiats von Den-ken und Sein vorbereitet, die es vermag, sowohl kritizistische Bedenken gegenüber Metaphysik aufzunehmen, die in einer Sistierung der Frage nach dem Sein führen können, als auch deren Aporien zu überwinden.

6. Das Versprechen des Ausgriffs auf ein ganzes ungeteiltes Dasein angesichts der Fragmentarität der Existenz

Eine theoretische Grundlegung für die Bewährung von Realität und Gel-tung bieten zu können, diesseits aller Letztbegründungen, war das Ver-sprechen des Ausgriffs auf ein ganzes ungeteiltes Dasein. Es kann mittels der *Kategorie der Transzendenz*, die sich je und je kontingent im Indivi-duum in Erfahrungen der Transzendenz und Begegnungen ereignet, ein-gelöst werden. Entscheidend dafür – das muss gegenüber dem Neuen Re-alismus ebenso wie gegenüber dem Poststrukturalismus betont werden – ist die Kategorie der Transzendenz.

Die in der Transzendenz wurzelnde Kontingenzbestimmung ist es, die mit den und für die neuen Theorien explizit gemacht werden kann, um ihrem Anspruch auf «Realität» gerecht werden zu können. Solche Wirk-lichkeit wird sich in ihren Wirkungen manifestieren, m. a. W. in einer Resonanz, durch die das Individuum jenen Widerhall findet, der in den kontingenten, aber konkreten Erfahrungen Wirklichkeit plausibel ma-chen und so dem konkreten Dasein in seinen Fragmenten und Brüchen die extern verbürgte Ungeteiltheit seines Daseins versichern kann. Die Kriterien dieser Legitimation von Wirklichkeit als Wirklichkeit finden in einer Transzendenzbeziehung der *conditio humana* ihren Anhalt, die den Ausgriff des Denkens und Handelns auf das Ganze ermöglicht, ohne die-ses denkend einholen zu können oder auch zu sollen. In Weiterleitung des Ansatzes Schleiermachers wird festgehalten: Gerade der Ausgriff auf das Ganze ist Ausdruck solches unhintergehbar Fragmentarischen unserer Existenz und nicht nur dieser, sondern des Seins selbst. Das Fragmenta-rische ist dann *conditio sine qua non* der Teilhabe am Universalen. Denn dieses kann nur und wird sich durch Einbruch in die individuelle Erfah-rungsebene bemerkbar machen und kann so Sein aufscheinen lassen und legitimieren. Es ist die kontingente Transzendenzerfahrung, die das Fragmentarische motiviert, gerade als solches in einer Alterität ein Einsprengsel eigentlicher Wirklichkeit verkörpern zu können. Dem Allgemeinen, dem Reich der begrifflichen Vereinnahmung muss eine solche Teilhabe entgehen, da diese der grundlegenden passivischen und kommunikativen Komponente entbehrt, die das Offensein für Transzendenz voraussetzt. Diese speist sich aus dem Universalen. Insofern dient das Fragmentarische auch als Bastion gegenüber einem Anspruch des Allgemeinen, Wirklichkeit selbst abbilden zu können.

Dass daher dieses Fragmentarische nicht nur als Defizit erfahren wird, dafür steht eben die Transzendenzverwurzelung des Fragmentarischen. Und genau für diese steht das Individuum als Singularität. Denn der Begriff Singularität bezeichnet generell die unableitbare, für sich stehende kontingente Entität, die so für die Entstehung eines Neuen, eines schöpferisch Neuen, eintritt. Das *Neue* kennzeichnet ein Gebiet, das das mit naturwissenschaftlicher Methodik nicht Erreichbare meint. Solche Phänomene können benannt, aber nicht begrifflich erfasst werden. Hierfür stehen etwa die Bezeichnungen Fulguration und Emergenz. Sie dienen als «Lückenfüller» für das Unerklärliche. Gleichwohl verweisen sie gerade in dieser Funktion auf einen Transzendenzbezug, ohne diesen metaphysisch in Anspruch zu nehmen.

Die Kategorie der Transzendenz liefert vielmehr einen Legitimationshorizont für den Anspruch auf eine Realität, die sich beschreiben lässt als kontingenter Ereignischarakter ihres Erscheinens, der sich als Responsivität des Individuums zur selbstwirksamen Resonanz verdichtet. Dabei ist in der Kategorie der Transzendenz der Legitimationsanspruch für ihre kontingente Wirklichkeit zu suchen. Und für diese Transzendenz steht auf erkenntnistheoretischer Ebene das Individuum, betrachtet als Singularität. Diese kann als solche den Augenblick des kontingenten konkreten Einbruchs in die Wirklichkeit bezeichnen. Damit wäre eine transzendent legitimierte Wirklichkeit eine solche, die an ihr selbst nur in einem Moment des Singulären, dort aber eben tatsächlich erfasst werden kann. Sie erfährt sich als dynamische in Resonanz und bewährt sich als selbstwirksame in Responsivität.

Das Fragmentarische ist daher nicht eine diminutive Sicht des Wirklichkeitsbezugs nach dem Ende der Metaphysik, das sich an diese Fragmentarität als letzten Strohhalm klammert, sondern es ist eine tiefere und angemessenere Sicht auf die Erkenntnisbedingungen der Subjektivität unter endlichen und leiblichen Bedingungen der Erkenntnis, sofern am Gedanken der Erkenntnis festgehalten wird, d. h. am Anspruch, nicht nur Sein zu postulieren, sondern Zugang zum Sein zu haben. Insofern ist aller

Wahrheits- und Wirklichkeitsanspruch in der Moderne/Postmoderne an diese Validierung des Fragmentarischen gebunden.

Für Schleiermacher ist solche fragmentarische Wirklichkeit in der Religion, im religiösen Gefühl, manifest. Dass aber ein solcher Rekurs auf Transzendenz nicht religiös vereinnahmt oder ausgegeben werden muss, sondern sich schlicht aus den Geltungsforderungen einer Theorie des Realismus im Sinne der Wirklichkeitsaffirmation ergibt, soll hier betont werden. Für Schleiermacher ist daher die Religion – und nicht Gott – der Gegenstand, der als Bürge unseres Anhalts an Realität Geltung haben kann. Schleiermachers Festhalten am «ganzen ungeteilten Dasein» im Individuellen bringt bereits eine solche Überzeugung im Kern zum Ausdruck.

Mit dem Neuen Realismus käme Schleiermacher insofern dahingehend überein, dass wir unseren Erfahrungen trauen dürfen und müssen, wollen wir am Humanum festhalten als derjenigen Wertung, die Selbstverstehen und Sinnbezug, Selbstwirksamkeit und Transzendenzbezug als *differencia specifica* für die Bestimmung der Wertung in Anspruch nimmt. Für solche Wertungen ist jedoch das Festhalten am Gedanken des transzendent begründeten Wahrheits- und Wirklichkeitsbezugs der Existenz unumgänglich. Wie dieser nachmetaphysisch aussehen kann, das hat Schleiermacher in seiner zweiten Rede über die Religion in bis heute massgeblicher Weise dargelegt:

> Alles Endliche besteht nur durch die Bestimmung seiner Grenzen, die aus dem Universum gleichsam herausgeschnitten werden müssen. Nur so kann es innerhalb dieser Grenzen selbst unendlich sein.[30]

In dieser Weichenstellung ist es die Fragmentarität des Individuums, in der sich alle Ansprüche des Ausgriffs auf Wirklichkeit und Sein bündeln. Sie lassen sich so auch in die (post-)modernen Konstellationen übersetzen. Möglich ist dies für Schleiermacher, indem in seiner Religionstheorie die Fragmentarität der – und zwar der einzige – Ort ist, an dem sich Transzendenz manifestiert, die so in den Dienst des Universalen treten kann. Philosophisch hat er dies in den Reden über die Religion begründet. Theologisch ist dies kreuzestheologisch initiiert, doch das wäre noch einmal ein eigenes Thema.

[30] Schleiermacher, Religion, 213.

Neuer Realismus und Theologie

Anne Louise Nielsen

1. Einleitung

Zur Diskussion um die Frage nach dem Ganzen soll im Folgenden ein Beitrag geleistet werden, der sich aus einer theologischen Perspektive mit dem sogenannten Neuen Realismus beschäftigt. Dieser ist einer von zahlreichen aktuellen realistischen Ansätzen, zu denen etwa auch der Spekulative Realismus und der Agentiale Realismus zählen. Der Neue Realismus, der in den letzten zehn Jahren als philosophische Position von dem Bonner Philosophen Markus Gabriel, zusammen mit dem italienischen Philosophen Maurizio Ferraris, etabliert wurde, ist vor allem durch Gabriels Bestseller «Warum es die Welt nicht gibt» (2013) bekannt geworden. Hier wird sogar wieder einmal von einem kontinentalen Philosophen über Gottes Existenz gesprochen. Diese philosophische Einspielung einer metaphysischen Position soll im vorliegenden Artikel mit Blick auf ihre Bedeutung für die Theologie genauer untersucht werden. Er bietet zunächst einen kurzen Überblick über die realistische Tradition innerhalb der Theologie, skizziert danach den Ansatz des Neuen Realismus, besonders dessen zentrale Auseinandersetzung mit Kant, und fragt zuletzt unter Aufnahme von Überlegungen Karl Barths kritisch nach Gabriels konzeptioneller Bestimmung von Realität.

2. Realismus in der theologischen Tradition

Die biblische Theologie war überwiegend realistisch eingestellt. Schon in der Paradieserzählung finden wir einen bestimmten Realismus, einen sogenannten Begriffsrealismus:[1]

> Da bildete der HERR, Gott, aus dem Erdboden alle Tiere des Feldes und alle Vögel des Himmels und brachte sie zum Menschen, um zu sehen, wie er sie

---

[1] Nach der Position ‹Begriffsrealismus› wird Allgemeinbegriffen reales Sein zugeschrieben, vgl. www.schwabeonline.ch/schwabe-xaveropp/elibrary/start.xav?start=%2F%2F*%5B%40attr_id%3D%27verw.begriffsrealismus%27%20and%20%40outline_id%3D%27hwph_verw.begriffsrealismus%27%5D (letzter Zugriff am 10.11.2022).

nennen würde, und ganz wie der Mensch als lebendiges Wesen sie nennen
würde, so sollten sie heissen. Und der Mensch gab allem Vieh und den Vögeln
des Himmels und allen Tieren des Feldes Namen.[2]

In dieser Szene spielt sich sozusagen eine Taufe ab. Diese geschieht aber
nicht im Sinne einer arbiträren Namensvergabe an die Tiere, wie es in
einer nominalistischen Perspektive zu erwarten wäre.[3] Vielmehr wird mit
dem Namen häufig ein Wesensmerkmal des betreffenden Tieres bezeichnet. So verweist etwa der Name der Schlange lautmalerisch auf «zischen».
Und im Wort «Mensch» steckt die hebräische Wurzel, die «Erde» bedeutet.[4] Insofern kann man hier von einem Begriffsrealismus sprechen. Die
Namen sind also keine nominalistischen Generalisierungen, die auf Individuen angewendet werden, ohne ihnen in der Realität zu entsprechen,
sondern Allgemeinbegriffe (lat. Universalien), die das Wesen der damit
bezeichneten Dinge bzw. Lebewesen ausdrücken.

Höhepunkt der bis in die Antike zurückreichenden historischen Debatte um den ontologischen Status der Universalien war der Universalienstreit im 13. Jahrhundert.[5] Dabei schloss sich die damalige Theologie
in Bezug auf die Verhältnisbestimmung von Einheit und Vielheit, Allge-
meinem und Individuellem für beide Positionen des Streits eng an die zeitgenössische Philosophie an. Der Streit drehte sich darum, ob die Logik,
wenn sie sich mit Gattungen beschäftigt, Dinge (*res*) oder Wörter (*voces*)
zum Gegenstand hat. Markant vertrat Anselm von Canterbury einen Realismus – die Logik beschäftigt sich mit Dingen –, während Petrus A-
belard einen Nominalismus – die Logik hat Worte zum Gegenstand –
verfocht. Später ordnete der Realist Thomas von Aquin der sogenannten
ersten Philosophie nicht nur kategoriale, sondern auch transzendentale
Begriffe zu. Damit ist gemeint, dass alle Dinge, noch bevor sie kategorial
erfasst werden, als Sein und Wesen bzw. als ein «Etwas» verstanden werden. Thomas versteht Gott als das zuhöchst wirkliche Wesen, als «actus

2   Gen 2,19f. (Zürcher Bibel 2007).
3   Vgl.https://www.schwabeonline.ch/schwabe-xaveropp/elibrary/start.xav?
     start=%2F%2F*%5B%40attr_id%3D%27verw.begriffsrealismus%27%20
     and %20%40outline_id%3D%27hwph_verw.begriffsrealismus%27%5D (letz-
     ter Zugriff am 10.11.2022).
4   Der Zusammenhang besteht übrigens auch im Lateinischen: «homo» stammt
     aus dem Wortfeld «humus» (Erde).
5   Vgl. Walker, Ralph C. S./ Soskice, Janet Martin, Realismus, 2010, www.
     degruyter.com/database/tre/search?query=%28 %28Realismus%29 29&
     startItem=0&keywordTypesAndValues=&matchAnyTerm=false (letzter Zu-
     griff am 10.11.2022).

purus»[6], der das Seiende und seine Wahrheit garantiert. Diese göttliche Legitimität wird gemäss Thomas vor allem in Ex 3,14 erkennbar: «Ich bin, der ich bin.» Ein Urteil ist somit nach Thomas wahr, wenn das Seiende, das darin behauptet wird und von Gott garantiert ist, etwas Seiendem in der *Wirklichkeit* entspricht.

Der Nominalist Wilhelm von Ockham ordnet dagegen den Dingen Allgemeinbegriffe oder «Denkintentionen» mit Zeichenfunktion zu, ohne auf etwas ausserhalb des Denkens existierendes «Universales»[7] zu referieren. Ein solcher «Universalien-Platonismus» würde, so Ockham, nur zum Problem der Weltverdoppelung führen.

Realistische Züge finden sich auch bei Martin Luther. In seiner Schrift «Von der Freiheit eines Christenmenschen» von 1520 formuliert er:

> [D]enn kein gutes Werk hänget (so) an dem göttlichen Wort wie der Glaube ... Wie das Wort ist, so wird auch die Seele von ihm, gleichwie das Eisen aus der Vereinigung mit dem Feuer glutrot wie das Feuer wird.[8]

Im Licht der Tradition zeigt sich die folgende theologisch-realistische Struktur: Wie Adam das Wesen des Tieres erfasst oder wie die Vernunft das Wesen der Dinge bei Thomas erfasst, so erfasst (oder «hänget») bei Luther der Glaube am göttlichen Wort (Christus). Daraus ist allerdings zu ersehen, dass der realistische Zug bei Luther nicht der Wahrheitserkenntnis des Seienden gilt. Es geht ihm vielmehr um die Wirklichkeit des neuen Menschen und um den wachsenden Glauben.

Die Grundunterscheidung «Realismus» versus «Nominalismus» taucht in der kontinentalen Debatte des Rationalismus gegen den englischen Empirismus im 17. Jahrhundert wieder auf. Danach werden beide Orientierungen in Kants transzendentalem Neuansatz der Philosophie

---

6   «Der aristotelische und neuplatonische Gedanke von dem ersten Seienden als höchste Aktualität wurde in der scholastischen Lehre von Gott als reiner Aktualität (actus purus) ohne jegliche Bestimmbarkeit weiterentwickelt und in dieser Form auch weitgehend in der neuzeitlichen Theol. und theistischen Philos. (Theismus) rezipiert», https://referenceworks.brillonline.com/entries/religion-in-geschichte-und-gegenwart/actus-purus-DUM_00135?s.num=0&s.f.s2_parent=s.f.book.religion-in-geschichte-und-gegenwart&s.q=actus+purus (letzter Zugriff am 10.11.2022).

7   Ein «Universales» wird exemplarisch im «Phaidon» von Platon vertreten, wenn er dafür argumentiert, dass Ideen eine selbstständige Existenz haben.

8   Luther, Martin, Von der Freiheit eines Christenmenschen (1520), in: Aland, Kurt (Hg.), Luther Deutsch, Bd. 2, Martin Luther. Der Reformator, Göttingen 1981, 251–274, 256 (10. These).

neutralisiert.[9] Grundsätzlich ist der Universalienstreit also nach Kant beigelegt.

G. W. F. Hegel, Kulminationspunkt der Deutschen Idealismus, kann auf Luther, bei dem sich im Spätmittelalter, wie gezeigt, ein theologischer Realismus finden lässt, hinweisen, aber zugleich ist bei dem Idealisten Hegel der Zugang zur Wirklichkeit eindeutig über die Philosophie vermittelt:

> Was *Luther* als Glauben im Gefühl und im Zeugnis des Geistes begonnen, es ist dasselbe, was der weiterhin gereifte Geist im *Begriffe* zu fassen und so in der Gegenwart sich zu befreien und dadurch in ihr sich zu finden bestrebt ist. [...] Wenn die Philosophie ihr Grau in Grau malt, dann ist eine Gestalt des Lebens alt geworden, und mit Grau in Grau lässt sie sich nicht verjüngen, sondern nur erkennen; die Eule der Minerva beginnt erst mit der einbrechenden Dämmerung ihren Flug.[10]

Hegel zufolge vermag philosophische Erkenntnis zwar Wirklichkeit zu erkennen; aber nur in einer abgeschwächten Form; denn sie läuft der lebendigen Wirklichkeit immer hinterher und «malt» sie darum «Grau in Grau».

Nach diesem (sehr) kurzen Durchgang durch die realistische Tradition innerhalb der Theologie und Philosophie stellt sich die Frage, wie es um die Tradition des Realismus in der heutigen Theologie und Philosophie bestellt ist. Ein konsequenter theologischer Realismus kann lexikalisch in drei Schritten definiert werden: (1.) Es gibt unabhängig von Menschen einen Gott (ontologisches Kriterium); (2.) Gott kann erkannt werden (epistemologisches Kriterium); und (3.) es kann wahr über Gott gesprochen werden (semantisches Kriterium).[11] Die so bestimmte Position scheint aber in der heutigen Theologie das Feld weithin zugunsten eines verbreiteten Antirealismus geräumt zu haben.[12] Wenn gegenläufig zu sol-

---

9   Mit etwas gutem Willen lässt sich die Unterscheidung Realismus versus Nominalismus im Grundlagenstreit der Mathematik des 20. Jahrhunderts noch einmal erkennen und zwar in Gestalt eines Platonismus gegen einen Konstruktivismus.

10 Hegel, Georg Wilhelm Friedrich, Grundlinien der Philosophie des Rechts (1820), Moldenhauer, Eva / Michel, Karl Markus (Hg.) Werke 7, (Werke in zwanzig Bänden), Frankfurt a. M. 1970, 27f.

11 More, Andrew, «Theological realism», 2015, www.rep.routledge.com/articles/thematic/theological-realism/v-1. (letzter Zugriff am 10.11.2022).

12 Siehe dazu unten Abschnitt 5. Vgl. auch Krüger, Malte Dominik / Gabriel, Markus, Was ist Wirklichkeit?, Tübingen 2018, 27f.

chen Tendenzen derzeit in der Philosophie ein «Neuer Realismus» vertreten wird, dann sollte dies eigentlich das Interesse der Theologie wecken,
die sich dadurch aus meiner Sicht positiv herausgefordert fühlen müsste.

3. Der Neue Realismus

«Doch müssen wir mit unserer Antwort auf die Frage, was das Ganze
eigentlich soll, sehr vorsichtig sein. Denn wir können nicht einfach unsere
Erfahrung überspringen und so tun, als ob es eine riesengrosse Welt gäbe,
in der unsere Erfahrung eigentlich keinen Platz hat.»[13]

Mit diesen Worten kündigt Gabriel die neue Haltung seines Neuen
Realismus an, der sich anheischig macht, das Zeitalter der «Postmoderne»
abzulösen.[14] Zunächst soll der Begriff «Realismus» definiert werden. Der
wichtigste Gegenbegriff zum Begriff des Realismus ist nach Gabriel nicht
etwa der des Idealismus, wie dies spätestens bei den Deutschen Idealisten
markant vertreten wurde, sondern der des Nominalismus, bzw. des Konstruktivismus als dessen Variante.[15] Gabriel wiederbelebt sozusagen das
alte Begriffspaar (Realismus versus Nominalismus) des mittelalterlichen
Universalienstreites, der im Prinzip (von Kant) überwunden worden ist.
Gegen den Konstruktivismus und alle Spielarten, welche die Wirklichkeit
nur für ein Konstrukt halten, wendet sich der Neue Realismus programmatisch. Darunter fällt die alte Metaphysik[16] aber auch der neuere Neuro-
Konstruktivismus[17] oder jedes beliebige «Weltbild»[18], das sich besonders
gut unter den Bedingungen der neuen Kommunikationsmöglichkeiten und
durch die Manipulation der Medien entwickeln könnte. Gegen alle diese
Positionen wendet sich der Neue Realismus mit folgender Doppelthese:
1.) Menschen können Dinge und Tatsachen an sich erkennen.[19]
2.) Die Dinge und Tatsachen an sich gehören nicht einem einzigen Gegenstandsbereich an.[20]
Die erste These plädiert für eine realistische Ontologie, die mittels des in
der zweiten These implizit eingeführten (und gleich noch vorzustellenden)

---

13 Gabriel, Markus, Warum es die Welt nicht gibt, Berlin 2013, 125.
14 Vgl. a. a. O., 9f.
15 Vgl. a. a. O., 147.
16 Nach Gabriel steckt das Problem der Metaphysik in ihrem Versuch, eine Theorie des Weltganzen zu entwickeln; vgl. a. a. O., 10f.
17 Vgl. a. a. O., 60.
18 Vgl. a. a. O., 163.
19 Vgl. a. a. O., 165f.
20 Vgl. a. a. O., 149.

Schlüsselbegriffs «Sinnfeld»[21] jedoch charakteristisch spezifiziert bzw. relativiert wird, da eigentlich zu erwarten wäre, dass Sinnbezüge in einer (im eigentlichen Sinne) realistischen Ontologie eher als sekundäre Abstraktionen von Subjekten zu stehen kommen sollten. Inspirationen von Thomas Nagel und Wolfram Hogrebe folgend knüpft Gabriel mit seinem Konzept der Sinnfelder jedoch in kritischer Weiterführung an jenes der «Gegenstandsbereiche» aus der klassischen Ontologie von Gottlob Frege an.[22] Frege versteht solche Gegenstandsbereiche als «Universen»[23], in denen Objekte existieren. Mit dieser Begrifflichkeit formt Frege kritisch den traditionellen Gattungsbegriff um, da die moderne Logik den Begriff der Gegenstandsbereiche beinahe vollständig mit dem Begriff der Menge verschmolzen hatte.[24] Zum Beispiel können, nach Frege, fünf Bäume in einem Wald je nach «Universum» entweder als eine Baumgruppe oder als fünf einzelne Bäume, die zum Wald gehören, verstanden werden.[25] Mit dieser Überlegung wendet er sich gegen einen strengen Begriffsrealismus, der besagt, dass alles, was existiert, unter einen (und das hiesse eben: eindeutig unter nur einen) Begriff fallen muss. Damit ist gemeint, dass es ohne den Begriff «homo» also keine Menschen geben würde. Das hält Frege an sich für problematisch, und er verweist auf das (später sehr bekannte) Beispiel vom Morgenstern und Abendstern, welche Begriffe bekanntlich beide denselben Gegenstand, nämlich den Planeten Venus, bezeichnen.[26] Damit unterscheidet Frege den Bezugsgegenstand (bzw. Bedeutung), hier Venus, von der Art seines «Gegebenseins» (bzw. Sinn), hier als Morgen- und Abendstern, um zu zeigen, dass eine Referenz, inklusive ihrer impliziten Existenz, immer einen bestimmten «Sinn» mit einschliesst.

Gabriel zufolge sind Sinnfelder vage, bunt und relativ unbestimmt.[27] Mit anderen Worten ist «Sinn» ein Medium für Differenz, oder präziser gesagt, gibt es eine *inhärente Pluralität* im Begriff des Sinnes,[28] die nach Gabriel mit unserer Erfahrung der Wirklichkeit übereinstimmt. Der Neue

---

21 Sinnfelder sind die Orte, wo etwas überhaupt erscheint, vgl. a. a. O., 88.

22 Vgl. a. a. O., 88f.

23 Dieser ‹sphärischen› Begriff deutet an, dass nicht alle Bereiche Mengen von abzählbaren und mathematisch beschreibbaren Gegenständen sind.

24 Vgl. Gabriel, Welt, 89.

25 Vgl. a. a. O., 92.

26 Vgl. Frege, Gottlob, Über Sinn und Bedeutung, in: Zeitschrift für Philosophie und philosophische Kritik, NF 100, 1892, 25–50, 27. Vgl. dazu Gabriel, Transcendental Ontology, London 2011, xiii–xiv.

27 Vgl. Gabriel, Welt, 88.

28 Vgl. a. a. O., 155.

Realismus opponiert somit mit seinem Sinnbegriff gegen die Vorstellung einer «fundamentalen Schicht der Wirklichkeit», aber er betont gleichzeitig die Realität der Dinge und Tatsachen, die Menschen erkennen können (vgl. die erste These des Neuen Realismus). Gabriels bevorzugtes Beispiel in diesem Kontext ist das seiner linken Hand:

> Genau dagegen wendet der Neue Realismus ein, dass meine linke Hand nicht davon unterschieden ist, dass sie bald so und bald so erscheint. Ich sehe die Hand gerade von hier aus, und jetzt schon von einem anderen Standpunkt. Warum sollte ich daraus schliessen, dass ich gar keine Hand habe?[29]

Die Sinnfeldontologie stellt den philosophischen Kernbegriff der Existenz ins Zentrum, der bei Gabriel jedoch eine Eigenschaft von Sinnfeldern (nicht von Gegenständen) bezeichnet, nämlich diejenige, dass etwas in ihnen erscheint.[30] Dasjenige zum Beispiel, was als linke Hand erscheint, könnte Gabriel zufolge auch als eine Ansammlung von Elementarteilchen, als Kunstwerk oder als Werkzeug erscheinen.[31] Sinnfelder befinden sich so in einem endlosen Regress aufeinander, und physische, materielle Objekte haben keine ontologische Priorität vor fiktionalen Sachverhalten wie Hexen oder Einhörnern.[32] Sinnfelder sind weiter nicht bloss Horizonte oder Perspektiven wie in der Phänomenologie, sondern sie sind essenzielle Teile davon, wie Dinge und Tatsachen an sich *sind* (vgl. die erste These des Neuen Realismus). Oder anders gesagt bildet jedes Sinnfeld für sich genommen die ganze Wirklichkeit ab.

Von Gabriels früheren Werken her kann man den Eindruck gewinnen, dass der Neue Realismus eine wichtige Wurzel im Deutschen Idealismus hat, namentlich in der Philosophie von F. W. J. Schelling.[33] Trotz dieses idealistischen Hintergrunds verzichtet Gabriel zugunsten des unendlich differenzierten Sinn-Moments nahezu völlig auf die Inanspruchnahme der Figur eines transzendentalen Apriori.[34] Man fragt sich, wie hängen bei Gabriel die menschliche Erkenntnis und eine von Menschen unabhängige Realität genau zusammen? Gabriel zufolge hat der menschliche Ver-

---

[29] A. a. O., 154.

[30] Vgl. a. a. O., 94.

[31] Vgl. a. a. O., 91.

[32] Vgl. a. a. O., 101 und 118.

[33] «The basic ontological claim that I will defend based on Fichte, Schelling and Hegel is that Being itself is the source of contingency. Being is nothing other than a side effect of the transfinite, nontotalizable plurality of fields of sense», Gabriel, Ontology, xiv.

[34] Vgl. Gabriel, Welt, 12.

stand an eine Realität, die unabhängig vom Menschen existiert, sich langsam angepasst und wurde etwa dazu fähig, über diese Realität Theorien aufzustellen.[35] Mit anderen Worten gibt es eine Kompatibilität zwischen der Realität und einem Element des Verstehens, das nicht ausschliesst, dass die Realität von Menschen gedacht werden kann (objektiver Idealismus). Entscheidend ist nach Gabriel aber, dass der menschliche Verstand, wie auch jedes System und Weltbild, mit einer externen Grenze konfrontiert ist und sich von einem Punkt her, an dem er nicht existierte (als keine Menschen existierten), entwickelt hat.[36]

Zusammenfassend ist zu sagen, dass Gabriel eine sogenannte fraktale Ontologie vertritt, bei der die Welt(en) in sich selbst unendlich häufig hineinkopiert ist/sind, und der Mensch immer nur Ausschnitte des Unendlichen erkennt, was einen Überblick über das Ganze verunmöglicht.[37] Die Sinnfelder lassen sich so nur als eine Bindung an endgültig unbegründete Erscheinungen verstehen, obwohl sie zugleich eine Art Ursprung (nur) simulieren, weil es keine fundamentale Schicht der Wirklichkeit gibt.[38] Mit anderen Worten ist der Gegenbegriff zu «Wirklichkeit» nach Gabriel nicht «Erscheinung», sondern das menschliche Bedürfnis nach einer letzten Begründung. Deshalb geht die Frage nach der Existenz auch der Frage nach der Subjektivität voraus. An diesem Punkt sollte Kant, Gabriel zufolge, korrigiert werden, was im Folgenden näher zu erläutern ist.

4. Gabriels Auseinandersetzung mit Kant in Bezug auf die drei regulativen Ideen

Obwohl Kant in der Psychologie keinen Beweis für die Unsterblichkeit der Seele gibt,[39] in der Kosmologie keinen Beweis für die Einheit der Welt als Ganzheit,[40] und in der Theologie keinen Beweis für die Existenz Gottes,[41] argumentiert er trotzdem für die Voraussetzung der drei sogenannten regulativen Ideen, Welt, Gott und (menschliche) Seele, nämlich als

---

35 Vgl. a. a. O., 196f.
36 Vgl. a. a. O., 16.
37 Vgl. a. a. O., 108.
38 Mit einem Verweis auf Schelling schreibt Gabriel: «There is no such thing as the singular, individuated real, which manifests itself in one particular shape, but an endless variety of withdrawels related to the manifold ways we relate to what there is.», Gabriel, Ontology, 91.
39 Vgl. Kant, Immanuel, Kritik der reinen Vernunft (1781), Hamburg 1998, B 414f.
40 Vgl. a. a. O., A 518/B 546f.
41 Vgl. a. a. O., A 593/B 621f.

«Gesetz der Vernunft».[42] Wie verhält sich Gabriel zu diesen drei regulativen Ideen?

In Bezug auf die Welt schliesst Gabriel sich Kants Feststellung an, dass der Weltbegriff an eine transzendentale Totalitätsunterstellung gebunden ist. Dies ist der Grund für seine Ablehnung des Weltbegriffs, die sich schon in seinem provokanten Buchtitel «Warum es die Welt nicht gibt» spiegelt. Aus Gabriels Sicht gibt es die Welt nicht, weil sie in keinem Sinnfeld auftritt. Die Welt wäre *das Sinnfeld* aller Sinnfelder (vgl. Heidegger: «Die Welt weltet»), das es aber in Gabriels Theorie als solches nicht geben kann, weil die Welt eben ihrerseits in keinem Sinnfeld auftaucht.[43] Gabriel zufolge ist «Welt» also eine illegitime Kategorie, die in einer Theorie über «das Ganze» zu verorten wäre, aber eine solche Theorie kann es nicht geben.

In Bezug auf Gott sieht die Sache anders aus. Von der Existenz Gottes kann philosophisch durchaus gesprochen werden; denn Gott existiert tatsächlich, nämlich im Sinnfeld «Religion». Mit einer Referenz auf Friedrich Schleiermacher beschreibt Gabriel Religion als «Sinn und Geschmack fürs Unendliche».[44] Gott ist präziser die Idee, dass die Welt als Ganzes tatsächlich sinnvoll ist, obwohl der Gedanke unsere Fassungskraft übersteigt.[45] Diese Idee verbindet Gabriel weiter mit Søren Kierkegaards Existenzanalyse des menschlichen Selbst: «Kierkegaards Analyse zufolge ist Gott unsere maximale Distanznahme. Dies erlaubt es ihm, die Grundlehren des Christentums, die er als christlicher Theologe gut kannte, in eine Sprache des Geistes zu übersetzen.»[46]

In Bezug auf die Seele sei Kant laut Gabriel zu kritisieren. Kant habe nämlich dieses (transzendentale) Subjekt auf eine leere, logische Form reduziert, weil er nicht genügend berücksichtigt hätte, dass auch das Subjekt – das auch nicht immer da war – als Teil des Seienden existiert.[47] Dieses existierende Subjekt hat aber nach Gabriel die Fähigkeit, in eine reflektierende Distanz sowohl zu seinem Selbst als auch zum Selbst eines anderen zu treten. Dieses doppelte Selbstverhältnis nennt Kierkegaard «Geist», und es ist nach Gabriel übrigens nicht mit dem Begriff Kultur gleichzusetzen, sondern Geist ist «der Sinn des Sinnes» oder als anstehender und radikal offener Sinn zu verstehen. «Geist» deutet nicht nur den

---

42 Vgl. a. a. O., A 311/B 368 oder A 669/B 697.
43 Vgl. Gabriel, Welt, 96f.
44 Vgl. a. a. O., 194.
45 Vgl. ebd.
46 A. a. O., 209.
47 Vgl. Gabriel, Ontology, xi.

menschlichen Fortschritt eines ausgebauten Erkenntnishorizontes, sondern eben auch das potenzielle Zusammenbrechen des menschlichen
Selbstverständnisses an. Wie hier deutlich wird, hebt Gabriel ohne Probleme Kierkegaards individuellen Ansatz in einer geistigen Evolution des
Menschen auf.

Als ein Ergebnis seines Durchgangs durch Kants Lehre von den regulativen Ideen kann festgehalten werden, dass Gott nach Gabriel existiert
und beschrieben werden kann (nämlich im Sinnfeld der Religion), während
der Weltbegriff (ganz) und (tendenziell auch) das Subjekt als normativer
Referenzpunkt aufgegeben werden müssen. Auch eine metaphysische
Ausarbeitung des Wissens, wie sie besonders in der Aufklärungszeit geschah und dabei dem Wissen eine Sonderstellung zuteilwerden liess, ist
nach Gabriel in der heutigen Wissenschaft zu revidieren. Denn Wissenschaft, Aufklärung und Religion seien tatsächlich enger miteinander verbunden, als es von der Philosophie normalerweise in Betracht gezogen
werde. Gemeinsam sei diesen Grössen nämlich, dass sie als «Weltbilder»
einen Fetischcharakter annehmen könnten.[48] Auch diese These ist gegen
Kant gewendet, der sich weder gefragt habe, warum das Projekt der Vernunft so attraktiv ist, noch problematisiert habe, dass die Wissenschaft
in seinem Zeitalter sich in (zu) starker Konkurrenz mit der Religion sah.
Die Wissenschaften sollten, so Gabriel, nicht quasi religiös verehrt werden, denn sie «leisten keine Welterklärung, sondern sie erklären, was
auch immer sie eben erklären können, ein Molekül, eine Sonnenfinster-
nis, eine Zeile in einem Roman oder einen logischen Fehler in einem Argument».[49]

In Bezug auf Gabriels Anschluss an Kants Feststellung, dass der Weltbegriff an eine Totalitätsunterstellung gebunden sei – und die von ihm
daraus gegen Kant gezogene Folgerung, dass der Weltbegriff philosophisch abzuschaffen sei, stellt sich allerdings nun die Frage, ob sich «die
Welt» so leicht abschaffen lässt. Denn nach Kant ist die Totalitätsunterstellung, die sich mit dem Weltbegriff verbindet, ja transzendentaler Natur.[50] Insofern «gibt» es die Welt nach Kant, d. h. die Vernunft muss den

---

48 Vgl. Gabriel, Welt, 209f.
49 A. a. O., 176.
50 Präziser sind die regulativen Ideen insgesamt als vernunftinhärente Normen
    zu verstehen, die sich aus dem Streben der Vernunft nach Vollständigkeit und
    Einheit ihrer selbst bzw. ihrer Inhalte ergeben bzw. diesem zugrunde liegen.
    Nach Kant geht die Vernunft fehl, wenn sie die regulativen Ideen zu konsti-
    tutiven Prinzipien macht, d. h. wenn sie die Ideen als in der Welt wirkende
    und existierende Prinzipien auffasst. Die Ideen sind wie gesagt nur regulativ,
    d. i. richtunggebend und zielorientierend für das Streben der Vernunft. Damit

Weltbegriff postulieren; sonst könnte der Mensch keine Erfahrungen machen:

> Einheit der Synthesis nach empirischen Begriffen würde ganz zufällig sein und, gründeten diese sich nicht auf einen transzendentalen Grund der Einheit, so würde es möglich sein, daß ein Gewühle von Erscheinungen unsere Seele anfüllte, ohne daß jemals Erfahrung werden könnte. Alsdann fiele aber auch alle Beziehung der Erkenntnis auf Gegenstände weg, weil ihr die Verknüpfung nach allgemeinen und notwendigen Gesetzen mangelte, mithin würde sie zwar gedankenlose Anschauung, aber niemals Erkenntnis, also für uns so viel als gar nichts sein.[51]

Kant zufolge müssen also Anschauung und Begriff in einem «transzendentalen Grund der Einheit» wurzeln, sonst ist keine zusammenhängende Erkenntnis möglich, bzw. kein Kriterium für Wissen und Wahrheit gegeben, sondern nur ein «Gewühl von Erscheinungen». Kants theoretische Struktur ist somit klar und kompromisslos. Demgegenüber klammert Gabriel das transzendentaltheoretische Problem, ob die Sinnfelder ausserhalb oder innerhalb des Bewusstseins sind, bewusst aus. Er setzt mit anderen Worten sozusagen mit einem «Gewühl von Erscheinungen» ein als der bleibenden Voraussetzung seines erfahrungsbezogenen Realismus bzw. seiner Sinnfeldontologie:

> Die Sinnfeldontologie ist meine Antwort auf die Frage, was der «Sinn von Sein» ist, um eine berühmte Formulierung Heideggers aufzugreifen. Der Sinn von Sein, die Bedeutung des Ausdrucks «Sein» beziehungsweise «Existenz», ist der Sinn selbst. Dies zeigt sich darin, dass es die Welt nicht gibt. Die Nichtexistenz der Welt löst eine Sinnexplosion aus. [...] Wir können dem Sinn nicht entrinnen. Sinn ist sozusagen unser Schicksal, wobei dieses Schicksal nicht nur uns, die Menschen, sondern eben alles betrifft, was es gibt.[52]

Hier wird deutlich, dass «Sinn» als die Bedeutung der Existenz auf eine flache Ontologie hinweist, die sich mit Begriffen wie «Explosion» und «Schicksal», als Bezeichnungen ontologischer Aktivität (Sein) von einem transzendentalphilosophischen Ansatz unterscheidet. Somit stellt der Neue Realismus sich als eine breite und attraktive Synthese dar, der eigentlich nur einen einzigen Gegner hat, nämlich den Konstruktivismus.

------

sind die Ideen jedoch eben auch nicht nur als heuristische und methodologische Prinzipien zu betrachten, weil sie in eben dieser richtunggebenden und grenzziehenden Funktion für die Vernunft normativ und notwendig sind. Vgl. Kant, Kritik, A 663–668/B 691–696.

[51] A. a. O., A 111.

[52] Gabriel, Welt, 254f.

Mit seinem Versuch einer Überbietung Kants landet der Neue Realismus somit unversehens wieder in der Nähe von Idealisten wie Schelling oder Schleiermacher. Dazu kommt die populäre Offenheit dieses Ansatz, die besonders darin liegt, dass (idealistische) Begriffe wie Geist und Gott mit der modernen Physik und Mathematik, z. B. mit der elfdimensionalen Stringtheorie[53] oder mit der fraktalen Geometrie[54], aber auch mit fiktionalen Sachverhalten wie Romanen, Fernsehserien und aktuellen Filmen in Verbindung gebracht werden.[55]

5. Die Relevanz des Neuen Realismus für die Theologie

Der Neue Realismus zeigt sich für die Theologie in mindestens zwei zusammenhängenden Aspekten relevant:

Erstens lehnt Gabriel ein Verständnis von Realismus ab, das den Begriff des «Universums» als die Lösung für das klassische «Aussenweltproblem»[56] betrachtet. Werde nämlich dieser Wirklichkeitsdeutung gefolgt, überlässt der Philosoph bzw. die Theologin (zu Unrecht) den Anspruch von Wirklichkeitsdeutung – die klassisch die Aufgabe der Metaphysik war – den Physikern, deren Gegenstandsbereich «das Universum» ist.[57] Realismus dagegen, ist nach Gabriel die Beschreibung eines «Objektivitätskontrasts», der für wahrheitsfähige Gedanken gilt,[58] bzw. das Universum bezeichnet (nur) eine besondere Betrachtungsweise.[59]

Zweitens ist die gegenwärtige Realismus-Debatte Gabriel zufolge von einem methodischen Antirealismus geprägt. Die realistischen Diskurse werden durch die Normen Wahrheit und Aussagbarkeit auf eine homogene Wirklichkeit, z. B. das Universum, bezogen, während die Diskurse, die anti-realistisch gedeutet werden, durch Zusatznormen weiter differenziert werden und damit offener und attraktiver erscheinen.[60] Diese Tendenz des Antirealismus kreidet der Bochumer Theologe Günter

---

53 Vgl. a. a. O., 32f.
54 Vgl. a. a. O., 108.
55 Vgl. a. a. O., 13.
56 Das Aussenweltproblem ist die Idee, dass eine sogenannte Aussenwelt existiert, die auf die Sinnesorgane einwirkt, während die menschlichen Vorstellungen entweder wahr oder falsch sind. Diese Idee ist aber nach Gabriel ein wissenschaftliches Weltbild und somit ontologisch falsch; vgl. a. a. O., 119.
57 Vgl. Gabriel, Welt, 37.
58 Vgl. a. a. O., 146f.
59 Vgl. a. a. O., 40.
60 Vgl. a. a. O., 56f.

Thomas seit langem auch der Theologie an, indem er darauf verweist, wie in der zeitgenössischen Theologie Religion als Identitätsmanagement in Form einer programmatischen religiösen Coping-Strategie und einer moralischen Mobilisierungsunternehmung ausgelegt werde.[61]

Dass der Neue Realismus durchaus für Vertreterinnen und Vertreter der Theologie anschlussfähig ist, kann mit Bezug auf den Marburger Theologen Malte Dominik Krüger und (mit Abstrichen) die Tübinger Theologin Elisabeth Gräb-Schmidt weiter gezeigt werden. Krüger findet seine eigene sogenannte bildhermeneutische Theologie[62] mit dem Neuen Realismus in mindestens drei Punkten kompatibel: erstens im realistischen und epistemischen Moment des Wirklichkeitsverständnisses (gegen naturalistische Reduktionen), zweitens in der Relativierung der Ganzheit von «Welt» und «Gott», ohne dass Gott deswegen im Gegenzug zu einer absoluten Einzelheit würde, und drittens in der Betonung der fiktionalen Sachverhalte, bzw. einer (theologisch) produktiven Negativität.[63] Wiewohl Gräb-Schmidt einigen Aspekten des Neuen Realismus kritisch gegenüber steht,[64] kann sie dem Ansatz dennoch einige positive Züge abgewinnen. Gleichwohl ist ihr zentraler Kritikpunkt:

> Anders als in noch den Entwürfen des deutschen Idealismus versucht man im «Neuen Realismus» direkt, ohne Umweg über bewusstseinstheoretische Reflexionen, zum Sein vorzudringen. Und anders als bei Heidegger und Husserl geht man nicht über den Weg der Phänomenologie, sondern über den Weg der direkten Wahrnehmung und Reflexion dessen, was begegnet, um es dann zu deuten, um sogenannte «Sinnfelder» abzustecken.[65]

Der Neue Realismus richtet Gräb-Schmidt zufolge also sein Augenmerk zu Recht auf die Metaphysik, ziehe sich aber sofort auf einen metaphysischen Nihilismus zurück und führe damit zu einer unterkomplexen Reontologisierung.[66] Die Frage nach Realität bzw. nach Normativität und Geltung setzt, so Gräb-Schmidt, strukturell ein Bewusstsein von Transzendenz voraus, nämlich zugleich als «Einbruch» von Wirklichkeit und

61 Vgl. Thomas, Günter, Karl Barths pneumatologischer Realismus und operativer Konstruktivismus, in: Thiede, Werner (Hg.), Karl Barths Theologie der Krise heute, Leipzig 2018, 87–102, 90.

62 Vgl. Krüger, Malte Dominik, Das andere Bild Christi. Spätmoderner Protestantismus als kritische Bildreligion, Tübingen 2017.

63 Vgl. Krüger/Gabriel, Wirklichkeit?, 57f.

64 Vgl. dazu auch Gräb-Schmidts Beitrag in diesem Band, s. o. 45–62.

65 Gräb-Schmidt, Elisabeth, Religion und Freiheit. Zur emanzipativen Kraft der Transzendenz, in: ZThK 113, 2016, 195–223, 201, Fussnote.

66 Vgl. a. a. O., 201.

als orientierender Ausgriff auf das Ganze. Sie lehnt eine konzeptionelle Bestimmung von Realität ab zugunsten einer narrativen Darstellung des existenziellen Vollzugs und seiner Interpretation. Die entsprechende Kategorie dazu ist «Sinn», aber nicht im gabrielschen Sinne als Medium von Differenz, sondern im kantianisch-kierkegaardianischen Sinne als *Freiheit des Geistes*.[67] Diese Position steht natürlich in ihrem eigenen Recht, aber das Ziel diesen Artikels ist es nicht, diese Position zu wiederholen, sondern Gabriels konzeptionelle Bestimmung von Realität in eine realistische (theologische) Tradition einzubringen und näher zu prüfen. Im folgenden Abschnitt sollte deshalb Gabriels Rede von Gott mittels Einbeziehung des theologischen Realismus Karl Barths untersucht werden. Dabei ist insbesondere zu fragen, wie Erfahrungserkenntnis, Transzendenz und Realismus aufeinander bezogen sind.

6. «Idealismus» und «Realismus» als Chiffren dialektischer Besinnung auf Wirklichkeit

Das Thema der Theologie ist nach Barth grundsätzlich die alles «real verändernde ... Tatsache, dass Gott ist».[68] Die für Barths Theologie konstitutive Bezugnahme auf das Gegebensein Gottes in seiner Selbstoffenbarung in Jesus Christus (Wort Gottes) ist von verschiedenen Autoren als Form eines spezifischen theologischen Realismus interpretiert worden.[69] Jedoch kommt hier kein unvermittelter, sozusagen «paradiesischer Realismus» ins Spiel, weil Barth sich der *Gebrochenheit* unserer menschlichen Rede von Gott bewusst ist. Entsprechend ist die Offenbarung dem Menschen nur in menschlichen, spannungsvollen, ja sogar irrtumsfähigen Zeugnissen der biblischen Überlieferungen erschlossen und wird nur in dieser Weise zum Inhalt des besonderen menschlichen Lebensbereichs der christlichen Kirche, auf die bzw. deren Rede von Gott sich die Theologie als Wissenschaft bezieht.[70]

In seinem Vortrag «Schicksal und Idee in der Theologie» von 1929 bietet Barth einen Gedankengang, den ich aufnehme, um daran eine dia-

---

[67] Vgl. a. a. O., 229.
[68] Barth, Karl, Die Kirchliche Dogmatik II/1, Zürich 1940, 289.
[69] Vgl. Dalferth, Ingolf U., Theologischer Realismus und realistische Theologie bei Karl Barth, in: Evang. Theol. 46. Jg. Heft 4/5 1986, 402–422; McCormack, Bruce L., Theologische Dialektik und kritischer Realismus, Zürich 2006, Thomas, Realismus.
[70] Vgl. Barth, Karl, Die Kirchliche Dogmatik I/2, Zürich 1940, 587.

lektische Korrektur von Gabriels Realismus anzuknüpfen. In diesem Vortrag erklärt Barth, dass in der philosophischen Tradition ein realistisches und ein idealistisches «Prinzip», hier «Schicksal» und «Idee» genannt, in verschiedenen Gestalten immer miteinander Hand in Hand gegangen seien:

> Ich hätte an sich ebensogut sagen können: «Wirklichkeit und Wahrheit» oder: «Natur und Geist» oder: «Das Besondere und das Allgemeine» oder «Das Gegebene und das Nichtgegebene» oder «Das Gegenständliche und das Nicht-Gegenständliche» oder: «Das Bedingte und das Unbedingte» oder: «Sein und Denken» oder: «Heteronomie und Autonomie» oder: «Erfahrung und Vernunft». Ich hätte auch sagen können: «Realismus und Nominalismus» oder: «Romantik und Idealismus». Sie sehen, dass es sich um das in allerlei Zungen aussprechbare Grundproblem aller *Philosophie* handelt. Wo grundsätzliche Besinnung über die Existenz, in der wir Menschen uns vorfinden, auch nur einigermassen in die Tiefe ging, da stiess sie irgendwie auf die beiden durch diese und ähnliche Begriffspaare bezeichneten *Endpunkte* menschlichen Denkens auf das Problem ihrer höheren Einheit.[71]

Das Begriffspaar «Schicksal und Idee» taucht also nach Barth in wechselnden geschichtlichen Einkleidungen auf. Es bezieht sich nicht auf essentialistisch behauptete Sachverhalte, sondern ist eher ein Ausdruck für fliessende Begriffe, die aber noch eine Relation zueinander behalten,[72] als eine grundsätzliche philosophische Besinnung über die Existenz. Barth zufolge drängt jenes Grundproblem der Philosophie sich auch in der Theologie auf,[73] die sich aber auf dem Gegenstand Wort Gottes gründet. Die zwei Schritte (bzw. theologische Frageweisen) nach diesem Gegenstand, sind eine realistische Frageweise (Schicksal) und eine idealistische Frageweise (Idee), die im Folgenden näher zu entfalten sind:

1.) Barth geht davon aus, dass die erste naive Reflexion über die menschliche Beziehung zu Gott Erfahrungs- und Wirklichkeitserkenntnis ist,[74] wie auch die Rede von Gott als *Gegenstand* der Theologie schon

---

71 Barth, Karl, Schicksal und Idee in der Theologie (1929), in: ders., Vorträge und kleinere Arbeiten 1925–1930, Schmidt, Hermann (Hg.), (KGA III), 344–392, 346.
72 Man könnte hier an einen Paradigmenwechsel als eine wissenschaftliche Revolution im Sinne der Theorie von Thomas S. Kuhn denken, vgl. The Structure of Scientific Revolutions, Chicago 1962.
73 Barth, Schicksal, 354.
74 Vgl. a. a. O., 355.

einen realistischen Ansatz andeutet.[75] Es wird somit gefragt: WO IST
Gott in unserem «Schicksal»?

> Gott ist also die Wirklichkeit, durch die und in der unsere Selbst- und Welt-
> wirklichkeit Wirklichkeit ist, causa prima, ens realissimum und actus purus,
> die Wirklichkeit aller Wirklichkeit, aber ebenso, in similitudine, Gegenstand
> unserer Erfahrung – Erfahrung immer in jenem doppelten Sinn von äusserer
> *und* innerer Erfahrung verstanden. Damit erweist sich der Gottesgedanke als
> ein ernsthafter Gedanke. Er muss, um ernsthaft zu sein, unser Schicksal, er
> muss Wirklichkeit, ja alle sonstige Wirklichkeit überbietend und in sich
> schliessend, *die* Wirklichkeit, die in aller sonstigen Wirklichkeit verborgen
> und doch nicht ganz verborgen gegenwärtige *eine* Wirklichkeit aussagen. Er
> muss sich legitimieren als Erfahrungsgedanke.[76]

Mit der Wahl von Begriffen wie «causa prima», «ens realissimum» und
«actus purus» schliesst sich Barth dem theologischen Realismus von Thomas von Aquin an und verweist auf Gott als die Wirklichkeit, durch welche die Selbst- und Weltwirklichkeit überhaupt Wirklichkeit sind bzw.
werden.[77] Zum (ernsthaften) Gottesgedanken kommt nach Barth die
Frage der Erfahrungserkenntnis hinzu, was etwa den Begriff *actus purus*
zum Begriff «Schicksal» verschiebt. Anders gesagt geht es Barth zufolge
allem theologischem Realismus darum, Gott als Wirklichkeit zu verstehen,
bzw. auf die Faktizität der Offenbarung hinzuweisen. «Wirklichkeit»
sollte deshalb nicht als «Realität» ausgelegt werden, weil sie eher auf Ding-
lichkeit/Gegenständlichkeit hinweist, sondern Wirklichkeit ist als «Aktualität» (Aquinas) zu verstehen.[78] Das lässt sich nach Barth eben als die
Erfahrung eines an und mit dem Menschen geschehenen Werks/Schick-
sals bzw. ihm zukommenden Möglichkeiten und Notwendigkeiten auslegen.

Wie schon erwähnt verortet Gabriel Gott im Sinnfeld Religion, was
aber Barth auf seine Weise auch macht, denn insbesondere «Offenbarung» ist – wenn auch nicht in Barths eigener dogmatischer Terminologie
– ein religiöser Begriff. Es müsste aber Barth zufolge mehr dazu kommen,
was der Begriff «Schicksal» andeutet, nämlich eine individuelle Aneignung dieses Sinnfeldes im Sinne von: Was bedeutet dieses Sinnfeld denn

75 Vgl. a. a. O., 359.
76 A. a. O., 362.
77 Vgl. dazu Dalferth, Realismus, 411: «Die Welt unserer Erfahrungswirklich-
    keit hat *enhypostatische Realität* und nur von den Verankerung in der
    konkreten Wirklichkeit der Geschichte Gottes her Bestand.»
78 Vgl. Barth, Schicksal, 360f.

für mich?[79] Gabriel dagegen stellt diese individuelle Aneignung, die ja vor allem Kierkegaard repräsentiert, auf eine funktionale Religionstheorie um:

> Wir dokumentieren in jeder Selbstbeschreibung auch ein normatives Selbstverständnis, eine Art und Weise, wie wir sein wollen. Diese Einsicht nennt Kierkegaard «Gott», und man kann ihm insofern zustimmen, als die Religion sich auf den menschlichen Geist bezieht, der sich auf etwas Unverfügbares hin öffnet. Allerdings» darf diese Öffnung nicht dazu führen, dass wir uns einen Lieblingsgegenstand oder -gegenstandsbereich aussuchen und diesen dann vergöttlichen. Dies ist nämlich Aberglauben oder Fetischismus.[80]

In Abwehr einer Vergöttlichung und eines Fetischismus lässt der Neue Realismus die theologische Frage bzw. die allgemeine Redeweise über Gott unbeantwortet, ob es nicht genau im Wesen Gottes und seiner Allmacht liegen könnte, dass er sich über alle Sinnfelder stellen könnte. Stattdessen wird in Gabriels funktionaler Religionstheorie die Erscheinung Gottes (d. i. Gott erscheint im Sinnfeld Religion) rein durch die Logik der Sinnfelder definiert. Im Sinnfeld Religion ist Gott präziser «die Idee, dass das Ganze sinnvoll ist, obwohl es unsere Fassungskraft übersteigt»[81]. Gott wird somit als eine Idee oder eine Art Deutungsbegriff, der nur als solcher «existiert», verstanden.

Bei Barth gibt es nun in einem zweiten Schritt eine Überbietung des ersten naiven Schrittes der Reflexion des Menschen über seine Beziehung zu Gott als Erfahrungs- und Wirklichkeitserkenntnis:

2.) Der reflektierte Schritt, der mit der Gebrochenheit des ersteren Schrittes einhergeht, fragt: Was ist Wahrheit?

> Das Wort Gottes bedeutet nämlich für den Menschen nicht eben eine Bestätigung und Bestärkung jener naiven Zuversicht, dass Erfahrung Gottes möglich sei, sondern, indem es ihm allerdings Erfahrung Gottes vermittelt, einen Einbruch in jene Zuversicht, sofern es ihm – wozu brauchte es sonst Gottes Wort zu sein? – etwas seiner ganzen möglichen Erfahrung gegenüber *Neues* sagt und nicht bloss stärker und klarer, was er ohnehin weiss und auch sonst erfahren könnte.[82]

---

[79] Vgl. Luthers Ausdruck «pro me» in: ders., Freiheit, 262.
[80] Gabriel, Welt, 211.
[81] A. a. O., 194f.
[82] Barth, Schicksal, 364.

Nach Barth ist es präziser in der Verkündigung des Neuen bzw. der
Gnade gegenüber dem Sünder klar, dass Gott in der Gegebenheit der Natur und der Geschichte und unseres eigenen Bewusstseins *nicht* gegeben
ist:

> So würde sich ja Gott nicht unterscheiden von einem verborgenen Merkmal
> der Wirklichkeit überhaupt. So würde er sich vom Schicksal nicht unterschei-
> den. Gerade vom Schicksal unterscheidet sich Gott dadurch, dass er nicht so-
> wohl da ist als vielmehr kommt.[83]

Anders gesagt ist Gott der, der sich auf immer neue und überraschende
Weise im Menschenleben manifestiert. Barth wendet sich also (wie Gabriel) gegen die Vorstellung einer «fundamentalen Schicht der Wirklichkeit», denn Gott ist nicht, sondern er kommt. Gott müsste mit anderen
Worten so gedacht werden, dass er und nur er dazu fähig ist, der ganzen
möglichen menschlichen Erfahrung gegenüber zu treten.

Zusammenfassend könnte gesagt werden, dass sowohl Barth als auch
Gabriel (innerhalb der Religion) die realistische Frageweise «Wo ist
Gott?» in der Erfahrung konzentrieren. Beide widersprechen sie somit
einem metaphysischen Weltganzen oder irgendeinem grossen Regenten
zugunsten der Frage der Wirklichkeit, die den Menschen als «Schicksal»
bzw. als «schicksalhafte Sinnexplosion» bindet. Barth geht gleichzeitig
einen Schritt weiter; die Erfahrung (Schicksal) ist auch Widerspruch gegenüber dem Schicksal (Idee). Er vertritt somit eine rein funktionelle und
dynamische Verwendung des Begriffspaars «Schicksal und Idee». So geht
der Realist, nach Barth, mit einer (zu) grossen Zuversicht vor[85] und ver-
gisst, dass die Frage nach der «Wirklichkeit» und nach «Gott» durch die
noetische und ontologische Voraussetzung des Nicht-Gegebenen, Nicht-
Gegenständlichen, Unbedingten bedingt ist. Mit anderen Worten braucht
eine Besinnung auf die Wirklichkeit nach Barth sowohl eine realistische
als auch eine idealistische Frageweise, was die Arbeit am Gottesbegriff in
der Theologie besonders deutlich macht, was sich aber darüber hinaus
als ein realistisches und idealistisches Prinzip in der ganzen Philosophiege-
schichte wiederfinden lässt. Gabriels Ausblendung einer kritisch-idealisti-
schen Frageweise zeigt sich in seiner Positionierung als Realist gegenüber
dem Nominalismus bzw. Konstruktivismus, was den mittelalterlichen
Universalienstreit wieder auf den Plan ruft. Damit fällt Gabriel jedoch in
ein antiquiertes Stadium der Diskussion oder in eine Art Essentialisierung
der realistischen Position zurück. Nach Barth ist nämlich der Universalienstreit ein für allemal überholt, und neue Begriffe, die die grundsätz-

---

83 A. a. O., 365.

liche zwiefältige Besinnung (Schicksal und Idee) über die Existenz reflektieren, sollten gesucht werden, wie es z. B. auch Kierkegaard mit seinem «Gottesverhältnis» und seiner «individuellen Aneignung» tat.

7. Fazit

Gabriels Bearbeitung des Kantischen Erbes lässt sich auf zweierlei Weise auslegen:

Auf der einen Seite setzt die Frage nach dem Zugang zur Wirklichkeit, inkl. Norm und Geltung, strukturell ein Transzendenzbewusstsein voraus. Nach Elisabeth Gräb-Schmidt ist Gabriels konzeptionelle Bestimmung von Realität, aufgrund seiner Sinnfeldontologie, zugunsten einer narrativen Darstellung des existenziellen Vollzugs und seiner Interpretation abzulehnen.

Auf der anderen Seite versucht der Neue Realismus auf eine durchaus interessante Weise das transzendentaltheoretische Problem auszuklammern, um die philosophische, häufig anti-realistische Debatte weiterzubringen und sich als eine attraktive, breite Position dem Konstruktivismus gegenüber im Zeitalter nach der «Postmoderne» darzustellen.

Gabriel stellt anhand Kierkegaards Beschreibung eines normativen Selbstverständnisses eine funktionale Religionstheorie auf. Der Sinn der Religion, als Einstellung einer maximalen Distanz, sei in der Anerkennung unserer Endlichkeit zu sehen.[84] Dieses normative Selbstverständnis verweist aber direkt auf das Problem der individuellen Aneignung, was Gabriel allerdings ausblendet, wie von ihm auch Gott innerhalb einer bestimmten Logik einer Sinnfeldontologie ein Platz angewiesen wird. Auf ironische Weise verdecken Gabriels häufige Hinweise auf die Erfahrung wie auch seine Verwendung von erfahrungsnahen Beispielen dieses Problem.

Hier kann Karl Barth als konstruktiver Gesprächspartner ins Spiel gebracht werden, da er sich auf eine konzeptionelle Bestimmung der Realität bzw. der Gottesbeziehung einlässt. Auch Barth verortet Gott innerhalb des (Sinnfeldes) Religion, aber dazu kommt bei ihm die Frage der individuellen Aneignung des Sinnfeldes Religion und der Wirklichkeit (Allmacht) Gottes. In einem zweiten, idealistischen Schritt ist über diese realistische Frageweise als lediglich ein erster naiver Schritt hinauszugehen: der ganzen möglichen Erfahrung gegenüber wird etwas Neues gesagt. Barth warnt mit anderen Worten vor einer Essenzialisierung der realistischen Position, wenn nämlich diese Position abstrakt gegen einen

Konstruktivismus gestellt wird. Dieses Problem sollte wenigstens angedeutet werden, wenn man sich eine konzeptionelle Bestimmung von Realität unter neuzeitlichen Bedingungen vornimmt.

Theologie und Metaphysik
Ein kontroverses Thema katholischer Theologie

Margit Wasmaier-Sailer

1. Absolutheitsansprüche im pluralen Zeitalter

Theologische Ansätze, die unbesehen auf das Sein als solches und damit auf das Ganze ausgreifen, ziehen in unserem Zeitalter nicht nur die Kritik epistemischer Naivität, sondern auch die Kritik totalitärer Gewalt auf sich. Wir halten es für eine Selbstverständlichkeit, den eigenen Standpunkt und damit die Begrenztheit der eigenen Perspektive mitzubedenken. Den «view from nowhere»[1] gibt es für den über Bewusstsein, Sprache und Macht aufgeklärten Menschen nicht mehr – allenfalls stellt er ein unerreichbares Ideal dar. Wer angesichts dieser Perspektivenvielfalt noch einen Absolutheitsanspruch erhebt und seine eigene Position für die allein massgebliche hält, überzieht nicht nur epistemisch, sondern auch ethisch sein Konto. Die Achtung anderer Positionen gehört zu den staatsbürgerlichen Pflichten ersten Ranges, denn ohne Ambiguitätstoleranz und Kritikfähigkeit können demokratische Gemeinwesen nicht funktionieren. Angesichts der Pluralität von Perspektiven stellt sich daher unweigerlich die Frage, wie diese vermittelt werden können: Gilt es, nach dem kleinsten gemeinsamen Nenner zu suchen, sollte ein möglichst breiter Konsens erarbeitet werden, oder lassen sich die verschiedenen Perspektiven womöglich gar nicht ineinander übersetzen?[2] Universalistische Forderungen, die *per definitionem* auf das Gemeinsame zielen, geraten mehr und

---

[1] So der Titel des Klassikers von Nagel, Thomas, The View from Nowhere, New York / Oxford 1986. Nagel zufolge zeichnet sich der Mensch dadurch aus, dass er sich von seiner subjektiven Perspektive lösen und einen objektiven Standpunkt einnehmen kann. Objektivität sei jedoch eine prinzipiell unabschliessbare Aufgabe, da jede Sicht auf die Welt *per definitionem* die Sicht des an seinen spezifischen Standpunkt gebundenen Subjekts sei. Die Spannung von Subjektivität und Objektivität sei von daher nicht nach einer Seite aufzulösen. Vgl. a. a. O., 3–12.

[2] Für die erste Position steht der Liberalismus, für die zweite der Kommunitarismus, für die dritte der Kulturrelativismus. Handelt es sich beim Liberalismus und beim Kommunitarismus um Theorien der politischen Philosophie, so handelt es sich beim Kulturrelativismus um einen sprachphilosophischen

mehr in den Verdacht eines geschichtsvergessenen Essentialismus oder eines differenzblinden Imperialismus – auch die Menschenrechte sind von diesem Verdacht betroffen.[3] Das Thema des Bandes berührt somit einen neuralgischen Punkt der Kultur- und Geisteswissenschaften. Insofern die Theologie auf Konzepte wie Ganzheit, Absolutheit und Universalität eigentlich in hohem Mass verpflichtet ist, muss sie sich diesen Auseinandersetzungen stellen: Mit dem Begriff der Welt greift die Theologie auf das Ganze aus, mit der Rede von Gott erhebt sie einen Absolutheitsanspruch, die Vorstellungen vom Heil schliesslich haben universellen Charakter.

In der katholischen Theologie[4] verdichten sich diese Konflikte in den Debatten um das Verhältnis von Theologie und Metaphysik. Im Folgenden werde ich die jüngste Debatte samt ihrem Ausläufer und ihrer Vorgeschichte zunächst grob skizzieren, dann die Streitfelder dieser Debatte systematisieren und schliesslich die Ergebnisse dieser Debattenbeobachtung für die Fragestellung des Bandes auswerten. In den katholischen Debatten zum Verhältnis von Theologie und Metaphysik fällt vor allem die starke Tendenz zur Polarisierung auf, nicht nur dergestalt, dass sich in

---

Ansatz. Letzterer gehört deswegen in diese Reihe, weil angesichts einer Inkommensurabilität verschiedener Kulturen die ersten beiden Optionen hinfällig werden: Wenn zwischen verschiedenen Weltanschauungen keinerlei Brücken gebaut werden können, erübrigt sich die Frage, ob man eher nach dem kleinsten gemeinsamen Nenner suchen oder einen möglichst breiten Konsens erarbeiten sollte.

3   Zur politikwissenschaftlichen Auseinandersetzung mit postkolonialer Kritik am Menschenrechtsuniversalismus: Ehrmann, Jeanette, Traveling, Translating and Transplanting Human Rights. Zur Kritik der Menschenrechte aus postkolonial-feministischer Perspektive, in: Femina Politica 2, 2009, Feministische Postkoloniale Theorie – Gender und (De)Kolonisierungsprozesse, 84–95; Mende, Janne, Der Universalismus der Menschenrechte, Tübingen 2021, 46–74. Zur sozialethischen Auseinandersetzung mit postkolonialer Kritik am moralischen Universalismus insgesamt: Becka, Michelle, Welcher (V)Erkenntnisgewinn? Postkolonialismus und Christliche Sozialethik, in: Jahrbuch für Christliche Sozialwissenschaften 61, 2020, Postkoloniale Theorien und Sozialethik, 137–160.

4   «Katholisch» ist hier wie im Folgenden nicht in einem normativen, sondern in einem deskriptiven Sinn, also als konfessionelle Ortsangabe, zu verstehen. Mir geht es im vorliegenden Beitrag nicht um die Herausarbeitung des spezifisch Katholischen, sondern um die Darstellung einer Debatte im Raum katholischer Theologie.

diesem Diskursfeld regelrecht politische Lager bilden,[5] sondern auch dergestalt, dass konzeptionelle Gegensätze aufgebaut und gepflegt werden. Im systematischen Teil möchte ich diese konzeptionellen Gegensätze offenlegen, um sie schliesslich zu dekonstruieren. Vorab aber noch einige Worte zu meinem Verständnis von Metaphysik.

Es gibt sicherlich verschiedene Arten, wie man als Theologe oder Theologin Metaphysik treiben kann, und zweifelsohne kann man sich zur Metaphysik als solcher ganz unterschiedlich positionieren, aber dass man sich der Metaphysik ganz entledigen kann, halte ich für ausgeschlossen. Nun ist die Definition von Metaphysik notorisch schwierig – ihre Anliegen werden gleichwohl sehr gut eingefangen durch die im 17. Jahrhundert aufgekommene und ein Jahrhundert später unter anderem von Christian Wolff und Immanuel Kant aufgegriffene Unterscheidung von *metaphysica generalis* und *metaphysica specialis*.[6] Die *metaphysica generalis* entspricht der Ontologie, die *metaphysica specialis* umfasst die rationale Kosmologie, die rationale Psychologie und die rationale Theologie. Es geht in der Metaphysik also um die philosophische Auseinandersetzung mit der Frage nach dem Sein als ganzem und als solchem sowie um die denkerische Erschliessung von Welt, Seele und Gott. Kant folgt dieser Systematik, wenn er im Rahmen der Kosmologie die Freiheit des Willens, im Rahmen der Psychologie die Unsterblichkeit der Seele und im Rahmen der Theologie die Existenz Gottes behandelt. Die aristotelische Frage nach dem Sein als ganzem und als solchem wendet er freilich ins Erkenntnistheoretische, indem er sie als Frage nach den Bedingungen der Möglichkeit von Erkenntnis überhaupt stellt. Vor dem Hintergrund der genannten Themen, deren Liste sich sicherlich erweitern liesse, wird klar, dass Theologie und Metaphysik sich da treffen, wo es um das Bild von der Wirklichkeit und um den Ort der Glaubensgegenstände in ihm geht. Auch einer Theologie, die der Metaphysik ablehnend gegenübersteht, liegt ein Bild von der Wirklichkeit zugrunde, und auch sie verortet die Glaubensgegenstände in diesem Bild. In eben diesem allgemeinen Sinn ist eine

---

5   Am 29.06.2018 und am 28.10.2019 fanden an der Universität zu Köln unter dem Titel «Wir müssen reden!» Gespräche zwischen Vertreterinnen und Vertretern Analytischer und Kontinentaler Theologie statt. Diese sind dokumentiert in Höhn, Hans-Joachim u. a. (Hg.), Analytische und Kontinentale Theologie im Dialog, (QD 314), Freiburg i. Br. / Basel / Wien 2021.

6   Vgl. Kobusch, Theo, Metaphysik V: Von Duns Scotus bis zur Schulphilosophie des 17. Jh.; Borsche, Tilman, Metaphysik VI: Neuzeit, in: Ritter, Joachim u. a. (Hg.), Historisches Wörterbuch der Philosophie, DOI: 10.24894/HWPh.5270.

metaphysikfreie Theologie meines Erachtens gar nicht möglich. Dies findet seine Bestätigung darin, dass sich theologische Entwürfe auch dann metaphysisch beschreiben lassen, wenn sie antimetaphysisch daherkommen. Eben dieses Verständnis von Metaphysik finde ich wieder bei Karlheinz Ruhstorfer, der das Antimetaphysische der Moderne[7] und das Dekonstruktive der Postmoderne als Varianten von metaphysischem Denken sieht. Denn auch die Aussage, man könne keine Aussage über das Ganze machen, sei eine Aussage über das Ganze. Im Zuge dieser retorsiven Argumentation plädiert Ruhstorfer für «ein neues und weiteres Konzept von Metaphysik», das «nicht einen bestimmten Rationalitätstyp verabsolutiert», sondern auf die Relativität von historisch gewachsenen Normen und Denkformen reflektiert und mit Pluralitäten und Heterogenitäten zurande kommt.[8] Umgekehrt warnt Ludger Oeing-Hanhoff zu Recht vor einem inflationären Gebrauch des Metaphysikbegriffs, der das Selbstverständnis und die Autonomie der ausdifferenzierten Einzelwissenschaften, die sich von der Metaphysik längst emanzipiert hätten, schlicht übergehe.[9] Nun schliesst die metaphysische Betrachtung antimetaphysischer Paradigmen und wissenschaftlicher Disziplinen die Achtung vor deren Selbstverständnis nicht aus, aber sie findet darin sicherlich eine Grenze.

2. Chronik der jüngsten Debatte zur Metaphysik

Die jüngste Debatte um das Verhältnis von Theologie und Metaphysik wird 2017 durch einen Beitrag von Benedikt Paul Göcke in der Herder Korrespondenz ausgelöst.[10] Nach Göcke droht der katholischen Theologie von zwei Seiten Gefahr: Von aussen werde sie durch die ontologischen Thesen des Naturalismus und die epistemologischen Anfragen der Wis-

---

[7] Nach Ruhstorfer beginnt die Moderne in der ersten Hälfte des 19. Jahrhunderts: «Nicht zuletzt *Ludwig Feuerbach* markiert eine Trennlinie zwischen Metaphysik der Neuzeit und Antimetaphysik der Moderne.» Ruhstorfer, Karlheinz, Keine einfachen Wahrheiten, in: Herder Korrespondenz 3, 2018, 47–50, 48. Zu Ruhstorfers Epocheneinteilung vgl. dessen Einführung in die Theologische Erkenntnislehre, in: ders. (Hg.), Systematische Theologie. Theologie studieren – Modul 3, Paderborn 2012, 15–87, 46–82.

[8] Ruhstorfer, Wahrheiten, 49.

[9] Vgl. Oeing-Hanhoff, Ludger, Metaphysik VII: Heidegger und die gegenwärtige Problemsituation, in: Ritter, Wörterbuch: 10.24894/HWPh.5270.

[10] Vgl. Göcke, Benedikt Paul, Glaubensreflexion ist kein Glasperlenspiel, in: Herder Korrespondenz 1, 2017, 33–36.

senschaftstheorie bedroht, von innen aber durch den zunehmenden Rück-
zug der Theologie aus der philosophischen Auseinandersetzung mit diesen
Strömungen. Eine Theologie, die sich nur noch als historisch-hermeneu-
tisch arbeitende Disziplin verstehe, habe den Gefahren von aussen nichts
entgegenzusetzen. Als Wissenschaft könne sie sich vielmehr nur dann
behaupten, wenn es ihr gelinge, im Dialog mit den Naturwissenschaften
und mit den Mitteln der Metaphysik, Ontologie und Epistemologie ihre
zentralen weltanschaulichen Annahmen zu rechtfertigen.[11] In der Pflicht
seien hier vor allem die Fundamentaltheologie und die Dogmatik. Diese
entzögen sich der Aufgabe einer wissenschaftlichen Legitimation der
Theologie jedoch, weil sie gleichermassen ein Problem mit Metaphysik,
Ontologie und Epistemologie und mit der diesen Disziplinen gegenüber
sehr aufgeschlossenen analytischen Philosophie hätten. Während sich die
analytische Philosophie «nicht aus historischem, sondern aus systemati-
schem Interesse»[12] mit den zentralen Fragen der Theologie auseinander-
setze, flüchte die deutschsprachige Theologie unter Berufung auf Kant,
der das Ende der Metaphysik eingeläutet habe, in die «historisch-herme-
neutische Analyse»[13].

Aus den zahlreichen Reaktionen auf diesen Beitrag greife ich nur einige wenige heraus: Schon in der darauffolgenden Ausgabe der Herder
Korrespondenz setzt Magnus Striet zu einer Gegenrede an, wobei diese
auch eine parallel laufende Diskussion mit Karl-Heinz Menke zu «Amoris Laetitia»[14] berührt. In dieser parallel laufenden Diskussion geht es um
die Frage, ob die kirchlichen Ehevorstellungen sich im Laufe der Geschichte wandeln können oder eine unantastbare Lehre darstellen. Während Striet das Recht der Freiheit und damit die Deutungsspielräume und
Entwicklungsmöglichkeiten der Lehre betont, betont Menke die Wahrheit und Unwandelbarkeit der Lehre und damit die Grenzen der Freiheit.
Kurz zusammengefasst läuft diese Paralleldebatte auf die von Menke zuge-
spitzte Frage hinaus: «Macht die Wahrheit frei oder die Freiheit wahr?»[15]
Nun aber Striets Gegenrede gegen Göcke:

---

[11] Vgl. a. a. O., 33.

[12] A. a. O., 35.

[13] Ebd.

[14] «Amoris Laetitia» ist ein nachsynodales Schreiben von Papst Franziskus, in
dem er die Ergebnisse der 2015 abgehaltenen Bischofssynode zur Berufung
und Sendung der Familie in Kirche und Welt von heute reflektiert.

[15] Menke, Karl-Heinz, Macht die Wahrheit frei oder die Freiheit wahr? Eine
Streitschrift, Regensburg 2017.

Wenn vor Kurzem ein Kollege meinte, die katholische Theologie auffordern zu müssen, «aus ihrem kantischen Schlummer zu erwachen» und erkenntnistheoretischen, ontologischen und metaphysischen Begründungsansprüchen zu genügen, so kann ich nur guten Erfolg wünschen. [...] Man kann vollmundig fordern, Kants Vorsicht gegenüber hybriden Vernunftansprüchen zu überwinden – was doch zu Ende gedacht wohl nur heissen kann: einen neuen Realismus zu pflegen, der die Welt aus der Sicht Gottes betrachtet. Oder aber die neuen Wissenskonzepte sind auch nur Konzepte, und da bleibe ich dann doch lieber Kantianer: Denn ihm verpflichtet weiss man, worum man streitet: Um das Recht auf Freiheit und eine moralische Autonomie, die keineswegs notwendig auf ein *anything goes* hinausläuft. Wenn der Preis dafür, die Möglichkeit von Freiheit denken zu können, darin bestehen sollte, auf eine Ontologie und Metaphysik verzichten zu müssen, weil beides zusammen nicht zu haben ist, so ist dieser nicht zu hoch.[16]

In einer Gegenreaktion auf Striet und auf einer Linie mit Menke beschuldigt Göcke die Freiheitstheologie, dass sie «zu einer radikalen Revision dessen» führe, «was klassischerweise als katholische Theologie bezeichnet worden ist».[17] Den Grund hierfür sieht er darin, dass sie den metaphysischen Realismus zurückweise und gleichzeitig die menschliche Autonomie betone. Nach Göcke läuft die Freiheitstheologie auf einen metaphysischen Antirealismus hinaus, demzufolge Gott nicht mehr der letzte Grund des Seins, sondern nur noch ein Produkt des menschlichen Bewusstseins sei.[18] Ähnlich behauptet Menke von der Freiheitstheologie, dass sie in Anknüpfung an Kants radikalen Nominalismus davon ausgehe, dass Metaphysik schlechthin unmöglich bleibe und daher Theologie nur aus Setzungen oder Konstrukten des Bewusstseins bestehe.[19] Eine Schieflage sieht Göcke auch in der Entgegensetzung von Freiheit und Metaphysik, denn die Möglichkeit von Freiheit könne erschöpfend gar nicht anders gedacht werden als mithilfe der Metaphysik und innerhalb der Metaphysik.[20]

Vermittlungsversuche unternehmen in der Folge Karheinz Ruhstorfer in der Herder Korrespondenz[21] und Thomas Schärtl in der Zeitschrift

---

[16] Striet, Magnus, Wunderbar, man streitet sich, in: Herder Korrespondenz 2, 2017, 13–16, 14.
[17] Göcke, Benedikt Paul, Keine Freiheitstheorie ohne Metaphysik, in: Herder Korrespondenz 2, 2018, 30–33, 30.
[18] Vgl. a. a. O., 31.
[19] Menke, Karl-Heinz, Macht die Wahrheit frei?, in: Herder Korrespondenz 3, 2017, 46–49, 48.
[20] Vgl. Göcke, Freiheitstheorie, 33.
[21] Vgl. Ruhstorfer, Wahrheiten.

«Theologie und Philosophie»[22]. Ruhstorfer weist die von Menke aufge-
machte Alternative von Wahrheit und Freiheit ebenso zurück wie die von
Göcke insinuierte Alternative von Kantianismus und Metaphysik[23] – er
votiert für eine Metaphysik unter den Vorzeichen der Moderne und für
eine Öffnung des Metaphysikbegriffs hin auf metaphysikkritische Ansätze.[24] Schärtl, der Kant ebenso vom Vorwurf des theologischen Fiktio-
nalismus freispricht, wie er die analytische Philosophie vom Vorwurf des
epistemischen Totalitarismus freispricht,[25] plädiert in seinem Beitrag für
die «Überwindung der Realismus-Antirealismus-Frontstellung»[26]: Erstens sei es ein Unterschied, ob man im Sinne eines kreativen Antirealismus
Existenzaussagen an epistemische Bedingungen knüpfe oder im Sinne eines existenzrelevanten Antirealismus einige oder sämtliche Wirklichkeits-
bereiche zu Produkten des Bewusstseins erkläre.[27] Antirealismus bedeute
also nicht zwangsläufig die Infragestellung einer objektiven Wirklichkeit.
Zweitens sei die Alternative von Realismus und Antirealismus zumindest
in Gott gegenstandslos, insofern in ihm «Denken und Sein, Bewusstsein
und Wirklichkeit ‹zusammenfallen›»[28]. Schärtls Plädoyer für eine diffe-
renziertere Sicht auf den Antirealismus geht mit einem Bekenntnis zur
Metaphysik einher, die der Theologie die «Wahrmacherfrage» immer
wieder aufzwinge und ihre Vertreterinnen und Vertreter dazu nötige, ihr
Gotteskonzept offenzulegen.[29]

2019 legt Benedikt Paul Göcke zusammen mit Christian Pelz unter
dem Titel «Theologie und Metaphysik» den dritten Band seiner Reihe

22 Vgl. Schärtl, Thomas, Theologie – Metaphysik – Realismus. Ein Kommentar
zu einer aktuellen Debatte, in: Theologie und Philosophie 93, 2018, 321–365.
23 Vgl. Ruhstorfer, Wahrheiten, 47.
24 Vgl. a. a. O., 49f.
25 Vgl. Schärtl, Theologie, 337f.
26 A. a. O., 355.
27 Vgl. a. a. O., 343f. Schärtl bezieht sich mit dieser Unterscheidung auf Plan-
tinga, Alvin, How to be an Anti-Realist, in: Proceedings and Addresses of the
American Philosophical Association 56, 1982, 47–70, 48f.
28 A. a. O., 355.
29 A. a. O., 341f.

«Die Wissenschaftlichkeit der Theologie» vor. Die Beiträge von Theo Kobusch[30] und Klaus Müller[31] stehen für zwei Paradigmen von Metaphysik: Erstere steht für eine praktische, von der Moral ausgehende, letztere
steht für eine theoretische, von der Erkenntnis ausgehende Metaphysik.
Beiden gemeinsam ist, dass sie subjektphilosophisch ansetzen und sich
den Ansprüchen der Moderne verpflichtet wissen. Nicht die Möglichkeit,
sondern die Gestalt von Metaphysik steht zwischen beiden also zur Debatte. Kobusch zufolge gilt die Kritik, die der Metaphysik vom 18. Jahrhundert bis heute entgegenschlage, vorwiegend «ihrem theoretischen,
d. h. verobjektivierenden, verdinglichenden Charakter»[32]. Diese Kritik
bedenke nicht, dass es neben der theoretischen Metaphysik jahrhundertelang eine andere Metaphysik gegeben habe, die Metaphysik des Moralischen.[33] Diese parallelen Stränge von Metaphysik führt Kobusch auf die
Diskrepanz zwischen theoretischer und praktischer Philosophie bei Platon zurück: Während das Ziel der theoretischen Philosophie darin bestehe, zum absolut Transzendenten aufzusteigen, strebe das Praktische im
Menschen nach der Verähnlichung mit Gott durch die Tugend – im ersten
Fall bleibe Gott für die Menschen unerreichbar, im zweiten Fall aber sei
er ihnen ganz nah und vertraut.[34] Nicht um den fernen Gott gehe es dieser praktischen Metaphysik, wie man sie etwa bei Gregor von Nyssa
finde, sondern um «das Werden Gottes in der Seele des Menschen»[35]: In
der Betrachtung des Einen werde die Seele nach und nach selbst zu dem
Einen.[36] In der Philosophie Kants sieht Kobusch eine Fortführung dieses
spätantiken Ansatzes, weil auch sie die praktische – und nicht etwa die
theoretische – Vernunft zum Ausgangspunkt der Gotteserkenntnis mache.[37]
    Nach Klaus Müller entspringt der philosophische Gottesgedanke der
vorsokratischen Frage «nach dem Ursprung und Grund alles Wirklichen

---

30 Vgl. Kobusch, Theo, Metaphysik des Moralischen. Zum Absoluten auf na-
    türlichem Wege, in: Göcke, Benedikt Paul / Pelz, Christian (Hg.), Die Wissen-
    schaftlichkeit der Theologie, Bd. 3: Theologie und Metaphysik, (STEP 13/3),
    Münster 2019, 111–140.
31 Vgl. Müller, Klaus, Die Unvermeidlichkeit von Metaphysik. Über Selbstver-
    pflichtungen einer radikal rechenschaftsbereiten Theologie, in: Göcke / Pelz,
    Wissenschaftlichkeit, 343–372.
32 Kobusch, Metaphysik, 111.
33 Vgl. ebd.
34 Vgl. a. a. O., 112.
35 A. a. O., 120.
36 Vgl. a. a. O., 120f.
37 Vgl. a. a. O., 123f.

in seiner Ganzheit»[38]. Diese Idee der Ganzheit könne als «so etwas wie der Quellort metaphysischen Denkens überhaupt gelten» – er mache Philosophie «zu einer Theorie über den Ursprung des Ganzen».[39] Mit dem Ganzen und dem Ursprung der Wirklichkeit sind die zentralen Stichworte von Müllers Metaphysik benannt. Im Sinne des Panentheismus und im Anschluss an die Prozesstheologie denkt er die Wirklichkeit «als Selbstexplikation des Absoluten»[40] – Gott ist für ihn nicht das höchste Seiende und auch nicht die Negation des Seienden, sondern der das Ganze durchmessende Innengrund des Seienden. Gott als Ursprung des Ganzen bleibt in diesem Ansatz vom Ganzen unterschieden, aber lässt sich doch nicht von ihm trennen.[41] Müller hält eine Metaphysik dieses Zuschnitts nicht nur für möglich, sondern für unvermeidlich: Man könne nur mit barer Fassungslosigkeit konstatieren, wie viele aus der Theologenzunft auf die antimetaphysischen Züge aufgesprungen seien, indem sie im Gefolge postmoderner Autoren nach Spuren der Transzendenz suchten oder Kant wie eine Monstranz vor sich hertrügen.[42] Theologie setze eine Erkenntnis Gottes, diese aber Metaphysik voraus.[43] So sehr Müller der Auffassung ist, dass es Theologie ohne Ontologie nicht geben könne,[44] so sehr bewegt er sich erkenntnistheoretisch doch in den Bahnen neuzeitlicher Subjektphilosophie, denn ein möglicher Wirklichkeitsgehalt des Gottesgedankens ist ihm zufolge nicht anders als in Kontinuität mit dem Wirklichkeitsbewusstsein des diesen Gedanken denkenden Subjekts zu fassen.[45]

2020 legen Saskia Wendel und Martin Breul unter dem Titel «Vernünftig glauben – begründet hoffen. Praktische Metaphysik als Denkform rationaler Theologie» ebenfalls einen Beitrag zur Debatte um das Verhältnis von Theologie und Metaphysik vor. Wendel und Breul geht es erklärtermassen darum,

> eine «Metaphysik nach Kant» zu formulieren, die sich gerade als eine solche darauf verpflichtet, religiösen Überzeugungen einen realistischen und kogni-

---

[38] Müller, Unvermeidlichkeit, 348.
[39] Ebd.
[40] A. a. O., 349.
[41] Vgl. a. a. O., 348–350.
[42] Vgl. a. a. O., 344f.
[43] Vgl. a. a. O., 345.
[44] Vgl. a. a. O., 343.
[45] Vgl. a. a. O., 358.

tiven Gehalt sowie einen universalen Geltungsanspruch zuzusprechen, zugleich aber auch spezifische politische, historische und soziale Kontexte in die je eigene Reflexion zu integrieren.[46]

Mit Kant weist Wendel den metaphysischen Realismus,[47] mit Theodor Adorno und Max Horkheimer weist sie den «Herrschaftscharakter» und «Identitätszwang»[48] der klassischen Metaphysik zurück. Im Anschluss an alle drei aber legt sie eine Theologie der Hoffnung vor, deren Gottesgedanke im Zeichen der Gerechtigkeit für die Opfer der Geschichte steht.[49] Nach Wendel ist eine in diesem Sinne redigierte Metaphysik «Lebensdeutung in praktischer Hinsicht»[50]. Bei religiösen Überzeugungen gehe es «nicht primär um Wahrheit und Irrtum in theoretischer Hinsicht»; es gehe vielmehr «um normative Richtigkeit und Wahrhaftigkeit in praktischer Hinsicht»[51]. Eine «‹nachmetaphysische Metaphysik› der Lebensdeutung»[52] schwebt auch Breul vor: Eine solche Metaphysik sei «*nachmetaphysisch* in dem Sinne, als dass sie auf kosmologische und spekulativ-ontologische Argumente verzichtet», jedoch «*metaphysisch* in dem Sinne, dass sie die Sinnhaftigkeit des Verhandelns ‹letzter›, existenziell bedeutsamer Fragen vor dem Forum der Vernunft verteidigt»[53].

1999, also zwanzig Jahre vor der jüngsten katholischen Debatte zur Metaphysik, fand an der Ruhr-Universität Bochum ein Kongress zum Thema «Religion – Metaphysik(kritik) – Theologie im Kontext der Moderne bzw. Postmoderne» statt. Der Tagungsband wurde 2001 von Markus Knapp und Theo Kobusch herausgegeben und gehört in die Vorgeschichte der jüngsten Debatte, die ich soeben in Ausschnitten skizziert habe. Um den Debattenstand des ausgehenden 20. Jahrhunderts zumindest anzuzeigen, stelle ich am Schluss dieser Chronik zwei Beiträge dieses

---

46 Wendel, Saskia / Breul, Martin (Hg.), Vernünftig glauben – begründet hoffen. Praktische Metaphysik als Denkform rationaler Theologie, Freiburg i. Br. / Basel / Wien 2020, 11.
47 Vgl. Wendel, Saskia, In praktischer Hinsicht das Leben als Ganzes deuten. Ein Vorschlag zum Redigieren der Metaphysik, in: Wendel / Breul, Metaphysik, 142f.
48 A. a. O., 47. Die Rede vom «Identitätszwang» findet sich in Adorno, Theodor W., Negative Dialektik, Frankfurt a. M. ⁵1988, 24.
49 Vgl. a. a. O., 125.
50 A. a. O., 142.
51 A. a. O., 143.
52 Breul, Martin, Eine Kritik des metaphysischen Realismus, in: Wendel / Breul, Metaphysik, 254.
53 A. a. O., 255.

Bandes vor, den Beitrag von Johann Baptist Metz[54] und den Beitrag von Friedo Ricken[55]. Aus unterschiedlichen Gründen nehmen beide eine metaphysikkritische Haltung ein.

Nach Johann Baptist Metz verbietet sich angesichts von Auschwitz «jedes Verständnis von Theologie als situationsfreier und gedächtnisloser Heilsmetaphysik»[56]. Nach der Katastrophengeschichte des 20. Jahrhunderts sei es der Theologie verwehrt, von Gott in abstrakter Begrifflichkeit zu reden, «sozusagen oberhalb der konkreten menschlichen Leidensgeschichte»[57]. Der Vorrang des Allgemeinen vor dem Besonderen, wie er aus der Geschichte von Theologie und Metaphysik vertraut sei, sei heute nicht mehr haltbar – wir befänden uns vielmehr in einer Situation des «sekundären Nominalismus»[58]. Der mittelalterliche Nominalismus sei lange verkannt worden, dabei markiere er mit seiner Wertschätzung des Singulären und Konkreten die Wende vom Mittelalter zur Neuzeit und werde dem biblischen Denken weit eher gerecht als die griechische Metaphysik:

> Es ist [...] gerade der theologische Charakter des Nominalismus, der [...] den denkgeschichtlichen Umschlag ausdrückt. Wer nämlich die Rede vom biblischen Gott zu bedenken sucht – nicht also die Rede vom unbewegten Beweger des Aristoteles, sondern vom Gott Abrahams, Isaaks und Jakobs, also vom Gott der Schöpfung und der Eschatologie –, der muss diese «nominalistische Brechung» der klassischen Metaphysik in Kauf nehmen; er muss die Revision vorgefasster metaphysischer Gewissheiten, wie sie sich etwa in der gedanklichen Suprematie des Allgemeinen gegenüber dem Besonderen zum Ausdruck bringen, riskieren; er muss eine neue denkerische Einschätzung der Singularität betreiben; er muss eine kontingenzempfindliche Rationalität entfalten – gegenüber einem kontingenzentschärfenden Seins- und Identitätsdenken griechisch-hellenistischer Metaphysik, die keinen Anfang der Welt kennt und kein Ende der Zeit und die gleichwohl, wie wir wissen, seit dem mittleren Platonismus, seit den Einflüssen Plotins die christliche Religionsphilosophie bis zum Deutschen Idealismus geprägt hat.[59]

54 Metz, Johann Baptist, Gott und Zeit. Theologie und Metaphysik an den Grenzen der Moderne, in: Knapp, Markus / Kobusch, Theo (Hg.), Religion – Metaphysik(kritik) – Theologie im Kontext der Moderne/Postmoderne, (Theologische Bibliothek Töpelmann 112), Berlin / New York 2001, 5–19.
55 Ricken, Friedo, Der religiöse Glaube als Tugend, in: Knapp / Kobusch, Religion, 127–144.
56 Metz, Gott, 5.
57 A. a. O., 8.
58 A. a. O., 6.
59 A. a. O., 7.

Metz distanziert sich vom zeitlosen Denken griechisch-hellenistischer Metaphysik und bringt dieses in einen Gegensatz zum geschichtlichen Denken der biblischen Traditionen. Dies betrifft auch die jeweiligen Gottesbilder. Der Gott Abrahams, Isaaks und Jakobs scheint für ihn ein anderer zu sein als der unbewegte Beweger des Aristoteles.[60] Die Kritik zielt laut Metz jedoch nicht auf «eine plane Ablehnung von Metaphysik»[61]. Er sieht in den biblischen Traditionen vielmehr ein notwendiges Korrektiv zur griechisch-hellenistischen Metaphysik. Angesichts des den biblischen Traditionen eingeschriebenen Leidensgedächtnisses würden sich vermeintlich zeitlose Letztbegründungsversuche, die sich über das geschichtliche Eingedenken erheben, verbieten.[62]

Friedo Ricken, der sich in seinem Beitrag auf Thomas von Aquin stützt, kann die Leistungen der natürlichen Theologie durchaus anerkennen. Mit ihrer Hilfe könne der Glaube ontologisch interpretiert und ein Zusammenhang zwischen den verschiedenen Glaubensartikeln hergestellt werden. Ausserdem spiele sie eine zentrale Rolle im Gespräch zwischen den verschiedenen Religionen und im Gespräch zwischen Glaube und Naturwissenschaft.[63] Nichtsdestotrotz sei der religiöse Glaube von der Metaphysik klar zu unterscheiden. Erstens habe es der religiöse Glaube mit dem letzten Ziel des Handelns zu tun, die Metaphysik aber mit der letzten Ursache des Kosmos. Zweitens handle es sich beim religiösen Glauben im Unterschied zur Metaphysik nicht um ein ausschliesslich intellektuelles Phänomen. Ricken folgt Thomas von Aquin in der Annahme, dass erst der durch die Liebe vollendete Glaube[64] den Menschen auf die Offenbarung ausrichte, die allein den «Widerspruch der *conditio humana*» lösen könne.[65] Drittens sei der religiöse Glaube als ganz eigenständiges Phänomen gegenüber der Metaphysik autonom und setze diese nicht als seine Grundlegung voraus.[66] Rickens Beitrag zielt letztlich auf eine Kompetenzbeschränkung der Metaphysik. Deren hermeneutische Kraft sei unbestreitbar, im Gegensatz zum religiösen Glauben sei sie aber nicht heilsrelevant.

---

[60] Vgl. a. a. O., 7–9.

[61] A. a. O., 8.

[62] Vgl. a. a. O., 11f.

[63] Vgl. Ricken, Glaube, 137–139.

[64] Vgl. a. a. O., 132f. Ricken beruft sich auf Thomas von Aquin: S.th. II II 4,3.

[65] A. a. O., 130.

[66] Vgl. a. a. O., 141.

3. Systematik der Streitfelder

Der Streifzug durch die Debattenlandschaft zeigt, dass die Positionen der deutschsprachigen katholischen Theologie zur Metaphysik alles andere als homogen sind. Eine generelle Zurückweisung der Metaphysik bleibt jedoch der Ausnahmefall – dass die frühchristlichen Dogmen die Begriffe griechischer Metaphysik voraussetzen, leugnen auch die Kritikerinnen und Kritiker der Metaphysik nicht. So geht es eher um die Frage, wie *weit* man als Theologe oder Theologin im 21. Jahrhundert noch metaphysische Thesen vertreten kann, und welche *Gestalt* eine zeitgenössische Metaphysik haben könnte.

Nun möchte ich mich in diesem Beitrag nicht auf irgendeine Seite schlagen, sondern die Streitfelder der skizzierten Debatte systematisieren. Der ausschnitthafte Überblick lässt erkennen, dass sich die Beiträge zum Verhältnis von Theologie und Metaphysik in Bahnen bewegen, die von prinzipiellen konzeptionellen Gegensätzen bestimmt sind: dem Gegensatz von Logik und Hermeneutik, dem Gegensatz von Freiheit und Wahrheit, dem Gegensatz von Theorie und Praxis und dem Gegensatz von Bibel und Philosophie. Teilweise werden diese Gegensätze hinterfragt, manchmal werden sie gezielt zur Abgrenzung eingesetzt, meist werden sie unbewusst übernommen – in jedem Fall aber prägen sie den Diskurs. Durch konzeptionelle Gegensätze können Positionen geklärt oder etikettiert werden, aber es werden durch sie auch Denkoptionen verstellt. Im Folgenden gehe ich die Gegensätze, unter deren Ägide sich der Diskurs formiert, nacheinander durch:

Erstens ist zwischen dem Lager der analytischen Philosophie und dem Lager der kontinentalen Philosophie[67] ein grundsätzlicher Methodenstreit zu beobachten, der unter anderem dadurch verschärft wird, dass sich ersteres sehr metaphysikfreundlich zeigt, während letzteres sehr kantzentriert ist. Die Metaphysikfreundlichkeit des analytischen Lagers rührt vom Bedürfnis her, sich angesichts der kritischen Anfragen von Naturalismus und Szientismus der Wirklichkeit des Göttlichen argumentativ zu vergewissern, was faktisch meist mit einem Votum für den metaphysischen Realismus einhergeht. Die Kantzentrierung des kontinentalen Lagers ist einerseits eine Reaktion auf die Katastrophe von Auschwitz, da mit der Postulatenlehre eine Hoffnung für die Opfer der Geschichte jedenfalls artikuliert werden kann, was vor allem jüdische Denker wie Wal-

---

67 Zu Verständigungsversuchen zwischen den beiden Lagern vgl. Höhn, Hans-Joachim et al. (Hg.), Analytische und Kontinentale Theologie im Dialog, Freiburg i. Br. / Basel / Wien 2021.

ter Benjamin, Max Horkheimer und Theodor W. Adorno gesehen haben.[68] Andererseits ist die Berufung auf Kant gerade im katholischen Raum ein Bekenntnis zum Freiheitsethos der Moderne und damit Ausdruck einer Zurückhaltung gegenüber allzu starken Vernunftansprüchen. Während Vertreterinnen und Vertreter der analytischen Philosophie in erster Linie mit ontologischen und epistemologischen Fragen der Glaubensbegründung befasst sind, brennen den Anhängerinnen und Anhängern der kantischen Tradition vor allem ethische und politische Probleme zeitgenössischer Theologie auf den Nägeln. Während die einen methodisch vor allem auf die Kraft logischer Argumentation setzen, um naturalistische und szientistische Denkmuster zu entkräften und die Plausibilität des religiösen Glaubens zu erweisen, arbeiten die anderen naturgemäss hermeneutisch: Sie lesen und interpretieren historische Texte, verfolgen deren Wirkungsgeschichte, unterziehen sie einer Kritik und machen sie in der einen oder anderen Weise für die Theologie der Gegenwart fruchtbar. Was im Grunde ein Interessenkonflikt ist, wird in der skizzierten Debatte als Methodenstreit ausgetragen. Wie vor allem in Göckes Beiträgen deutlich wird, läuft dieser Methodenstreit auf eine Entgegensetzung von Logik und Hermeneutik bzw. von Systematik und Geschichte hinaus.[69] Der Gegensatz von Logik und Hermeneutik ist meines Erachtens jedoch ebenso anzufragen wie der weiter gefasste Gegensatz von Systematik und Geschichte. Denn wie die Interpretation von Texten, Artefakten oder Ereignissen logische Kompetenzen voraussetzt, so verlangen logische Schlussfolgerungen nach einer Deutung.[70] Und wie his-

---

[68]   Die Rezeptionslinie von Kant bis zu den Denkern der Frankfurter Schule verfolgen Langthaler, Rudolf, Geschichte, Ethik und Religion im Anschluss an Kant. Philosophische Perspektiven «zwischen skeptischer Hoffnungslosigkeit und dogmatischem Trotz», (Deutsche Zeitschrift für philosophische Sonderbände, Bd. 19/1–2), Berlin 2014; Wendel, Leben; Rediker, Benedikt, Die Fragilität religiöser Hoffnung. Zur Transformation praktischer Theodizee im Anschluss an Immanuel Kant, (ratio fidei 77), Regensburg 2021.

[69]   Dieser Methodenstreit läuft auch in der säkularen Philosophie und wurde 2015 in der Frankfurter Allgemeinen Zeitung dokumentiert; vgl. Frank, Manfred, Hegel wohnt hier nicht mehr, FAZ vom 23.09.2015; Rosefeldt, Tobias, Wir sollten mit eigenen Worten denken, FAZ vom 14.10.2015; Horstmann, Rolf-Peter, Ein Schisma in der Philosophie, FAZ vom 11.11.2015; Taylor, Charles, Was ohne Deutung bleibt, ist leer, FAZ vom 13.01.2015. Den Hinweis auf die Debatte in der säkularen Philosophie verdanke ich Stammer, Dennis, Und sie redeten wirklich ... miteinander!, feinschwarz.net vom 09.07.2018.

[70]   Der Zusammenhang von Logik und Hermeneutik wird auf kontinentaler Seite vor allem von Friedrich Daniel Ernst Schleiermacher und auf analytischer

torische Forschung immer auch systematische Konsequenzen hat, so haben systematische Fragestellungen stets einen geschichtlichen Ort. Wahrheitsansprüche gibt es hier wie dort, die Kontingenzen der Geschichte wirken sich auf das eine wie auf das andere aus.[71]

Mit der Frage «Macht die Wahrheit frei oder die Freiheit wahr?»[72] bringt Menke den zweiten Gegensatz mit jeder nur wünschenswerten Klarheit auf den Punkt. Unter Berufung auf Jesu Wort «die Wahrheit wird euch frei machen» (Joh 8,32) und in Orientierung an der Enzyklika «*Veritatis splendor*», in der sich Papst Johannes Paul II. für den Primat der Wahrheit vor der Freiheit ausspricht, entscheidet er sich für die erste Variante.[73] Die Wahrheit ist für Menke Jesus Christus, der Logos Gottes – diese personal zu verstehende Wahrheit werde durch das Gewissen des Einzelnen, durch die apostolisch verfasste Kirche und durch die Zeugnisse der Heiligen Schrift vermittelt.[74] Freiheit könne es nur für den Menschen geben, der sich an diese Wahrheit binde. Wie die Ausführungen der Streitschrift zeigen, geht es Menke jedoch in einem viel engeren Sinn um die Bindung an die naturrechtlich verfasste Morallehre der katholischen Kirche.[75] Stillschweigend identifiziert er die christozentrisch verstandene Wahrheit mit konkreten Normen der katholischen Kirche etwa zur Sexualmoral oder zum Gottesdienstbesuch.[76] Diese Konkretisierung, die offenbar macht, dass unter dem Stichwort «Wahrheit oder Freiheit» eigentlich die Alternative von Theonomie und Autonomie verhandelt wird, bleibt womöglich schon hinter dem biblischen Wort zurück.[77] Vollends ausser Sicht gerät jedoch ein philosophisch informierter Wahrheitsbegriff, der sich mit dem Freiheitsbegriff nicht in der Weise verrechnen lässt, wie die Streitschrift insinuiert. Gleiches gilt aber, wenn Striet unter um-

---

Seite vor allem von Williard Van Orman Quine und Donald Davidson betont. Vgl. Keil, Geert, Von der Kunstlehre des Verstehens zur radikalen Interpretation, in: Arndt, Andreas / Dierken, Jörg (Hg.), Friedrich Schleiermachers Hermeneutik. Interpretationen und Perspektiven, Berlin / Boston 2016, 197–224.

71 Zum Stellenwert von Geschichte und Hermeneutik in der analytischen Religionsphilosophie vgl. Amor, Christoph J., Ist die analytische Religionsphilosophie geschichtsvergessen und hermeneutisch blind?, in: Gasser, Georg u. a. (Hg.), Handbuch für Analytische Theologie, (STEP 11), Münster 2017, 73–102.

72 So der Titel der 2017 in Regensburg erschienenen Streitschrift.

73 Vgl. Menke, Streitschrift, 5, 31.

74 Vgl. a. a. O., 77f., 142.

75 Vgl. a. a. O., 33, 51f.

76 Vgl. a. a. O., 55–62, 85.

77 Dies hätte die Exegese zu klären.

gekehrten Vorzeichen bekennt, lieber wolle er auf Ontologie und Metaphysik verzichten als auf das Recht der Freiheit – statt sich der falschen
Alternative zu verweigern, bestätigt er sie. Diese Debatte lässt einiges ausser Acht: Während Menke nicht berücksichtigt, dass Wahrheit nicht ein-
fachhin mit dem Normenkatalog einer ganz bestimmten Tradition gleichgesetzt werden kann, lässt Striet ausser Acht, dass Freiheit nicht gelebt
werden kann, wenn Wahrheit nicht respektiert wird. Der Wirklichkeits-
bezug darf nicht einfach geopfert werden, auch wenn Wirklichkeit immer
multiperspektivisch und nur annäherungsweise gegeben ist. Denn der Totalitarismus droht nicht nur, wenn die Freiheit, sondern auch, wenn die
Wahrheit aufgegeben wird. Im Zuge der unilateralen, damit aber reduk-
tionistischen Auflösung der Spannung entgeht Striet und Menke gleichermassen, dass es sich um eine doppelte Anforderung handelt: Freiheit
muss metaphysisch durchaus verteidigt werden, aber jede Metaphysik
muss sich auch vor den Freiheitsrechten legitimieren. Göcke hat recht,
wenn er Ersteres einfordert, Striet hat recht, wenn er auf Letzterem beharrt. Dass Wahrheit und Freiheit überhaupt gegeneinander ausgespielt
werden, liegt nach meinem Dafürhalten daran, dass sich die Beteiligten
der Debatte einen anderen, tief in die abendländische Geistesgeschichte
eingelassenen Gegensatz nicht genügend bewusst machen.

Ich meine den Gegensatz von theoretischer und praktischer Vernunft
und bin damit beim dritten Punkt. Wenn Kobusch, Wendel und Breul
ihre metaphysischen Ansätze als «praktisch» bezeichnen, ist das als Abgrenzung gegenüber spekulativen Entwürfen und kosmologischen Argumentationen gemeint. Wenn Müller Metaphysik im Wesentlichen als Ontologie versteht und Ontologie zur Voraussetzung von Theologie erklärt,
und wenn Göcke sich theologisch ausschliesslich auf Metaphysik, Ontologie und Epistemologie fokussiert, dann ist damit ebenfalls eine Aussage
gemacht: In diesem Fall stehen plötzlich ethische und politische Aspekte
von Theologie zur Disposition. Bei Ricken wirkt der Gegensatz insofern
fort, als er kosmologische Fragen in der Metaphysik verortet, den religiösen Glauben aber als Gegenstand der praktischen Philosophie betrachtet. Insofern er nach Verbindungen zwischen ethischen und dianoetischen
Tugenden, zwischen Intellekt und Willen sucht, unterwandert er den Gegensatz jedoch zugleich.[78] Eben dies ist meines Erachtens die Perspektive,
die die Theologie einzunehmen hätte. Sie hätte die Wechselwirkungen
und Interdependenzen von theoretischer und praktischer Vernunft sehr
viel stärker in den Blick zu nehmen. So hätte sie die rechte Praxis als Voraussetzung der Erkenntnis von Wahrheit ebenso zu bedenken wie die

---

[78] Vgl. Ricken, Glaube, 133.

ontologischen Implikationen moralischer Haltungen. Sie hätte die ethische und politische Dimension metaphysischer Ansätze herauszuarbeiten, aber sie hätte auch die offenen oder versteckten metaphysischen Annahmen ethischer oder politischer Positionen zu benennen. Eine lange, auf Aristoteles zurückgehende Tradition hat theoretische und praktische Vernunft mit grossenteils guten Gründen unterschieden. Diese Unterscheidung wirkt fort in den klaren Disziplingrenzen der Universitäten, wo Kompetenzscheidungen immer auch Hoheitsrechte markieren. Sie wirkt aber auch fort in den mitunter scharfen Abgrenzungsbemühungen, wie sie in zeitgenössischen Debatten um das Verhältnis von Theologie und Metaphysik zu beobachten sind. Mag die *Unterscheidung* von Theorie und Praxis sinnvoll sein, so geht die *Trennung* sicherlich an der Sache vorbei, denn in diesem Fall gerät das Feld zwischen den beiden Polen vollends aus dem Blick.

Der vierte Gegensatz spielt für den Beitrag von Metz eine zentrale Rolle, bildet aber auch eine gewisse Hintergrundfolie des Beitrags von Ricken:[79] Ich meine den Gegensatz von Bibel und Philosophie, von Jerusalem und Athen. Wie Metz ausführt, vergeht sich das überzeitliche Denken der griechischen Metaphysik an den Opfern der Geschichte, jedenfalls wenn man es nach den Katastrophen des 20. Jahrhunderts noch unbesehen übernimmt. Metz hat recht, dass die Theologie an diesen Katastrophen nicht vorübergehen darf. Wie kaum ein anderer hat er der Theologie ins Stammbuch geschrieben, dass sie den Einzelnen und die Einzelne dem Ganzen – sei dies nun ein System, ein Endzweck oder die Menschheit – niemals opfern darf. Er hat auch recht, dass die Theologie in erster Linie der Bibel verpflichtet ist, und dass deren Erzähltraditionen nicht ohne Weiteres in das Koordinatensystem griechischer Philosophie zu übersetzen sind. Die Texte der Bibel sind in hohem Masse erfahrungsgesättigt, bekenntnishaft und adressatenorientiert; sie enthalten Gleichnishaftes, Normatives, Historisches und Fiktives und sind in sich oder in der Zusammenschau keineswegs frei von Widersprüchen. Kurz: Will man sie erschliessen, kann man nicht von den Kontexten, in denen sie entstanden sind, abstrahieren. Philosophie ist dagegen in hohem Mass um Abstraktion bemüht; ausserdem misst sie Positionen daran, ob sie bestimmten normativen Standards wie dem Nicht-Widerspruchsprinzip oder dem Prinzip moralischer Universalisierbarkeit entsprechen. So sehr die Unterschiede zu würdigen sind, so wenig führt eine diametrale Entgegensetzung von Bibel und Philosophie weiter. Eine solche läuft auf einen Streit

---

79 Auch Ricken zitiert Blaise Pascal, der den Gott Abrahams, Isaaks und Jakobs vom Gott der Philosophen und Gelehrten abgegrenzt hat. Vgl. a. a. O., 141f.

der Denkkulturen hinaus, der deren jeweiligen Eigenarten nicht gerecht wird. Wie angesichts der Heterogenität biblisch bezeugter Erfahrung Konsistenzerwartungen von Seiten der Philosophie zu kurz greifen, so verfehlt die pauschale Inkompatibilitätsbehauptung die Tatsache, dass auch philosophische Entwürfe einen Zeitindex haben und wie biblische Texte aus ihrer Zeit heraus zu verstehen sind, was eine Kritik ihrer Geltungsansprüche freilich nicht ausschliesst. Abgesehen davon ist Metz entgegenzuhalten, dass das Bedenken des Ganzen der Würde des Einzelnen nicht *notwendig* entgegenstehen und der Glaube an die Ewigkeit nicht *zwangsläufig* gedächtnislos sein muss.

4. Perspektivwechsel im pluralen Zeitalter

Es sollte bereits deutlich geworden sein, dass ich die Rede von Ganzheit, Absolutheit und Universalität auch unter den Bedingungen des pluralen Zeitalters für möglich halte. Die Theologie bleibt der Logik und der Wahrheit ebenso verpflichtet, wie sie auf metaphysische Theoriebildung und klassische Philosophie angewiesen ist. Vielleicht ist auch deutlich geworden, dass ich ein hohes Reflexionsniveau bezüglich der normativen Reichweite dieser Ansprüche gleichzeitig für unabdingbar halte. Im pluralen Zeitalter kommt man nicht umhin, bezüglich der eigenen Absolutheitsansprüche immer schon eine Doppelperspektive einzunehmen, sie einerseits als Ausdruck der eigenen geistigen Verpflichtungen zu lesen, sie andererseits aber auch in ihrer Beschränkung wahrzunehmen. Was für mich gilt, muss für mein Gegenüber keineswegs gelten, und es gilt vielleicht auch für Dritte nicht. Absolutheitsansprüche, denen diese Selbstrelativierung nicht von vornherein eingeschrieben ist, werden ideologisch und sind in der Tat nicht mehr zeitgemäss. Kosmologische Überlegungen aus der Theologie zu verbannen, nicht mehr nach dem Unbedingten zu fragen, oder nicht mehr nach dem allen Menschen Gemeinsamen zu fragen, halte ich jedoch ebenso für einen Fehler. Die Spannung zwischen dem Partikularen und dem Universalen ist nicht nach einer Seite aufzulösen, sondern auszuhalten und fruchtbar zu machen. Eine Theologie, die das kann, vermittelt die Erste-Person-Perspektive mit der Zweiten- und Dritten-Person-Perspektive, sie macht auf den Bekenntnischarakter ihrer Dogmen aufmerksam, sie kennzeichnet ihre Modelle als Hypothesen, sie ergänzt die Prädikatenlehre um die Einsichten der Negativen Theologie, sie kontextualisiert ihre eigenen Annahmen und Forderungen, und schliesslich stellt sie an die Seite jeder Erkenntnis die Selbsterkenntnis.

II.   Historische Diskurse

Zeit ohne Finsternis
Gen 1,1–5 und Sach 14,6–7 im Disput über die Rolle der Finsternis in der guten Schöpfung

Matthias Ederer

1. Einleitung

«Und die Gottheit sah alles, was sie gemacht hatte, und siehe, es war sehr gut» (Gen 1,31). Dieses abschliessende Urteil des Schöpfers, gesprochen über die beinahe vollendete Schöpfung am Abend des sechsten Schöpfungstages, stellt an den Anfang des TaNaK-Kanons eine steile These: Die gesamte Schöpfung, «*alles*, was die Gottheit gemacht hatte», ist *eine* geschlossene, sinnvolle und in sich sehr gute Einheit. In ein spannendes Verhältnis dazu treten die mannigfaltigen Erfahrungen des Brüchigen und Fragmentarischen in der Schöpfung, die auf den folgenden Seiten der Bibel zur Sprache kommen und bearbeitet werden. Es muss nicht erwähnt werden, dass die Bibel nicht für *eine* und schon gar nicht für eine *eindeutige* Antwort auf die Frage nach der Ganzheit alles Geschaffenen oder nach der Fragmentarität des Seins steht. Vielmehr stellt sie in ihren unterschiedlichen Texten eine Fülle von Positionen zur Diskussion, von denen der folgende Beitrag nur einen kleinen Teilaspekt exemplarisch vertiefen kann. Dabei soll es um einen Diskurs zwischen zwei – auf den ersten Blick sehr unterschiedlichen, bei genauerem Hinsehen aber auch aufeinander bezogenen – Texten gehen, in dem letztlich die Frage aufgeworfen wird, wie vollkommen eine Schöpfung sein kann, in der auch die Finsternis ihren festen Raum hat. Die beiden Texte sind einerseits der Schöpfungsbericht in Gen 1,1 – 2,3 (und hier speziell die Verse Gen 1,1–5) und andererseits Sach 14,6–7, ein später, eschatologischer Prophetentext, der – wie zu zeigen sein wird – explizit auf Gen 1,3–5 Bezug nimmt und kritische Korrekturen vornimmt.

So ist im Folgenden zunächst Gen 1,1–5 und im Anschluss daran Sach 14,6–7 genauer zu betrachten, wobei jeweils der Fokus auf die Rolle und Funktion von Finsternis (und Licht) zu richten ist.

2. Die Finsternis in der Schöpfung (Gen 1,1 – 2,3)

Was den Schöpfungsbericht in Gen 1,1 – 2,3 anbelangt, so ist in ihm die Finsternis als eine vielschichtige und potenziell widersprüchliche Grösse angelegt. Diese wird erstmals in Gen 1,2 – nicht als Objekt der Schöpfung, sondern als Element einer chaotischen «Vor-Welt» – eingeführt.

> [1]In einem Anfang, als die Gottheit schuf die Himmel und die Erde – [2a]die Erde aber war wüst und verwüstet (תהו ובהו) [2b]und Finsternis (חשך) war über der Fläche der Urflut (תהום) [2c]und Windhauch der Gottheit sich bewegend über dem Angesicht der Wasser – [3a]da sprach die Gottheit: […] (Gen 1,1–3a)[1]

Gen 1,2 schiebt sich – ähnlich einer Parenthese – zwischen den Thema- oder «Mottovers»[2] Gen 1,1, der grundlegend Gott als Schöpfer von Allem ausweist, und den Vers Gen 1,3, der den eigentlichen Auftakt des Schöpferhandelns der Gottheit zum Thema macht, und skizziert eine chaotische bzw. strukturlose «Vorwelt»[3] mit einer wüsten und verwüsteten (תהו ובהו), also absolut lebensfeindlichen Erde (V. 2a),[4] einer von Finsternis (חשך) bedeckten Urflut (תהום; V. 2b) sowie einem gewaltigen Sturm (רוח אלהים)[5] über den Wassern (V. 2c). Dargestellt sind damit diejenigen Umstände, in die hinein sich das ab Gen 1,3 beschriebene Schöpferhandeln der Gottheit ereignet[6] und die zugleich wie eine «Problem-» oder «Aufgabenstellung» profiliert sind, die in der Schöpfung zu «lösen» ist. Folgerichtig bedeutet Schöpfung in Gen 1,3 – 2,3 nicht ein Werden von

---

1 Alle Bibeltexte in diesem Beitrag werden nach einer eigenen Arbeitsübersetzung zitiert.

2 Vgl. Bauks, Michaela, Welt am Anfang. Zum Verhältnis von Vorwelt und Weltentstehung in Gen 1 und in der altorientalischen Literatur, (WMANT 74), Neukirchen-Vluyn 1997, 92; Gertz, Jan Christian, Das erste Buch Mose. Genesis, Bd. 1, Die Urgeschichte. Gen 1–11, (ATD 1), Göttingen 2018, 37; Seebass, Horst, Genesis I. Urgeschichte, 1,1 – 11,26, Neukirchen-Vluyn ³1996, 65; Weimar, Peter, Studien zur Priesterschrift, (FAT 56), Tübingen 2008, 137.

3 Vgl. Bauks, Welt, 85–92; Gertz, Genesis, 36.

4 Vgl. Bauks, Welt, 111–118; Carr, David M., Genesis 1–11, (IECOT), Stuttgart 2021, 53; Gertz, Genesis, 39.

5 Zu den verschiedenen Möglichkeiten, diese Wendung zu interpretieren, vgl. z. B. Bauks, Welt, 127–141; Gertz, Genesis, 42–44; Westermann, Claus, Genesis. 1. Teilband: Genesis 1–11, (BK. AT I/1), Neukirchen-Vluyn ²1976, 147–152.

6 Vgl. Westermann, Genesis, 141.

Etwas aus Nichts, sondern im Wesentlichen ein Ordnen und Strukturieren des uranfänglichen Chaos (vgl. Gen 1,3–19), um einem mit Leben angefüllten Kosmos Raum (vgl. Gen 1,20–31) zu geben.[7]

Was nun aber die Finsternis anbelangt, so wird sie in Gen 1,2b als ein zentrales Element des primordialen Chaos vorgestellt. Sie ist verbunden mit dem תהום («Urflut»), einer unbegrenzten, strukturlosen und darin lebensfeindlichen Wassermasse,[8] wobei beide Grössen, Finsternis und Urflut, in ihrer Kombination mit Michaela Bauks gesprochen für ein «Fehlen der beiden Ordnungskategorien Raum und Zeit»[9] stehen. Vor diesem Hintergrund wäre es naheliegend, dass ein wesentliches Ziel des göttlichen Schöpfungshandelns darin besteht, die Finsternis zu verdrängen oder «aufzuheben». Faktisch jedoch ist das Gegenteil der Fall: Schon im Zusammenhang mit dem ersten Schöpfungswerk (Gen 1,3–5) begegnet uns die Finsternis erneut und wird dabei als integraler Teil der Schöpfung vorgestellt.[10] Somit liegt die Frage nahe, ob sich damit bereits im ersten Schöpfungsakt ein «Riss» auftut, durch den das Chaos des Anfangs in das Schöpferwerk Gottes einzudringen vermag,[11] bzw. wie genau die offensichtliche «Doppelrolle» der Finsternis zu bewerten ist. Aufschlussreich hierfür ist der Text von Gen 1,3–5:

[3a][...] sprach die Gottheit: [3b]«Es werde Licht!» [3c]Da wurde Licht [4a]und die Gottheit sah das Licht, [4b]dass es gut war, [4c]und die Gottheit schied zwischen dem Licht und der Finsternis [5a]und die Gottheit rief das Licht «Tag» [5b]und die Finsternis rief sie «Nacht». [5c]Und es wurde Abend [5d]und es wurde Morgen: [5e]Ein Tag.

Gen 1,3–5 beschreibt als erstes Schöpfungswerk das Werden des Lichts, das umgehend durch die Schöpfergottheit für gut befunden wird (vgl.

---

7   Vgl. Bauks, Welt, 141–144; 309–319; Carr, Genesis, 53; Gertz, Genesis, 37; Seebass, Urgeschichte, 66; Weimar, Studien, 145–148; Zenger, Erich, Gottes Bogen in den Wolken. Untersuchungen zu Komposition und Theologie der priesterschriftlichen Urgeschichte, (SBS 112), Stuttgart 1983, 81–84.
8   Vgl. Bauks, Welt, 122–126; Waschke, Ernst-Joachim, Art. «tᵉhôm», in: ThWAT VIII,1995, 563–571, 566.
9   Bauks, Welt, 315. Die gleiche Formulierung findet sich bei Gertz, Genesis, 29; 41.
10 Vgl. Bauks, Welt, 118–120.
11 Dass die biblische Urgeschichte die fortwährende Infragestellung der Schöpfung durch das Chaos reflektiert, zeigt die Fluterzählung, in der die «Rückkehr» der – wie das Licht in die Schöpfung integrierten – Urflut und damit der (weitgehende) «Rückfall» der Schöpfung ins Chaos der Vorwelt durchgespielt wird. Vgl. dazu Weimar, Studien, 148–150.

V. 4ab),[12] allein durch das göttliche Wort (vgl. V. 3).[13] Das Licht ist erkennbar die Gegengrösse zur Finsternis der chaotischen «Vorwelt»,[14] sodass im Zusammenhang mit der Erschaffung und Billigung des Lichts
(vgl. Gen 1,3–4b) auch das Verhältnis der beiden gegensätzlichen Grössen, Licht und Finsternis, zu klären ist. Dies geschieht im Wesentlichen in
der zweiten Hälfte des Abschnitts, Gen 1,4c–5, in dem mit Gen 1,4c zunächst das «Scheiden» (בדל-hi.) zwischen Licht und Finsternis zum Thema
wird. Das «Scheiden» als ein Akt des Trennens, Ordnens und Strukturie-
rens ist in Gen 1,1 – 2,3 ein zentraler Teilvollzug des göttlichen Schöpferhandelns (vgl. Gen 1,6–7.14.18)[15] – und wird als solcher in Gen 1,4c
erstmals thematisiert. Die in V. 4c dargelegte Idee einer Scheidung von
Licht und Finsternis ist nun insofern interessant, als – anstelle eines Ver-
drängens der Finsternis durch das Licht – ein geordnetes, strukturiertes
Nebeneinander beider Grössen implementiert wird, das sich, wie V. 5
deutlich macht, in erster Linie in einem verlässlichen Wechsel konkretisiert.[16] So wird in Gen 1,5 über die Benennung des Lichts als «Tag» und
der Finsternis als «Nacht» die in V. 4 thematisierte Scheidung mit der
lebensweltlichen Erfahrung des getakteten Wechsels der Tageszeiten, Tag
und Nacht, verbunden, wobei mit Abend und Morgen zwei zusätzliche
Grössen eingeführt werden, die als Übergänge zwischen Tag und Nacht /
Licht und Finsternis erlebbar sind und in genau dieser Funktion in Gen
1,5cd installiert werden.[17] Das für unseren Text wesentlichste Ergebnis
der Scheidung von Licht und Finsternis ist somit der stete Wechsel von
Tag und Nacht, von Abend und Morgen – und damit eine gerichtete Abfolge von Ereignissen, kurzum: *Zeit*, als eine elementare struktur- und
ordnungssetzende Grösse.[18] So ist es stimmig, wenn in V. 5e in der Formulierung יום אחד («ein Tag») – anders als zum Abschluss der folgenden
Schöpfungstage (vgl. Gen 1,8.13.19.23.31) – nicht etwa Tage gezählt
werden («erster Tag»), sondern in definierender Weise «*ein* Tag» als eine
Grundeinheit von Zeit benannt und als Abfolge von je einmal Abend und

---

[12] Vgl. Fischer, Georg, Genesis 1–11, (HThK. AT), Freiburg 2018, 128–129.
[13] Vgl. dazu ausführlich z. B.: Gertz, Genesis 44–46; Fischer, Genesis, 128;
Westermann, Genesis, 152–155.
[14] Vgl. Bauks, Welt, 119; Gertz, Genesis, 44.
[15] Vgl. Gertz, Genesis, 47; Jacob, Benno, Das Buch Genesis. Herausgegeben in
Zusammenarbeit mit dem Leo Baeck Institut. Nachdruck der Originalaus-
gabe (Berlin 1934), Stuttgart 2000, 32f.
[16] Vgl. Bauks, Welt, 119; Seebass, Urgeschichte, 67f.
[17] Vgl. Fischer, Genesis, 130f; Westermann, Genesis, 157f.
[18] Vgl. Bauks, Welt, 119–120; Fischer, Genesis, 131; Jacob, Genesis, 35–37;
Seebass, Urgeschichte, 67f.; Westermann, Genesis, 155–160.

Morgen, Nacht und Tag, definiert wird.[19] Die Zeitlosigkeit der chaotischen Vorwelt ist damit aufgehoben – und die Finsternis, die in der «Vorwelt» für die Zeitlosigkeit stand, ist dafür dienstbar gemacht. Auf diese
Weise illustriert der Text zugleich auch die Souveränität der Gottheit
über die Finsternis bzw. allgemein über das Chaos; eine Souveränität, die
nicht zuletzt auch in dem in V. 5b thematisierten Benennen der Finsternis
als «Nacht» greifbar wird, denn dieser Akt ist nicht in erster Linie Charakterisierung oder Beschreibung, sondern wesentlich Ausdruck der
Herrschaft des Benennenden über das Benannte.[20]

Kurzum: Gen 1,3–5 präsentiert die Finsternis als von der Gottheit be-
herrscht, als eingebunden in einen steten Wechsel mit dem Licht und damit konstitutiv für den Fluss der Zeit, als dienstbar gemacht für das Ordnen und Strukturieren des Kosmos, sodass sich in diesen Versen kein
Grund für ein Unbehagen angesichts der Anwesenheit der Finsternis in
der Schöpfung ausmachen lässt – ausser vielleicht man gibt einer kleinen
Beobachtung im Text Gewicht. Diese betrifft die bereits angesprochene
sogenannte Billigungsformel in V. 4ab, die sich von den übrigen Belegen
einer Billigungsformel in Gen 1,1 – 2,3 (vgl. Gen 1,10.12.18.21.25.31) in
interessanter Weise unterscheidet.[21] So findet sich in Gen 1,10.12.18.21.
25 jeweils die Formulierung וירא האלהים כי טוב («und die Gottheit sah, dass
es gut sei»), die kein konkretes Objekt der Billigung benennt und so am
naheliegendsten auf das **gesamte** Werk des jeweiligen Tages zu beziehen
ist. Mit dieser Annahme kongruiert, dass all diese Belege jeweils am
Abschluss der einzelnen Teilabschnitte von Gen 1,1 – 2,3 platziert sind.
Eine Sonderstellung hingegen nehmen einerseits die erste Belegstelle in
Gen 1,4 und andererseits die siebte und letzte Belegstelle in Gen 1,31 ein.
Gen 1,31 markiert den Abschluss der Beschreibung des sechsten Tages
(Gen 1,24–31), ist aber nicht nur auf das Werk dieses einzelnen Tages
bezogen, sondern lässt die Gottheit ausdrücklich «alles, was sie gemacht
hatte,» (Gen 1,31) in den Blick nehmen, um die *gesamte* Schöpfung – in
gesteigerter Weise – als «*sehr* gut» (טוב מאד) zu qualifizieren.[22] In ähnlicher Weise benennt auch die erste Billigungsformel des Schöpfungsberichts in Gen 1,4ab explizit ein Objekt der Billigung, das Licht: «Und die
Gottheit sah das Licht, dass es gut sei [...]» Des Weiteren ist auffällig,
dass die Billigungsformel nicht am Ende von Gen 1,3–5 platziert ist,

19   Vgl. Carr, Genesis, 58; Cassuto, Umberto, A Commentary on the Book of
     Genesis. Part 1: From Adam to Noah. Genesis I–VI 8, Jerusalem 1961, 28;
     Jacob, Genesis, 35–37.
20   Vgl. Gertz, Genesis, 46; Westermann, Genesis, 158f.
21   Vgl. Carr, Genesis, 57; Fischer, Genesis, 129; Zenger, Bogen, 59–61.
22   Vgl. Zenger, Bogen, 61f.

sondern unmittelbar auf die Erschaffung des Lichts folgt – und damit der
Scheidung von Licht und Finsternis sowie dem Implementieren eines
Tagesrhythmus in Gen 1,4c–5 – vorangeht. Verglichen mit den übrigen
Billigungsformeln erweist sie sich damit als markant eingeschränkt, wenn
sie exklusiv auf das Licht bezogen, und zugleich der Tagesrhythmus, der
auf dem Wechsel von Licht und Finsternis aufbaut, von der Billigung
ausgenommen ist.[23] Zu fragen ist damit, ob Gen 1,4 in dem auffällig
variierten Gebrauch der Billigungsformel einen mit der Gegenwart der
chaotischen Finsternis in der Schöpfung einhergehenden «Riss» andeuten
will, der zwar von dem vehementen «Urteil» aus Gen 1,31 – «und siehe,
alles war sehr gut» – «übertönt» wird, der aber dennoch weiterwirkt?
Lässt sich hier Fragmentarisches greifen, das sich *nicht* in die Ganzheit
und Güte der guten Schöpfung fügt? Gen 1,3–5 in dieser Weise (*negativ*)
zu lesen, ist keinesfalls zwingend,[24] wohl aber lassen sich bereits im
TaNaK Texte finden, die auf Gen 1 Bezug nehmen und genau diese Ambivalenz wahrnehmen bzw. aufgreifen. Interessante Beispiele sind späte
prophetische Texte, wie z. B. Jes 30,26 oder Sach 14,6–7, die – bei gleichzeitiger Bezugnahme auf Gen 1,3–5 – hinsichtlich der Bewertung der
Finsternis eine Gegenposition zum Schöpfungsbericht einnehmen. Wie
dies angelegt sein kann, soll im Folgenden exemplarisch an Sach 14,6–7
durchgespielt werden.

3.   Ein künftiger Tag (Sach 14,6–7)

Sach 14,6–7 ist Teil des Abschlusskapitels der Sacharjaschrift, Sach 14,
das unter dem in Sach 14,1a vorgegebenen Motto הנה יום בא ליי‬ («Siehe,
ein Tag kommt für JJ») eine ausführliche Beschreibung der Ereignisse am
Tag JJs in Jerusalem entfaltet.[25] Dabei sind die hier zu untersuchenden

---

23 Vgl. Carr, Genesis, 58; Cassuto, Adam, 26; Gertz, Genesis, 46; Seebass, Ur-
    geschichte, 67; Westermann, Genesis, 156–157; Zenger, Bogen, 60–61. Vgl.
    ähnlich auch Fischer, Genesis, 129. Fischer sieht in der Billigung allein des
    Lichts eine «Bevorzugung» des Lichts artikuliert.
24 Vgl. dazu Gertz, Genesis, 46.
25 Vgl. Biberger, Bernd, Endgültiges Heil innerhalb von Geschichte und Gegen-
    wart. Zukunftskonzeptionen in Ez 38–39, Joel 1–4 und Sach 12–14, (BBB
    161), Göttingen 2012, 313; Gärtner, Judith, Jesaja 66 und Sacharja 14 als
    Summe der Prophetie. Eine traditions- und redaktionsgeschichtliche Untersu-
    chung zum Abschluss des Jesaja- und des Zwölfprophetenbuchs, (WMANT
    114), Neukirchen-Vluyn 2006, 69; Graf Reventlow, Henning, Die Propheten

Verse, Sach 14,6–7, Teil eines grösseren Abschnitts, Sach 14,6–11, der das Zentrum des Kapitels bildet. Eingerahmt ist dieses durch die beiden Textpassagen Sach 14,1b–5 und Sach 14,12–19, die jeweils die Völkerwelt und deren Agieren gegenüber Israel und Jerusalem in den Blick nehmen.[26]

Sach 14,1b–5 imaginiert zunächst in komplexen Bildern einen Völkersturm gegen Jerusalem, der in der Eroberung der Stadt und in der Exilierung der Hälfte der Bevölkerung endet (Vv.1b–2), thematisiert ebenso aber auch den Beistand JJs für Israel (Vv.3–5). In Sach 14,12–19 aber wird dies insofern fortgeführt, als Vv.12–15 zunächst die durch JJ herbeigeführte, endgültige Niederlage der Völker vor Jerusalem ankündigt, auf die hin sich die Reste der Völkerwelt der Verehrung JJs anschliessen und jährlich zum Laubhüttenfest nach Jerusalem ziehen werden, «um sich niederzuwerfen vor dem König JJ Zebaot» (Sach 14,16). Sach 14 erwartet somit im Eschaton einen markanten Umschwung in der Haltung der Völkerwelt gegenüber Israel und seinem Gott, wenn im Laufe des Kapitels an die Stelle eines aggressiven Ansturms der versammelten Völkerwelt gegen Jerusalem eine völkerverbindende Wallfahrt nach Jerusalem tritt.[27]

Die durch die Völkerthematik geprägten Rahmenpassagen Vv.1b–5.12–19 sind nun mit dem zentralen Abschnitt Sach 14,6–11 durch die Thematik des universalen Königtums JJs verbunden, die über Sach 14,9 auch im Zentrum des Mittelteils (Vv.6–11) steht: «JJ wird König sein über die ganze Erde / das ganze Land (כל הארץ). An jenem Tag wird JJ einzig sein und sein Name einzig.» Diese Ankündigung von Sach 14,9 ist zunächst umrahmt von den Versen Sach 14,8 und Sach 14,10–11, die eine Umgestaltung des Landes Israel (als Zentrum des Kosmos) thematisieren, in der sich die Auswirkungen des aktiven Königtums JJs manifestieren. So kommt in Sach 14,8 (in Rezeption von Ez 47,1–12) ein von Jerusalem ausgehender Strom in den Blick, der das gesamte Land in zwei Armen durchfliesst und immerwährende Fruchtbarkeit schenkt. Sach 14,9–10

Haggai, Sacharja und Maleachi, (ATD 25.2), Göttingen 1993, 124; Reddit, Paul L., Zechariah 9–14, (IECOT), Stuttgart 2012, 128.

[26] Vgl. auch Boda, Mark J., The Book of Zechariah, (NICOT), Grand Rapids 2016, 743–745; Reddit, Zechariah, 127.

[27] Vgl. Schlegel, Michael, Jerusalem «an jenem Tag». Eine traditionsgeschichtliche Untersuchung von Sach 12–14 zur Rolle Jerusalems im Endgeschehen im Kontext spätprophetischer Literatur, (ATSAT 103), St. Ottilien 2018, 131–132; Stinglmair, Arnold, Die Bücher Haggai, Sacharja, Maleachi, (NSK. AT 26), Stuttgart 2020, 173; Willi-Plein, Ina, Haggai, Sacharja, Maleachi, (ZBK. AT 24.4), Zürich 2007, 217f.

hingegen erwartet – kongruent zu dem Bild aus V. 8 – eine topografische Umgestaltung des Israellandes, infolge derer Jerusalem auf einem hohen Berg ein Land überragt, das zur Ebene geworden ist – eine Geografie, die die Jerusalemzentrierung, d. h. die Ausrichtung des ganzen Landes (und der Erde) auf den Ort des göttlichen Königtums Gottes, unterstreicht.[28]

Am Abschluss der Einheit aber steht die Zusicherung einer bleibenden Sicherheit in Jerusalem (V. 11), die einen Gegenakzent zu den Kriegsbildern in V. 2 setzt. Wie das gesamte Kapitel ist somit auch die zentrale Perikope Sach 14,6–11 in Vv.8–11 konzentrisch angelegt.[29] Vorangestellt aber ist Vv.8–11 mit Sach 14,6–7 eine Einleitung, die die jerusalemzentrierte Perspektive in Vv.8–11 in einen umfassenderen kosmologischen bzw. schöpfungstheologischen Horizont hineinstellt.[30]

4. Die kosmischen Dimensionen des Tages JJs

Sach 14,6–7 setzt in V. 6a mit der Wendung והיה ביום ההוא («Und es wird sein an diesem Tag […]») ein, die an Vv.1–5 anschliesst, zugleich aber auch einen (relativen) Neueinsatz markiert und Vv.6ff somit vom vorauslaufenden Kontext abgrenzt.[31] Zudem findet sich die gleiche Formulierung erneut in V. 8a, wo sie den Abschnitt Vv.8–11 eröffnet, der die von Jerusalem ausgehende Umgestaltung des Israellandes sowie das universale Königtum JJs zum Thema hat (s. o.).[32] Sach 14,6–7 ist somit nicht nur inhaltlich, sondern auch formal als abgegrenzte Einheit wahrnehmbar, die für sich betrachtet – entlang der masoretischen Versunterteilung – in zwei Teile gegliedert werden kann. Dabei verbindet der erste Teil, Sach 14,6, mit «diesem Tag» (vgl. V. 6a), d. h. dem Tag JJs, das Nicht-Sein (bzw. das Verschwinden) des Lichts. Bestimmend ist damit eine Negation bzw. der Fokus darauf, was am Tag JJs *nicht* (mehr) sein wird. Wie unten im Detail zu zeigen ist, ist dabei im Grunde die Aufhebung bzw. Rücknahme der in Gen 1 umschriebenen Schöpfungsordnung im Blick. Der zweite Teilabschnitt, Sach 14,7, hingegen ist affirmiert, stellt also dar, was (stattdessen) am Tag JJs sein bzw. was diesen ausmachen wird.

---

28 Vgl. Boda, Zechariah, 763–769; Schott, Martin, Sacharja 9–14. Eine kompositionsgeschichtliche Analyse, (BZAW 521), Berlin / Boston 2020, 216–217; Stinglmair, Bücher, 173; Willi-Plein, Haggai, 220f.

29 Vgl. Biberger, Heil, 313f.; Gärtner, Summe, 69.

30 Vgl. Biberger, Heil, 125.

31 Vgl. Gärtner, Summe, 76; Graf Reventlow, Propheten, 125–126; Stinglmair, Bücher, 177.

32 Vgl. Gärtner, Summe, 79.

Markant und eigentümlich sind die zahlreichen Bezüge beider Verse, v. a. aber von Sach 14,7 zu Gen 1,3–5:

Gen 1,3–5		Sach 14,7	
3a	[...] sprach die Gottheit:	Und es wird <u>«ein Tag» (יום אחד</u>) sein –	7a
3b	«Es werde *Licht*!»	er ist bekannt JJ –,	7b
3c	<u>Da wurde *Licht*</u> (ויהי אור)	(er ist) nicht <u>Tag</u> und nicht <u>Nacht</u>.	7c
4a	und die Gottheit sah das *Licht*,	Und es wird sein zur Zeit des <u>Abends</u>:	7d
4b	dass es gut war,	<u>Es wird *Licht* sein</u> (יהיה־אור).	7e
4c	und die Gottheit schied zwischen		
	dem *Licht* und der Finsternis		
5a	und die Gottheit rief das *Licht* «<u>Tag</u>»		
5b	und die Finsternis rief sie «<u>Nacht</u>».		
5c	Und es wurde <u>Abend</u>		
5d	und es wurde Morgen:		
5e	<u>Ein Tag (יום אחד</u>).		

Signifikant sind hier – über das gemeinsame Stichwort «Licht» (אור) hinaus – v. a. die Aufnahme der Formulierung יום אחד («ein Tag»; Gen 1,5e) in Sach 14,7a sowie das Nebeneinander von Tag und Nacht in Sach 14,7c, das auf Gen 1,5ab Bezug nimmt. Daneben ruft die durch die Verbindung von Abend und Licht geleistete Neubestimmung des Abends in Sach 14,7de die Festlegungen in Gen 1,5d auf. Zuletzt aber spiegelt die Ankündigung «es wird Licht sein» (יהיה־אור; Sach 14,7e) den Narrativsatz ויהי אור («da wurde Licht») aus Gen 1,3c.[33]

Dies sind allesamt Formulierungen, die in Gen 1,3–5 für das Beschreiben und Definieren der in der Schöpfung angelegten Rhythmisierung der Zeit infolge der Scheidung von Licht und Finsternis (vgl. Gen 1,4b–5) zentral sind.[34] Daraus ist zu folgern, dass für Sach 14,6–7 v. a. diese Aspekte rund um die Ordnungen und Strukturen der Zeit von Bedeutung

---

[33] Vgl. Schott, Sacharja, 215.
[34] Vgl. Boda, Zechariah, 762f.

sind, wobei die literarischen Techniken der Bezugnahme wie auch die damit verbundenen Intentionen im Folgenden eingehender zu klären sind.

5. Die Aufhebung der Schöpfungsordnung (Sach 14,6)

Und es wird sein an diesem Tag:		והיה ביום ההוא	6a
Nicht wird Licht sein	Nicht wird Licht sein,	לא יהיה אור	6b
und Kälte und Frost.	Wertvolle werden starr gemacht.	יקרות יקפאון:	[6c]

In Sach 14,6 ist mit dem Tag JJs wesentlich verbunden, dass an ihm kein Licht (mehr) sein wird (לא יהיה אור; V. 6b),[35] was angesichts der deutlichen Bezüge zu Gen 1,3–5 im Sinne einer Rücknahme des ersten Schöpfungswerks bzw. letztendlich einer «Rückabwicklung» der Schöpfung als Ganzer zu verstehen ist,[36] die eine Rückkehr des chaotischen Zustands der «Vorwelt» aus Gen 1,2 zur Folge hat. Zusätzlich illustriert wird dies durch den Satz Sach 14,6c, der allerdings syntaktisch und semantisch

---

[35] Innerhalb des Zwölfprophetenbuchs kann das Verschwinden des Lichts auch als eine Anspielung auf das Motiv vom Tag JJs als Tag der Finsternis interpretiert werden, wie es grundlegend in Am 5,18–20 entfaltet ist: «Der Tag JJs, Finsternis (חשך) ist er und kein Licht (ולא אור)» (Am 5,18). Weitere wichtige Belegtexte sind Zef 1,15–16 (der Tag JJs als «ein Tag von Finsternis [חשך] und Dunkel [אפלה], ein Tag von Wolke [ענן] und Wolkendunkel [ערפל]»; Zef 1,15) und – gleichlautend – Joel 2,2 (vgl. auch Jes 13,10). Diese Texte präsentieren den Tag JJs als Tag des (geschichtlichen) Unheils und des göttlichen Gerichts. Die Finsternis aber ist zugleich Metapher und Teilaspekt dieses Gerichts. Vgl. dazu Gärtner, Summe, 76; Schlegel, Jerusalem, 284f.; Schott, Sacharja, 213. Spannend aber ist, dass Sach 14,6 zwar durchaus auf das Motiv vom finsteren Tag JJs anspielt, sich aber von den genannten Texten, Am 5,18–20; Zef 1,15f; Joel 2,2 (Jes 13,10), auch markant absetzt bzw. ihnen gegenüber eigene Akzente setzt. So findet sich in Sach 14 – anders als in diesen Texten, in denen jeweils das Wortfeld «Finsternis» z. T. mit mehreren unterschiedlichen Begriffen belegt ist – das Nomen «Finsternis» (חשך) nicht, sodass auch die Rolle der Finsternis als Teilaspekt des göttlichen Gerichts oder als Metapher für das Unheil des Tages JJs in Sach 14 in den Hintergrund tritt. Zentral ist stattdessen das Nicht-mehr-Sein des Lichts, sodass die oben bereits aufgewiesene Bezugnahme auf Gen 1,3–5 für den Textabschnitt Sach 14,6–7 wesentlicher ist, als die durch Am 5,18–20; Zef 1,15–16; Joel 2,2 repräsentierte Tag-JJs-Tradition. Vgl. dazu Biberger, Heil, 322–324; Willi-Plein, Haggai, 217.

[36] Vgl. ähnlich Willi-Plein, Haggai, 217.

nicht unproblematisch ist, sodass vor einer vertieften inhaltlichen Auseinandersetzung ein kurzer Ausblick auf die verschiedenen Möglichkeiten,
diesen Satz zu lesen und zu interpretieren, angebracht ist.

Ausgangspunkt der folgenden Überlegungen ist die Form יקפאון in Sach
14,6c (MT). Die im Masoretischen Text notierte Vokalisation (יְקִפָּאוֹן) ist
auf das masoretische *Qere* zu beziehen, das nahelegt, anstelle des *Ketiv*
יקפאון die Konsonaten וקפאון, *w^e-qippā'ōn*, zu lesen. Somit läge in V. 6c das
Nomen קפאון («Erstarren, Zusammenziehen, Frost»), verbunden mit der
Konjunktion ו, *w^e-* («und, aber, …»), vor,[37] was stimmig zur Wiedergabe
des Verses in den antiken Versionen (LXX, Vulgata, Symmachus und
Targum Jonathan) passt, die Sach 14,6c (MT) durchwegs mit «[…] und
Kälte und Frost» übersetzen.[38]

> So lautet Sach 14,6 in der LXX: «ἐν ἐκείνῃ τῇ ἡμέρᾳ οὐκ ἔσται φῶς καὶ ψῦχος
> καὶ πάγος» («An jenem Tag wird nicht sein Licht und Kälte und Frost»), in
> der Vulgata: «et erit in die illa non erit lux sed frigus et gelu» («Und es wird
> sein an jenem Tag: Nicht wird Licht sein, sondern Kälte und Frost») und im
> Targum Jonathan: ויהי בעדנא ההוא יהי ניהור אלהין עדי וגליד («Und es wird sein
> zu dieser Zeit: Nicht wird Licht sein, nur Verlöschen und Eis»).

LXX, Vulgata und letztlich auch TJ setzen in Sach 14,6c somit als hebräische Vorlage die Formulierung וקרות וקפאון, *w^e-qārūt w^e-qippā'ōn*
(«und Kälte und Frost»), voraus, die *beinahe* dem durch das masoretische
Qere korrigierten Konsonantentext von Sach 14,6c entspricht – allerdings nur *beinahe*. Das erste Wort des Satzes nämlich lautet im Konsonantentext יקרות, nicht וקרות, und es wird – anders als bei יקפאון – im Masoretischen Text auch nicht durch ein *Qere* entsprechend korrigiert.
Zuletzt macht auch die Vokalisation deutlich, dass nicht das Nomen קרות,
qārūt («Kälte»), sondern das Nomen יקרות, *j^e qārōt* (verbunden mit der
Konjunktion ו, *w^e-*), zu lesen ist, das «Wertvolles, wertvolle Dinge» bedeutet. Exakt wörtlich wäre Sach 14,6bc (MT) also wie folgt zu übersetzen: «Nicht wird Licht sein und/aber Wertvolles und Frost». So gelesen
macht der Satz freilich wenig Sinn, doch kann sich die Hypothese als hilf-
reich erweisen, dass der Masoretentext, indem er einen auf den ersten
Blick unsinnigen Wortlaut überliefert, *zwei* mögliche Lesarten zugleich

---

37 Vgl. Boda, Zechariah, 761.
38 Vgl. Gärtner, Summe, 67 mit FN 226; Mason, Rex, The Use of Earlier Biblical
     Material in Zechariah 9–14: A Study in Inner Biblical Exegesis, in: Boda,
     Mark J. / Floyd, Michael H. (Hg.), Bringing out the Treasure. Inner Biblical
     Allusion in Zechariah 9–14, (JSOT. S 370), Sheffield 2003, 2–208, 184;
     Schlegel, Jerusalem, 44f.

(und als gleichberechtigt) anbieten will[39] – und dies dadurch markiert, dass er *beide* Möglichkeiten jeweils «zur Hälfte» andeutet. Die erste Möglichkeit wäre dabei diejenige der antiken Versionen (s. o.), die in V. 6c durch das masoretische *Qere* gestützt wird, zugleich aber auch einfordert, das erste Wort des Satzes – gegen den überlieferten Konsonantentext und zugleich gegen die masoretische Vokalisation – als וקרות, *wᵉ-qārūt* («und Kälte»), zu lesen. Auf diese Weise interpretiert, lautet Sach 14,6bc: «Nicht wird Licht sein und Kälte und Frost», wobei auffällig bleibt, dass beide Nomina in V. 6c, קרות (*qārūt*; «Kälte») und קפאון (*qippā'ōn*; «Frost»), Hapaxlegomena, d. h. im TaNaK an keiner anderen Stelle belegt sind.

Neben dieser ersten Lesart steht gleichwertig als zweite Möglichkeit die Option, das erste Wort des Satzes, יקרות, entsprechend dem Konsonantentext und der masoretischen Vokalisation als *jᵉqārōt* («wertvolle Dinge») zu lesen und dafür das zweite Wort mit dem *Ketiv* als יקפאון. Diese Form ist als 3. Pers. Pl. PK des Verbs קפא (ni.: «fest, starr gemacht werden, zum Erstarren gebracht werden […]») mit *nun energicum* zu interpretieren[40] und wäre entsprechend als *jiqqafe'ūn* zu vokalisieren. Dies führt zu einem (inhaltlich erklärungsbedürftigen) Verbalsatz יקרות יקפאון, der mit «Wertvolle werden starr gemacht» zu übersetzen ist.[41]

Wenn nun zutrifft, dass der Masoretische Text *keine* der beiden Möglichkeiten vollständig, *jede* der beiden aber teilweise realisiert und damit *beide* Varianten als gleichwertige Alternativen anbietet, ist es am sachgemässesten, sich nicht exklusiv für *eine* Lesart (und damit gegen die zweite) zu entscheiden, sondern auch in der Auslegung das im Text verankerte Nebeneinander zweier gleichwertiger Verstehensmöglichkeiten offen zu halten, die – wie unten zu zeigen ist – jeweils andere Bezugstexte aufrufen und in ihrem Nebeneinander eine grosse Bedeutungsfülle transportieren können. Entsprechend werden in der folgenden Auslegung von Sach 14,6 beide Möglichkeiten durchgespielt.

Die erste Variante besteht darin – angelehnt an das *Qere* des Masoretischen Textes (und in Übereinstimmung mit den antiken Versionen) –, in V. 6c וקרות וקפאון, *wᵉ-qārūt wᵉ-qippā'ōn* («und Kälte und Frost»), zu lesen. Sach 14,6bc lautet folglich: «Nicht wird Licht sein und Kälte und Frost.»[42] Aufgrund der Polyvalenz der Konjunktion ו, *wᵉ-* («und, aber,

---

39 Zu diesem Ansatz vgl. z. B. Knauf, Ernst Axel, 1Könige 1–14, (HThK. AT), Freiburg i. Br. 2016, 52f.; 56–62.
40 Vgl. dazu auch Schott, Sacharja, 206. Schott nimmt dabei den Grundstamm anstelle des Nifʻal an.
41 Vgl. Boda, Zechariah, 761f.; Schlegel, Jerusalem, 44.
42 Mit Schlegel (Jerusalem, 45) ist festzuhalten, dass die Verneinungspartikel לא auf den gesamten Satz zu beziehen ist.

...»), bleibt dabei offen, ob das Nacheinander von (kein) Licht, Kälte und Frost in V. 6bc in adversativem Sinn als Gegenüberstellung (vgl. z. B. Vulgata) oder aber (wie z. B. in der LXX) im Sinne einer Reihung – *kopulativ-koordinierend* – zu interpretieren ist.[43] Wird das ו in der Formulierung וקרות (*wᵉ-qārūt*; «und/aber Kälte») adversativ verstanden, so wäre Sach 14,6bc in dem Sinne zu lesen, dass Kälte und Frost herrschen, *weil* kein Licht mehr ist.[44] Somit ersetzen Kälte und Frost in interessanter Weise die Finsternis als «Nutzniesserin» des Verschwindens des Lichts und stehen damit für den chaotischen Zustand, in den der Kosmos infolge der Rücknahme der Schöpfungsordnung zurückfällt.[45] Deutet man das ו in V6c hingegen *kopulativ-koordinierend*, so ist in Sach 14,6bc eine Aufzählung von drei Grössen gegeben, die nicht mehr sein werden, Licht, Kälte und Frost; eine auf den ersten Blick befremdliche Reihung, die vielfach von Gen 8,22 her interpretiert wird.[46] Gen 8,22 ist Teil des Abschlusses der Fluterzählung (Gen 6,5 – 9,17), in dem – sowohl in Gen 8,21–22 als auch Gen 9,1–17 – eine neue Ordnung nach der Flut fixiert wird. In diesem Zusammenhang definiert Gen 8,22 stabile Rhythmen und verlässliche Strukturen, die die «Dauer aller Tage der Erde» bestimmen sollen und die sich v. a. in einem steten, ohne Unterbruchung (vgl. לא ישבתו) vollzogenen Wechsel von als gegensätzlich wahrnehmbaren Zeitenräumen manifestieren.[47]

Für die Dauer aller Tage der Erde:	עד כל ימי הארץ
Aussaat und Ernte und Kälte und Hitze	זרע וקציר וקר וחם
und Sommer und Winter	וקיץ וחרף
und Tag und Nacht werden nicht aufhören.	יום ולילה לא ישבתו

Diese Taktungen sind in vier (Gegensatz-)Paaren umschrieben, wobei die drei ersten den Jahresrhythmus des Mittelmeerklimas (aus Perspektive einer agrarischen Gesellschaft) abbilden.[48] So korrespondieren mit dem

---

43 Vgl. Biberger, Heil, 323; Gärtner, Summe, 77; Schlegel, Jerusalem, 44; Schott, Sacharja, 206.
44 Vgl. dazu auch die Interpretationen des Verses in der Vulgata und im TJ.
45 Vgl. Gärtner, Summe, 77.
46 Vgl. Biberger, Heil, 324; Boda, Zechariah, 761; Graf Reventlow, Propheten, 126; Mason, Use, 185; Schlegel, Jerusalem, 285; Stinglmair, Bücher, 178; Willi-Plein, Haggai, 217. Vgl. auch Reddit, Zechariah, 132; hier fälschlich der Hinweis auf Gen 8,27.
47 Vgl. Fischer, Genesis, 485–487; Westermann, Genesis, 613f.
48 Vgl. Fischer, Genesis, 485; Gertz, Genesis, 275; Westermann, Genesis, 614.

Sommer, dem ersten Element des dritten Paares – chiastisch vertauscht –,
die letzten Elemente der beiden ersten Paare, Ernte und Hitze, während
sich mit dem Winter Aussaat und Kälte verbinden. Festzuhalten ist dabei,
dass zwar der Lauf des agrarischen Jahres in Merismen skizziert wird,
dass in den Gegensatzpaaren aber ausdrücklich *kein* (gegensätzliches)
Werten der jeweiligen Zeiten impliziert ist: Weder Sommer noch Winter,
weder Hitze noch Kälte sind «an sich» positiv oder negativ. Vielmehr
sind sie alle in ihrer Gegensätzlichkeit und v. a. auch in ihrem steten und
verlässlichen Wandel essenziell für die Fruchtbarkeit der Erde und damit
für das (Über-)Leben des Menschen.[49]

Auf die drei ersten Gegensatzpaare schliesslich, die den Jahreslauf
skizzieren, folgt mit dem Gegenüber von Tag und Nacht ein viertes, das
elementarer angelegt und somit von den ersten dreien ein Stück weit ab-
zurücken ist, umschreibt es doch – in gleicher Weise wie auch Gen 1,5
(s. o.) – den Tag als «Grundeinheit» von Zeit.[50] Festzuhalten ist damit,
dass Gen 8,22 – ähnlich wie auch Gen 1,3–5 (bzw. generell Gen 1,1 – 2,3)
– eine im Wechsel gegensätzlich bestimmter Intervalle strukturierte Zeit
als ein Element profiliert, das die Erde «für die Dauer all ihrer Tage» (vgl.
Gen 8,22) ordnet und gegen das Chaos der «Vorwelt» (und der Flut) sta-
bilisiert.[51]

Was nun die Bezüge zwischen Sach 14,6(f) und Gen 8,22 anbelangt,
so ist zwar kein expliziter Stichwortbezug greifbar[52] – wie oben festgehalten sind die beiden in Sach 14,6c zentralen Nomina קרות (*qārūt*;
«Kälte») und קפאון (*qippā'ōn*; «Frost») Hapaxlegomena –, doch kann die
Formulierung *wᵉ-qārūt wᵉ-qippā'ōn* («und Kälte und Frost») durchaus
als Anspielung auf die ersten drei Gegensatzpaare bzw. konkret auf die
Elemente «Kälte» (קר; vgl. קרות in Sach 14,6c) und «Winter» (חרף) im
zweiten und dritten Paar interpretiert werden. Zudem nimmt Sach 14,7c
in der Formulierung לא־יום ולא־לילה («nicht Tag und nicht Nacht») das
vierte Gegensatzpaar aus Gen 8,22 (ebenso wie Gen 1,5) auf.[53]

Zuletzt aber kann auch ein – sehr deutlich angelegter – Stichwortbezug in
Sach 14,8 die Bezugnahme von Sach 14,6–7.8–11 auf Gen 8,(21–)22 plausibel

---

49 Vgl. dazu Cassuto, Umberto, A Commentary on the Book of Genesis. Part 2:
   From Noah to Abraham. Genesis VI 9 – XI 32, Jerusalem 1964, 121f.;
   Fischer, Genesis, 485–487.
50 Vgl. Gertz, Genesis, 275; Westermann, Genesis, 614.
51 Vgl. Westermann, Genesis, 614.
52 Vgl. Willi-Plein, Haggai, 217.
53 Vgl. Reddit, Zechariah, 132.

machen. Sach 14,8 kündigt an, dass «an diesem Tag» (Sach 14,8a) «lebendiges Wasser» in Jerusalem entspringen und in zwei Flussarmen sowohl zum «östlichen Meer» (Totes Meer) als auch zum «westlichen Meer» (Mittelmeer) strömen wird (vgl. Sach 14,8b–d), um so das gesamte Israelland zu beleben. Am Abschluss des Verses aber findet sich in V. 8e die Formulierung «im Sommer und im Winter wird es sein» (בקיץ ובחרף יהיה), die mit dem Gegenüber bzw. Miteinander von «Sommer» (קיץ) und «Winter» (חרף) das dritte Gegensatzpaar aus Gen 8,22 aufnimmt.[54]

Wenn Sach 14,6c nun – von Gen 8,22 her gelesen – festhält, dass Kälte und Frost nicht mehr sein werden, so stehen beide Grössen letztlich stellvertretend für die in Gen 8,22 skizzierten Rhythmen, d. h. für die Jahreszeiten und Vegetationsperioden, deren ununterbrochenen Wechsel «für die Dauer aller Tage der Erde» JJ in Gen 8,22 zusagt.[55] Sach 14,6c (*Qere*) unterstützt somit nicht nur die in V. 6b angedeutete Idee einer Rücknahme der Schöpfung und ihrer Ordnungen, sondern entfaltet diese v. a. weiter in Richtung eines grundsätzlichen Aufhörens der Zeit und (*all*) ihrer Rhythmen und Intervalle.[56]

Etwas andere Akzente werden zuletzt wahrnehmbar, wenn Sach 14,6c entlang der zweiten oben vorgestellten Möglichkeit mit dem Konsonantentext bzw. dem *Ketiv* des Masoretischen Textes als יקרות יקפאון (*jᵉqārōt jiqqafe'ūn*; «Wertvolle werden starr gemacht») gelesen wird. Mit den *jᵉqārōt* («Wertvolle») sind dabei wohl die Himmelskörper gemeint,[57] die – im theologischen Passiv formuliert[58] – wohl auf Gottes Initiative

---

54 Vgl. Mason, Use, 185; Willi-Plein, Haggai, 217.
55 Vgl. dazu Cassuto, Noah, 121. Spannenderweise kann Sach 14,6 als Rezeption von Gen 8,22 auch als eine Art «Kommentar» zu der einleitenden Formulierung in Gen 8,22, «für die Dauer aller Tage der Erde» gelesen werden – und zwar insofern, als der Pleonasmus «Dauer aller Tage» letztlich in einem einschränkenden Sinne als implizite Andeutung einer *Endlichkeit* bzw. Begrenztheit «aller Tage der Erde» verstanden wird, wobei der in Sach 14 angekündigte Tag JJ den Endpunkt dieser Dauer markiert.
56 Vgl. Schlegel, Jerusalem, 285; Stinglmair, Bücher, 178; Reddit deutet Sach 14,6 in dem Sinne, dass am Tag JJs Kälte und Frost aufhören werden – «to make life [...] more comfortable» (Zechariah, 131). Diese «wellness»-Vorstellung geht allerdings an der Intention des Textes deutlich vorbei, zumal sie auch in eine – bei Reddit nicht aufgelöste – Spannung zum Verschwinden des Lichts tritt, dem sicherlich kein «wellness»-Charakter zukommen kann. Vgl. ähnlich auch Mason, Use, 184.
57 Vgl. dazu Rudolph, Wilhelm, Haggai – Sacharja 1–8 – Sacharja 9–14 – Maleachi, (KAT 13.4), Gütersloh 1976, 232.
58 Vgl. Boda, Zechariah, 761f.

hin erstarren, d. h. ihren Lauf am Himmel einstellen.[59] Zusammen mit
dem Licht (vgl. Sach 14,6b), dem Schöpfungswerk des ersten Tages, wäre
somit in Sach 14,6c also auch das Werk des vierten Tages betroffen,
sodass es interessant sein kann, einen genaueren Blick auf die Erschaffung
der Himmelskörper in Gen 1,14–19 zu werfen und dabei v. a. nach der
Funktion zu fragen, die den Gestirnen diesem Text zufolge zukommt.

Das Zentrum der Perikope bildet der Vers Gen 1,16, in dem die Erzählstimme das Machen der «zwei grossen Leuchten» sowie der Sterne
konstatiert. Innerhalb des Schöpfungsberichts selbst ist dies insofern
spannend, als dadurch der in Gen 1,5 als grundlegend für den Tagesrhythmus beschriebene Wechsel von Licht und Finsternis derart modifiziert wird, dass es nun explizit auch Lichtquellen für die Nacht gibt, sodass nicht allein die Finsternis die Nacht definiert, sondern neben ihr –
bzw. sogar in gewisser Konkurrenz zu ihr – die «kleine Leuchte für die
Nacht», d. h. der Mond, sowie die Sterne.[60]

Damit ist die Finsternis der Nacht zwar nicht aufgehoben, wohl aber
ist das in Gen 1,3–5 beschriebene Gleichgewicht von Licht und Finsternis
durch die Leuchten markant zugunsten des Lichts verschoben.[61] Die
Himmelskörper sind einerseits also Lichtquellen, wie im Text auch in den
Zweckbestimmungen der «Leuchten» deutlich wird, die sich einerseits in
der Gottesrede Vv.14–15aI und andererseits im Ausführungsbericht der
Erzählstimme in Vv.17–18 finden (vgl. Vv.15aI.17aI). Daneben jedoch
benennen die genannten Textpassagen noch eine zweite, vielleicht noch
wichtigere Funktion der Himmelskörper: Sie sollen durch ihren Lauf am
Himmel einmal den Tagesrhythmus anzeigen und so die am ersten Schöp-
fungstag von Gott implementierte Scheidung von Licht und Finsternis /
Tag und Nacht anzeigen und stabilisieren.[62] Darüber hinaus aber geben
sie auch noch andere Zeitrhythmen vor, die über die «Grundeinheit» eines Tages hinausreichen, nämlich die Jahre oder die Festzeiten, deren Ter-
mine sich ja am Lauf von Sonne und Mond ablesen bzw. berechnen lassen
(Vv.14bI.18vI$_2$). Kurzum: Die Himmelskörper setzen durch ihre steten
Bewegungen die grossen und kleinen Rhythmen der Zeit fest und haben
damit eine zentrale struktur- und ordnungssetzende Funktion im Gesamt
des Kosmos, die weit über ihre Rolle als Lichtquelle hinausgeht.[63]

---

59 Vgl. a. a. O., 762; Rudolph, Haggai, 232; Stinglmair, Bücher, 177.
60 Vgl. Carr, Genesis, 61f.; Fischer, Genesis, 139–141.
61 Vgl. Fischer, Genesis, 142.
62 Vgl. Gertz, Genesis, 55.
63 Vgl. Fischer, Genesis, 140f.; Gertz, Genesis, 56f.; Seebass, Urgeschichte, 74f.;
    Westermann, Genesis, 180f.

Wenn also mit Sach 14,6c die «Wertvollen» «festfrieren» (vgl. Sach 14,6c), so ist weniger die Rolle der Gestirne als Leuchten im Blick, sondern primär ihre Aufgabe als kosmische Taktgeber. Werden die «Wertvollen» zum Erstarren gebracht, so kommen die Zeitrhythmen, die die Schöpfung bestimmen und ihr Ordnung und Struktur geben, zum Stillstand.[64]

Am Ende des kurzen Durchgangs durch die verschiedenen Möglichkeiten, den in der masoretischen Tradition polyvalent angelegten Vers Sach 14,6c zu lesen und zu interpretieren, steht somit ein interessanter Befund. So wurde deutlich, dass der Vers – je nach Lesart – durchaus unterschiedliche Bezugstexte aufrufen kann, die freilich mit- und nebeneinander ein durchaus stimmiges und geschlossenes Bild ergeben. Eingespielt werden nämlich durchwegs Texte, die von der Schöpfungsordnung und ihrer in der Genesis als doppelt angelegten Begründung – einmal in der uranfänglichen Schöpfung (Gen 1[–3]) und einmal in der postdeluvialen Korrektur (Gen 8[–9]) – handeln und dabei speziell die Zeit und ihre Rhythmen in den Blick nehmen. Alle eingespielten Texte (Gen 1,3–5.14–19; 8,22) konzeptionieren die Zeit als struktursetzende Grösse im Kosmos ausgehend von einem strukturierten Wechsel gegensätzlich bestimmter Phasen (Hitze und Kälte, Winter und Sommer, Tag und Nacht ...) – und genau diese Konzeption der eingespielten Texte aus der Urgeschichte der Genesis ist es, die in Sach 14,6 aufgerufen wird. So spricht Sach 14,6b vom «Nicht-mehr-Sein» des Lichts, womit sowohl das erste Schöpfungswerk «an sich» (*pars pro toto?*) verschwindet, also auch der durch den steten Wechsel von Licht und Finsternis implementierte Tagesrhythmus.[65] In Sach 14,6c aber ist – je nach Lesart – ein Rücksturz des Kosmos in das Chaos der Vorwelt (Variante 1a), ein Ende des (agrarischen) Jahreszyklus (Variante 1b) oder ein Stillstehen der kosmischen Taktgeber (Variante 2) angedacht, wobei die Lesarten sich zu einem eindrucksvollen Gesamtbild verbinden: Der Tag JJs bringt eine Rücknahme der Schöpfung (V. 6)[66] bzw. die Rückkehr der «Vorwelt» aus Gen 1,2, die ihrerseits aber nichts anderes als ein Übergang hin zu einer neuen Schöpfung ist, die in Sach 14,7 thematisiert wird. Ebenso aber wie in Sach 14,6 der Fokus über die eingespielten Bezugstexte auf die *Zeitrhythmen* der *ersten* Schöpfung gerichtet ist, so lenkt auch Sach 14,7 die Aufmerksamkeit auf die Strukturen der Zeit in der *erneuerten* Schöpfung, die sich in einem wichtigen Aspekt von «unserer Zeit» unterscheiden.[67] Dabei liegt die

---

64 Vgl. Boda, Zechariah, 762f.; vgl. ähnlich auch Gärtner, Summe, 78.
65 Vgl. ähnlich auch Biberger, Heil, 124f.; Willi-Plein, Haggai, 217.
66 Vgl. Biberger, Heil, 125.
67 Vgl. Boda, Zechariah, 763; Schlegel, Jerusalem, 285; Stinglmair, Bücher, 178.

Vermutung nahe, dass Sach 14 vor allem das Konzept einer Zeit, die auf
dem Wechsel gegensätzlich bestimmter Phasen aufbaut, kritisch anfragt.
Bevor dies nun im Folgenden genauer beleuchtet wird, sei nochmals an
die oben bereits festgehaltene Beobachtung erinnert, dass die betrachteten
Texte aus Gen 1 und 8 zwar den Wechsel gegensätzlich bestimmter Zeit-
phasen als konstitutiv für die Ordnung der Schöpfung erachten, dabei
aber ausdrücklich keinen wertenden Dualismus propagieren, also niemals eine bestimmte Zeitphase (z. B. das Licht bzw. den Tag) als exklusiv
positiv bewerten – und entsprechend die entgegengesetzte (z. B. Finsternis /
Nacht) als negativ. Wie aber positioniert sich dazu nun Sach 14,7?

6. Creation debugged? (Sach 14,7)

Und es wird «ein Tag» sein –	והיה יום אחד	7a
er ist bekannt JJ –,	הוא יודע ליי	7b
(er ist) nicht Tag und nicht Nacht.	לא־יום ולא־לילה	7c
Und es wird sein zur Zeit des Abends:	והיה לעת־ערב	7d
Es wird Licht sein.	יהיה־אור	7e

Wie bereits angedeutet, thematisiert Sach 14,7 einen «Neustart» der
Schöpfung, der unmittelbar auf den in V. 6 dargestellten «Rückfall» des
Kosmos in das Chaos der «Vorwelt» folgt. Wie eingangs gezeigt, wird
dieser in enger Anlehnung an Gen 1,3–5, d. h. unter engem Bezug auf den
Beginn der ersten Schöpfung, beschrieben.[68] Auffällig ist dabei in Sach
14,7 bereits der erste Satz des Verses, V. 7a: «Und es wird *ein* Tag sein»
(והיה יום אחד), in dem zunächst die betonte Hervorhebung des angekündig-
ten Tags durch das Zahlwort אחד («ein») ins Auge fällt. Mark Boda ver-
merkt in seinem ausführlichen Sacharja-Kommentar zu dieser Stelle zunächst lakonisch: «The role of 'ehād (translated as «a particular») in the
phrase [...] is not clear»[69], um das Zahlwort 'ehād («ein[s]») sodann (in
einem ersten Vorschlag) als Rückbezug auf V. 6a und den dort angespro-
chenen Tag (JJs) zu deuten.[70] Anders als in V. 6 aber ist in V. 7a der «eine
Tag» selbst Objekt der Ankündigung, sodass dieser Vorschlag insgesamt
zu kurz zu greifen scheint. Weiterführend aber könnte – ebenfalls mit
Mark Boda – die Beobachtung sein, dass die Formulierung «*ein* Tag» (אחד
יום) wortgleich auch in Gen 1,5e zu finden ist und somit auch von diesem

---

68 Vgl. Boda, Zechariah, 762; Schott, Sacharja, 215.
69 Boda, Zechariah, 762.
70 Vgl. a. a. O., 762f.

Vers her gelesen werden kann.[71] Wie bereits dargestellt, «definiert» Gen
1,5e im Kontext von Gen 1,3–5 die in V. 5a–d nachgezeichnete Abfolge
von je einem Tag und einer Nacht bzw. einem Abend und einem Morgen
als «einen Tag» und schreibt damit zugleich die «Basiseinheit» der geord-
neten Zeit in der Schöpfung fest.

Im Kontext von Sach 14,6–7 kommt V. 7a wohl eine ähnliche Funktion zu, wenn «ein Tag» angekündigt wird, der einerseits mit dem Neustart der Schöpfung verbunden ist, an dem andererseits aber auch abge-
lesen werden kann, wodurch «ein Tag» unter den Rahmenbedingungen
der neuen Schöpfung bestimmt ist.[72] Zwei wichtige Informationen dazu
sind in den beiden Sinneinheiten Sach 14,7c.7de zu finden, die an V. 7a
anschliessen und zudem jeweils eng auf Gen 1,(3–)5 Bezug nehmen.

So klingt in Sach 14,7c – לֹא יוֹם וְלֹא לַיְלָה («[er ist] nicht Tag und nicht
Nacht») – Gen 1,5a–d (und ggf. auch Gen 8,22) nach. Gen 1,5ab berichtet von der Benennung von Licht und Finsternis – bzw. genauer der von
diesen dominierten Zeitspannen – als «Tag» (יוֹם) und «Nacht» (לַיְלָה), sodass
in Gen 1,5e «ein Tag» als Abfolge von *einem* «Tag» und *einer* «Nacht»,
verbunden bzw. getrennt durch einen Abend und einen Morgen (vgl. Gen
1,5cd), bestimmt werden kann. In Gen 8,22 wird dieser Rhythmus schliesslich nochmals aufgenommen und in eine Reihe mit übergreifenderen (Jah-
res-)Rhythmen gestellt, die sich aber – ebenso wie der Tagesrhythmus –
im moderierten Wechsel gegensätzlich bestimmter Intervalle konstituieren.

Wenn nun aber Sach 14,7c festhält, dass dieser «eine Tag», von dem
her sich die Ordnung der kommenden Zeit definiert, «*nicht* Tag und *nicht*
Nacht» sei, so soll wohl primär festgehalten sein, dass er – im Unterschied
zu den Tagen der ersten Schöpfung, die Gen 1,5 definiert – ausdrücklich
nicht durch einen Wechsel von Gegensätzen charakterisiert bzw. aus diesem heraus wahrnehmbar ist.[73] Damit ist – in *negativer* Formulierung –
eine erste, gewichtige Differenz gegenüber der Ordnung der Zeit in der
ersten Schöpfung markiert. Wodurch jedoch die «neue Zeit» in *positiver*
Weise bestimmt sein wird, deutet – wiederum in knappen und skizzen-
haften Zügen – V. 7de an: וְהָיָה לְעֵת עֶרֶב יִהְיֶה אוֹר (« Und es wird sein zur Zeit
des Abends: Es wird Licht sein»). Wichtig sind hier zwei Aspekte: In Sach
14,7d fällt die Rede von einer «Zeit des Abends» auf, die nahelegt, dass
es den Abend (als Übergang zwischen Tag und Nacht) noch immer geben
wird, was im Anschluss an die Feststellung aus Sach 14,7c, dass der «*eine*

---

[71] Vgl. a. a. O., 762. Vgl. dazu auch Biberger, Heil, 124; Schott, Sacharja, 215.
[72] Vgl. Schott, Sacharja, 215; Willi-Plein, Haggai, 217.
[73] Vgl. Biberger, Heil, 124; Schott, Sacharja, 215; Willi-Plein, Haggai, 217.

Tag» nicht Tag und nicht Nacht sein werde, keineswegs selbstverständlich ist. Sach 14,7d klärt somit – auch im Hinblick auf die Aussage aus Sach 14,7c –, dass nicht etwa der in Gen 1,5 festgelegte Rhythmus der Zeit, der zyklische Wechsel von Tag und Nacht, Abend und Morgen, an sich wegfällt. Nicht der Rhythmus verändert sich, wohl aber der Charakter bzw. die Eigentümlichkeiten der einzelnen involvierten Zeiträume. Dies wiederum unterstreicht der letzte Satz des Verses, Sach 14,7e, der – gleichsam in einem Echo auf Gen 1,3c – festhält, dass Licht sein wird (יהיה אור). Die besondere Pointe dieser Feststellung liegt darin, dass sie explizit auf die «Zeit des Abends» bezogen ist, auf diejenige Zeitspanne also, die in der ersten Schöpfung durch das Zurücktreten des Lichts zugunsten der Finsternis bestimmt ist. In der neuen Schöpfung jedoch herrscht (auch) am Abend das Licht, das die Finsternis zur Gänze verdrängt, sodass folglich auch der stete Wechsel von Licht und Finsternis durch eine permanente Präsenz des Lichts abgelöst ist.[74]

Der «Neustart» der Schöpfung, den Sach 14,7 skizziert, unterscheidet sich somit von der ersten Schöpfung nicht so sehr darin, dass die Zeit oder deren Rhythmisierungen fehlen oder tiefgreifend verändert würden. Im Gegenteil: Nicht nur die in der ersten Schöpfung festgelegten Taktungen bleiben im Grundsatz bestehen bzw. werden in der kommenden Welt nach der Aufhebung der ersten Schöpfung, die Sach 14,6 beschreibt, restituiert, auch die Verbindung von Licht und Zeit ist weiterhin gegeben. Wenn sich also in Sach 14,6–7 die literarische Bezugnahme auf Gen 1,3–5 (1,14–19; 8,22) mit der Erwartung einer dezidierten Korrektur der in diesen Texten beschriebenen Ordnung der (ersten) Schöpfung verbindet, kommt dabei v. a. die Finsternis in den Blick, die – sobald das Licht in die erneuerte Schöpfung zurückkehrt (vgl. Sach 14,7e) – nicht länger in stetem Wechsel mit diesem steht, sondern vollständig durch dieses ersetzt werden wird.[75]

Dabei wird nicht geklärt, wie Abend oder Nacht von Tag oder Morgen unterscheidbar sein sollen, wenn offenbar alles Licht ist. Doch dass Sach 14,7 eine strukturierte Zeit ohne Finsternis (und damit auch ohne den Wechsel als gegensätzlich bestimmter Intervalle) denken möchte, ist offenkundig.

---

[74] Vgl. Boda, Zechariah, 763; Gärtner, Summe, 78; Schott, Sacharja, 215; Willi-Plein, Haggai, 217.

[75] Vgl. Boda, Zechariah, 763; Gärtner, Summe, 78; Stinglmair, Bücher, 178.

7. Fazit

Angesichts der intensiven Bezugnahme von Sach 14,6–7 auf den Schöpfungsbericht liegt nahe, dass sich diese Idee letztlich auch aus einer («exe-
getischen») Beobachtung in Gen 1,1–5 inspiriert, der Beobachtung nämlich, dass die aussergewöhnlich platzierte Billigungsformel in Gen 1,4ab
(s. o.) lediglich das Licht, nicht aber eine Strukturierung der Zeit, die auf
dem Wechsel von Licht und Finsternis basiert – und schon gar nicht die
Finsternis – für gut befindet. Sach 14,6–7 aber nimmt dies insofern ernst,
als der Text für den Tag JJs einen Neustart der Schöpfung erwartet, in
dem der in Gen 1,4 implizit angezeigte «Fehler» behoben ist (ohne darüber hinaus die in der ersten Schöpfung fixierten, «guten» Ordnungen
anzutasten). Spannend ist diese «Genesis-Exegese» aus dem Jerusalem
der Ptolemäerzeit nun insofern, als sie ein Bewusstsein für das Brüchige,
Fragmentarische und Unvollkommene der in Gen 1 noch als «sehr gut»
qualifizierten Schöpfung ebenso dokumentiert, wie eine Suche nach den
Ursachen und Hintergründen des Fragmentarischen. Sach 14,6–7 wäre
somit – in Anlehnung an den Titel der Basler Tagung – treffend als ein
Ansetzen zu einem «Ausgriff auf das Fragmentarische im Zeitalter des
Totalen» zu beschreiben.

Das Extra-Calvinisticum in der reformierten Theologie von Calvin bis Barth

Jan Rohls

Im 1935 verfassten Geleitwort zur Neuausgabe von Heinrich Heppes «Dogmatik der evangelisch-reformierten Kirche», einer quellenorientierten Darstellung der reformierten Theologie im Zeitalter von Reformation und Orthodoxie aus dem Jahre 1861, erinnert sich Karl Barth an die Ausarbeitung seiner ersten Dogmatikvorlesung im Sommersemester 1924. Drei Jahre zuvor war er auf eine Honorarprofessur für reformierte Theologie an die lutherische Fakultät nach Göttingen berufen worden und hatte sich mit Vorlesungen über Calvin, Zwingli und die reformierten Bekenntnisschriften in die altprotestantische Theologie reformierter Konfession eingearbeitet. Für ihn, grossgeworden im Neuprotestantismus der Ritschlschule, war das völliges Neuland. Doch fand er sich durch die Entdeckung belohnt, «dass ich mich hier jedenfalls in einer Luft befand, in der der Weg über die Reformatoren zur Heiligen Schrift sinnvoller und natürlicher zu gehen war als in der Luft, die mir aus der durch Schleiermacher und Ritschl bestimmten theologischen Literatur nur zu vertraut war»[1]. Auch wenn er nicht einer einfachen Rückkehr zu ihr das Wort reden wollte, betrachtete er die reformierte Orthodoxie doch als eine wichtige Station auf dem Weg zu einer von ihm angepeilten biblisch-reformatorisch fundierten kirchlichen Dogmatik. Gemessen an der neuprotestantischen Theologie, aus der Barth kam, war seine eigene Dogmatik neoorthodox. Für ihn gewannen auch konfessionell kontroverse Lehrstücke der Reformatoren Zwingli und Calvin, die in der reformierten Orthodoxie in Abgrenzung vom Luthertum besonders subtil ausgestaltet worden waren, erneut an Bedeutung, und zu diesen Lehrstücken gehörte nicht zuletzt das sogenannte Extra-Calvinisticum.

Der Behandlung des Extra-Calvinisticum in der Vorlesung «Unterricht in der christlichen Religion» von 1924 merkt man an, wie sehr sich Barth inzwischen in die orthodoxe reformierte Dogmatik eingearbeitet hatte. Er zitiert zunächst Johann Gerhard zur Veranschaulichung der Position

---

[1] Heppe, Heinrich, Die Dogmatik der evangelisch-reformierten Kirche, Bizer, Ernst (Hg.), Neukirchen ²1958, VII.

der lutherischen Orthodoxie in der konfessionell strittigen christologischen Frage, wie denn auf dem Boden der traditionellen Zweinaturenlehre die mit der Mensch- oder Fleischwerdung Gottes vollzogene Einigung und Einheit des göttlichen Logos, das heisst der zweiten Person der
Trinität, mit der menschlichen Natur in Christus zu verstehen sei. Danach
hat der göttliche Logos, die ewige, allgegenwärtige, allwissende und allmächtige Person des Gottessohnes, nicht nur die unpersönliche menschliche Natur, hat also das Unendliche nicht nur das Endliche angenommen. Sondern der Logos subsistiert aufgrund seiner Menschwerdung
auch ausschliesslich in der menschlichen Natur Christi. Der Logos ist
nicht ausserhalb des Menschen Christus. Barth meint nun, dass die Reformierten das darin zum Ausdruck kommende Interesse der Lutheraner,
dass Gott sich in seiner Offenbarung in Christus ganz offenbare, durchaus anerkannt hätten. «Sie haben deshalb nicht etwa bestritten, dass der
ganze Logos der menschlichen Natur Christi innewohnt, wohl aber, dass
er darum in die menschliche Natur Christi eingeschlossen sei.»[2] Während
die Lutheraner aus der Menschwerdung des Logos gefolgert hätten, dass
der menschlichen Natur Christi die göttliche Unbegrenztheit und Unendlichkeit ebenso eigne wie dem Logos, hätten die Reformierten darin nur
eine Aufhebung der menschlichen Natur erblicken können. Denn «ist die
menschliche Natur kein finitum mehr, dann ist sie eben keine menschliche Natur mehr»[3]. Daher komme die Unendlichkeit nur dem göttlichen
Logos zu, wogegen die Menschheit Christi sowohl auf Erden wie auch
nach seiner Auffahrt im Himmel stets endlich bleibe. Das werde durch
den Satz ausgedrückt: «finitum non capax infiniti». Der göttliche Logos
ist nicht nur im Menschen Christus, und zwar so, dass er aufgrund seiner
Einheit mit der menschlichen Natur Christi diese an seiner Unendlichkeit
teilhaben lässt. Sondern er ist den Reformierten oder Calvinisten zufolge
selbst nach seiner Menschwerdung auch ausserhalb – «extra» – der angenommenen menschlichen Natur, eben weil das Endliche nicht fähig ist,
das Unendliche so in sich aufzunehmen, dass es nur noch innerhalb des
Endlichen wäre. Barth resümiert die lutherische Kritik an dieser reformierten Lehre in dem Satz: «Die Lutheraner aber hörten von dem Allem
nur das Wort ‹Ausserhalb› und nannten darum diese Lehre das ‹Extra
Calvinisticum›.»[4] Ich werde im Folgenden der Geschichte dieses Extra-
Calvinisticum in fünf Abschnitten nachgehen und mich dabei vor allem
auf Schweizer Theologen beziehen.

---

[2]   Barth, Karl, «Unterricht in der christlichen Religion», Bd. 1: Prolegomena.
      1924, Reiffen, Hannelotte (Hg.), (KGA, Bd. 17), Zürich 1985, 195.
[3]   Ebd.
[4]   A. a. O., 196.

1. Calvin und Zwingli

Sucht man in Calvins «Institutio» nach dem besagten «Extra», so stösst man in ihrer Letztausgabe von 1559 auf zwei Stellen. Im zweiten Buch wehrt der Genfer Reformator sich gegen den Vorwurf, die Fleischwerdung des göttlichen Logos impliziere, dass dieser in den Leib Christi eingeschlossen sei. Denn der Logos sei «zwar freilich in der Unermesslichkeit seines Wesens (immensa Verbi essentia) mit der Natur des Menschen zu einer Person zusammengewachsen, aber doch nicht darin eingeschlossen»[5]. Das Eingeschlossensein (*inclusio*) des unendlichen göttlichen Logos in die menschliche Natur Christi wird vielmehr vehement bestritten. Denn eben das sei das grosse Wunder, dass der Logos oder Sohn Gottes zwar vom Himmel hinabgestiegen sei, ihn aber gleichwohl nicht verlassen habe. Er sei aus der Jungfrau geboren, auf der Erde gewandelt, am Kreuz gehangen, ohne deshalb aufzuhören, die ganze Welt zu erfüllen. Während sich die erste Belegstelle für das «Extra» innerhalb der christologischen Erörterungen findet, hat die zweite ihren Platz in der Abendmahlslehre. Calvin wendet sich hier gegen die Ubiquitätslehre, wie sie von Luther entwickelt worden war, um die Realpräsenz von Leib und Blut Christi im Abendmahl zur begründen. Denn die unsichtbare sakramentale Gegenwart des Leibes Christi setzt voraus, dass der Leib Christi überall da sein kann, wo das Abendmahl stattfindet. Daher habe Luther und hätten seine Anhänger die «ungeheuerliche ‹Allgegenwärtigkeit› (*ubiquitas*, Allenthalbenheit)»[6] aufgebracht. Calvin fasst die Verbindung von Realpräsenz und Ubiquität des Leibes Christi wie folgt zusammen: «Wenn Christi Leib nicht ohne alle räumliche Umgrenzung an jeglichem Orte zugleich sein kann, so wird es nicht glaubhaft sein, dass er unter dem Brote im Abendmahl verborgen liegt.»[7] Calvin meint aber, die Ubiquität oder Ubivolipräsenz des Leibes Christi mit der Schrift widerlegen zu können, die doch ganz klar lehre, «dass Christi Leib nach dem Mass eines menschlichen Leibes seine Grenzen hat, und ferner, dass er durch seine Auffahrt zum Himmel offenkundig gemacht hat, dass er nicht an allen Orten ist, sondern, indem er an den einen sich begibt, den anderen verlässt»[8]. Er kann also gar nicht leiblich an allen Orten sein, weil er über einen be-

---

5 Calvin, Johannes, Inst. II,13,4, Unterricht in der christlichen Religion, nach der letzten Ausgabe übersetzt und bearbeitet von Weber, Otto, Neukirchen-Vluyn [2]1963, 298.
6 Calvin, Inst. IV,17,30, 970.
7 Ebd.
8 Ebd.

grenzten menschlichen Leib verfügt, der sich nach seiner Auffahrt an einem bestimmten Ort im Himmel befindet. Daher lehnt Calvin auch die
Folgerung ab, die die Lutheraner aus der Einheit von göttlicher und
menschlicher Natur in Christus ziehen, dass nämlich überall dort, wo die
Gottheit Christi sei, auch sein Fleisch sei. Denn auf diese Weise ergäbe
die Einung der beiden Naturen nur ein seltsames Mittelding, das weder
Gott noch Mensch wäre. Aus der Schrift ergebe sich hingegen klipp und
klar, dass die Person Christi aus zwei Naturen bestehe, die jede ihre Eigentümlichkeit unverkürzt behalte. Den Lutheranern lastet Calvin den
Irrtum des Eutyches an, der aus Gott einen Menschen und aus dem Menschen Gott gemacht habe.

Calvin lehnt die traditionelle, bereits auf Johannes Damascenus zurückgehende Lehre von der Idiomenkommunikation, der *idiomatum
koinonia*, keineswegs ab. Wenn etwa Paulus 1Kor 2,8 sage, dass der Herr
der Herrlichkeit gekreuzigt worden sei, so meine er damit nicht, dass
Christus nach seiner göttlichen Natur etwas erlitten habe. Vielmehr
meine er, dass Christus, der im Fleische, also seiner menschlichen Natur
nach, gelitten habe, zugleich Gott oder Herr der Herrlichkeit gewesen sei.
«In diesem Sinne war auch ‹des Menschen Sohn im Himmel› (Joh 3,13):
Es war eben der nämliche Christus selber, der nach dem Fleische als des
Menschen Sohn auf Erden wohnte, zugleich Gott im Himmel.»[9] Wenn es
heisse, dass Gottes Sohn herniedergekommen sei, so bedeute das nicht,
dass die Gottheit den Himmel verlassen habe, um auf der Erde zu wandeln. Vielmehr habe die Gottheit, die alles erfülle, auf besondere Weise
in dem Menschen Christus gewohnt. Speziell gegen die lutherische
Ubiquitätslehre gewandt, beruft sich Calvin auf eine traditionelle Unterscheidung: «Obgleich der ganze Christus allenthalben ist, so ist doch
nicht all das, was in ihm ist, allenthalben.»[10] Gemeint ist damit, dass der
ganze Christus, aber nicht ganz, nämlich nicht seine menschliche Natur,
überall ist. Daher verwirft Calvin auch eine Realpräsenz Christi im Sinne
seiner leiblichen Gegenwart im Abendmahl. Zwar sei seine ganze Person,
aber diese nicht ganz, nämlich nicht nach seiner menschlichen Natur, gegenwärtig. Denn seiner menschlichen Natur nach sei er seit seiner Auffahrt und bis zu seiner Parusie zum Gericht im Himmel.

Calvin operiert hier mit der Unterscheidung von «totus» und «totum», die er auf die «Scholastici» zurückführt. Allerdings sagt er an dieser Stelle nicht, welche Scholastiker er dabei im Blick hat, während aus
anderen Werken Calvins hervorgeht, dass er sich vor allem auf Petrus

9   Calvin, Inst. IV,17,30, 971.
10 Ebd.

Lombardus und dessen scholastische Nachfolger bezieht. In seinem Buch
«Calvin's Catholic Christology. The Function of the so-called Extra Calvinisticum in Calvin's Theology» ist E. David Willis dem im Einzelnen
nachgegangen. Es handelt sich hauptsächlich um Werke zur Abendmahls-
kontroverse zwischen Reformierten und Lutheranern. So heisst es in der
Schrift «De Vera Participatione Christi in Coena» von 1561, die sich gegen den Heidelberger Lutheraner Heshusius richtet, dass der ganze Christus als Mittler, aber nicht ganz – «totus, non totum» – überall sei, da er
seiner menschlichen Natur nach jetzt, das heisst nach seiner Himmelfahrt, im Himmel sei. Die hypostatische Union der beiden Naturen in der
Person Christi bedeute eben nicht eine Mitteilung der Unendlichkeit der
Gottheit an das Fleisch, sondern die Eigentümlichkeiten – «idiomata» –
der beiden Naturen, die Unendlichkeit der göttlichen und die Endlichkeit
der menschlichen Natur, blieben erhalten.[11] Legt man die Deutung des
Lombarden zugrunde, so bezieht sich das «totus» auf die Person des
Gottmenschen, das «totum» hingegen auf die beiden Naturen. Diese Unterscheidung hat ihren Ursprung allerdings nicht erst in der Scholastik,
sondern sie geht bereits auf die griechischen Kirchenväter zurück. Denn
schon bei Johannes Damascenus heisst es vom menschgewordenen Logos, er sei zwar ganz – «holos» –, aber nicht als Ganzes – «holon» – Gott,
da er ja nicht nur Gott, sondern auch ganz Mensch sei. Als Mensch aber
sei er begrenzt und endlich, als Gott hingegen unbegrenzt und unendlich.
Das lateinische «totus, non totum» geht somit zurück auf das griechische
«holos, me holon».[12] Die Unterscheidung von «totus» und «totum» ver-
erbte der Lombarde an die nachfolgende Scholastik. So kann Thomas von
Aquin sagen, dass Christus zwar als ganze Person, aber nicht ganz, nämlich nicht nach seiner menschlichen Natur, überall sei.[13] Es war geradezu
ein Allgemeinplatz, dass trotz der hypostatischen Union des göttlichen
Logos mit der menschlichen Natur die göttliche Natur deshalb nicht in
der menschlichen eingeschlossen, sondern überall sei. Augustin und Ori-
genes waren davon ebenso überzeugt wie Athanasius und Cyrill von Alexandrien.[14] Willis beschliesst daher seinen Rückblick auf die Geschichte
des Extra-Calvinisticum vor Calvin mit den Worten:

[11] Willis, E. David, Calvin's Catholic Christology, Leiden 1966, 32.
[12] A. a. O., 34.
[13] A. a. O., 37.
[14] A. a. O., 44–60.

If one wished to add to the terminological explosion which threatens and de-
lights the theological world, one might coin «extra Catholicum» or «extra
Patristicum» as being more appropriate than «extra Calvinisticum.»[15]

Auch innerhalb der kontroverstheologischen Debatten der Reformations-
zeit war es keineswegs Calvin, der als Erster behauptete, dass der göttliche Logos auch ausserhalb der angenommenen menschlichen Natur existiere. Vielmehr hatte bereits Zwingli dies in seiner Abendmahlslehre
gegenüber Luther geltend gemacht. Während nämlich Luther die Realpräsenz von Leib und Blut Christi im Abendmahl mit der These begründete, dass Christus dank der hypostatischen Union nicht nur seiner göttlichen, sondern auch seiner menschlichen Natur nach überall existiere,
war Zwingli der Überzeugung, dies würde die wahre Menschheit Christi
aufheben, da die Ubiquität eine Eigentümlichkeit der Gottheit sei.[16] Das
brachte er in seiner «Fidei ratio», dem Privatbekenntnis, das er dem Augs-
burger Reichstag von 1530 vorlegte, klar zum Ausdruck. Danach ist
Christus seiner menschlichen Natur nach jeweils an einem bestimmten
Ort, nach der Menschwerdung des Logos also an einem irdischen und
nach seiner Auffahrt an einem himmlischen Ort, wogegen er seiner göttlichen Natur nach zugleich überall existiert. Zwingli verdeutlicht diese
Verbindung der lokalen Existenz des Leibes Christi im Himmel und der
Allgegenwart seiner Gottheit am Beispiel der Sonne, die sich ja auch an
einem bestimmten Ort befinde, aber deren Kraft sich überall hin aus-
breite. Schon dem Zürcher Reformator ist somit an der säuberlichen Unterscheidung der göttlichen und menschlichen Natur im Gottmenschen
Christus gelegen. Seiner menschlichen Natur nach gilt von Christus wie
von anderen Menschen auch, dass er endlich und beschränkt ist, leidet
und stirbt, während es zu den Eigentümlichkeiten seiner göttlichen Natur
gehört, dass er unendlich und unbeschränkt ist, zusammen mit dem Vater
über alles herrscht, alles durchdringt und den Heiligen Geist sendet. Zwar
können Zwingli zufolge wegen der Einheit der beiden Naturen in Christus die Idiome der einen Natur der anderen zugeschrieben werden, aber
dies sei nur eine uneigentliche Redeweise, die man als «Alloiosis» bezeichne.[17] Zwar sei etwa das Leiden eine Eigentümlichkeit der menschlichen Natur, aber man könne uneigentlich auch sagen, dass der Sohn Gottes leide. Recht verstanden und eigentlich bedeutet dies aber nur, dass
Christus, der in einer Person Sohn Gottes und Menschensohn sei, seiner

---

[15] A. a. O., 60.
[16] Müller, E. F. Karl (Hg.), Die Bekenntnisschriften der reformierten Kirche,
      Leipzig 1903, Nachdruck Zürich 1987, 88,15–27.
[17] A. a. O., 80,19 – 81,8.

menschlichen Natur nach gelitten habe. Nach demselben Schema liesse sich dann sagen, dass der Menschensohn Christus überall sei, obgleich ihm nur seiner göttlichen Natur nach die Allgegenwart eigne. Denn nur als Gott sei er unendlich, als Mensch hingegen endlich. Daher sei er als Gott auch ausserhalb seiner angenommenen menschlichen Natur.

2. Die reformierte Orthodoxie

Angesichts der Tatsache, dass die Spuren des Extra-Calvinisticum in die Alte Kirche zurückführen, ist es nicht weiter verwunderlich, dass auf reformierter Seite gegen die lutherische These von der Ubiquität des Leibes Christi schon früh der Vorwurf laut wurde, dass es sich hier um ein neues Dogma handle. In einem Brief an den Basler Theologen Martin Borrhaus spricht Heinrich Bullinger 1557 von dem dogma novum, das von Luther, Brenz und deren Schüler Jakob Andreae vertreten werde.[18] Theodor Mahlmanns Habilitationsschrift von 1968, die sich der Geschichte von dessen Begründung widmet, trägt daher den Titel «Das neue Dogma der lutherischen Christologie». Bereits der Berner Theologe Wolfgang Musculus konnte 1560 in seinen «Loci communes sacrae theologiae» erklären: «Quod finitum est, infinitum comprehendere non potest.»[19] Das mochte der Württemberger Lutheraner Johannes Brenz zwar wohl für die Philosophie, nicht aber für die Heilige Schrift und die auf sie gegründete Theologie gelten lassen, für die vielmehr gelte: «finitum possit fieri capax … infiniti»[20]. Die lutherischen Verteidiger der Konkordienformel fassten dann die reformierte Gegenposition entsprechend in den Worten zusammen: «finitum non est capax infiniti»[21]. Bereits Bullinger bezog in seinem 1561 abgefassten Privatbekenntnis, das 1566 als «Confessio Helvetic posterior» zur reformierten Bekenntnisschrift avancierte, Stellung gegen das neue Dogma der lutherischen Christologie. Der elfte Artikel handelt ganz im Sinne der Zweinaturenlehre von Jesus Christus als wahrem Gott und wahrem Menschen. Die göttliche und die menschliche Natur sind danach in Christus so in einer einzigen Person verbunden, dass die Eigenschaften der beiden Naturen stets gewahrt bleiben. Der göttlichen Natur nach ist er dem himmlischen Vater, der menschlichen Natur nach uns

---

18 Vgl. Mahlmann, Theodor, Das neue Dogma der lutherischen Christologie. Problem und Geschichte seiner Begründung, Gütersloh 1969, 9.

19 Zit. n. Mahlmann, Theodor, Art. Endlich II., in: Ritter, Joachim (Hg.), Historisches Wörterbuch der Philosophie, (Bd. 2), Basel / Stuttgart 1962, 487.

20 Ebd.

21 Vgl. a. a. O., 488.

Menschen wesensgleich. Ebenso wenig wie die göttliche Natur in Christus gelitten habe, sei Christus daher seiner menschlichen Natur nach jetzt noch, nach seiner Himmelfahrt, auf Erden und überall.[22] Zwar leugnet auch Bullinger nicht, dass Eigenschaften, die der einen Natur Christi zukommen, bisweilen auch der anderen zugeschrieben werden können.[23] Man könne daher durchaus sagen, dass der Menschensohn Christus überall sei, müsse sich aber dabei zugleich im Klaren sein, dass die Allgegenwart Christus nur seiner göttlichen Natur nach zukomme. Denn zur menschlichen Natur Christi gehört es Bullinger zufolge auch, dass die Himmelfahrt Christi als lokale Bewegung von der Erde weg über alle sichtbaren Himmel in den obersten Himmel zur Rechten des Vaters verstanden werden muss.[24] Der Himmel sei nämlich ein bestimmter Ort, ein *locus certus*, ungeachtet dessen, dass das Sitzen zur Rechten des Vaters auch die volle Teilhabe an der göttlichen Herrlichkeit bedeute. Dass der göttliche Logos trotz seiner persönlichen Einheit mit ihr auch ausserhalb der angenommenen menschlichen Natur sei, ergibt sich zwingend aus der Art und Weise, wie Bullinger die menschliche Natur definiert, nämlich als endlich, und das heisst für ihn immer auch: als räumlich begrenzt und daher lokal fixierbar.

Das «extra» oder «ausserhalb» findet sich wörtlich in der neben der «Confessio Helvetica posterior» wichtigsten reformierten Bekenntnisschrift, nämlich im «Heidelberger Katechismus», 1563 verfasst von dem Theologieprofessor und Superintendenten Zacharias Ursinus und dem Hofprediger Kaspar Olevianus. Bullinger hatte sein privates Glaubensbekenntnis an den Pfälzer Kurfürsten Friedrich III. gesandt, und zwar auf dessen Wunsch hin, die Übereinstimmung seines eigenen Glaubens, wie er im heimischen Katechismus seinen Ausdruck gefunden hatte, mit dem der Schweizer zu dokumentieren. Tatsächlich war man sich in der Ablehnung der lutherischen Ubiquitätslehre völlig einig. Auch im «Heidelberger Katechismus» findet sich deren Kritik im Zusammenhang der Artikel von der Himmelfahrt. Zwar habe Christus uns verheissen, bis ans Ende der Welt bei uns zu sein. Doch nach seiner Himmelfahrt sei er nach seiner Menschheit nicht länger auf Erden. Gleichwohl sei er nach wie vor nach seiner Gottheit und mit seiner Majestät, seiner Gnade und seinem Geist uns gegenwärtig. Die Frage, ob denn nicht auf diese Weise die zwei Naturen in Christus voneinander getrennt würden, da die Menschheit ja nicht überall da sei, wo die Gottheit sei, beantwortet der Katechismus mit

---

[22] Müller, Bekenntnisschriften, 183,50 – 184,3.
[23] Vgl. a. a. O., 184,15–18.
[24] Vgl. a. a. O., 184,27–33.

einem klaren «Nein». «Denn weil die Gottheyt unbegreiflich und allenthalben gegenwertig ist: so muß folgen, daß sie wol ausserhalb jrer ange-
nommcncn menschheyt, und dennoch nichts desto weniger auch in derselben ist, und persönlich mit jr vereinigt bleibt.»[25] Hier taucht das «ausserhalb», also das Extra-Calvinisticum, ausdrücklich auf, und zwar ge-
koppelt an die Ablehnung der lutherischen Ubiquitätslehre, der zufolge
die Menschheit Christi überall da ist, wo sich die Gottheit befindet, und
daher an deren Allgegenwart partizipiert. Man begegnet dem Extra-Calvinisticum in den Bekenntnissen fast aller reformierten Territorialkirchen.
So hält die «Confessio Gallicana» von 1559 fest, dass trotz ihrer Vereinigung in der Person Christi sowohl die göttliche als auch die menschliche
Natur ihre jeweilige Eigenart – «sa distincte proprieté» – behält.26 Das bedeute aber, dass wie bei der Menschwerdung die göttliche Natur unerschaffen, alle Dinge erfüllend und unendlich – «infinie» – so die menschliche Natur endlich – «finie» – geblieben sei. Die «Confessio Belgica» von
1561 meint etwas vollmundiger, dass so wie die göttliche Natur immer
unerschaffen geblieben sei, ohne Anfang ihrer Tage und ohne Ende ihres
Lebens, den Himmel und die Erde erfüllend, auch die menschliche Natur
ihre Eigentümlichkeiten behalten habe und Kreatur geblieben sei. Das
aber impliziere, dass sie einen Anfang ihrer Tage und eine endliche Natur
gehabt und alles behalten habe, was einem wahren Leib zukomme.[27] Zu
einem wahren menschlichen Leib gehört aber allen Reformierten zufolge
die räumliche Begrenztheit als Teil dessen, was die Endlichkeit des Menschen ausmacht.

Die umfassendsten Bekenntnisaussagen zur Ablehnung der lutherischen Ubiquitätslehre und damit implizit zum Extra-Calvinisticum finden
sich im «Nassauischen Bekenntnis» und im «Consensus Bremensis». In
beiden Fällen handelt es sich um Bekenntnisse, die in Verbindung mit
dem Übertritt protestantischer Territorien ins reformierte Lager, also im
Kontext der sogenannten zweiten Reformation, entstanden sind. Sie grenzen sich von einem Luthertum ab, das sich inzwischen mehrheitlich auf
die Konkordienformel verpflichtet hatte, in der die christologische Lehre
von der Idiomenkommunikation mit anticalvinistischer Stossrichtung
entfaltet worden war. Daher setzen sich beide Bekenntnisse, sowohl das
1578 auf der Dillenburger Synode verabschiedete «Nassauische Bekenntnis» als auch der 1595 vom geistlichen Ministerium der Hansestadt un-
terschriebene «Consensus Bremensis», ausführlich mit der lutherischen

---

25 A. a. O., 695,12–15.
26 A. a. O., 225,21–30.
27 Vgl. a. a. O., 239,35–39.

Deutung der Idiomenkommunikation auseinander. Dass die beiden Bekenntnisse weitgehend übereinstimmen, hat seinen Grund darin, dass sie
einen gemeinsamen Autor haben, nämlich den Kryptocalvinisten Christoph Pezel, der die Abneigung seines Lehrers Melanchthon gegen die von
Brenz entwickelte christologische Ubiquitätslehre teilte. Pezel war der
massgebliche Theologe beim Übergang Nassau-Dillenburgs und Bremens
ins reformierte Lager.

Der «Consensus Bremensis» beschreibt den Vorgang der Menschwerdung so, dass der ewige Sohn Gottes zu einer bestimmten Zeit im Leib
der Jungfrau Maria vom Heiligen Geist empfangen und ein wahrhafter
Mensch geworden sei. Er hat die aus Leib und Seele bestehende, aber
unpersönliche menschliche Natur mit sich persönlich vereinigt, und zwar
auf ewig. Diese Einigung ist zwar unzertrennlich, aber die beiden Naturen
werden dadurch nicht vermischt, sondern sie behalten ihre jeweiligen Eigenschaften. Daher wendet Pezel sich gegen die heutigen Ubiquisten –
gemeint sind die Lutheraner –, indem er erklärt,

> das der Herr Christus, nicht nach der Menschlichen, sondern nach der Gött-
> lichen Natur, warer Gott, Ewig, Unendlich, Allmechtig, Allwissend, Unsicht-
> bar, Unbegreifflich sey: Die Menschliche Natur Christi aber, (ob sie woll nach
> der aufferstehung und himmelfart verkleret, und alle schwachheiten und
> sterbligkeit, dero sie zuvorn underworffen gewesen, abgelegt, und höher alß
> alle Engel und menschen gezieret worden) dennoch eine wahrhaffte Mensch-
> liche natur geblieben, und derselben wesentliche eigenschafften an sich behal-
> ten, und sey weder vergöttet, noch der göttlichen Natur an unendligkeit des
> göttlichen wesens, oder anders wesentlichen eigenschafften gleich, und dem-
> nach an und für sich selbst betrachtet in der person, inn dero allein sie beste-
> het, und außer welcher die menscheit Christi auch nicht gedacht werden kann,
> nicht Allgegenwertig, oder Allmechtig, oder Allwissend worden ist.[28]

Die menschliche Natur Christ bleibe vielmehr eine Kreatur, die niemals
Gott gleich werde, auch wenn Christus nach seiner göttlichen Natur dem
Vater wesensgleich sei. Die göttliche Natur habe daher alles an sich, was
Gott, die menschliche hingegen alles, was dem Menschen eigen sei, ausgenommen die Sünde. Allerdings unterscheide sich die menschliche Natur
Christi von der der übrigen Menschen nicht nur durch ihre Sündlosigkeit,
sondern auch durch besondere wunderbare Herrlichkeiten wie die über-
natürliche Empfängnis und den Besitz der Fülle des Heiligen Geistes. Vor
allem sei die menschliche Natur Christi aber nach dessen Auferstehung
und Himmelfahrt verklärt worden, indem sie mit Unsterblichkeit, hoher

---

28 A. a. O., 743,4–16.

Weisheit, unbegreiflicher Macht, Herrschaft, Stärke und Freude ausgestattet und durch diese erschaffenen Gaben über alle Kreaturen erhoben worden. Doch von diesen vorzüglichen Gaben gelte, dass sie

> von den ewigen, unendlichen, und wesentlichen eigenschafften der göttlichen Natur (die Gott inn keine Creatur außgeusset) underschieden werden müssen, darmitt die ewige unendliche Gottheit Christi von seyner menscheit underschiedlich erkandt, und das Wesen und eigenschafften der Creaturn, und des schepffers nicht undereinander gemenget werden.[29]

Pezel liegt also alles daran, diese Gnadengaben, mit denen die menschliche Natur Christi ausgestattet wird, von den Eigentümlichkeiten der göttlichen Natur zu unterscheiden, die den lutherischen Ubiquisten zufolge der menschlichen Natur Christ aufgrund der Idiomenkommunikation mitgeteilt werden. Er hält diese lutherische Sonderlehre für eine «gefehrliche Neuerung», die der Schrift wie auch der Alten Kirche unbekannt gewesen sei.[30] Diese neue Lehre sei der Ursprung aller ungereimten Paradoxe, die die Ubiquisten anhäuften und mit denen sie die Kirche Gottes nur verwirrten. Pezel unterscheidet drei Arten, von Christus zu reden. Erstens könne man aufgrund der persönlichen Vereinigung der beiden Naturen dem Menschen Christus die göttlichen und dem Sohn Gottes die menschlichen Eigenschaften zuschreiben. Das sei die eigentliche Idiomenkommunikation, die *in concreto* geschehe, indem man den Ausdruck für eine der beiden Naturen auf die Person Christi beziehe. So könne man, dass der Sohn Gottes dem Leiden und Tod unterworfen sei, ebenso sagen wie, dass der Menschensohn der allmächtige Schöpfer des Himmels und der Erde sei. Von dieser ersten Art der Idiomenkommunikation unterscheidet Pezel eine zweite, die sich auf das Amt Christi als des Erlösers bezieht. Um dieses Amtes willen habe die Vereinigung der Naturen ja stattgefunden, sodass es auch nach beiden Naturen vollbracht worden sei. Daher könne man nicht nur *in concreto* sagen, dass Christus als Gott und Mensch unser Erlöser sei.

> Sondern wann man die apotelesmata oder gemeinen werck und wolthaten, so von Christo inn und nach beyden Naturn volbracht worden, loco praedicati setzet, kann man auch wol in abstracto sagen: Das fleisch Christi ist ein lebendmachende speiß, das leiden Christi ist ein seligmachendes leyden.[31]

Die dritte Art, von Christus zu reden, betrifft Pezel zufolge die vortrefflichen Gnadengaben, mit denen die menschliche Natur Christi ausgestattet

---

[29] A. a. O., 745,34–39.
[30] A. a. O., 746,1.
[31] A. a. O., 746,45–49.

werde. Man könne nämlich aufgrund dieser Ausstattung von der Menschheit Christi auch *in abstracto* sagen, dass sie unsterblich, weise, gerecht und heilig sei und alle Kreaturen an Macht, Gewalt und Herrschaft übertreffe. Diese dritte Art unterscheidet Pezel aber scharf von der dritten Art der Idiomenkommunikation bei den Lutheranern, die die Eigentümlichkeiten der göttlichen Natur wie die Allenthalbenheit, Allwissenheit und Allmacht der Menschheit Christi zuschreiben. Gerade die behauptete Allenthalbenheit oder Ubiquität der menschlichen Natur Christi bringe eine unendliche Verwirrung in die Artikel von der Empfängnis und Geburt, dem Leiden und Sterben sowie der Auferstehung und Himmelfahrt Christi und mache dessen Menschheit zu einem «lauterm gespenst»[32]. Denn die Menschheit Christi habe den Lutheranern zufolge durch die persönliche Vereinigung der Naturen von der Empfängnis an alle Eigentümlichkeiten der göttlichen Natur, die sogenannten Majestätseigenschaften, erhalten. Mit dem Bild, das die Evangelien von Christus zeichnen, versuche man dies in Einklang zu bringen, indem man erkläre, dass der Mensch Christus «alle göttliche eigenschafft von der empfengnis an realiter bekommen, und allezeit gehabt actu primo, aber nicht allezeit gebraucht habe actu secundo»[33]. Damit spielt Pezel auf die lutherische Kenosislehre an, die beim Menschen Christus zwischen zwei Ständen, dem der Erniedrigung – «status exinanitionis» – und dem der Erhöhung – «status exaltationis» –, unterschied. Die Erniedrigung – griechisch: «kenosis» – besteht den orthodoxen Lutheranern zufolge darin, dass Christus sich während seines irdischen Wirkens des Gebrauchs jener göttlichen Majestätseigenschaften enthält, die er als Mensch seit seiner Empfängnis besitzt. Das Subjekt der Kenosis ist in diesem Fall Christus als Mensch, dem ja die Eigentümlichkeiten der göttlichen Natur bereits bei seiner Empfängnis mitgeteilt worden waren. Für die Reformierten spielte eine derartige Ständelehre keine Rolle, weil sie diese Art der Idiomenkommunikation, das sogenannte *genus majestaticum* neben dem *genus idiomaticum* und dem *genus apotelesmaticum*, nicht kannten. Sie wurden auch nicht müde, auf die scheinbaren Absurditäten hinzuweisen, die sich aus der lutherischen Lehre, dass der Menschheit Christi die Eigentümlichkeiten der göttlichen Natur mitgeteilt werden, ergeben. Denn aus ihr folge doch, dass Christus nicht nur seiner göttlichen, sondern auch seiner menschlichen Natur nach überall sei.

Christus da er zu Hierusalem am Creutz hing, sey er mitt seynem leib zugleich unsichtbar zu Rom, zu Athen, und anderswo auch gewesen. Christus sey mitt

[32] A. a. O., 748,1.
[33] A. a. O., 748,7–9.

seinem leib nach der empfengnis so wol ausserhalb, als inn Mutterleib gewesen.[34]

Davon, dass der göttliche Logos auch ausserhalb der angenommenen
menschlichen Natur Christi existiere, konnte nach lutherischer Auffassung natürlich nicht die Rede sein. Denn aufgrund der Mitteilung der
Eigentümlichkeiten der göttlichen Natur an die menschliche teilte die
Menschheit Christi mit der göttlichen Natur die Allgegenwart. Sie war
also überall da, wo die Gottheit war. Für die Reformierten hingegen befand sich Christus als Mensch an einem bestimmten Ort, wogegen er seiner göttlichen Natur nach überall war. Während daher für die Lutheraner
die Himmelfahrt als lokale Bewegung vom Ölberg aufwärts theologisch
nicht von Belang war, verstanden die Reformierten die biblischen Be-
richte dem Buchstaben nach. Für sie war klar, dass sich Christus mit seinem menschlichen Leib in *einer translatio localis*

> von der erden sich inn die höhe erhoben, die sichtbaren himmel durchdrungen,
> und die himlische wonung eingenommen habe, da er inn der glori und herr-
> ligkeit das wesen, eigenschafft, form und gestalt seynes wahren leibs behelt.[35]

Aufgrund der Endlichkeit seiner menschlichen Natur, die die räumliche
Begrenztheit seines Leibes impliziert, gilt für Christus so auch nach seiner
Himmelfahrt das Extra-Calvinisticum. Dessen Geltung blieb in allen
Dogmatiken und Bekenntnisdokumenten der reformierten Orthodoxie
anerkannt. Das sei beispielhaft an einem entlegenen Werk veranschaulicht. 1731 wurde von den Moderatoren der Evangelisch-Reformierten
Bergischen Synode, darunter Schleiermachers Grossvater Daniel Schleiermacher als Assessor, «Eine kurtze, doch Nähere Erklärung Und Befestigung des Christlich-Reformirten Catechismi» des Elberfelder Pfarrers
Bernhard Meyer approbiert. Dort heisst es in Bezug auf die Einheit der
beiden Naturen in Christus, man müsse sich davor hüten, dass «man
nicht die Eigenschafften der einen Natur eigentlich der andern zuschreibe»[36]. Genau das wirft der Katechismus aber den Lutheranern vor:
Es

> irren allhier leyder sehr gröblich die auß Lutheri Schule, die da lehren, daß
> die Menschheit Christi entweder alsobald bey der Empfängnüß, oder wenigst
> bey seiner Auferstehung und Himmelfahrt habe in sich empfangen Göttliche

---

34 A. a. O., 748,21–24.
35 A. a. O., 749,25–28.
36 Meyer, Bernhard, Eine kurtze, doch nähere Erklärung und Befestigung des
 Christlich-Reformirten Catechismi, Ackermann, Helmut (Hg.), Rödingen
 2001, 145.

Eigenschafften: und insbesonder die Allmacht, Allwissenheit und Allgegenwärtigkeit, usw.[37]

Als Grund für diese irrige Auffassung wird die Lehre von der Allgegenwart von Leib und Blut Christi im Abendmahl genannt. Irrig sei jene Auffassung aber deshalb, weil die menschliche Natur Christi, die ein endliches Geschöpf ist, keine göttlichen, das heisst aber keine unendlichen
Eigenschaften besitzen könne. Dementsprechend deutet auch Meyers Katechismus die Himmelfahrt Christi als lokale Bewegung, die den Gottmenschen nach seiner Menschheit vom Ölberg in den dritten Himmel
führt.[38] Folglich werden die Lutheraner kritisiert,

> da sie auff eine gantz unerhörte Weise vorgeben, Christus habe bey seiner
> Menschwerdung einige Göttliche Eygenschafften überkommen, besonders die
> Allgegenwärtigkeit, auch sich derselben bey seiner Himmelfahrt würklich ge-
> brauchet, dermassen, daß sein Leib damahls nicht einen Fuß breit von der
> Erde erhaben, sondern unsichtbarer Weise allgegenwärtig worden.[39]

Auf diese Weise – so Meyers Kritik – werde aber die göttliche Allgegenwart mit der leiblichen verwechselt. Denn die göttliche bestehe nicht in
der Ausdehnung Gottes bei allen Kreaturen, sondern in seiner allgegen-
wärtigen Wirksamkeit.[40]

3. Schleiermacher und Schweizer

Dass die von der Aufklärung infizierte reformierte Theologie mit den
konfessionellen Kontroversen über die Idiomenkommunikation, damit
aber auch mit dem Extra-Calvinisticum, wenig anzufangen wusste, macht
bereits ein Blick in eine auch noch von Kant geschätzte Dogmatik deutlich. In seiner «Grundlegung zur wahren Religion», erschienen 1751–57,
geht der Berner Theologe Johann Friedrich Stapfer, der im reformierten
Marburg bei Wolff studiert hatte, nur äusserst kurz auf die Vereinigung
der beiden Naturen in der Person des Erlösers ein. Aus der persönlichen
Vereinigung der Naturen folge zwar die Gemeinschaft der Eigenschaften
beider Naturen, sodass alles, was nur von der einen Natur gesagt werden
könne, auch von der ganzen Person prädizierbar sei. Aber eigentlich
seien die Eigentümlichkeiten der Naturen nicht übertragbar, sodass die

---

[37] Ebd.
[38] A. a. O., 171.
[39] A. a. O., 172.
[40] A. a. O., 173.

menschliche Natur Christi auch nicht allgegenwärtig sei. «So ist eigentlich auch nur die göttliche Natur allgegenwärtig, und dennoch kann von der ganzen Person des Erlösers gesagt werden, sie sey allgegenwärtig»[41]. Die Kontroverse mit den Lutheranern über das *genus majestaticum* und die Ubiquität des Leibes Christi wird von Stapfer gar nicht mehr erwähnt, und dasselbe gilt für die reformierte Gegenlehre vom Extra-Calvinisticum. Der Zersetzungsprozess der Lehre von der Idiomenkommunikation war denn auch nicht mehr aufzuhalten, zumal deren Basis, die Zweinaturenlehre, immer mehr unter Beschuss geriet, nachdem die Sozinianer das Feuer bereits viel früher eröffnet hatten. Wenn Schleiermacher in seiner Dogmatik «Der christliche Glaube» 1831 vom geschichtlichen Menschen Jesus von Nazaret als Erlöser erklärt, dass die stetige Kräftigkeit seines Gottesbewusstseins «ein eigentliches Sein Gottes in ihm war», so ist damit natürlich etwas völlig anderes gemeint als die persönliche Einung der göttlichen mit der menschlichen Natur in dem Gottmenschen Christus.[42] Denn schliesslich lehnt Schleiermacher nicht nur die Anwendung des Naturbegriffs auf Gott ab, sondern da sein Gottesbegriff keine immanente Trinität zulässt, kann es für ihn auch keinen Sohn Gottes geben, der eine hypostatische Union mit der menschlichen Natur eingeht.[43] Daher fordert er für die kirchlichen Formeln von der Person Christi eine fortgesetzte kritische Behandlung.[44] Was speziell die «Theorie von einer gegenseitigen Mitteilung der Eigenschaften beider Naturen aneinander» betrifft, so sei sie «aus dem Lehrbegriff zu verweisen und der Geschichte desselben zu überliefern»[45]. Schleiermacher denkt dabei zunächst an die lutherische Lehre von der Idiomenkommunikation, wie sie in der Konkordienformel enthalten ist. Würden nämlich die Eigenschaften der göttlichen Natur der angenommenen menschlichen mitgeteilt, so würde «während dieser Mitteilung nichts Menschliches mehr übrig sein in Christo»[46]. Umgekehrt würde bei einer Mitteilung der menschlichen Eigenschaften an die göttliche Natur diese aufgehoben. Die Verwerfung der lutherischen Theorie der Idiomenkommunikation «schließt aber keineswegs eine Begünstigung der reformierten Schule gegen die lutherische in

---

41 Stapfer, Johann Friedrich, Grundlegung zur wahren Religion, Bd. 6, Zürich 1757, 355. Vgl. dazu 372–374.

42 Schleiermacher, Friedrich, Der christliche Glaube nach den Grundsätzen der evangelischen Kirche im Zusammenhange dargestellt, Redeker, Martin (Hg.), (Bd. 2), Berlin ⁷1960, 43–46.

43 Vgl. a. a. O., 49–58.

44 A. a. O., 48.

45 A. a. O., 74.

46 A. a. O., 75.

sich»[47]. Schleiermacher bezieht sich ausdrücklich auf die entsprechenden
Artikel der «Confessio Gallicana» und der «Confessio Belgica», in denen
die Entgegensetzung der Eigenschaften der beiden in einer einzigen Person vereinigten Naturen festgehalten wird. Das betrifft auch das Extra-
Calvinisticum, da die göttliche Natur als unendliche auch ausserhalb der
endlichen menschlichen Natur existiert. Schleiermacher lehnt die reformierte Theorie ebenso ab wie die lutherische. Denn es «trifft sie nicht mit
Unrecht der Vorwurf, Christum zu zertrennen, weil weder Entgegenge-
setztes eins sein kann, noch auch die Naturen eins sein, wenn ihre Eigenschaften getrennt gehalten werden»[48]. Daher hält Schleiermacher sowohl
die lutherische wie auch die reformierte für gleich verwerflich.

Schleiermachers bedeutendster Schüler, der Zürcher Theologe Alexander Schweizer, hat in seiner 1844/47 erschienenen «Glaubenslehre der
evangelisch-reformirten Kirche» auch die reformierte Position in der
Kontroverse über die Idiomenkommunikation anhand von Quellen dargestellt. Wohl sei Christus für die Reformierten der wahre Gottmensch
und die Inkarnation des Logos. Aber sie dächten sich den göttlichen Logos nicht in der Weise inkarniert, als wäre er nunmehr in Jesus Christus
eingeschlossen. Vielmehr werde der *logos asarkos*, indem er als *logos
ensarkos* erscheine, weder beschränkt noch eingegrenzt oder in seiner unendlichen Herrlichkeit verringert.[49] Schweizer beruft sich bei seiner Darstellung der christologischen Grunddifferenz zwischen Reformierten und
Lutheranern vielfach auf seinen Berner Kollegen, den Lutheraner Matthias Schneckenburger.[50] Der Logos sei also nicht so inkarniert, als ob er
dadurch sein unendliches Sein aufgäbe.[51] Das Eingehen des Logos in
Christus bedeute keinen Abbruch des ewigen himmlischen Seins und
Wirkens des Logos.[52] Zwar werde die menschliche Natur durch ihre Vereinigung mit dem göttlichen Logos mit der Fülle der Gaben des Heiligen
Geistes ausgestattet, nicht aber würden durch diese Einigung die Eigenschaften der göttlichen Natur der menschlichen mitgeteilt.[53] Schweizer
hält daher als Grundüberzeugung der orthodoxen reformierten Christologie fest: «Die Person Christi hat Theil am göttlichen Logosleben und an

---

[47] A. a. O., 76.
[48] Ebd.
[49] Schweizer, Alexander, Die Glaubenslehre der Evangelisch-Reformirten Kirche, dargestellt und aus den Quellen belegt, Bd. 2, Zürich 1847, 292.
[50] Vgl. a. a. O., 303–305.
[51] Vgl. a. a. O., 295.
[52] A. a. O., 303.
[53] Ebd.

der menschlichen Natur, hingegen giebt es *keine Mittheilung der göttlichen Eigenschaften an eine menschliche Natur.*»[54] Vielmehr besitze nur die Person Christi die Eigenschaften beider Naturen, und nur in diesem Sinne gebe es für die Reformierten eine Idiomenkommunikation.[55] Schweizer resümiert:

> Da die unendliche Natur Gottes schlechtweg mit der endlichen Natur des Menschen nicht geeint werden kann, finitum non est capax infiniti, sondern nur gelehrt wird, Christi Persönlichkeit habe am göttlichen und menschlichen Leben reellen Antheil: so muss die Kreaturvergötterung auch bei der Person Christi gemieden, folglich geleugnet werden die den Lutheranern genehme communicatio idiomatum, d. h. die Lehre, dass die göttliche Natur ihre specifischen Eigenschaften der menschlichen Natur mittheile.[56]

Als Beleg für den Ausdruck, dass das Endliche unfähig ist, das Unendliche in sich aufzunehmen, führt Schweizer den niederländischen Theologen Leonhard van Rijssen an, einen Schüler des Utrechter Calvinisten Voetius. In seinem 1695 erschienenen «Compendium theologiae didactico elencticae» begründete van Rijssen nämlich seine Kritik an der lutherischen Version der Lehre von der Idiomenkommunikation mit den Worten: «humanitas, quae finita est, infiniti non est capax»[57]. Die gängige Formel für das Extra-Calvinisticum lautet dementsprechend «finitum non capax infiniti». Wegen dieses Extra-Calvinisticums ist Schweizer zufolge für die Reformierten die Ubiquität der menschlichen und damit auch leiblichen Natur Christi im Abendmahl ausgeschlossen, da die Ubiquität oder «Allenthalbenheit» zu den göttlichen Eigenschaften zählt.[58]

Nun ist Schweizer als Schleiermacherschüler allerdings keineswegs an einer Repristination der altreformierten Christologie gelegen. Sondern in seiner Kritik der reformatorischen und orthodoxen Fassung der reformierten Christologie bemängelt er es, dass diese, nicht zuletzt aus pragmatischen Gründen, an der «schwerfälligen Lehrform» und den «hergebrachten Formeln» festgehalten habe.[59] Denn «im ref. System dienen diese Formeln theils als bequem, um die Uebereinstimmung mit den oekumenischen Synoden darzulegen, theils als schätzbare Cautelen gegen falsche Lehren»[60]. Falsch sei aber für die Reformierten eine Lehre, die die

---

54 A. a. O., 305.
55 Vgl. a. a. O., 306.
56 A. a. O., 317f.
57 A. a. O., 319f.
58 Vgl. a. a. O., 323.
59 A. a. O., 325.
60 A. a. O., 326.

wahre Menschheit Christi bestreite. Genau das aber sei der Fall, wenn
man ihr göttliche Eigenschaften zuschreibe. Schweizer hält nicht nur die
Lehre von den zwei Naturen und der Enhypostasie des göttlichen Logos
in der menschlichen Natur für abstrus, sondern seine Kritik richtet sich
auch gegen das Extra-Calvinisticum, das diese Lehre ebenso voraussetze
wie die reformierte Vorstellung der Himmelfahrt, die wiederum ihre eigenen Probleme mit sich bringe. Da nämlich die menschliche Natur auch
in ihrer himmlischen Verklärung endlich bleibe,

> so muss gegen ihre Allgegenwart protestirt werden, mag auch der Begriff einer
> endlichen, einzeln und bestimmt bleibenden Natur schwer zu halten sein,
> wenn nicht die Kategorie von Oertlichkeit und Raum in den Himmel hinüber
> gedacht wird.[61]

Für Schweizer sind das alles Vorstellungen, die einer angemessenen Erfassung der Person Christi entgegenstehen. Denn – so sein Resumé – «von
der Formel aus: zwei Naturen und Eine Person, ist niemals eine befriedi-
gende Lehrweise abzuleiten»[62]. Daher plädiert Schweizer in seiner eigenen «Christlichen Glaubenslehre» auch für eine Umgestaltung des christologischen Dogmas. Das Extra-Calvinisticum sieht er ebenso wie die
lutherische Lehre der Kenosis und Krypsis als Belege der «Einsicht, daß
die hergebrachte Lehre von Christi Gottheit sein wahres Menschsein er-
drücke»[63]. Daher knüpft Schweizer an Schleiermachers Christologie an
in der Einsicht, «daß bei voller Anerkennung des wahren Menschseins
Christi die thatsächliche Einzigkeit seiner Würde und Bedeutung begriffen werden soll im Einklang mit dem Schriftzeugniß selbst»[64]. Denn er
kann sich des Eindrucks nicht erwehren, dass Christus sich im christologischen Dogma ebenso wenig wiedererkennen könne wie der verheiratete
Petrus in seinen vermeintlichen Nachfolgern, den Päpsten. Schweizer geht
es darum, «das geschichtliche Lebensbild Christi als ein sittlich religiöses
hervorzuarbeiten»[65]. Gegenüber dem metaphysischen Gottessohn, der zu
einem bestimmten Augenblick zu uns heruntersteigt, stellt er eine ethisch
historische Begründung der Einzigkeit Christi.[66] Er möchte auf diese
Weise die Christologie nach dem reformatorischen Prinzip erneuern,
während die Reformatoren selbst, da sie auf anthropologische Fragen

[61] A. a. O., 350.
[62] A. a. O., 329.
[63] Schweizer, Alexander, Christliche Glaubenslehre nach protestantischen
Grundsätzen dargestellt, Bd. 2: Besonderer Theil, Leipzig ²1877, 22f.
[64] A. a. O., 23.
[65] Ebd.
[66] Vgl. a. a. O., 32.

konzentriert gewesen seien, die trinitarische und christologische Lehre vorerst stehen gelassen hätten.

In seine erneuerte Christologie nimmt Schweizer nun auch, wenngleich in modifizierter Form, das Extra-Calvinisticum auf. Während der Gottmensch des christologischen Dogmas die metaphysisch ontologischen Eigenschaften Gottes hatte, offenbart sich für Schweizer im geschichtlichen Christus die erlösende Liebe, die höchste ethische Lebensbestimmtheit des göttlichen Vaters, auf menschliche Weise und prägt ihn so, dass sie geradezu in ihm Fleisch geworden und er mit dem Vater eins geworden ist.[67] Die Liebe nimmt für Schweizer eine Sonderstellung unter den göttlichen Eigenschaften ein.

> Nur die Liebe, nicht die Allmacht Allwissenheit Ewigkeit Allgegenwart des göttlichen Wesens, welche Eigenschaften sämmtlich nicht einen Inhalt sondern nur den unendlichen Umfang, den unendlichen Charakter des göttlichen Lebens bezeichnen, kann in menschlicher Natur unbedingt aufleben, ohne sich selbst aufzugeben oder zu entleeren oder zu beschränken.[68]

Die Liebe mit ihrer inneren Absolutheit bildet die Spitze der göttlichen Eigenschaften, die aber im Wesen Gottes als ewig und allgegenwärtig wirksame auch den Charakter der Unendlichkeit hat, der nach reformierter Auffassung der menschlichen Natur nicht mitgeteilt werden kann. Gleichwohl kann die göttliche Liebe die menschliche Natur ganz erfüllen, auch wenn sie dabei den Charakter der Unendlichkeit ablegt. Dabei hält Schweizer insofern am Extra-Calvinisticum fest, als er sagt: «die erlösende Liebe ist darum, weil sie in Christus lebt, in Gott nicht vermindert worden»[69]. Während er die Mitteilung aller göttlichen Majestätseigenschaften an die menschliche Natur mit den Reformierten ablehnt, kommt er den Lutheranern doch insoweit entgegen, als er die Mitteilbarkeit der unbedingten Liebe an den geschichtlichen Christus lehrt. Denn

> ein Menschwerden der göttlichen Natur [...] mit allen ihren Eigenschaften, auch denen die den Charakter der Unendlichkeit ausdrücken, ist mit Recht von den Reformierten zurückgewiesen worden durch das Axiom finitum non est capax infiniti; auf die göttliche unbedingte Liebe aber angewendet bleibt das lutherische finitum capax infiniti berechtigt.[70]

Eben diese göttliche unbedingte Liebe aber ist für Schweizer das «absolute und göttliche Prinzip», das bei ihm an die Stelle der ewigen Person

---

67 Vgl. a. a. O., 55.
68 Ebd.
69 A. a. O., 56.
70 A. a. O., 58.

des Gottessohnes tritt und in der geschichtlichen Person Christi Mensch wird.[71]

4. Strauss und Biedermann

Bei Schweizer ist wie bei Schleiermacher der geschichtliche Jesus nicht nur der historische Ausgangspunkt, sondern auch das bleibende Fundament der Christologie. Auch wenn beide die Zweinaturenlehre nicht mehr teilen, halten sie doch an der schlechthinnigen Ausnahmestellung Jesu fest, indem sie ihn als religiöses Zentralindividuum ausgeben. Das gilt zwar auch für die theologischen Rezipienten Hegels auf dem rechten Flügel, nicht aber für die Linkshegelianer. Zwar ist für David Friedrich Strauss wie für Hegel die Idee der Einheit von göttlicher und menschlicher Natur zentral. Doch im Einklang mit der Schlussabhandlung seines «Lebens Jesu» kann er in seinem dogmatischen Hauptwerk «Die christliche Glaubenslehre in ihrer geschichtlichen Entwicklung und im Kampfe mit der modernen Wissenschaft» von 1841 erklären, wenn dieser Idee

> Realität zugeschrieben werde, so heisse das nicht so viel, dass sie einmal in einem Individuum, wie vorher und hernach nicht mehr, wirklich geworden sein müsse. Das sei gar nicht die Art, wie die Idee sich zu verwirklichen pflege, in Ein Exemplar ihre ganze Fülle auszuschütten, und gegen alle andern zu geizen.[72]

Sie verwirkliche sich vielmehr in einer Mannigfaltigkeit sich gegenseitig ergänzender Exemplare, sodass Gottmensch nicht ein einziges Individuum, sondern die Menschheit insgesamt sei. Eben dies ist aber Strauss zufolge auch der wahre Sinn der Hegelschen Lehre. Hegel postuliere nicht ein sinnlich wahrnehmbares menschliches Individuum, das zu einem bestimmten Moment in der Weltgeschichte auftrete und deren Wendepunkt markiere, weil es sich als eins mit Gott wisse. Sondern er konstruiere immer nur das Bewusstsein der Jünger, für die ein bestimmtes geschichtliches Individuum der Gottmensch gewesen sei.[73] Er gehe also aus vom Glauben der Jünger an Jesus als den gottmenschlichen Christus. Entscheidend sei für ihn aber nicht dieses Individuum, sondern dieses vergehe mit dem Tod, der zugleich das Auferstehen des Gottmenschen als Geist sei.

---

71 A. a. O., 56.
72 Strauss, David Friedrich, Die christliche Glaubenslehre in ihrer geschichtlichen Entwicklung und in ihrem Kampfe mit der modernen Wissenschaft, Zürich / Stuttgart 1841, 214.
73 A. a. O., 218.

Da aber die Gemeinde ihre Versöhnung nach wie vor abhängig mache von dem vergangenen einzelnen Gottmenschen, bleibt Strauss zufolge

> noch übrig, dass diese letzte Scheidewand falle, und das Selbstbewusstsein seine Einheit mit dem absoluten Wesen nicht aus sich hinaus in ein vor Jahrhunderten irgendwo dagewesenes Individuum verlege, sondern als eine in allem wahrhaft menschlichen Denken und Thun sich vollziehende erkenne und geniesse.[74]

In der Schweiz wurde die Form, die Strauss der Christologie in Anlehnung an Hegel verliehen hatte, von dem Zürcher Systematiker Alois Emanuel Biedermann übernommen. In seiner «Christlichen Dogmatik» von 1869 verband er sie wie Strauss mit einem kritischen Rückblick auf die Geschichte der Christologie. Dabei bemerkte er zu der Umgestaltung, die die Christologie in den durch den innerprotestantischen Abendmahlsstreit ausgelösten Debatten über die Idiomenkommunikation erhalten hatte, dass sie «in der hergebrachten Form, innert der sie zwischen Lutheranern und Reformirten verhandelt und confessionell fixirt wurde, nur die absolute Unlösbarkeit des Problems auf der alten Basis zu Tage legte»[75]. Mit der alten Basis ist die Zweinaturenlehre gemeint, in der sowohl die Lutheraner als auch die Reformierten ihre gegenteiligen Auffassungen der Idiomenkommunikation formulierten. So treibe Luther «aus der alten Form der Kirchenlehre nur einen neuen Widerspruch hervor: in Christo das finitum (die menschliche Natur) nicht bloss mit dem infinitum (der göttlichen Natur) persönlich vereint, sondern selbst für capax infiniti zu erklären»[76]. Zwingli, Calvin und dann alle reformierten Theologen hätten hingegen «an der alten Kirchenlehre festgehalten und gegen die Sprengung derselben durch den neuen lutherischen Widerspruch verständig protestirt mit dem formal logisch absolut gültigen: finitum non est capax infiniti»[77]. Biedermann betrachtet beide Positionen, die lutherische wie die reformierte, als verschiedenartigen Ausdruck des neuen protestantischen Geistes. Die Lutheraner nähmen ihren Ausgang bei der protestantischen These, dass uns in Christus das Heil ganz aufgeschlossen sei. In Christus ereigne sich die volle Versöhnung von Gott und Mensch, weshalb in seiner Person die vollkommene Einigung von Gottheit und Menschheit stattfinde. Daher betonen Biedermann zufolge die Lutheraner die Vereinigung des Menschlichen und Göttlichen in der Person Christi stärker als bisher. Die Reformierten kämen hingegen von der ebenso

---

[74] A. a. O., 220.
[75] Biedermann, Alois Emanuel, Christliche Dogmatik, Zürich 1869, 334.
[76] A. a. O., 335.
[77] Ebd.

protestantischen These her, dass alles Heil durch Gott allein bewirkt werde. Daher erkläre sich ihr Interesse, an der Person Christi das Göttliche vom Menschlichen zu unterscheiden. Es handelt sich für Biedermann um zwei Seiten des protestantischen Prinzips, die zwar zunächst als konfessioneller Gegensatz aufträten, aber nur in ihrer Einheit das christliche Prinzip bildeten. Während die Reformierten bei den Lutheranern Monophysitismus und heidnische Kreaturvergötterung gewittert hätten, hätten die Lutheraner den Reformierten Nestorianismus und Judaismus vorgeworfen. Die Lutheraner hätten behauptet, «dass in Christo und durch ihn gelte: finitum (die menschliche Natur) capax infiniti»[78]. Den Grund dafür sieht Biedermann in Luthers Glauben, dass die Gotteskindschaft das ursprüngliche Verhältnis zwischen der göttlichen und der menschlichen Natur gewesen sei, weshalb die beiden Naturen aufs Engste vereint gedacht werden müssten, auch wenn diese Gottmenschheit auf die Person Christi beschränkt sei. Das christliche Prinzip der Gottmenschheit werde so mit der Person Christi identifiziert. Da Luther aber an die scholastische Form der Ausgestaltung der Christologie in der Lehre von der Idiomenkommunikation gebunden geblieben sei, «kam er zu dem logischen Ungeheuer, seine angestrebte tiefere unio naturarum als eine solche communicatio ihrcr idiomata zu fassen, dass die natura finita zugleich die idiomata der infinitas erhalte»[79]. Die Lutheraner hätten nun zwar im Gegenzug gegen das aus der jüdischen Tradition stammende Interesse an einer Unterscheidung von Gott und Mensch die Einheit der beiden Naturen betont, aber diese Einheit sei doch nicht allseitig durchgeführt worden. Denn dem *genus majestaticum* fehle das entsprechende Gegenstück, das *genus tapeinoticum*. Es sei daher nicht so, «dass gegenseitig wie die natura infinita der natura finita ihre infinitas, so auch die natura finita in Christo der natura infinita ihre finitas mittheilt»[80]. Letztlich münde die lutherische Christologie in die doketistische Aufhebung der wahren Menschheit Christi.

Dagegen hätten die Reformierten an dem Extra-Calvinisticum festgehalten und nur eine Personalunion der beiden Naturen in Christus einschliesslich einer Mitteilung der Fülle der Gnadengaben des Heiligen Geistes an dessen menschliche Natur anerkannt. Eine darüber hinausgehende Idiomenkommunikation im *genus majestaticum* führe nur dazu, dass das *finitum* selbst ein *infinitum* werde.

---

[78] A. a. O., 337.
[79] A. a. O., 338.
[80] Ebd.

Sollte es dabei nicht aufgehört haben ein finitum zu sein, so wäre das die ein-fachste contradictio in adjecto; hört es aber auf es zu sein, so hörte es eben damit auf zu sein was es ist, d. h. die menschliche Natur hätte aufgehört in Christo eine menschliche zu sein.[81]

Biedermann spricht im Hinblick auf die reformierte Kritik am lutheri-schen «finitum capax est infiniti» von einer nüchternen Verstandesoppo-sition. Wie die Lutheraner im Gottmenschen Christus den Akzent auf die Gottheit, so hätten die Reformierten ihn auf die Menschheit gelegt. «Das infinitum wird in ihm nicht selbst ein finitum: der göttliche Logos ist da-neben nach wie vor das weltschöpferische und welterhaltende Princip. Und das finitum wird in ihm nicht selbst ein infinitum: Christus ist als Mensch reiner Mensch, innerhalb des Rahmens der menschlichen Natur. Das infinitum deckt das finitum nur, wie weit dieses reicht; aber in diesem Umfang deckt es dasselbe ganz.»[82] Für die Lutheraner sei aufgrund der gottmenschlichen Einheit der beiden Naturen auch die menschliche Na-tur Christi ewig und allgegenwärtig, sodass man eine eigene Ständelehre habe ausbilden müssen, um dieses metaphysische Wesen des Gottmen-schen in Einklang zu bringen mit dem Bild, das die Evangelien von der Entwicklung Christi zeichnen. Für die Reformierten stellt sich Bieder-mann zufolge die Lage völlig anders dar. Bei ihnen nehme nämlich der göttliche Logos menschliches Wesen an, das kraft des Heiligen Geistes eine vollkommene Entwicklung nach dem Mass menschlicher Möglich-keit von der Empfängnis bis zur Himmelfahrt durchmache.

Biedermann teilt nicht nur mit Schleiermacher und Schweizer, son-dern vor allem mit Strauss die Kritik der Kirchenlehre und daher auch der konfessionellen Ausprägung der Christologie. Von ihm ist trotz der Würdigung des reformierten Interesses an der wahren Menschheit Christi schon deshalb kein Bekenntnis zum Extra-Calvinisticum zu erwarten, weil er die auf dem Boden der Zweinaturenlehre entwickelte kirchliche Christologie verwirft.[83] Seine eigene Christologie geht stattdessen von der Unterscheidung des christlichen Prinzips der Gotteskindschaft von der Person Christi aus, während die kirchliche Christologie beides mitei-nander identifiziert. Der Ausdruck «Prinzip» soll dabei «das Subject be-zeichnen, dessen Inhalt die kirchliche Christologie in der Form von Per-sonalbestimmungen Christi als des Gottmenschen explicirt hat»[84]. Dieser

---

[81] A. a. O., 339f.
[82] A. a. O., 340.
[83] A. a. O., 507–527.
[84] A. a. O., 680.

Inhalt sei das, was mit dem historischen Jesus als «wesentlich neue religiöse Lebensmacht in die Menschheit eingetreten und damit der in sich einheitliche Realgrund – also das Princip – der christlichen Religion ist»[85]. Dabei handelt es sich laut Biedermann um eine spezifische Form des religiösen Wechselverhältnisses zwischen Gott und Mensch oder – in der Terminologie Hegels – zwischen absolutem und endlichem Geist. Auch wenn das Prinzip erst mit Jesus in die Geschichte eingetreten sei, sei es als Verwirklichung des wahren Verhältnisses zwischen Gott und Mensch an sich und daher ewig im Wesen Gottes und des Menschen enthalten. Und zwar handle es sich um die Gottmenschheit, die als Gotteskindschaft «die reale Einigung des göttlichen und menschlichen Wesens zur wirklichen Einheit persönlichen Geisteslebens» sei.[86] Was in Wahrheit Bestimmungen des Verhältnisses von absolutem und endlichem Geist im absoluten religiösen Selbstbewusstsein seien, fasse die kirchliche Christologie auf mythologisierende Weise als Bestimmungen der Person Christi als des Gottmenschen. Insofern Biedermann strikt zwischen dem christlichen Prinzip der Gottmenschheit und der Person Christi unterscheidet, kann für ihn, anders als für Schleiermacher und Schweizer, der historische Jesus nicht mehr als die erste Selbstverwirklichung des christlichen Prinzips zu einer weltgeschichtlichen Persönlichkeit sein.[87] Das relative Recht der Bestimmungen der Person Christi durch die Kirchenlehre erweist sich für Biedermann erst dann, wenn man sie als Bestimmungen des christlichen Prinzips fasst. So sei die These von der untrennbaren und unvermischten Einheit der göttlichen und der menschlichen Natur im Gottmenschen der Ausdruck der Wahrheit, «dass im absoluten religiösen Selbstbewusstsein die Absolutheit des Geistes und die creatürliche Endlichkeit des Ich die beiden logisch wohl zu unterscheidenden aber thatsächlich ungetrennten Momente des Einen persönlichen Lebensprocesses dieses Selbstbewusstseins bilden; wobei die lutherische Fassung der communicatio idiomatum das Verhältnis beider Momente an sich, die reformirte ihr Verhältnis in der Wirklichkeit zum Ausdruck bringt»[88]. Die Wahrheit der lutherischen Fassung der Idiomenkommunikation besteht somit für Biedermann darin, dass das menschliche Geistesleben an sich, seinem Wesen nach ein gottmenschliches in dem Sinne ist, dass es auf der Selbstbetätigung des absoluten Geistes im endlichen menschlichen beruht. Die Wahrheit der reformierten Fassung bestehe hingegen darin, dass dieses Prinzip der Gottmenschheit unterschieden wird von dem endlichen Geist, in dem es

---

[85] Ebd.
[86] A. a. O., 682.
[87] A. a. O., 691.
[88] A. a. O., 693.

sich verwirklicht.[89] Das Extra-Calvinisticum bedeutet somit für Biedermann, dass das christliche Prinzip der Gottmenschheit unterschieden ist von der individuellen Person, in der es sich verwirklicht.

5. Troeltsch und Barth

Als Ernst Troeltsch die Lage der Christologie um 1900 beschrieb, konnte er davon ausgehen, dass Strauss, der «das Prinzip des Christentums (d. h. die Erkenntnis der Einheit von Gott und Mensch) und die Person Christi (d. h. den geschichtlichen Ausgangspunkt der Durchsetzung dieses Prinzips)» unterschieden hatte, nicht nur von Biedermann, von den Tübingern um Ferdinand Christian Baur und von Otto Pfleiderer, sondern auch von Kantianern, Neu-Friesianern und Neu-Hegelianern unterstützt werde.[90] Zwar gebe es daneben auch Theologen wie Ritschl und Herrmann, die im Gefolge Schleiermachers an der bleibenden Bindung der erlösenden Gotteserkenntnis an die Vergegenwärtigung der geschichtlichen Person Jesu festhielten. Allerdings glaubt Troeltsch, «daß eine wirkliche innere Notwendigkeit der geschichtlichen Person Christi für das Heil nur bei der altkirchlich rechtgläubigen Erlösungs-, Autoritäts- und Kirchenidee besteht»[91]. Daher leuchtet ihm die Zentralstellung, die Schleiermacher, Ritschl und deren Anhänger der geschichtlichen Person Jesu aus dogmatischen Gründen einräumen, nicht ein. Doch ausgehend von der Einsicht, dass das Wesentliche in jeder Religion nicht Dogma und Idee seien, sondern Kultus und Gemeinschaft, gelangt er zu der These, dass Verbindung der christlichen Idee mit der Zentralstellung Christi in Kult und Lehre nicht aus dem Begriff des Heils folge, sondern sozialpsychologisch für Kult, Wirkungskraft und Fortpflanzung unentbehrlich sei.[92] Und für jemanden, der der christlichen Lebenswelt innerlich angehört, sei es unmöglich, Jesus als das Zentrum und Haupt der Gemeinde, auf den sich aller Kultus und alle Gottesanschauung beziehe, nur für ein Symbol und nicht für eine geschichtliche Person zu halten.[93] «Die Notwendigkeit

---

[89] A. a. O., 683.

[90] Voigt, Friedemann (Hg.), Ernst Troeltsch Lesebuch. Ausgewählte Texte, Tübingen 2003, 66f.

[91] A. a. O., 72.

[92] A. a. O., 79.

[93] A. a. O., 80.

der Gemeinschaft und des Kultus haben die Zentralstellung der Christus-
persönlichkeit geschaffen. Sie bewirken auch dauernd diese Zentralstellung.»[94]

Die Zentralstellung, die Troeltsch dem geschichtlichen Jesus aus sozi-
alpsychologischen Gründen für den Kultus einräumt, hat allerdings wenig zu tun mit der Rückkehr zum dogmatischen Christus, wie sie von Karl
Barth propagiert wird. Im Rahmen dieser Rückkehr erlangt dann auch
das Extra-Calvinisticum erneut Aufmerksamkeit. Barth, selbst dem Neuprotestantismus der Ritschlschule entstammend, hat sich über die Dogmatik der reformierten Orthodoxie zwar erst relativ spät kundig gemacht, ihr dann aber umso eifriger seinen Tribut gezollt. Insofern ist
weder seine Rückkehr zur orthodoxen Christologie mit ihrer Orientierung am Gottmenschen Jesus Christus noch sein spezielles Interesse am
Extra-Calvinisticum verwunderlich. In der zweiten Auflage des «Römer-
briefs» von 1922 wird zwar die völlige Unfähigkeit des Menschen, das
auch nur wollen zu können, was Gott will, mit dem Hinweis auf dieses
Lehrstück begründet. «Wie sollte das Endliche – und wäre es Religion
höchsten Grades – das Unendliche zu fassen vermögen? Finitum non
capax infiniti!»[95] Aber über die Rolle des Extra-Calvinisticum in den
christologischen Streitigkeiten zwischen Lutheranern und Reformierten
kundig gemacht hat Barth sich erst bei der Vorbereitung zu seiner ersten
Dogmatikvorlesung in Göttingen. In dieser Vorlesung von 1924, aus fa-
kultätspolitischen Gründen angekündigt unter dem Titel «Unterricht in
der christlichen Religion», nennt Barth «drei Gründe, mich diesem ‹Extra-
Calvinisticum› in aller Form anzuschließen»[96]. Erstens werde durch das
Extra-Calvinisticum zwar das berechtigte lutherische Anliegen, dass Gott
sich in Christus ganz offenbart habe, gewahrt. Aber zugleich werde
deutlich gemacht, dass es sich auch in Christus ganz um Gott handle.
Zweitens wendet Barth gegen die lutherische Lehre der Idiomenkommunikation kritisch ein, dass sie zur Ubiquitätslehre und damit zur Verflüch-
tigung des wahren Menschseins Christi führe. Drittens schliesslich sieht
Barth – und das ist für ihn letztlich das Wichtigste – im Extra-Calvinisticum eine Sicherung des Geheimnisses und der Indirektheit der Offenbarung Gottes in Christus.

> Gott ist in seiner Offenbarung gleichzeitig ganz und ohne Abstrich dies und
> das, ein anschauliches Objekt, Mensch, und ganz und gar nicht dies und das,

[94] A. a. O., 88.
[95] Barth, Karl, Der Römerbrief, 13. unveränderter Abdruck der neuen Bearbeitung von 1922, Zürich 1984, 193.
[96] Barth, Unterricht, 196.

kein Objekt, kein Mensch, sondern unaufhebbares göttliches Subjekt, nicht nur als Vater und Geist, sondern auch im «medium» der Offenbarung selbst, im Mittler, im Sohne![97]

Es ist also für Barth gerade in Bezug auf die Offenbarung Gottes in Jesus Christus unabdingbar, die Subjektivität Gottes und damit die Wunderhaftigkeit der Offenbarung herauszustellen. Eben dies ist aber für ihn die genuine Aufgabe des Extra-Calvinisticum.

Fortan spielt das Extra-Calvinisticum für Barth eine nicht zu unterschätzende Rolle. In seiner «Christlichen Dogmatik im Entwurf» von 1927 lässt er es bereits im Begriff der Selbstoffenbarung Gottes impliziert sein, dass keiner, kein erhöhter Mensch oder irgendein herabsteigendes Mittelwesen, sondern nur Gott selbst Gott offenbaren kann, und er leitet dies ab aus dem «Finitum non capax infiniti». Wenn daher Christus Gott den Vater offenbare, so müsse Christus selbst Gott, Sohn Gottes sein.[98] Das Wunder der Offenbarung Gottes in Jesus Christus wird von Barth ganz in die Nähe des Wunders der Jungfrauengeburt gerückt, besteht es doch darin, «dass der ewige Sohn des Vaters, ohne seine Gottheit zu verlieren oder einzuschränken, auch menschliche Gestalt angenommen hat»[99]. Für jede abstrakte Betrachtung des Wesens Gottes und des Menschen sei der Satz von der Menschwerdung Gottes eine Absurdität und logische Unmöglichkeit, da Gottheit und Menschheit Gegensätze seien. Der Satz sei nur möglich, wenn man die Menschwerdung als Offenbarungstat Gottes und damit als paradoxes Wunder anerkenne.[100] Daher betont Barth, dass bei der Menschwerdung der göttliche Logos, der Sohn Gottes das Handlungssubjekt ist und stellt sich ausdrücklich gegen die neuprotestantische Orientierung der Christologie am geschichtlichen Menschen Jesus. Die historische Skepsis im Hinblick auf die Gestalt Jesu dient ihm als Rechtfertigung für seine Orientierung am Christus der orthodoxen Dogmatik.[101] Barth sieht durch die neuprotestantische «Jesulatrie» ebenso wie durch die lutherische Fassung der Idiomenkommunikation die Souveränität Gottes bedroht und bringt dagegen das Extra-Calvinisticum in Stellung. «Gott ist ganz und gar kein Objekt, kein

---

[97] A. a. O., 197.
[98] Barth, Karl, Die christliche Dogmatik im Entwurf, Bd. 1: Die Lehre vom Worte Gottes. Prolegomena zur christlichen Dogmatik (1927), Sauter, Gerhard (Hg.), (KGA, Bd. 14), Zürich 1982, 251.
[99] A. a. O., 341.
[100] Vgl. a. a. O., 349.
[101] Vgl. a. a. O., 353.

Mensch, nicht Fleisch, sondern unaufhebbares Subjekt»[102]. Daher betont
Barth den Tat- und Ereignischarakter der Menschwerdung Gottes.

> Das «Extra Calvinisticum» nötigt mit seinem die Einheit nicht antastenden
> Verweis auf die Unterschiedenheit, die Gottmenschheit Christi als ein Wunder
> nicht nur, sondern als geschehendes Wunder zu verstehen. Das ist eine nötige
> Nötigung, und darum ist das «Extra Calvinisticum» eine unentbehrliche
> christologische Bestimmung.[103]

Im 1940 erschienenen zweiten Teilband seiner Prolegomena zur «Kirchlichen Dogmatik» erblickt Barth zwar in der Betonung des Charakters
der Menschwerdung als einer göttlichen Tat die Hauptintention des
Extra-Calvinisticum. Aber nun übt er nicht mehr nur an der lutherischen
Fassung der Christologie Kritik, sondern versieht auch die reformierte
Gegenposition mit Fragezeichen. Denn diese veranschauliche zwar die
Dynamik der Menschwerdung, doch könne man fragen, ob sie die Einheit
von Gott und Mensch, Wort und Fleisch ebenso gut zum Ausdruck
bringe.[104] Wie bei den Lutheranern durch die Streichung des «extra» die
wahre Gottheit und die wahre Menschheit gleichermassen bedroht würden,
so führten die Reformierten mit ihrem Extra-Calvinisticum zur Annahme
eines *logos asarkos* ncbcn cinem *logos ensarkos*. Und logisch bereite die
reformierte Position ebenso viele Schwierigkeiten wie die lutherische. Barth
hält das lutherische Anliegen, die Menschwerdung als *vollendetes* Geschehen darzustellen, für ebenso berechtigt wie das reformierte, sie als
vollendetes *Geschehen* zu begreifen. Aber die gemeinsame Befriedigung
beider Anliegen sei im konfessionellen Zeitalter nicht gelungen.

> Die Gewinnung einer Synthese der beiden Anliegen, bei der es zu einer befrie-
> digenden Beantwortung der beiderseitigen Fragen käme, hat sich jedenfalls in
> dem grossen Streit innerhalb der evangelischen Theologie des 16. und
> 17. Jahrhunderts, in welchem sie zuletzt zur Debatte stand, nicht als durch-
> führbar erwiesen.[105]

Zwar glaubt Barth auch jetzt noch, dass bei einer solchen erwünschten
Synthese sich das lutherische Anliegen eher in das reformierte als umgekehrt das reformierte in das lutherische integrieren lasse. Aber er hält es
auch für möglich, dass sich in der konfessionellen Differenz der Geheim-
nischarakter der Menschwerdung Gottes spiegle, um deren Deutung sich

---

[102] A. a. O., 364.
[103] Ebd.
[104] Barth, Karl, Kirchliche Dogmatik I/2, Zürich ⁷1983, 185.
[105] A. a. O., 186.

Lutheraner wie Reformierte bemühten.[106] Allerdings ist es trotz dieser Erwägungen die reformierte Christologie mit ihrem Extra-Calvinisticum, die bei Barth schliesslich obsiegt. Zwar leugnet Barth auch in der 1953 erschienenen Versöhnungslehre seiner «Kirchlichen Dogmatik» nicht, dass das Extra-Calvinisticum etwas Missliches gehabt habe, «als es zu dem bis auf unsere Tage verhängnisvolles Spekulieren über das Sein und Wirken eines *logos asarkos* und also eines solchen Gottes anleiten konnte, den man anderswo zu erkennen und dessen göttliches Wesen man von anderswoher bestimmen zu können meinte als in und aus der Anschauung seiner Gegenwart und Aktion als fleischgewordenes Wort»[107]. Aber das eigentliche Interesse der reformierten Christologie sei es doch gewesen, herauszustellen, dass der Sohn Gottes, der ganz und gar dieser Mensch ist, auch ganz und gar Gott und also allmächtig und allgegenwärtig ist und bleibt. Genau dieses Interesse teilt aber Barth, wenn er die Fleischwerdung des Wortes Gottes auch jetzt wieder als souveränen göttlichen Herrschaftsakt charakterisiert, wobei Gott in seiner Erniedrigung Gott bleibe und das göttliche Wesen keine Veränderung erleide.[108]

6. Schluss

Als Barth das Extra-Calvinisticum in seiner «Kirchlichen Dogmatik» verteidigte, waren die konfessionellen Mauern innerhalb des Protestantismus noch einigermassen stabil. Durch die Abwendung vom Neuprotestantismus hatte man ein neues Gefallen an der Restauration der konfessionellen Dogmen und damit auch an der Stabilisierung jener brüchig gewordenen Mauern gefunden. So konnte es denn nicht ausbleiben, dass sich von lutherischer Seite sofort Protest gegen Barths Wohlwollen gegenüber dem Extra-Calvinisticum erhob und die Ketzerecke, in den man den Basler Dogmatiker meinte stellen zu können, schnell entdeckt war. In seinem Aufsatz «Über die Herkunft des Satzes Finitum infiniti non capax» von 1939 führte Werner Elert den Satz zurück auf die Antiochener, näherhin auf Theodor von Mopsuestia, während Kyrill von Alexandrien, dem der Erlanger Altlutheraner beipflichtete, darin nur eine «Arianische Theologie» zu erblicken vermochte. Denn, «wenn der Sohn Gottes nur unvollständig im Menschen Jesus Christus war, so ist auch der Gott, der ‹in Christo war› (2Kor 5,19), ein unvollständiger Gott. Das

---

[106] A. a. O., 187.
[107] A. a. O., 197.
[108] Vgl. a. a. O., 196.

ist keine evangelische Lehre»[109]. Mit dem Vorwurf des Arianismus paart
sich bei Elert der des Nestorianismus, da Nestorius den Satz von der In-
kapazität des Endlichen für das Unendliche zum Massstab seiner Christologie erhoben habe. «Und wo immer er in der Theologie auftaucht, ist
er ein untrügliches Anzeichen, dass man sich christologisch auf dem Wege
von oder eher zu Nestorius befindet» und somit der Häresie verfallen
ist.[110] Man muss sich allerdings deutlich vor Augen führen, was demgegenüber die von Elert verteidigte lutherische Christologie mit ihrem «finitum infiniti capax» beinhaltet, nämlich dass das Unendliche, Gott als
zweite Hypostase der Trinität, sich derart mit dem Endlichen, der anhy-
postatischen menschlichen Natur, vereinigt hat, dass der mit dem Sohn
Gottes geeinten menschlichen Natur alle Majestätseigenschaften der göttlichen Natur wie Allgegenwart, Allmacht, Allwissenheit und Ähnliches
mehr mitgeteilt werden. Die Reformierten sahen dadurch die menschliche
Natur aufgehoben. Anders als Barth meint, galt das Extra-Calvinisticum
«finitum infiniti non capax» keineswegs der Betonung der Subjektivität
Gottes und damit der Wunderhaftigkeit seiner Offenbarung, sondern der
Wahrung der menschlichen Natur Christi. Doch damit mussten die Reformierten schon deshalb scheitern, weil sie auf dem Boden der Zweina-
turenchristologie an der dogmatischen Voraussetzung der Anhypostasie,
das heisst der Unpersönlichkeit der menschlichen Natur des Gottmenschen, festhielten.[111] Zum wahren Menschsein gehört aber die Persönlichkeit ebenso wie die göttlichen Majestätseigenschaften nicht zu ihm
gehören. Die göttlichen Majestätseigenschaften mögen daher zwar das
wahre Menschsein Christi zerstören, aber das ganze ungeteilte Menschsein wird auch durch das Extra-Calvinisticum nicht erreicht.

[109] Elert, Werner, Über die Herkunft des Satzes Finitum infiniti non capax, in:
    ZSystTh 16 (1939), 500–504, 502.
[110] A. a. O., 503.
[111] Pfleiderer, Otto, Grundriss der christlichen Glaubens- und Sittenlehre als
    Compendium für Studirende und als Leitfaden für den Unterricht an höheren
    Schulen, Berlin ⁶1898, 151.

Wissen, Geschichte, Sinn: Vielheit und Ganzheit bei Paul Tillich, Wolfhart Pannenberg und Eilert Herms

Alexander Heit

1. Vorbemerkungen

Den folgenden Ausführungen[1] soll eine Eingangsthese vorangestellt werden: Die Systematische Theologie des 20. Jahrhunderts – zumindest in ihrer protestantischen Variante – fühlt sich durch zwei geistes- und mentalitätsgeschichtliche Problemlagen besonders herausgefordert und arbeitet sich an ihnen ab: Zum einen ist dies der ab Mitte des 19. Jahrhunderts sich durchsetzende Historismus, zum anderen das Phänomen eines die gesamte Gesellschaft durchdringenden Kapitalismus.

Über den Historismus lässt sich in aller Kürze sagen, dass er zum einen das Programm der Historisierung der Wirklichkeit fortsetzt, wie es sich vielleicht schon seit der Aufklärungszeit, spätestens aber seit dem 19. Jahrhundert in den Geisteswissenschaften durchsetzt. Im Historismus wird sodann die Einsicht in die Geschichtlichkeit aller Phänomene insofern selbstreflexiv, als das Prinzip auf das die Geschichte nachvollziehende oder entwerfende Subjekt und seine Erkenntnisleistung selbst angewendet wird. Johann Gustav Droysen bringt das 1868 in seiner Historik wie folgt auf den Punkt: «Das historische Forschen setzt die Einsicht voraus, dass auch der Inhalt unseres Ich ein vielfach vermittelter, ein geschichtliches Resultat ist.»[2] Diese Radikalisierung der Historisierung aller Einsichten macht jeden Geschichtserzählungsentwurf anfällig für geltungstheoretische Fragen. Denn natürlich scheint vor diesem Hintergrund eine Historiografie so gut zu sein, wie die nächste. Sie sind m. a. W. in geltungstheoretischer Hinsicht offenbar beliebig austauschbar geworden.

Die damit verbundenen Herausforderungen sind – ich wage das einmal zu behaupten – bis heute ungelöst. Unsere gegenwärtigen Debatten

---

[1] Der Aufsatz folgt im Wesentlichen meiner Habilitationsschrift, die unter folgendem Titel veröffentlicht ist: Heit, Alexander, Sinnbildung in der Moderne. Selbstverortung der Theologie am Beispiel von Ernst Troeltsch, Paul Tillich, Wolfhart Pannenberg und Eilert Herms, (Christentum und Kultur, Bd. 17), Zürich 2018.

[2] Droysen, Johann Gustav, Grundriss der Historik, Leipzig 1868, § 15, 11.

um *Fake News* und um irrlichternde Geschichtsbilder sind im Kern Wiedergänger des damals aufgeworfenen Problems.

Im Folgenden wird das Denken zweier grosser Theologen des 20. Jahrhunderts als Antwortversuch auf diese unerledigte Frage präsentiert. Gemeint sind Paul Tillich (1886–1965) und Wolfhart Pannenberg (1928–2014).

Tillich macht darüber hinaus seine geschichtstheoretischen Einsichten auch in handlungstheoretischer Hinsicht fruchtbar. Das ist insofern bemerkenswert, als bei der Durchsetzung des Historismus im Verlauf des 19. Jahrhunderts schon sehr rasch bemerkt worden ist, dass er auch handlungslähmende Konsequenzen hat oder haben müsste.[3] Tillich jedenfalls ist darum bemüht, nicht nur einen Vorschlag zur Überwindung der geschichtstheoretischen Problemlage zu machen, sondern auch einen solchen zur Auflösung der Handlungslähmung.

Schliesslich werde ich mich einem dritten einflussreichen Theologen zuwenden, dessen System ebenfalls im 20. Jahrhundert entwickelt worden ist, näher in der zweiten Hälfte: Eilert Herms (Jahrgang 1940). Herms arbeitet sich allerdings weniger an geschichtstheoretischen Fragen ab, sondern zu grossen Teilen seines Werks an moraltheoretischen. Dabei geht es ihm um die Klärung der Frage, wie Handlungssinn angesichts der Pluralität von Weltanschauungen realisiert werden kann. Das ist das eine. Ein anderes Anliegen ist ihm die Beantwortung der Frage, wie angesichts der Supertheorieansprüche der Ökonomie noch von einem gesellschaftlichen Konsens in Sachen Handlungssinn gesprochen werden kann.

Damit arbeitet sich Herms an dem anderen eingangs erwähnten zweiten Grossthema des 20. Jahrhunderts ab. Dabei geht es um diejenigen Herausforderungen, die der Theologie angesichts des Siegeszugs des Kapitalismus gestellt sind.

2. Paul Tillich: Geschichts- und Handlungssinn

Bei Paul Tillich wird das historiografische Sinnerzeugungsproblem gelöst, indem er Geschichtsschreibung als einen Fall von Wissen präsentiert. Es liegt also nahe, sich zunächst daran zu erinnern, wie Tillich den Aufbau von Wissen rekonstruiert. Dabei orientiert er sich – grob gesagt – an dem

---

3 Vgl. dazu beispielsweise Nietzsche, Friedrich, Unzeitgemässe Betrachtungen, Zweites Stück: Vom Nutzen und Nachteil der Historie für das Leben (1874), in: ders., Sämtliche Werke (KSA, Bd. 1), Colli, Giorgio / Montinari, Mazzino (Hg.), München 1988, 243–334. Vgl. insgesamt auch Wittkau, Annette, Historismus. Zur Geschichte des Begriffs und des Problems, Göttingen ²1994.

Prinzip der Zweistämmigkeit von Erkenntnis, wie man es von Kant her kennt. Allerdings denkt er, anders als Kant, die Begriffe, durch die das Erkenntnismaterial geordnet werden, zeitlich nicht invariant, sondern veränderlich.

Mit anderen Worten werden diejenigen Normen und Begriffe, die beim Aufbau von Wissen leitend sind, von Zeit zu Zeit verschieden aussehen. Und sie müssen durch das Erkenntnissubjekt auch jeweils neu gefunden werden. Ich erwähne das eigens, weil Tillich auf diese Weise das historistische Prinzip und seine Schwierigkeiten, Geltung für eine bestimmte Geschichtsrekonstruktion zu erreichen, in den Erkenntnisakt selbst einpreist.

Für Tillich gibt es drei Klassen von Wissen, die nicht aufeinander reduzierbar sind; sie lassen sich im Wissenschaftssystem der Universitäten deshalb auch allesamt wiederfinden:

1. Reine Denkwissenschaften: z. B. Mathematik, Logik
2. Seinswissenschaften: Materialgesättigte Wissenschaften wie z. B. die Naturwissenschaften, aber auch die Geschichtswissenschaft
3. Geisteswissenschaften: Selbstreferentielles Wissenschaftssystem

In den Geisteswissenschaften wird die Tätigkeit, durch die der Geist Wissen aufbaut, sich selbst zum Objekt. Dabei handelt es sich um einen Reflexionsvorgang darauf, wie in den beiden ersten Bereichen Wissen hergestellt wird – und natürlich können die Geisteswissenschaften sich auch reflexiv zu sich selbst verhalten.

Für uns ist nun vor allem Folgendes interessant: In den Geisteswissenschaften tritt auch zutage, dass zum Aufbau von Wissen neben dem Material ein normgebendes Begriffsset nötig ist, das als solches das Gewusste präfiguriert. Und zugleich, so meint Tillich, fällt die Suche und auch die Setzung solcher Begrifflichkeiten in eben dieses Gebiet des Geistes oder der Geisteswissenschaften. Die Geisteswissenschaften haben für Tillich deshalb eine Vorrangstellung inne, weil sie diejenigen Begrifflichkeiten bereitstellen und sichern, die zur Erzeugung von Wissen in jedem Fall in Anspruch genommen werden: «Geisteswissenschaften sind produktiv. In ihnen ist das Denken schöpferisch und gibt Gesetze.»[4]

Allerdings ist Tillich der Auffassung, dass die Begriffe so gewählt werden müssen, dass das durch sie geordnete Material nicht entstellt wird. Das gilt insbesondere auch von den Begriffen und Ideen der Geschichts-

---

4   Tillich, Paul, Das System der Wissenschaften nach Gegenständen und Methoden (1923), in: ders., Main Works / Hauptwerke, Bd. 1 (Philosophische Schriften), Wenz, Gunther (Hg.), Berlin / New York 1989, 113–263, 122.

wissenschaft. Insofern ist diese auf ein Verfahren der ständigen gegenseitigen Abgleichung von Material und Begriffen angewiesen, wie man es
von Max Webers Verfahren der Idealtypenbildung her kennt. Da sich das
materiale Wissen ständig verändern kann, muss immer wieder neu nach
Begriffen und Ideen gesucht werden, durch die Einzelereignisse so anei-
nandergereiht werden können, dass die dargestellte Geschichte ein sinnvolles Geschehen abgibt. Die Ereignisse A, B, C und D müssen dazu beispielsweise so in ein Verhältnis zueinander gebracht werden, dass sie als
auseinander hervorgehend begriffen werden können.

Tillich unterstellt, dass eine solche Ordnung des Stoffs nur möglich
ist, wenn Geschichte von einer Ganzheitsidee her erzählt wird.[5] Denn es
gilt: «Erkannt ist, was als notwendiges Glied einem Zusammenhang eingeordnet ist.»[6] Dies setzt einen das Erkenntnisobjekt selbst übersteigenden Bezugsrahmen voraus. Dieser Bezugsrahmen muss, damit er als solcher erkannt werden kann, sodann erneut in einen ihn übergreifenden
eingeordnet werden. Der Vorgang kann so lang ausgeweitet werden, bis
ein letzter Bezugsrahmen die Allheit aller Erkenntnisobjekte umgreift. Für
jede geschichtliche Reihung von Ereignissen muss deshalb, so Tillich,
auch ein Ziel unterstellt werden, von dem her die gesamte Historiografie
und ihre Teile erzählt werden können. Denn sonst ergeben sich bei der
Geschichtsschreibung höchstens «Chronologien oder Annalen» oder
«Spezialuntersuchungen», von denen aber niemand sagen kann, welchen
Sinn sie insgesamt haben sollen.[7] Diese Idee von der Notwendigkeit stän-
diger Ausweitung des historiografischen Horizonts bei gleichzeitiger Unterstellung eines Ziels für die Geschichte hat Tillich von Ernst Troeltsch
übernommen, der mit ganz ähnlichen Argumenten schon auf die Notwendigkeit der Unterstellung eines Gesamtsinns von Geschichte hingewiesen hatte.[8]

Vor diesem Hintergrund stellt sich die Frage, wie das geschichtsrekon-
struierende Subjekt die erforderlichen Ideen im Einzelnen gewinnen kann.
Natürlich werden sie ihm aus der Geschichte selbst zugespielt, zugleich
kann das Subjekt sich aber auch aus freien Stücken zu ihnen verhalten.

---

[5]   Das gilt übrigens nicht nur für die Historik, sondern für jeden Aufbau von
      Wissen.
[6]   Tillich, System, 105.
[7]   A. a. O., 245.
[8]   Ihm, Troeltsch, hatte Tillich seine Wissenschaftslehre von 1923 gewidmet,
      nachdem ihn die Nachricht von dessen Tod erreicht hatte. Vgl. zu den Bedin-
      gungsmöglichkeiten von Geschichtsschreibung bei Ernst Troeltsch: Heit,
      Sinnbildung, 73–125.

Bei alledem ist sodann allerdings fraglich, woher die Normen unter historistischen Bedingungen ihre Geltung beziehen können sollen.

Zur Lösung des Problems führt Tillich den Entscheidungsbegriff ein. Er ist von Kierkegaard entlehnt und leistet das, was an dieser Stelle notwendig ist – nämlich einen Bewusstseinszustand zu beschreiben, der sich für den Augenblick der Entscheidung als alternativlos präsentiert.[9]

Dieser Akt der Entscheidung, durch den diejenigen Normen gesetzt werden, die zur Geschichtsschreibung notwendig sind, wird nun von Tillich so ausgedeutet, dass sich in ihm ein Offenbarungsmoment und ein Freiheitsmoment unterbringen lässt. Dazu muss er einerseits als göttlicher Setzungsakt im Sinn einer Offenbarung begriffen werden. Andererseits wird diese Offenbarungserfahrung so verarbeitet, dass sie durch das Subjekt aus freien Stücken bejaht wird. In der Entscheidung werden also das Bewusstsein absoluter Abhängigkeit und dasjenige freier Setzung miteinander vermittelt.

Um das zu plausibilisieren, greift Tillich eine Gedankenfigur Schellings auf, nach der endliche Freiheit und göttliche Selbstentfaltung notwendig zueinander gehören.[10] Ob das, was der Entscheidungsbegriff bei Tillich leisten soll, auf diese Weise hinreichend abgesichert werden kann, sei einmal dahingestellt. Es ist aber sicher so, dass Tillich menschliche Freiheit als ein notwendiges Moment von Gottes lebendigem Sein begreift und dass er zugleich meint, die Freiheit des Menschen müsse als Abfall aus Gottes Sein verstanden werden: «Vollkommen entfaltete Geschöpflichkeit ist gefallene Geschöpflichkeit. Das Geschöpf hat seine Freiheit verwirklicht, insofern es ausserhalb des schöpferischen Grundes göttlichen Lebens lebt.»[11]

Für Tillich geht es also um eine Entscheidung mit einer doppelten Signatur – Freiheit und Notwendigkeit –, durch welche die gesuchte Geschichtsschreibungsnorm autonom gefunden wird und sich zugleich offenbarungsgleich aufdrängt. Mit der Entscheidung vermittelt sich im Bewusstsein des Entscheidungsträgers also etwas Unbedingtes in die Geschichte. Auf Dauer kann das Unbedingte nur akzeptiert werden, wenn es eine Historiografie ermöglicht, die das geschichtliche Material kohärent und sinnvoll in ein zielgerichtetes Verhältnis bringen kann.

9   Vgl. Kierkegaard, Søren, Unwissenschaftliche Nachschrift I, in: ders., Philosophische Brosamen und Unwissenschaftliche Nachschrift, aus dem Dänischen von Diderichsen, Susanne / Diderichsen, Børge Krag, Diem, Hermann / Rest, Walter (Hg.), München 2005, 133–144, 158–161.
10 Vgl. dazu Heit, Sinnbildung, 140–144.
11 Tillich, Paul, Systematische Theologie I, Tübingen 2017, 294.

In einem Aufsatz von 1930 mit dem Titel «Christologie und Geschichtsdeutung»[12], ist die formale Struktur des Entscheidungsakts von
Tillich sodann christologisch ausgedeutet worden. Danach ist das Chris-
tusereignis kein einmaliges Geschehen, sondern findet immer dann statt,
wenn Geschichtsdeutung oder Geschichtsschreibung auf Basis einer solchen Entscheidung gelingt.

Schon 1922 führt Tillich in einem gleichnamigen Aufsatz[13] den Begriff des Kairos ein und gibt seinen Überlegungen dadurch eine hand-
lungstheoretische Note. Denn durch den Begriff des Kairos wird derjenige
Moment bezeichnet, in dem die Vermittlung des Bedingten mit dem Unbedingten im Bewusstsein geschieht und neben der geschichtskonstituti-
ven Wirkung auch handlungsorientierende Dimensionen hat.

Im Wesentlichen geht es dabei wiederum darum, die Strukturmo-
mente der Autonomie und der Unbedingtheit zu vermitteln, nun aber moraltheoretisch gewendet. Handlungsnormen werden zu bestimmter Zeit
in einem bestimmten, positiven Kontext gewonnen. Zeit ist keine «leere
Form, die jeden beliebigen Inhalt aufnehmen kann»[14], sodass die Wahl
einer bestimmten ethischen Norm immer zeit- und kontextabhängig ist.
Damit lässt Tillich Kants Konzept einer zeitinvarianten moralischen Vernunft hinter sich und kann so den Anforderungen des Historismus gerecht werden. Natürlich stellt sich vor diesem Hintergrund abermals das
Geltungsproblem, und es wird einer ähnlich gelagerten Lösung zugeführt,
wie auch schon dort, wo Tillich es in historiografischer Hinsicht bearbeiten musste.

Im Kairos wird das Unbedingte durch den Willen des Subjekts autonom angeeignet und auf diese Weise in der Geschichte wirksam. Fällt das
Moment der Unbedingtheit bei der Willensnormierung aus, wird das
Handlungssubjekt einer nicht enden wollenden Spirale der Dauerkritik
ausgesetzt, sodass es schliesslich handlungsunfähig zu werden droht.

Diese Einsicht erfährt im Frühwerk Tillichs eine dezidiert sozial- und
kulturethische Ausdeutung. Dabei führt Tillich den Begriff der «theono-
men Kultur» ein, deren Ziel es ist, unter endlichen Bedingungen unbedingten Sinn zu verwirklichen. Konstitutiv für die Realisierung eines solchen Vorhabens ist das «Symbol». Denn das Unbedingte kann durch

12 Tillich, Paul, Christologie und Geschichtsdeutung, in: ders., Main Works /
    Hauptwerke, Bd. 6 (Theologische Schriften), Hummel, Gert (Hg.), Berlin /
    New York 1992, 189–212.
13 Tillich, Paul, Kairos (1922), in: ders., Main Works/ Hauptwerke, Bd. 4 (Re-
    ligionsphilosophische Schriften), Clayton, John (Hg.), Berlin / New York
    1987, 53–72.
14 A. a. O., 130.

Kulturleistungen nicht unmittelbar realisiert, sondern nur symbolisch dargestellt werden.[15]

Tillich weiss, dass eine derartige Kulturtheorie den einzelnen Sphären der modernen Gesellschaft ihr autonomes Eigenrecht oder ihre Eigenrationalität in bestimmter Hinsicht absprechen muss. Denn letztlich läuft ein solches Theoriesetting darauf hinaus, jede Kulturtätigkeit als symbolischen Ausdruck göttlicher Offenbarung deuten zu können. Natürlich steht er damit vor einem sich ständig wiederholenden Grundproblem aller theologischen Sozialethik, wenn sie einerseits dem autonomen Eigenrecht der Funktionssysteme einer Gesellschaft gerecht werden will, andererseits allen Partikularfunktionen derselben Gesellschaft zugleich ein unbedingtes Handlungsziel (das Gute schlechthin) zuordnen will, wie es die Theologie üblicherweise in Form des Reich-Gottes-Begriffs tut.

Tillich versucht dem Problem zu begegnen, indem er eine Kulturtypenlehre entwirft, die dreigliedrig ist. Neben der heteronomen und autonomen Kultur liesse sich seiner Auffassung nach die schon erwähnte theonome Kultur realisieren. Das autonome und das heteronome Moment sind in ihr aufgehoben.[16] Ob das einleuchtend ist, sei einmal dahingestellt. Aber das erklärte Ziel Tillichs ist es jedenfalls, einen Typ von Kultur zu finden, in dem sich das Subjekt und auch Kollektivsubjekte in kulturellen Subsystemen autonom betätigen und dabei das Bewusstsein haben, zugleich einen Totalsinn zu realisieren. Tillich konstatiert: «Das, was im Kairos geschieht, soll absolut und doch nicht absolut sein.»[17] Es muss also so gedacht werden, dass die Entscheidung als unbedingt erfahren wird und doch so, dass sie geschichtlich wandelbar und von relativer Geltung ist. Diese Einsicht hat auch theologische Konsequenzen im engeren Sinn, indem sie sich auf den Gottesbegriff auswirkt, der nun so konzipiert werden muss, dass das Absolute einerseits unbedingt, andererseits lebendig und in sich wandelbar ist.

Ein solcher Gottesbegriff, der sich im Übrigen durchaus, was allerdings zu zeigen wäre, mit der biblischen Tradition in Verbindung bringen lässt, wird im 20. Jahrhundert nicht nur bei Paul Tillich, sondern auch bei Wolfhart Pannenberg entworfen.

15 Vgl. dazu: Tillich, Paul, The Religious Symbol / Symbol and Knowledge (1940–1941), in: Bd. 4, 253–278.
16 Vgl. Tillich, Paul, Kirche und Kultur, in: ders., Main Works/ Hauptwerke, Bd. 2 (Kulturphilosophische Schriften), Palmer, Michael (Hg.), Berlin / New York 1990, 101–114.
17 Tillich, Kairos, 63.

3. Wolfhart Pannenberg: Wissenschaft, Anthropologie, Theologie

Es ist bemerkenswert, dass auch Pannenberg der Entfaltung seiner «Systematischen Theologie»[18] eine Wissenschaftstheorie[19] voranstellt. Ähnlich wie Tillich versucht er so, seine Theologie von vornherein mit allgemein anerkannten Wissenschaftsstandards abzugleichen. Theoriestrategisch geht es dabei auch um die Sicherung eines Platzes der Theologie im Kanon der Wissenschaften.

Dass der Aufbau von Wissen in jedem Fall einen Ausgriff auf die Idee von Ganzheit erfordert, wird auch von Pannenberg behauptet, und dabei spielt auch bei ihm das Prinzip der Erzeugung von Sinn durch Horizontüberschreitung eine entscheidende Rolle: Wie bei einer russischen Puppe die jeweils kleinere der Figuren eingebettet ist in eine sie umschliessende Puppe, so auch ein Sinnzusammenhang jeweils in einen ihn übersteigenden Sinnhorizont. Im Prinzip ist dieses Verfahren der Horizontausweitung nur durch den Gedanken einer Sinntotalität abschliessbar, der alle Phänomene der (geschichtlich kodierten) Welt umgreift und zueinander in ein systematisches Verhältnis bringt. Pannenberg nennt diesen Horizont «Bedeutungstotalität»[20]. Diese Bedeutungstotalität bleibt bei der Erkenntnis eines Sachverhalts nahezu immer unthematisch, wird aber primordial und inexplizit doch in Anspruch genommen, wenn etwas als etwas erkannt wird.

Im Fall von Geschichtswissen werden Einzelereignisse begriffen, indem sie in sie übergreifende Geschichtszusammenhänge integriert werden.[21] Das bedeutet, dass die Sinntotalität oder die Bedeutungstotalität, von der zuvor die Rede war, in diesem Fall die Totalität von Geschichte meinen muss. Es bedeutet zugleich, dass unser Wissen von der Wirklichkeit immer den Charakter der Vorläufigkeit hat – und zwar aus doppeltem Grund:

> Wegen der Unabgeschlossenheit menschlicher Wirklichkeitserfahrung und wegen der Offenheit des Weltprozesses selbst auf eine noch nicht realisierte Zukunft hin, ist die Totalität beider nur durch Antizipation zugänglich.[22]

18 Pannenberg, Wolfhart, Systematische Theologie, Band I–III, Göttingen 1988/ 1991/1993.
19 Pannenberg, Wolfhart, Wissenschaftstheorie und Theologie, Frankfurt a. M. 1973.
20 A. a. O., 216.
21 Vgl. dazu Pannenberg, Wolfhart, Hermeneutik und Universalgeschichte, in: ders., Grundfragen systematischer Theologie I, Göttingen ³1979, 91–122.
22 Pannenberg, Wissenschaftstheorie, 72.

In Hinsicht auf den Wahrheitswert kann jedes historiografische Verfahren also lediglich den Status vorläufiger Geltung für sich beanspruchen. Es muss sodann überholt werden, wenn entweder neue Erkenntnisse bei der Aufarbeitung der Vergangenheit oder in Hinsicht auf das vermutliche Telos der Geschichte erreicht werden.

Pannenberg meint, dass dies alles so auch von der Philosophie erkannt werden muss, deren Aufgabe es sei, die jeweils unterstellten Sinntotalitäten namhaft zu machen:

> Philosophische Behauptungen betreffen [...] immer die Wirklichkeit im Ganzen, sei es die Totalität der Aspekte eines einzelnen Phänomens, sei es die Totalität alles Wirklichen als Kontext der Bedeutung jedes einzelnen.[23]

Das Spezifikum der theologischen Wissenschaft besteht über das der Philosophie hinaus darin, die derart geschichtlich formatierte Gesamtwirklichkeit auf einen bestimmten Gottesgedanken zu beziehen. Dabei fungiert Gott als der Grund der Wirklichkeit und wird an ihrem geschichtlichen Verlauf auch erkannt.[24]

In fundamentaltheologischer Hinsicht ist Pannenbergs Wissenschaftstheorie nicht das einzige Unternehmen zur allgemeinen Plausibilierung seines theologischen Gesamtprogramms. Anfang der 1980er-Jahre veröffentlicht er vielmehr zudem eine grosse «Anthropologie in theologischer Perspektive»[25], in der er auf die philosophische Anthropologie bei Herder, Gehlen und anderen zurückgreift und ein eigenes anthropologisches Programm ausarbeitet. Auch hier liegt der Fluchtpunkt seiner Untersuchungen einerseits bei dem Nachweis, dass es im Wesen des Menschen liegt, geschichtlich formatiertes Wissen aufzubauen. Dies geschieht immer sprachlich vermittelt und ist zugleich Bedingungsmöglichkeit für den Aufbau einer individuellen Identität. Jedenfalls kann ein selbstbewusstes Subjekt ein Identitätsgefühl nur dann erreichen, wenn es Geschichten erzeugt, in denen es selbst als veränderlich und mit sich selbst identisch zugleich vorkommt. Zudem bemüht sich Pannenberg um eine Hermeneutik, durch welche die Strukturen des Verstehens von Geschichte aufgedeckt werden sollen.

Pannenberg, das lässt sich an dieser Stelle festhalten, greift die bei Tillich (und auch bei Troeltsch) schon aufgeworfene Frage nach dem Sinn

---

23 A. a. O., 70.
24 Vgl. dazu programmatisch: Pannenberg, Wolfhart (Hg.), Offenbarung als Geschichte. Kerygma und Dogma, Beiheft 1, Göttingen ⁴1970.
25 Pannenberg, Wolfhart, Anthropologie in theologischer Perspektive, Göttingen 1983.

von Geschichte auf und reichert sie mit wissenschaftstheoretischen, anthropologischen und hermeneutischen Überlegungen an, in denen der Nachweis zu führen versucht wird, dass der Mensch für den Aufbau von Selbst- und Weltbewusstsein unhintergehbar auf geschichtlich codiertes Wissen angewiesen ist. Man hat es bei ihm also mit einer theoretischen Aufstufung zu tun, die gewiss auch apologetischen Charakter hat.

In theologischer Hinsicht steht er schliesslich vor der Aufgabe, einen Gottesbegriff zu entwerfen, durch den der Totalsinn von Geschichte funktional gesichert werden kann. Dies geschieht in der «Systematischen Theologie».[26] Gott erscheint als dasjenige suisuffiziente Absolute, das aus freien Stücken eine Geschichte mit den Menschen und sich selbst eingeht.

In ontologischer Hinsicht kann der über die drei Bände hinweg entfaltete Gottesbegriff doppelt ausgedeutet werden. Zum einen ist es möglich, den sich selbst geschichtlich auslegenden Gott bei Pannenberg so zu begreifen, dass er ontologisch allen in den anderen Theorieteilen verhandelten Sachverhalten vorrangig ist. Dafür würde sprechen, dass der trinitarische Gott bei Pannenberg als selbstgenügsam gezeichnet wird. Zudem spricht die Stellung der Gotteslehre im System für eine solche Deutung. Sie ist allen anderen Systemteilen vorgeordnet.[27]

Allerdings spricht die Einbettung der «Systematischen Theologie» in das wissenschaftstheoretische und anthropologische Gesamtprogramm Pannenbergs dafür, seinen Gottesbegriff vor allem so auszudeuten, dass er funktional zur Lösung der geschichtstheoretischen Probleme hinreichen können muss. Eine solche Lösung wiederum ist Bedingung der Möglichkeit von Sinnerfahrungen. Wenn man so will, ist Pannenbergs trinitarischer Gottesbegriff deshalb eine transzendentallogische Antwort auf das Sinnbedürfnis des menschlichen Geistes.[28]

Gott selbst muss sodann, das ist Pannenbergs Programm seit der Veröffentlichung von «Offenbarung als Geschichte» im Jahr 1961, sich selbst durch eine Geschichte vermitteln, deren Ziel die Selbständigkeit und auch die Selbsterkenntnis des Menschen ist. Solche Selbsterkenntnis wiederum ist nur möglich durch Differenzierung des Selbst gegen Gott als seinen Grund. Oder anders gesagt: Um zu wissen, wer man ist, muss man vorrangig wissen, dass man den Grund seines Daseins und seiner Geschichte nicht in sich selbst hat.[29]

---

26 Pannenberg, Systematische Theologie, Bd. I–III.
27 Aus diesen Gründen folgen viele Pannenbergdeuter dieser Linie. Vgl. dazu Heit, Sinnbildung, 209f.
28 Vgl. zu dieser Deutung: a. a. O., 206–210.
29 Vgl. zur Aufnahme und Umarbeitung von Schleiermachers Begriff der schlechthinnigen Abhängigkeit bei Pannenberg: a. a. O., 201–206.

4. Eilert Herms: Bildung, Güter und Handlungssinn

Das Sinnerzeugungsproblem der Moderne wird von Eilert Herms vor allem in moraltheoretischer Hinsicht bedacht. Damit nimmt er, wenn man so will, den zweiten Gesichtspunkt von Tillichs Programm auf – nämlich die Frage, wie der in der Moderne unsicher gewordene Handlungssinn zurückgewonnen werden kann. Bei Herms geht es also um die Suche nach einem relativ stabilen Handlungssinn mit übersubjektiver Geltung. Dabei orientiert er sein Denken an einem Konzept, von dem er sagt, es sei im Kern «alteuropäisch-christlich»[30]. Nach diesem Konzept sind soziale Systeme zusammengesetzt aus freien und verantwortungsfähigen Individuen, die miteinander interagieren und dabei ein bestimmtes sittliches Ethos zum Ausdruck bringen. Zum einen grenzt Herms sich so von Niklas Luhmanns Systemtheorie ab, die den methodischen Individualismus, der bei Herms wieder eingesetzt wird, überspringen wollte.

Zum anderen kann er gerade dadurch sein eigenes Theoriesetting ins Gespräch mit allen anderen Sozialtheorien bringen, die dem Individuum und seinen Präferenzen einen konstitutionslogischen Vorrang vor dem System einräumen. Das trifft insbesondere auf die moderne Ökonomie zu, die in der Tradition von Joseph Schumpeters methodischem Rationalismus steht. Natürlich ist durch diese Vorentscheidung nicht ausgeschlossen, dass in der Realität das Verhalten des Einzelnen durch Vorgaben der Gesellschaft oder sozialer Systeme oder durch die sozialen Verhältnisse normiert und motiviert wird. Vielmehr ist dies der Normalfall, und Herms kann diesen Befund auch in sein Denken integrieren. Allerdings bewegt er sich da, wo es um konstitutionslogische Fragen geht, eindeutig auf dem Boden des methodischen Individualismus.[31]

Der Mensch muss als selbstbewusstes Strebewesen begriffen werden, das ein bestimmtes Gut realisieren will. Grundsätzlich orientiert Herms sich also an einem güterethischen Modell, integriert Pflichten und Tugenden aber, indem er sie als notwendige Mittel zur Erreichung der Güter begreift. Um das Verhalten von Individuen zu verstehen, muss aber vor allem auf diejenigen Güter reflektiert werden, die sie anstreben. Von ihnen weiss das handelnde Subjekt, weil sie mit einem von Herms sogenannten Grundethos im Bewusstseinsapparat gegeben sind. Oder anders gesagt: Dass ein bestimmtes Gut als vorzugswürdig gilt, verdankt sich einer Weltanschauung, die zwar nicht unveränderlich ist, aber doch als relativ stabil gelten kann, und durch die unter anderem auch vorgegeben

---

[30] Herms, Eilert, Gesellschaft gestalten. Beiträge zur evangelischen Sozialethik, Tübingen 1991, XIX.
[31] Vgl. dazu insgesamt Heit, Sinnbildung, 227–231.

wird, in welche Richtung der gegenwärtige Zustand von Selbst und Welt
überboten werden soll.

Für den Einzelnen erscheint die Welt als «bestimmtes Bestimmbarsein,
als Praxissituation des Menschen, also als der Inbegriff seiner Möglichkeiten eines leibhaften und somit folgeträchtigen, weltsymbolisierenden
und weltgestaltenden Handelns»[32]. Sofern die Welt im Bewusstsein des
Handelnden als bestimmbare Erscheinung auftaucht, die zugunsten derjenigen Güter umgestaltet werden kann, die der Handelnde als vorzugswürdig begreift, stellt sich zugleich eine Sinnerfahrung ein. Dass die Welt
sinnvoll erscheint, hängt also davon ab, dass das Handlungssubjekt sie
als zu seinen Gunsten gestaltbar begreift. In dieser Einsicht liegt auch der
tiefere Grund für die Ablehnung des methodischen Kollektivismus durch
Herms. Denn es ist ihm verwehrt, das Erlebnis von Sinn durch einen Einzelnen angemessen beschreiben zu können. Dazu wäre eine Beschreibung
nötig, nach der das Handlungssubjekt die Welt als durch es selbst be-
stimmbar erlebt. Sofern ein Mensch aber nicht sich selbst, sondern ihn
übergreifende Strukturen als Urheber seines eigenen Verhaltens ausmachen muss, bleibt eine Sinnerfahrung notwendig aus, wenn es richtig ist,
dass dazu das Bewusstsein notwendig wäre, man könne sein Leben selbst
führen.

Herms differenziert sein eigenes Denken aber nicht nur gegen den methodischen Kollektivismus, sondern zugleich auch gegen rein ökonomische Sozialmodelle, die sich im Fahrwasser von Gary S. Becker[33] zutrauen, das gesamte Spektrum des menschlichen Verhaltens erklären zu
können.[34] Er muss zwar konzedieren, dass in diesen Theorien das Sinn-
potential menschlichen Handelns nicht per se abgeschattet bleiben muss.
Denn ihr methodischer Individualismus erlaubt ihnen grundsätzlich einen
analytischen Durchgriff auf das Sinnbewusstsein des Individuums. Allerdings ist Herms der Auffassung, dass die Vielfalt von Qualitäten der angestrebten Güter nicht hinreichend präzise zur Sprache kommen kann,
wenn die Fragerichtung bei der analytischen Aufarbeitung von Handlungen von vornherein bloss ökonomisch formatiert ist. Vielmehr müsse das
ökonomische Paradigma erweitert oder ausdifferenziert werden, um das
gesamte Spektrum der angestrebten Güter begreifen zu können. Zwar gelingt es der Ökonomie, den Menschen als Strebewesen zu begreifen, und

---

[32] Herms, Eilert, Sinn als theologischer Grundbegriff, in: ders., Offenbarung und
Glaube, Tübingen 1992, 388.

[33] Vgl. Becker, Gary S., Ökonomische Erklärung menschlichen Verhaltens, Tübingen 1993.

[34] Vgl. dazu insgesamt Heit, Sinnbildung, 256–288.

dadurch ist sie der christlichen Anthropologie verwandt. Letztere ist allerdings deshalb moraltheoretisch leistungskräftiger als Erstere, weil sie darüber hinaus genauer sagen kann, welche Güter durch den Menschen grundsätzlich realisiert werden sollen.

Um den damit gestellten Anspruch einzulösen, muss Herms zeigen, dass die Handlungsziele des Menschen immer schon eine bestimmte Qualität haben. Dazu greift er einerseits die Selbstbewusstseinstheorie Friedrich Schleiermachers auf und deutet dessen Schlüsselbegriff des unmittelbaren Selbstbewusstseins so, dass es durch Bildungsprozesse aufgebaut wird.[35] Bei diesem Vorgang der Subjektbildung werden zugleich auch diejenigen weltanschaulichen Weichen gestellt, die das Subjekt unmittelbar der Vorzugswürdigkeit von Gütern bestimmter Qualität gewiss sein lässt.

Durch diese Verankerung im unmittelbaren Selbstbewusstsein erklärt sich auch die relativ starke zeitliche Stabilität derjenigen Ziele, die Handelnde verfolgen. Zudem hat Herms auf diese Weise das Geltungsproblem, das jede Handlungstheorie vor dem Hintergrund des Historismus lösen muss, bearbeitet. Weil ein Gut sich im Selbstbewusstsein unmittelbar als Gut präsentiert, ist seine Geltung erst dann angefragt, wenn bewusst auf sie reflektiert wird. Im Alltag ist das allerdings nur selten der Fall.

Für den Bildungsvorgang, durch den das unmittelbare Selbstbewusstsein seine bestimmte Qualität erfährt, setzt Herms den Begriff der «Herzensbildung»[36] ein. Eine geschichtliche Ausdeutung des Vorgangs der Herzensbildung liegt nahe und wird bei Herms auch geleistet. Das Individuum wird durch seine historischen Umstände zu der bestimmten Persönlichkeit, die es ist. Zugleich erfährt der Begriff, wiederum in Anlehnung an Schleiermacher, bei Herms eine ausdrücklich theologische Ausdeutung. Das Individuum weiss sich und die geschichtlichen Verhältnisse, in denen sein Herz gebildet wird, unmittelbar als schlechthin abhängig. Dieses Bewusstsein ist Implikat jedes Selbst- und Weltbewusstseins und also auch allen Wissens von den durch das Subjekt anzustrebenden Gütern.

Ohne ethische Konsensbildung kann eine Gesellschaft nicht funktionieren. Diese These unterscheidet, so Herms, seine Sozialethik von den gängigen ökonomischen Beschreibungsweisen der Gesellschaft. Denn diese gingen davon aus, die Interessenlagen derjenigen Individuen, aus denen die Gesellschaft sich zusammensetzt, könnten vollkommen belie-

---

[35] Vgl. zum Aufbau des unmittelbaren Selbstbewusstseins bei Eilert Herms: a. a. O., 247–252.

[36] Herms, Eilert, Grundzüge eines theologischen Begriffs sozialer Ordnung, in: ders., Gesellschaft gestalten. Beiträge zur evangelischen Sozialethik, Tübingen 1991, 93.

big sein und bedürften also keiner bestimmten Qualität. Denn die Differenzen würden durch den Markt zum Ausgleich gebracht werden.[37] Diese Unterstellung, der Markt könne nahezu jede weltanschauliche Differenz abfedern, wird von Herms bestritten. Vielmehr ist er der Auffassung, das ökonomische Geschehen selbst sei auf mindestens eine bestimmte moralische Qualität seiner Teilnehmenden angewiesen, die es selbst nicht bereitstellen kann. Dabei handelt es sich um den unbedingten Respekt vor den Präferenzen der anderen Teilnehmenden.[38] Ohne solche Achtung würde ein Vertrag nicht abgeschlossen werden, sondern sich das Recht des Stärkeren durchsetzen.

Zum Aufbau von Vertragsordnungen im Sinne eines Gesellschaftsvertrags müssen die Individuen also dazu in der Lage und auch dazu bereit sein, nicht nur ihr Partikularinteresse zu verfolgen, sondern auch diejenigen Interessen zu berücksichtigen, die andere haben. Es muss also ein Sinn für das Gemeinwohl vorhanden sein. Dazu wiederum müssen sich die Individuen durch ein «reifes Selbstinteresse»[39] auszeichnen, welches nur durch eine allgemeine Tugendbildung erreicht werden kann.

Neben der Wirtschaft, deren Funktion die Bereitstellung und Allokation von materiellen Gütern ist, ist jede Gesellschaft deshalb auf einen oder mehrere Leistungserbringer angewiesen, die derartige Tugendbildung sicherstellen und zudem weltanschauliche Gewissheiten erzeugen können.[40] Herms meint, dass über diese beiden Funktionssysteme hinaus mindestens zwei weitere essenziell für das Funktionieren einer modernen Gesellschaft sind: ein zuverlässiges Rechtssystem, durch das die Ordnung der Gesellschaft gesichert wird, und ein Wissenschaftssystem, durch das Wissen zur Weltbewältigung generiert wird.

Für die theologische Ethik ist der Bereich der weltanschaulichen Herzens- und Tugendbildung von besonderem Interesse. Die Theologie und die christlichen Kirchen sind selbstverständlich nicht die einzigen Leistungserbringer auf diesem Gebiet. Aber sie weisen, folgt man Herms, doch einen Vorzug auf. Weil sie, wie oben beschrieben, den jeweiligen Zustand von Welt und Selbst als das Resultat eines göttlichen Bildungs-

---

[37] Vgl. zu Herms' Auseinandersetzung mit der Ökonomie: Heit, Sinnbildung, 286–300.

[38] Vgl. Herms, Eilert, Beobachtungen und Erwägungen zu J. M. Buchanans vertragstheoretischer Sozialphilosophie, in: ders., Die Wirtschaft des Menschen. Beiträge zur Wirtschaftsethik, Tübingen 2004, 163–177.

[39] Herms, Wirtschaft, 185.

[40] Vgl. zu den Grundsystemen menschlicher Sozialität in der Moderne, wie Herms sie zeichnet: Heit, Sinnbildung, 289–300.

geschehens begreifen, ist der christlichen Weltanschauung unhintergehbar eingeschrieben, dass menschliche Weltanschauungen selbst wandelbar und mithin von bloss relativer Geltung sind. Das bedeutet zugleich,
dass der christliche Glaube immer schon mit einem Plural von Weltanschauungen rechnet und diesen grundsätzlich auch mit Respekt begegnet.
Es bedeutet zugleich, dass er sich selbst einer Kritik unterziehen kann.[41]
Wenn man es so sieht, ist das alteuropäisch-christliche Welt- und Menschenbild grundsätzlich an einer Vermittlung von göttlichem Bildungs-
prozess und dem Plural von Weltanschauungen interessiert.

5. Vielheit und Ganzheit

Wenn man den hier vorgeführten Rekonstruktionen folgen mag, reagie-
ren Tillich, Pannenberg und Herms auf Problemlagen, die typisch für das
moderne Selbstverständnis ab der Mitte des 19. Jahrhunderts sind. Ihre
Theologie wird sodann funktional in Hinsicht auf diese Problemlagen
entfaltet.[42] Dabei ist allen drei Denkern gemeinsam, dass sie die Relativität menschlicher Erkenntnis, wie sie durch die grundsätzliche Durchsetzung des historistischen Paradigmas in den Geisteswissenschaften normal
geworden ist, in ihr Denken integrieren und die dabei entstehenden Probleme zugleich überwinden wollen.

Den drei vorgestellten protestantischen Theologen zufolge kann dies
nur geleistet werden, sofern die Geschichte und mit ihr unser gesamtes
zeitvariantes Welt- und Selbstverständnis auf einen absoluten Grund zu-
rückbezogen wird, von dem angenommen werden muss, er habe der Geschichte ein Ziel eingeschrieben. Dass diese Einsicht fundamentale Folgen
für den Entwurf eines theologischen Gottesbegriffs hat, versteht sich von
selbst. Jedenfalls ist ein Gottesbegriff, der funktional keine Lösung für
das Historismusproblem anbietet, für die moderne Gegenwart nach der
hier vorgelegten Deutung nicht hinreichend.

Wie immer man sich zu den drei hier vorgestellten Lösungsvorschlä-
gen verhalten mag: Als plausibel dürfte gelten, dass der Historismus und

---

41 Vgl. dazu grundsätzlich Herms' Aufsatzband: Zusammenleben im Widerstreit
der Weltanschauungen. Beiträge zur Sozialethik, Tübingen 2007.
42 Gleiches lässt sich auch über einen weiteren herausragenden theologischen
Denker des 20. Jahrhunderts sagen, nämlich über Ernst Troeltsch, vgl. dazu
Heit, Sinnbildung, 73–125.

seine vielfältigen geistesgeschichtlichen Nachgänger weiterhin eines unserer weltanschaulichen Kardinalprobleme bilden.[43] Wenn sie nicht bearbeitet werden, lässt sich tatsächlich keine weltanschauliche und auch keine ethische Gewissheit erreichen.

Natürlich kann man der Auffassung sein, dies sei auch nicht nötig oder gar gefährlich. Exemplarisch für dieses postmoderne Verständnis der Welt und des Selbst mag Alain Badiou stehen, der seine grundsätzliche Bejahung von uneindeutiger Vielheit in Hinsicht auf weltanschauliche und ethische Fragen auch ontologisch zu unterfüttern versucht. Vielheit wird dabei nicht auf Einheit reduziert, sondern – im Anschluss an Gödels Mengenlehre – auf eine noch grössere Vielheit.[44]

Zu solchen Denkmodellen verhalten sich die Vorschläge der hier vorgestellten Theologen oppositionell. Ihnen allen ist die Idee gemeinsam, die historisch bedingte Pluralität von Weltanschauungen und Ethoi habe einen Grund in einer absoluten Einheit, die zugleich garantiert, dass die vielen Elemente der Geschichte systematisch zu einer Ganzheit von Geschichte gehören. Diese absolute Einheit wird in der Theologie mit dem Gottesbegriff angesprochen. In funktionaler Hinsicht sichert ein solcher Gott, sofern er in das Bewusstsein des Einzelnen oder Gesellschaft hinein vermittelt werden kann, den Sinn der Geschichte und des individuellen Lebens. Und er sichert darüber hinaus auch Handlungsgewissheit.

Dabei, das ist der Anspruch, der hier vorgestellten Denkansätze, wird der Relativierungszwang des Historismus in das theologische Programm integriert. Das bedeutet, dass weltanschauliche und handlungsbezogene Gewissheit und auch das Bewusstsein von Sinn nicht zu haben sind ohne Absolutheitsbezug. Zugleich wird dieser Absolutheitsbezug so gedacht, dass er sich selbst geschichtlich vermittelt und also ständig neu durchdefiniert werden muss. Insofern zeichnet sich die Theologie des 20. Jahrhunderts, zumindest bei den hier besprochenen Protagonisten, durch den

---

43 Vgl. dazu beispielsweise Oexle, Otto Gerhard, Die Geschichtswissenschaft im Zeichen des Historismus. Bemerkungen zum Standort der Geschichtsforschung, in: ders., Geschichtswissenschaft im Zeichen des Historismus. Studien zur Problemgeschichte der Moderne, Göttingen 1996, 17–40. Vgl. auch: ders., »Historismus«. Überlegungen zur Geschichte des Phänomens und des Begriffs, a. a. O., 41–72. Vgl. auch Rüsen, Jörn, Konfigurationen des Historismus. Studien zur deutschen Wissenschaftskultur, Frankfurt a. M. 1993.

44 Vgl. dazu Heit, Alexander, Unendliche Unendlichkeit als das Prinzip allen Seins. Alain Badious Paulusinterpretation vor dem Hintergrund seiner Ontologie und Ethik, in: Strecker, Christian / Valentin, Joachim (Hg.), Paulus unter den Philosophen, Stuttgart 2013, 178–198.

Versuch aus, Relativität der Geschichte und Absolutheit der Weltanschauung zu vermitteln.

Dies kann natürlich nur gelingen, wenn man die zwei Relate unterschiedlichen Bewusstseinszuständen zuordnet. Gewissheit über die Wahrheit oder Richtigkeit einer Weltanschauung kann nur im Status des Glaubens oder der Entscheidung erlangt werden. Zugleich kann diese Gewissheit infrage gestellt werden durch Reflexionsakte auf denselben Glauben oder dieselbe Entscheidung, die sich abständig zu ihnen verhalten. Dass diese Selbstreflexion und Selbstkontextualisierung dem Glaubensakt nicht vollständig konträr sein muss, ist dann gewährleistet, wenn der Gott, an den das Subjekt glaubt, sich selbst geschichtlich vermittelt.

Treffen diese Überlegungen zu, dann scheint im christlichen Menschenbild selbst eine dialektische Spannung zwischen Glaubensgewissheit und Selbstrelativierung angelegt zu sein, die nicht übersprungen werden kann. In der Alltagspraxis aber kann diese Spannung sich bewähren. Sie gewährleistet einerseits, dass Sinnbewusstsein möglich ist, andererseits, dass man sich selbst infrage stellen kann bei gleichzeitiger Achtung für andere Glaubensgewissheiten. Diese Spannung muss in der Moderne ausgehalten werden. Der konstruktive Umgang mit ihr kann – wenn man es so ausdrücken will – tugendhaft eingeübt werden.

Neben diesen Fragen ist das zweite Grossthema der Moderne ab der Mitte der 1850er-Jahre der Umgang mit dem Kapitalismus. Wie die Theologie damit umgehen kann, lässt sich exemplarisch an der Theoriebildung von E. Herms ablesen.[45] Seine Analyse deckt auf, dass die Supertheorieansprüche der Ökonomie – und damit wohl auch die Supersystemansprüche der Wirtschaft, sofern sie gestellt werden – als solche fehl am Platz sind. Denn sie leben von Voraussetzungen, die sie selbst weder hervorbringen noch sichern können: Von weltanschaulichen Übereinkünften, die als solche von der Wirtschaft (und auch von allen anderen Gesellschaftssystemen) notwendig in Anspruch genommen werden.

Dass diese Übereinkünfte Geltung für sich beanspruchen können, ist wiederum abhängig von einem Glauben an einen Grund des gegenwärtigen Zustands von Welt und Selbst. Dass dieser wiederum historistisch-kritisch mit sich selbst umgehen können muss, ist für Herms, aber auch für die anderen Protagonisten der protestantischen Theologie des 20. Jahrhunderts selbstverständlich.

---

45 Natürlich gibt es auf vor Eilert Herms schon ein Sensorium für die Herausforderungen der Theologie durch den Kapitalismus, beispielsweise bei Ernst Troeltsch und Paul Tillich. Vgl. dazu Heit, Sinnbildung, 110–113; 158–175.

«Dein ‹aus ganzem ungeteilten Herzen› habe ich eben nicht.»
Eine Verteidigung des Fragmentarischen ex negativo mit Franz Rosenzweig

Gesine Palmer

1. Anders bleiben –
Franz Rosenzweig und seine christlichen Freunde

Muss man Christ sein, um sich selbst in ungebrochener Harmonie mit dem ganzen ungeteilten Dasein zu fühlen? Gibt es das ganze ungeteilte Dasein nur um den Preis, dass etwas, zum Beispiel das Jüdische, von solcher Ganzheit ausgeschlossen übrigbleibt, als ein an sich selbst uninteressanter Rest? Gibt es eine jüdische Wahrheit und eine andere christliche? Muss die eine über die andere siegen, muss die besiegte dann untergehen? Oder erlaubt das Dasein Brüchiges, Fragmentarisches? Mit diesen Fragen plagte sich der Philosoph Franz Rosenzweig ab, wenn er mit seinen christlichen Freunden theologische Fragen diskutierte. Stellen sich diese Fragen den Christen nicht?

In vielen Briefen und Dokumenten ist überliefert, wie sehr der niederländische Theologe Kornelis Heiko Miskotte versuchte, Karl Barth zur Lektüre der Werke von Franz Rosenzweig zu bewegen. Barth aber wollte, dass Miskotte ihm zuvor in Thesenform präsentierte, was denn für ihn von Rosenzweig zu lernen wäre. Die Korrespondenz zeigt Sehnsüchte und Empfindlichkeiten, wie sie vielleicht nur unter engagierten Theologen möglich und verständlich sind. Barths Auseinandersetzung mit Rosenzweig blieb Miskottes unerfüllter Wunsch.[1]

Dass in einem Sammelband, der aus der Jahrestagung einer theologischen Gesellschaft, nämlich der Schweizerischen, hervorgegangen ist,

---

[1] Die Korrespondenz ist dokumentiert bei Rinse Reeling Brouwer: www.rinsereelingbrouwer.nl/glauben-sie-denn-im-ernst-die-juden-mussten-uns-lehren-die-bibel-zu-verstehen [letzter Zugriff am 11.02.2023]. Die nachfolgenden Überlegungen haben an manchen Stellen Thesencharakter, wie es in Vorträgen üblich sein darf. Die Einbeziehung der teilweise umfangreichen Diskussion in der Sekundärliteratur konnte bei der Überarbeitung für den Druck aus Zeitgründen nur sporadisch vorgenommen werden.

auch ein Blick auf die Arbeit Franz Rosenzweigs geworfen werden soll, freut mich ausserordentlich, und ich nutze gern die Gelegenheit, die Frage nach dem Ganzen, die das Thema dieses Bandes ist, aus dem Blickwinkel Rosenzweigs (so wie ich ihn lese) zu diskutieren. Dabei wird sich u. a. herausstellen, dass Rosenzweig zwar einerseits selbst nichts Geringeres als das Ganze in seinem Werk *Stern der Erlösung* zu denken unternimmt – dass er aber andererseits seine Selbstpositionierung als Jude stets mit einem scharfen Bewusstsein davon, immer «der Andere» zu bleiben, verbindet. Das hat Folgen. Tatsächlich entschliesst Rosenzweig sich stets aufs Neue, gerade diese Position als «der Andere» aktiv zu bejahen, zu ergreifen und zu formulieren. Um dies in all seiner Not deutlicher vorzustellen, beginne ich mit einer gut dokumentierten, ebenfalls sehr empfindlichen Korrespondenz, nämlich mit der Kompilation von Fragmenten aus Briefen, die Rosenzweig in den Weihnachtstagen 1919 schrieb.

Zum Hintergrund sei vorab Folgendes erläutert:

Der «Judenchrist» Eugen Rosenstock, mit dem Karl Barth (wie dieser sich in der Korrespondenz mit Miskotte erinnert) einmal so aneinandergeraten war, dass er von dessen Kreisen genug hatte, war auch seinem eigenen Freund Franz Rosenzweig nicht wenig auf den Leib gerückt. Nach einem in der Rosenzweigforschung sogenannten, berühmten «Leipziger Nachtgespräch» hatte Rosenzweig dem Freund zugesagt sich taufen zu lassen, geriet danach jedoch in solche Verzweiflung über sein Versprechen, dass er dem Selbstmord nahe war – und entschied sich im Laufe desselben Jahres nicht nur dazu, sein Judentum näher kennenzulernen, bevor er es aufgeben würde, sondern später sogar dazu, doch Jude zu bleiben.[2] Sein gesamtes späteres Oeuvre ist von dieser Erfahrung der «Anti-Konversion» geprägt.[3]

[2] Dieses Leipziger Nachtgespräch ist in der Rosenzweig-/Rosenstockforschung viel diskutiert worden, Wolfgang D. Herzfeld war stets unermüdlich im Beibringen neuen Materials, und die folgende Rezension seiner Arbeit bietet eine gute allgemeine Einführung in die Thematik: Sauter, Inka, [Rez.:] Herzfeld, Wolfgang D., Franz Rosenzweig, «Mitteleuropa» und der Erste Weltkrieg. Rosenzweigs politische Ideen im zeitgeschichtlichen Kontext, in: MEDAON – Magazin für jüdisches Leben in Forschung und Bildung 8/15, 2014, 1–4, online unter: www.medaon.de/pdf/MEDAON_15_Sauter.pdf [letzter Zugriff am 08.10.2022].

[3] Den Begriff der Antikonversion (in Analogie zu Typos und Antitypos in der Pauluslektüre) habe ich durch meinen Beitrag: Palmer, Gesine, «Wir würden es jederzeit wieder tun». Einige Überlegungen zu Rosenzweigs Anti-Konversion im Kontext der neueren Paulusrezeption, in: Rosenzweig Jahrbuch 4, Paulus und die Politik, Freiburg / München, 2009, 25–58, eingeführt.

Aber auch im ganz Privaten blieben Folgen. Rosenzweig verliebte sich in Rosenstocks Ehefrau Margrit Rosenstock-Huessy, begann 1918 eine Affäre mit ihr und schrieb, während er am *Stern der Erlösung* arbeitete, quasi täglich Briefe an die Geliebte. Die Beziehung wurde offen ausgelebt und von allen immer wieder besprochen. Franz Rosenzweig hat sie auch bei seiner Verheiratung mit Edith Hahn 1919 nicht aufgegeben. Diese vernichtete nach seinem frühen Tod 1929 die Briefe von Margrit Rosenstock-Huessy, genannt Gritli. Die Briefe ihres Mannes an seine Geliebte jedoch blieben im Gepäck der Rosenstocks, die den Nazis 1933 nach Amerika entkamen, erhalten. Dies war der Forschung an sich lange bekannt. Freilich waren diese Briefe aufgrund ihres intrikaten Inhalts nur sehr wenigen Forscher:innen zugänglich. Die erste, editorisch umstrittene Veröffentlichung eines grösseren Teils der Korrespondenz im Jahr 2002 hat der Forschung entscheidende neue Impulse gegeben und neben vielen Diskussionen über im Briefwechsel zur Sprache kommende religionsphilosophische Sachfragen auch viele psychologische Auslegungen nach sich gezogen.[4] Tatsächlich machen die (mittlerweile in guter Edition kontextualisiert vorliegenden) Briefe Rosenzweigs eigenes Verständnis von der «bewährten Wahrheit» auf vielfältige Weise transparent.[5] In Bezug auf das Gesamtthema des vorliegenden Sammelbandes geht gerade aus diesen Briefen besonders deutlich hervor:

Rosenzweig will das Unmögliche mit Vehemenz. Er will den anderen ihre Wahrheit lassen, mag diese auch ein «Wissen» um eine bruchlose Ganzheit behaupten – zugleich will er aber sein Bewusstsein des Bruchs, den er als jüdische, wie auch als ganz persönliche Erfahrung für ein wichtiges Element der lebendigen Offenbarung hält, ebenfalls in Geltung *bleiben* lassen. So verwahrt er sich – wie die folgenden Brieffragmente aus der Zeit um Weihnachten 1919 überdeutlich zeigen – mit starken Worten gegen die Vorstellung, es sei dem einen gestattet, über die Wahrheit, als persönliche Lebens-Wahrheit, des anderen und damit implizit aller zu Gericht zu sitzen, mithin gegen die Vorstellung auch, die Wirklichkeit sei

---

4   Rosenzweig, Franz, Die «Gritli»-Briefe. Briefe an Margrit Rosenstock-Huessy, Rühle, Inken / Mayer, Reinhold (Hg.), Tübingen 2002. Eine nach wie vor lesenswerte Rezension, die auch die christlich-theologische Perspektive berücksichtigt, ist die von Friedrich-Wilhelm Graf: www.faz.net/aktuell/feuilleton/buecher/rezension-sachbuch-ein-editionsskandal-11288896-p3.html, [letzter Zugriff am 08.10.2022].

5   Es ist der enormen diplomatischen und empathischen Leistung von Stephanie Brenzel zu verdanken, dass mittlerweile so ziemlich das gesamte Briefmaterial zugänglich ist, und zwar hier: www.erhfund.org/gritli-not-chosen/ [letzter Zugriff am 08.10.2022].

etwas wie ein Ding, über das etwas «objektiv» ausgesagt werden könne. Die damit angedeutete These von der notorischen Fragmentierung des Wahrheitsgedankens führt jedoch nicht zu einem relativistischen Aufgeben aller Wahrheitsansprüche, sondern zur Behauptung ihrer Dynamisierung in Form von subjektiver Wahrhaftigkeit. Dies möchte ich im Folgenden zeigen.

2.   Brieffragmente aus der Verzweiflung (Weihnachten 1919)

[...] ([D]a der Judenbaum zum 24sten nicht so recht brennen will – weisst du eigentlich, dass Weihnachten für mich von Kind an mein frühest und bewusstest antichristlicher Tag war und ich es auch noch heute so empfinde? Das ist ja ganz natürlich, es war bei uns im Haus eigentlich der Tag des betonten Andersseins, natürlich nur *negativ* betont, aber doch immerhin) [...] Ob Gott will? Was Gott will? Wie Gott will?[6] Die Theologie, auch die des Privatlebens, ist mir so fremd geworden wie die Philosophie mir schon war. Ich habe und halte nur noch das eine: ich muss wahrhaftig sein, ich darf dir nichts verbergen, ich darf nicht auswählen. [...] Und du fragst, was ich denn unter Gottes Gericht verstehe? Lass dich doch nicht dumm machen. [...] Gott ist nicht überraschend in dem, was er sagt, aber immer in dem, durch dessen Mund (einschliesslich der Steine, die schreien, wenn Menschen schweigen) er spricht. Selbst «Wolken»- und «Feuerwerk» [...] wird er wohl bisweilen nicht verschmähen, hat in den letzten 4,5 Jahren 1914–1918 reichlich Gebrauch von diesen Theaterrequisiten gemacht, und insofern der «jüngste Tag» das Gericht über die Welt ist, ist es da wirklich die natürlichste Vorstellung, an Wolken u.s.w. zu denken, denn es müssens ja alle sehen. Aber das ist grade mir sehr nebensächlich. [...] Ein Mensch, ein bestimmter, ist mir nur dann und insofern zum Richter gesetzt, als ich ihn verletzt habe. Durch wen mir aber Gott sein Urteil sprechen und vollstrecken lässt, das ist ganz seine Sache, ich weiss es gar nicht [...] Meine Liebe lastet mir auf dem Gewissen, aber ich kann nicht bereuen. Ich weiss, dass ich gegen Gott rebelliere und ich kann doch nicht aufhören an ihn zu glauben. Ich trage gutes und böses Gewissen in mir wie ein einziges ... Ich bin offen für Strafe und Lohn jede Stunde. Und ich kann zur Strafe kein gottseliges Gesicht und zum Lohn kein erbärmliches [machen]. Ich will die Leiden nicht lieben und die Seligkeit nicht verachten. [Brachot

---

6   Der Brief, auf den Rosenzweig hier antwortet, ist nicht erhalten, aber offenbar hatte er zu Weihnachten und zu seinem Geburtstag am 25.12. von seiner Geliebten ein Buch mit einer eher unterkühlten Widmung bekommen, zusammen mit einem Brief, durch den er sich gekränkt fühlte.

5b][7] Aber sag doch: was ist das für ein Weg, wenn man weder orthodox sein kann, noch der Orthodoxie widersprechen. Ich werde weder ein «katholischer» noch ein «ketzerischer» (also zionistischer) Jude. Was werde ich? Was bin ich? […] Es bleibt kein Kern übrig. Wenn ich Kinder kriege, so werden sie noch verlorener in die Welt hinausgeworfen werden, als meine Eltern mich hinauswarfen. Denn ich hatte ja noch Onkel Adam[8], aber sie werden nichts und niemanden haben […] Wahrhaftig sind Christ und Jude nicht «Vertreter» von Christentum und Judentum, sondern Christ und Jude sind christlicher und jüdischer Mensch. Der behauste Mensch ist mehr als der unbehauste (dies Nathans Irrtum, gegen den ich sprechen *wollte*), aber auch mehr als sein eigenes *Haus* (dies mein Irrtum, gegen den ich gesprochen *habe*) […] Dein «aus ganzem ungeteilten Herzen» habe ich eben nicht. Daran ist nichts anders geworden und kann auch nichts anders werden … was ich am ersten liebte, das ich in jener Stunde, wo der Zwiespalt in mein Leben kam, der ungeheilt ist und bleiben wird, denn Eugens «aus ungeteiltem Herzen» ist mir fremd … was ich in jener Stunde küsste, – Liebe, und das soll ich jetzt als einen toten Gipsklotz auf den Tisch legen […]»[9]

In dieser Zusammenstellung von Fragmenten aus 14 Briefen, die Franz Rosenzweig zwischen dem 24.12.1919 und dem 2.1.1920 an seine Geliebte und teils auch an deren Mann, seinen Freund, Eugen Rosenstock geschrieben hat, habe ich einige besonders starke Klagen aus einer Übergangskrise präsentiert: Rosenzweig beginnt etwas Neues, möchte aber auch in Fragen der persönlichen Beziehungen die eigene Vergangenheit nicht verraten. In den Tagen zwischen 1919 und 1920 arbeitete er einerseits an den Voraussetzungen zur Drucklegung seines *opus magnum*, andererseits stand seine eigene Verlobung mit Edith Hahn (vollzogen am 6.1.1920) unmittelbar bevor. Mit der Gründung einer eigenen Familie bestätigte er quasi, dass die Beziehung zu Gritli nie mehr als eine «Affäre» sein würde, dass Gritli sich nicht ihm zuliebe von ihrem Mann trennen

---

7   Diese Stelle aus dem Babylonischen Talmud wird bis heute häufig zitiert, um zu belegen, dass in der Qual nach der jüdischen Tradition keine Heiligkeit zu finden ist, vgl. Soussan, Julian Chaim, «Ärztlich assistierter Suizid aus Sicht des Judentums», in: Hessisches Ärzteblatt 4/1–7, 2022, 4, Anmerkung 10. Online unter: www.laekh.de/fileadmin/user_upload/Heftarchiv/Einzelartikel/ 2022/04_2022/Essay_aerztl_ass_Suizid_Judentum.pdf, [letzter Zugriff am 08.10.2022].

8   Rosenzweigs Onkel Adam lebte bei der Familie und brachte ihn als Kind mit jüdischen Traditionen in Kontakt. Vgl. Glatzer, Nahum Norbert (Hg.), Franz Rosenzweig. His life and thought. New York 1962, XXXVI–XXXVIII.

9   Aus den Gritlibriefen um Weihnachten 1919 bis Neujahr 1920, zit. Rosenzweig, «Gritli»-Briefe, 501–518.

würde, wie er wohl zu Zeiten gehofft haben mag. Er wusste noch nicht, ob er vielleicht in den Charaden um einen möglichen Lehrstuhl für jüdische Theologie an der Universität in Frankfurt a. M. eine Chance haben würde, und es war ohnehin noch lange nicht klar, welches Schicksal ihm bevorstand. Seine Treue zu dem, was er bis anhin erlebt hatte, drängte aber mit ähnlicher Wut zum festen Ausdruck, wie dies in seinem «Ich-bleibe-also-Jude-Brief» vom 31. Oktober 1913 an Rudolf Ehrenberg der Fall gewesen war.[10] Den inhaltlichen Teil dieses frühen Briefes, geschrieben lange vor Vollendung des *Stern der Erlösung*, lässt Rosenzweig mit folgenden Worten enden:

> Es handelt sich nicht um Anerkennung der Zugehörigkeit des einzelnen Juden zum Volk Israel (die bleibt immer problematisch und für die Kirche in dubio nicht vorhanden), sondern um die Anerkennung dieses Volks Israels selber vom Standpunkt christlicher *Theologie*.

Diese Anerkennung soll gerade die Trennung von Judentum und Christentum betreffen – aber auch ihre «Aufeinanderangewiesenheit in aller Zeit».

Damit ist ausgesprochen, dass vom «ganzen Dasein» eben nur als von einem geteilten die Rede sein kann.

Niedergeschrieben noch vor dem grossen Bruch, den der Erste Weltkrieg für die gesamte europäische Kultur bedeutete, niedergeschrieben in einer Zeit, in der die Überlegenheit der christlichen Religion den meisten Christen fraglos war, erscheinen diese Worte kühn. Hier wagt ein junger jüdischer Mensch, nicht nur für seinen Teil zu sprechen, weder nur als jüdischer «Paria» und Einzelmensch, noch auch nur als «Vertreter des Judentums». Vielmehr greift er – in die Ecke gedrängt – aus und spricht in wuchtiger Umkehr alles bis dahin Gewohnten für die Theologie und Philosophie von Christentum und Judentum gleichermassen. Und er schreibt ihnen beiden ziemlich rücksichtslos gegen sich selbst und die Selbstauffassung der Theologien ein je bestimmtes Verhältnis zur weltlichen Macht ein.[11]

---

10 Der Brief an Rudolf Ehrenberg war unter den ersten Briefen Rosenzweigs, die veröffentlicht wurden. Rosenzweig, Franz, Der Mensch und sein Werk. Gesammelte Schriften I. Briefe und Tagebücher (2 Bde. durchpaginiert), Rosenzweig, Rachel u. a. (Hg.), (Bd. 1 1900–1918; Bd. 2 1918–1929), Den Haag 1979, hier Bd. 1, 132–137. Er ist vollständig digitalisiert nachlesbar unter http://roedelsee-evangelisch.de/ich-bleibe-also-jude-franz-rosenzweig-und-rudolf-ehrenberg-1913 [letzter Zugriff am 08.10.2022].

11 Für Rosenzweig ist das Christentum nicht «aus Versehen» eine Machtreligion, die «eigentlich ganz anders» wäre: «Ich hatte geglaubt, mein Judentum christianisiert zu haben. In Wahrheit hatte ich umgekehrt das Christentum

3. Das «Büchlein vom gesunden und kranken Menschenverstand»

Nach zwei Weltkriegen und einer infolge der Shoah allmählich entwickelten grösseren christlichen Aufmerksamkeit für jüdische Themen scheint die Schärfe dieser jüdischen Selbstermächtigung, wie man das heute wohl nennen würde, nicht mehr nötig zu sein. In der damaligen Diskurssituation war Rosenzweigs Vorgehen geradezu unerhört. Er hielt sich nicht mehr mit einer Apologetik auf, die angesichts der vom Deutschen Idealismus wie auch von liberalen Theologen unternommenen religionsphilosophischen Abwertung der jüdischen Tradtion, etwa Beispiele dafür brachte, dass auch das Judentum etwas wie Universalismus und Freiheit vom Gesetz und ohnehin die Priorität der Nächstenliebe kenne, wie dies im gesamten neunzehnten (und frühen zwanzigsten) Jahrhundert von verschiedenen Seiten immer wieder unternommen worden war – sondern Rosenzweig versuchte mit seiner Theorie vom Offenbarungsglauben den Idealismus selbst vom Sockel zu stürzen oder mindestens stark umzugestalten: nicht essayistisch, nicht poetisch, nicht «bloss kritisch», sondern mit einem Werk, von dem er nachträglich schreiben wird, es sei «bloss ein System der Philosophie».[12] Wie er das im Einzelnen tut, darüber ist viel mehr geschrieben worden, als sich in einem kurzen Beitrag auch nur

---

judaisiert. Ich hatte das Jahr 313 für den Beginn des Abfalls vom wahren Christentum gehalten, weil – es für das Christentum den entgegengesetzten Weg durch die Welt eröffnet, den das Jahr 70 für das Judentum eröffnet. Ich hatte der Kirche ihren Herrscherstab verargt, weil ich sah, dass die Synagoge einen geknickten Stab hält. Du warst Zeuge, wie ich von dieser Erkenntnis aus mir die Welt neu aufzubauen begann. In dieser Welt – und ein auf dieses Drinnen unbezogenes Draussen liess ich ja nicht mehr gelten (und lasse es auch jetzt nicht gelten) – in dieser Welt also schien für das Judentum kein Platz zu sein. Indem ich daraus die Konsequenz zog, machte ich gleichzeitig einen persönlichen Vorbehalt [...]; ich erklärte, nur als Jude Christ werden zu können.» So in Erinnerung an das Leipziger Nachtgespräch im Brief vom 31.10.1913, a. a. O., Anm. 9.

12 So heisst es in «Das neue Denken» über den «Stern der Erlösung»: «Er macht auch nicht etwa den Anspruch, eine Religionsphilosophie zu sein – wie könnte er das, wo das Wort Religion überhaupt nicht darin vorkommt! Sondern er ist bloss ein System der Philosophie.» Franz Rosenzweig, Das neue Denken. Einige nachträgliche Bemerkungen zum Stern der Erlösung, in: Rosenzweig, Franz. Zweistromland. Kleine Schriften zu Religion und Philosophie, Palmer, Gesine (Hg.), Berlin / Wien 2001, 210–234, 211.

annähernd würdigen lässt.[13] Nach Fertigstellung seines Hauptwerkes
und nach der grossen Krise, von der die zitierten Briefauszüge einen Eindruck geben, schrieb Rosenzweig ein «Werk im Volkston». Es ist das
«Büchlein vom gesunden und kranken Menschenverstand».

Darin beschreibt Rosenzweig eine «Krankheit», die er «philosophische Lähmung» nennt.[14] Gelähmt ist der an ihr erkrankte «Patient»
durch die Frage nach dem «Wesen» (der Dinge). Er verwirft die «Kur»
der (neukantianischen) «Als-ob-Philosophie» als unzureichend. Aber er
empfiehlt ebenso wenig den Ausweg in die andere Richtung, etwa eine
neue Wendung zur Metaphysik. Helfen könne nur ein Vertrauen in die
Namen der Dinge sowie ein neuer Glaube an ihre – mit ihrem Namen
aufgerufene – Realität. Diesen Gedanken führt er am Beispiel eines Menschen ein, der einen Käse kaufen möchte. Daran werde die Unmöglichkeit
der Frage nach dem, was der Käse «eigentlich» sei, evident. Den «Käse
überhaupt» könne niemand sehen, geschweige denn kaufen. Und, so fragt
er weiter in die Richtung der philosophischen Rede von der Ewigkeit der
Ideen: «Ist wirklich die zeitlose Ewigkeit die notwendige Vermittlerin
zwischen zwei getrennten Punkten der Zeit?». Dass die zeitlose Idee des
Käses als Hilfslinie funktioniere, räumt er ein – aber die Gefahr einer solchen «Idee» sei eben die von ihr ausgehende Versuchung, nach ihrem
«Sein» oder ihrem «Wesen» zu fragen. Die Antwort auf diese Frage müsste
jedoch lauten: «Nichts». Was hingegen wirklich bleibe, sei der Name.
Und bei diesem werde wohl niemand in Versuchung kommen zu meinen,

---

13 Von der vielen Literatur zur Interpretation des Stern als eines Systems der
    Philosophie möchte ich hier nur auf Benjamin Pollocks herausragendes Werk:
    Pollock, Benjamin, Franz Rosenzweig and the Systematic Task of Philosophy,
    Cambridge 2009, hinweisen. Pollock will Rosenzweigs Werk nicht, wie viele
    andere Kolleg:innen, ausserhalb des Systemdenkens der idealistischen Philo-
    sophie verorten, sondern in ihm. Er hat dafür viele gute Argumente. Dass ich
    dennoch hier eher das Brüchige in Rosenzweigs Denken hervorhebe, soll ge-
    gen Pollocks Argumentation kein strenger Einwand sein – dazu schreibe ich
    selbst viel zu sehr von aussen. Ich will nur sagen: Auch wenn Rosenzweig
    selbst wirklich den Anspruch hatte, zur Systemphilosophie des Idealismus ei-
    nen konstruktiven Beitrag zu leisten – und es spricht in der Tat viel für diesen
    Anspruch – so gibt es doch im veröffentlichten Werk ebenso wie in den Brie-
    fen viele Stellen, an die ein der «Möglichkeit, das All zu erkennen,» gegenüber
    tief skeptisches und dem Fragmentarischen gegenüber beschützendes Denken
    wahrhaftig anknüpfen kann.

14 Das Büchlein ist zugleich der letzte Text, den Rosenzweig noch als gesunder
    Mann schrieb. Wenig später wurde bei ihm die tödliche Muskel-Nerven-
    Krankheit ALS diagnostiziert.

er sei das eigentliche Wesen des Dinges. Man wird nicht behaupten wollen, der Käse «sei» das Wort Käse. Dennoch ist das Wort das einzig bleibende [...] Der Name allein ist gestern, heute, morgen. Und der Name ist nicht das Ding.[15]

Von dem an diesem Beispiel illustrierten Gedanken geht Rosenzweig in seinem Büchlein aus, um sich so den Wirklichkeitsgehalt des «Urgebirges» von Gott, Mensch und Welt über die Sprache zu erschliessen.[16]

---

[15] Über die Entstehungs- und Publikationsgeschichte des Büchleins gibt Nahum Norbert Glatzer in seiner Einleitung von 1964 Auskunft: Rosenzweig, Franz, Das Büchlein vom gesunden und kranken Menschenverstand, Glatzer, Nahum Norbert (Hg.), Königstein/Ts ²1984, 9–23. Inhaltlich hochinstruktiv die Einleitung von Putnam, Hilary, Introduction, in: Glatzer, Nahum Norbert (Hg.), Rosenzweig, Franz, Understanding the Sick and the Healthy. A View of World, Man, and God, Cambridge 1999.

[16] Hier sei eine persönliche Bemerkung gestattet: Als ich das Buch in den 1980er-Jahren zum ersten Mal las, regte es mich zwar zu weiterer Beschäftigung mit der jüdischen Philosophie und der hinter ihr stehenden rabbinischen Tradition stark an – aber gerade die Aspekte darin, die einer neuen Ontologie zuzuarbeiten schienen, versuchte ich eher beiseitezulassen. Zu schwer wogen für mich damals die Gründe, mit ontologischen Behauptungen vorsichtig zu sein. Nicht nur erschienen mir diese überwiegend als eher «ungedeckte Schecks» – schön, wenn man sie für gedeckt halten konnte, aber das war letztlich nun einmal eine Glaubensentscheidung. Wer konnte hinter die Weisheit der kritischen Theorie zurückwollen, welche die Sehnsucht nach einem guten Gott ernst nahm, aber der Versuchung des Glaubens, ihren Gegenstand als in der Zukunft gewiss eintretend oder gar als bereits eingetreten zu behaupten, widerstand? Wo man das Denken selbst für Gottesbeweise in Haft nehmen wollte, verschwand da nicht jeder kritische Vorbehalt gegen daraus folgende Totalitarismen? War es nicht das, was wir hier erledigt zu haben glaubten, als wir es im sich verfinsternden Osten der Welt an den islamistischen Regimes vorgeführt bekamen? In diesem Geist habe ich während meiner Studienzeit philosophische oder theologische Behauptungen, dass irgendwer die Welt in ihrer Totalität erkennen könne, stets zu denjenigen Akten gelegt, in denen sich Ausarbeitungen vom alten Kinderglauben und vom fast so alten Kinderunglauben stapelten und sich von mir aus ungelesen weiter stapeln konnten. Was mir freilich immer mehr einleuchtete – und auch aktuell wieder einleuchtet – war die Beobachtung, dass sich religiöse und theologische Texte von der Antike bis heute oftmals doch vor allem selbst eher einem aufklärerischen Impuls verdanken. Suchen sie nicht Argumente gegen einen je überwältigenden Zeitgeist zu formulieren? Dient die aktualisierende Bezugnahme auf heilige Texte oder theologische Schriften der Vergangenheit nicht oft zeitkritischen Absichten? Appellieren sie nicht häufig an die Reflexionsbereitschaft der Menschen, an ihre Fähigkeit, Dinge anders zu sehen und zu machen als bisher? Das hat mich interessiert, und wo ich davon etwas aufscheinen sah,

Rosenzweigs Werk ist nicht in dem Sinne «ontologisch», dass es ernsthaft behauptete, die Welt wie sie wirklich ist, zu kennen und zu beschreiben. Zwar beginnt er seinen *Stern der Erlösung* mit dem Titel «Über die Möglichkeit, das All zu erkennen». Aber dabei verlässt Rosenzweig keineswegs die «Perspektivität», die unser aller Los ist, wenn irgendetwas von dem gilt, was die Philosophie der vergangenen Jahrzehnte erarbeitet hat. Tatsächlich sieht er, dass jedem Menschen, der auszieht, um etwas zu erkennen, durch seine individuelle Konstitution, die Endlichkeit und Vereinzelung seines Geistes, eine Grenze gesetzt ist. Seine ganze «Lehre» geht nun aber darauf aus, den Reduktionismen, die für viele daraus zu folgen scheinen, das entgegenzusetzen, was er den Offenbarungsglauben nennt (den Christentum und Judentum in seiner Konstruktion auf je spezifische Weise zur Welt bringen).

4. Offenbarung?

Rosenzweigs Kernaussagen zum Offenbarungsbegriff bzw. zur Wirklichkeitserkenntnis finden sich in dem Brief, der auch «die Urzelle» zum *Stern der Erlösung* genannt wird.[17] Die «Form des Wirklichkeitserkennens» fasst der Autor hier als die Formel «A = B»: Alle denkbaren A's werden einem Begriff B zu- bzw. untergeordnet, gegebenenfalls auf ihn reduziert. Dieser stellt er die «Form des *logischen* Erkennens A = A» gegenüber. Schon hier wird der Mensch, «das gemeine Privatsubjekt, Ich Vor- und Zuname, Ich Staub und Asche» der selbstgenügsamen philosophierenden Vernunft, die alles sortiert, als ein «Rest» gegenübergestellt – und just dieser Mensch, «der doch längst philosophisch verdaute», der trotzdem «noch da ist», ist der einzige mögliche Adressat göttlicher Ansprache – und er fordert diese auch ein.[18] Dieser Mensch, der nicht in dem von der idealistischen Philosophie empfohlenen «höheren Streben» aufgeht, kann auch in kein A = B einsortiert werden. A = A und B = B jedoch können in keine logische Verbindung gebracht werden. Das Subjektivste und das Objektivste gehen nicht ineinander auf, bedürfen vielmehr wiederholter

---

war ich durchaus zu gewinnen – nicht nur unter dem Druck von persönlichen oder gesellschaftlichen Krisen. Ein Interesse, dem ich noch treu bin –, und das ich in den Werken Rosenzweigs, schliesslich auch im «Büchlein» durchaus erkenne.

[17] Rosenzweig, Franz, «Urzelle» des Stern der Erlösung. Brief an Rudolf Ehrenberg vom 18.11.1917, in: Rosenzweig, Franz, Die Schrift. Aufsätze, Übertragungen und Briefe, Thieme, Karl (Hg.), Königstein 1984, 177–185.

[18] Vgl. Rosenzweig, «Urzelle», 178f.

Ereignisse in der realen Zeit, um überhaupt in irgendeine Beziehung zueinander treten zu können. Die dazugehörige Stelle aus dem *Stern der Erlösung* möchte ich etwas ausführlicher zitieren:

> Jene Brücke vom Subjektivsten zum Objektivsten schlägt der Offenbarungsbegriff der Theologie. Der Mensch als Empfänger der Offenbarung, als Erleber des Glaubensinhalts trägt beides in sich. Und er ist, mag sie es nun wahr haben wollen oder nicht, der gegebene, ja wissenschaftlich der einzig mögliche Philosophierende der neuen Philosophie. Die Philosophie verlangt heute, um vom Aphorismus frei zu werden, also geradezu um ihrer Wissenschaftlichkeit willen, dass «Theologen» philosophieren. Theologen freilich nun ebenfalls in einem neuen Sinn. Denn wie sich nun zeigen wird, ist der Theologe, nach dem die Philosophie um ihrer Wissenschaftlichkeit willen verlangt, selber ein Theologe, der nach der Philosophie verlangt – um seiner Ehrlichkeit willen.[19]

Diese Ehrlichkeit, die «der Theologe» in seinem Verlangen nach der Philosophie ausdrücken sollte – ist die nicht jene Wahrhaftigkeit, mit der das «Privatsubjekt» feststellt, dass es auch nach dem Durchgang durch die Philosophie noch da ist? Freilich, in den zu Beginn zitierten Briefausschnitten sagt Rosenzweig dann, nach Vollendung des «Stern»:

> Die Theologie, auch die des Privatlebens, ist mir so fremd geworden, wie die Philosophie mir schon war. Ich habe und halte nur noch das eine: ich muss wahrhaftig sein [...]

5. Wahrhaftigkeit – Bruchstelle und Orientierung in der deutsch-jüdischen Philosophie

Was aber ist denn nun diese «Theologie des Privatlebens», was ist die Offenbarung, für die der nach aller Philosophie doch noch übriggebliebene Privatmensch mit Namen und Adresse, mit Liebesverlangen und Todesfurcht, die einzige mögliche Adresse sein kann? Eine gern gegebene und viel besprochene Antwort ist diejenige von der «Bewährung der Wahrheit». Die Wahrheit, von der Rosenzweigs Offenbarungsglauben spricht, ist nicht ein A = B Ding, sondern eine Erfahrung, ein Ereignis, etwas wie das apodiktische «Es ist dir gesagt, o Mensch, was gut ist»[20].

---

19 Rosenzweig, Franz, Stern der Erlösung, Frankfurt a. M. ²1988, 117f.
20 In seinem Beitrag zur Festschrift für Hanspeter Heinz hat Peter Klasvogt die Rede von der Bewährung der Wahrheit mit dem (vor allem von Cohen stark gemachten) Micha-Zitat in Verbindung gebracht. Klasvogt, Peter, «Franz Rosenzweig: ‹Bewährung der Wahrheit› – oder was es heisst, mit dem eigenen

Mit dem Verweis auf Micha 6,8 hatte der Philosoph Hermann Cohen, dessen Schriften zum Judentum Franz Rosenzweig mit Gewinn studiert hatte und mit Blick auf ihre philosophischen Implikationen weiter zu denken versucht hat, eine wesentliche jüdische Quelle der dialogischen Ethik benannt.[21] Über die Historizität des Propheten, geschweige denn über die Frage, ob der ihn beauftragende Gott existiere, haben weder Cohen noch Rosenzweig viel diskutiert.[22] Vielmehr hat Hermann Cohen in seiner grossenteils mit Kant und an einigen signifikanten Stellen auch gegen Kant formulierten «Ethik des reinen Willens» von 1904 klar gemacht, dass die Kategorie des Sollens unableitbar aus irgendeiner Kategorie des Seins sei – und dass mithin, so seine weitreichende und m. E. bis heute immer noch ungenügend gewürdigte Schlussfolgerung, im Grunde die ganze Wissenschaft vom Menschen nicht auf dessen biologisches Sein, sondern auf sein Sollen gestellt werden müsse.

> Bei dem Zirkel darf ich nicht fragen, was er sein soll; sondern allein, was er ist. In seinem Sein liegt sein Gesetz. Dagegen liegt das Gesetz des Menschen nicht in seinem Sein, sondern in seinem Sollen.[23]

Damit soll nicht, wie ein naheliegendes Missverständnis fürchten lassen könnte, jeder Beschäftigung mit dem Sein der Menschen die Legitimation abgesprochen werden. Auch empirische Untersuchungen zur leiblichen, seelischen, sozialen oder sonstigen Verfasstheit der Menschen sollen damit nicht ausgeschlossen werden. Nur können diese nach Cohen keinen wissenschaftlichen Begriff vom Menschen hervorbringen. Dieser sei vielmehr ein normativer, zu gewinnen aus dem Gesetz des Sollens. Mit die-

---

Leben für die Lehre einzustehen», in: Hafner, Johan Ev. (Hg.), Takt und Tacheles, Festschrift Hanspeter Heinz, München 2009; www.klasvogt.de/publikationen/artikel/franz-rosenzweig-bewaehrung-der-wahrheit-oder-was-es-heisst-mit-dem-eigenen [letzter Zugriff am 11.02.2023].

21 Inwiefern die jüdischen Quellen nach Cohen auf eine dialogisch konstruierte Ethik hinauslaufen, wird weiter unten erläutert.

22 In seinem bemerkenswerten Essay «Aufklärung in der Antike?» untersucht Albrecht Dihle den Unterschied zwischen griechischem und hebräischem Denken anhand der ‹Abkürzungen›, die beide Denkweisen nehmen. Während die Hebräer das Sein Gottes als gegeben hinnehmen und sich hauptsächlich mit der Auslegung seiner Gebote befassten, fragten die Griechen in erster Linie nach dem Sein von Gott und Welt, um das Gebotene allererst in diesem Sein zu finden; vgl. Dihle, Albrecht, «Aufklärung in der Antike?», in: Rudolph, Enno (Hg.), Die Vernunft und ihr Gott. Studien zum Streit zwischen Religion und Aufklärung, Stuttgart 1992, 13–32.

23 Hermann Cohen, Ethik des reinen Willens, Berlin ²1907, 16.

sem erstaunlichen Schritt hält Cohen tatsächlich die Ratio der menschlichen Freiheit fest, die ansonsten in dem Mangel an empirischer Beweisbarkcit ähnlich untergehen müsste wie der Gott des «wissenschaftlichen Gottesbeweises» in dessen Misslingen. Nur indem die menschliche Autonomie als eine gesollte gedacht wird – dies ist bei Cohen in der Ethik penibel ausformuliert – kann sie in Gestalt von menschlichen Handlungen in die Realität kommen, realisiert werden. Bei Rosenzweig heisst genau dieses handlungsweise Realisieren der aufgegebenen Freiheit eben das Bewähren der Wahrheit. Nur dass sie sein soll, erhält die Freiheit des Menschen. Diese besteht (ebenso wie seine Verantwortung) angesichts der gegebenen relativen Offenheit der menschlichen Verhaltensmöglichkeiten darin, immer auch anders zu können, als dies eine Kausalkette von vermeintlich «objektiven» Aussagen über sein So-und-so-Sein «vorschreiben» müsste.

6. Hermann Cohens Primat des Sollens als Ausgangspunkt des «Neuen Denkens»

Die Dialogik Rosenzweigs beruht auf Cohens Begriffen von Mensch und Mitmensch sowie auf dem Primat des Sollens als Bestimmungsprinzip dieses Verhältnisses. Dies will ich wenigstens kurz erläutern.

Zu den meistzitierten Sätzen von Franz Rosenzweig dürften diejenigen gehören, in denen er das dialogische Sprachdenken beschreibt und darauf hinweist, dass der andere, zu dem wir sprechen, ausser Ohren auch einen Mund hat, mit dem er selbst sprechen kann.

> Der Denker weiss ja eben seine Gedanken im Voraus; dass er sie «ausspricht», ist nur eine Konzession an die Mangelhaftigkeit unsrer, wie er es nennt, Verständigungsmittel; die nicht darin besteht, dass wir Sprache, sondern darin, dass wir Zeit brauchen. Zeit brauchen heisst: nichts vorwegnehmen können, alles abwarten müssen, *mit* dem Eigenen vom andern abhängig sein. Das alles ist dem denkenden Denker völlig undenkbar, während es dem Sprachdenker einzig entspricht. Sprach*denker* – denn natürlich ist auch das neue, das sprechende Denken ein Denken, so gut wie das alte, das denkende Denken nicht ohne inneres Sprechen geschah; der Unterschied zwischen altem und neuem, logischem und grammatischem Denken liegt nicht in laut und leise, sondern im Bedürfnis des andern und, was dasselbe ist, im Ernstnehmen der Zeit: denken heisst hier [also im «logischen Denken», GP] für niemanden denken und zu niemandem sprechen (wobei man für niemanden, wenn einem das lieblicher klingt, auch alle, die berühmte «Allgemeinheit», setzen kann), sprechen

aber heisst zu jemandem sprechen und für jemanden denken; und dieser Jemand ist immer ein ganz bestimmter Jemand und hat nicht bloss Ohren wie die Allgemeinheit, sondern auch einen Mund.[24]

Wer so denkt, der redet nicht einem essentialistischen Realismus das Wort; er greift nicht unbekümmert aus auf das «Ganze des Daseins» und formuliert auch über eine gescheiterte Liebe keinen Satz «wie einen Gipsklotz», den man auf den Tisch legen könnte.

Was bei Rosenzweig ein beherztes und in Werk und Leben auch überaus wahrhaftiges Zutrauen in die Sprache und in die Zeit, die sie braucht, wurde, hat, wie gesagt, eine wichtige Voraussetzung in der Ethik Hermann Cohens. Cohens Primat des Sollens könnte durchaus auch am Grunde der moralischen Methode der Kritischen Theorie liegen – aber er ist womöglich nirgends so schlüssig und konsequent durchgeführt worden wie von Cohen selbst in seiner «Ethik des reinen Willens». Diese bildet auch die entscheidende Quelle für die deutsch-jüdische Dialogphilosophie vor allem seit den 1920er Jahren.[25] Trotz vieler «idealistischer» Töne ist diese Ethik von Grund auf vertragstheoretisch gedacht. Und tatsächlich ist der Vertragsgedanke auch grundlegend für die Dialogphilosophie im Vertrag:

«Der Vertrag macht nun aus dem Anspruch die Ansprache. Und daher verwandelt sich der Andere zum Ich und Du. Du ist nicht Er. Er wäre der Andere.»[26] Zwar bleibt Cohens Ethik «neukantianisch», insofern sie die Sittlichkeit im Sinne einer unendlichen Annäherung denkt. Sie geht aber an vielen Stellen eigenständig über Kant hinaus. So formuliert Cohen es geradezu als einen «Fehler», der in Kants Begriff der Autonomie «steckengeblieben» sei, dass in diesem das Selbst als ein bereits existierendes gedacht werde, während es sich bei der Autonomie stets um eine Gesetzgebung *zum* Selbst handeln müsse.[27] Mit dieser Volte sowie mit dem zuvor Zitierten macht Cohen etwas, das an vielen jüdischen Interpreten

---

24 Rosenzweig, Franz, Das neue Denken. Einige nachträgliche Bemerkungen zum Stern der Erlösung, in: Rosenzweig, Zweistromland, 210–234, 223f.

25 Deutlich hervorgehoben hat das unlängst Micha Brumlik in einem Beitrag über Hermann Cohen in der Jüdischen Allgemeinen vom 9.5.2021: www. juedische-allgemeine.de/kultur/ethiker-des-mitleids [letzter Zugriff am 11.02. 2023].

26 Cohen, Ethik, 248.

27 «Der Fehler, welcher in dem Begriffe der Autonomie bei Kant stecken geblieben ist, besteht darin, dass das Selbst dabei als gegeben, als schon vorhanden, als seiend angenommen und vorausgesetzt wird; dass es sich in den sittlichen Handlungen, als seinen Manifestationen, nur darzulegen und darzutun habe. Das ist der methodische Fehler. Das Selbst ist keineswegs und in keiner noch

klassischer deutscher Philosophie zu beobachten ist: er rückt das Gesetz, auch das «kontingente», in allen Traditionen etwas verschiedene positive Gesetz, dezent in eine stärkere Position (Cohen lässt es sich nicht nehmen, die Unterscheidung zwischen Moralität und Legalität bei Kant stark zu relativieren: diese sei kein Teil des universalen Denkens, sondern ein positiv paulinisches Erbe, das auf dem Missverständnis des Völkerapostels dessen, was Gesetz meine, beruhe[28]); und er «erzeugt» aus dem Vertrag und den gesetzlichen Regelungen zwischen den Menschen eine dem abstrakten Idealismus nicht natürliche Belebung des konkreten Mitmenschen. Es wird aber über diesen nicht irgendein «A=B»-Satz gesagt, sondern seine Realität «offenbart» – ebenso wie ihr notwendiger Zusammenhang mit der Wirklichkeit des Ich, das den Anderen entdeckt: «Es ist ja auch die Frage, die bisher noch gar nicht gestellt ist: ob ich selbst überhaupt schon vorhanden bin, bevor der Mitmensch entdeckt ist.[29]

Wie es später auch bei Rosenzweig und Buber der Fall sein wird, stört sich Cohen an der «schlechten Abstraktheit» des allgemeinen Begriffs vom «Er» und sucht nach der konkreten Wirklichkeit des je einzelnen Menschen und seines je einzelnen Mitmenschen. Mit seiner oben erwähnten Figur des «philosophisch» erkrankten Gelähmten knüpft Rosenzweig satirisch an diese Kritik an: Der Käsekäufer kann mit Erwägungen darüber, ob der Käse der Vorwoche oder der im Schaufenster vor ihm liegende Käse der eigentliche Käse sei, nicht viel anfangen. Will er nicht mit leeren Händen nach Hause kommen, wird er sich dazu entschliessen müssen, den bestimmten wirklichen Käse, den er am Tresen angeboten bekommt, zu kaufen. Man vergleicht sich als Mensch nicht gern mit einem Käse – aber die Satire diente wohl auch eher dem Aufweis, dass selbst bei

---

so idealen Gestalt vorher vorhanden, bevor es sich darlegt, und es hat sich keineswegs nur darzulegen; sondern es hat sich zu erzeugen. Und es kann sich nur erzeugen in der Gesetzgebung. In dieser und kraft dieser entspringt die Handlung.» A. a. O., 339.

28 «Denn der Begriff des Gesetzes wird durch jene Legalität, der die Moralität entgegengestellt wird, unwillkürlich und unvermeidlich in Verdacht gebracht. Der Grundbegriff der Moralität ist zugleich das Wort für das Widerspiel desselben. Eine solche Zweideutigkeit darf dem Begriff des Gesetzes nicht anhaften; sie muss von ihm entfernt werden. Sie hat in der Tat keinen rechtlichen und keinen philosophischen Ursprung, sondern einen unzweifelhaft religiösen. Sie entspringt der Polemik, welche Paulus an der Mosaischen Lehre übt, die er als Gesetz bezeichnet und kennzeichnet.» A. a. O., 268. Vgl. dazu Palmer, Gesine, Ein Freispruch für Paulus, Berlin 1996, 19ff.

29 Cohen, Hermann, Religion der Vernunft aus den Quellen des Judentums, Wiesbaden ²1988, 165.

einem solchen Gegenstand nicht ernsthaft nur von Exemplaren einer Gattung die Rede sein kann, dass vielmehr jedes Bestimmte mehr und zugleich weniger ist als sein Anteil an einer Gattung: ein Umstand, dem das Denken folgen lernen sollte.

Das Interesse am Bestimmten, nämlich am bestimmten Menschen mit seiner Sehnsucht nach einer Beheimatung in einer Wirklichkeit, die möglichst über unsere oftmals allzu klägliche und elend vergängliche hinausreichen sollte, ist es schliesslich, das Hermann Cohen veranlasste, seine Religionsschrift zu schreiben. Das Nachlasswerk «Religion der Vernunft aus den Quellen des Judentums» steht, wie in den letzten Jahren *opinio communis* der Cohenforschung geworden, in engem Zusammenhang mit der «Ethik des reinen Willens». Hier arbeitet Cohen auf teils atemberaubende Weise aus, was er unter Gott als dem Schlussstein der Ethik versteht – und worin er, unter der Voraussetzung seiner Ethik die «Eigenart» der Religion sieht:

Die Ethik formuliert bei ihm strikt das Sollen unter dem Prinzip des kategorischen Imperativs. Dieses freilich soll ins Sein gebracht werden, in dem alle an ihm ihr Handeln ausrichten. Aber *wie* denn nun das Sein des Sollens zu denken, wie es anzustreben ist, wie es uns gelingen kann, an der Sehnsucht nach dem Guten festzuhalten, da wir doch als Menschen (als Rosenzweigs «Privatsubjekte») sämtlich immer wieder auch Erfahrungen des Scheiterns und der Schuld machen: Antworten auf diese Fragen bilden das Gebiet der Religion. Sehr präzise unterscheidet Cohen in der Ethik zwischen dem Bruch der geltenden Gesetze auf der einen Seite – eine Sache, die von anderen ebenso wie vom Selbst zu beurteilen ist, und zwar nach der «Grammatik» der Rechtswissenschaft und in einem möglichst fairen Verfahren – und der persönlichen Schuld, über die nur das Subjekt selbst befinden und entscheiden kann, auf der anderen Seite. Die juristisch festgestellte Verfehlung gegenüber der Gemeinschaft kann ein sittliches Subjekt ausgleichen, indem es die darauf im Recht ausgesetzte Strafe verbüsst; danach ist es von der Gesellschaft als vollständig rehabilitiert anzusehen.[30]

---

[30] «Der Richter muss wissen, dass der Kausalnexus in den Handlungen, Taten und Geschehnissen keines einzigen Menschen in keiner Minute seines Daseins uns in der methodischen Form des Wissens bekannt ist. Beim Todesurteile ist daher in keinem einzigen Falle die Möglichkeit ausgeschlossen, dass ein Justizmord begangen wird. So wird durch das Todesurteil für alle menschliche Einsicht ein sittliches Wesen vernichtet.» Cohen, Ethik, 381. Diese glasklare Positionierung gegen die Todesstrafe ebenso wie die deutlich rehabilitations-

Der Bruch, das Fragmentarische unseres Wissens über die Welt, über uns selbst und übereinander, sind die Voraussetzung unserer Verantwortung – und zugleich der Grund, aus dem wir Offenbarung nötig haben. Die «Religion der Vernunft» schliesst an die Frage des beim Subjekt bleibenden Schuldbewusstseins an. In einem apologetischen Ton, der oftmals die Bedrängnis des Juden durch ein zu der Zeit noch pomphaft selbstbewusst auftretendes christliches Mehrheitsbewusstsein nicht verhehlen kann, konstruiert Cohen aus den jüdischen Quellen, Texten wie Liturgien, eine Selbstreinigung des Menschen vor Gott. Die christliche Fabel (Badiou[31]) von der innergöttlichen Versöhnungsoperation des jesuanischen Sühnopfers ist für Cohen blanker Aberglaube – und er konnte sich nicht vorstellen, dass irgendjemand wirklich jemals daran geglaubt habe.[32]

Gegenüber einer solchen Religion der «Welterklärung durch Fabeln» siedelt die Religion der Vernunft bei Cohen sozusagen am Grenzgebiet der Ethik: Kraft ihrer «Eigenart» nimmt sie die Menschen auf und an, auch wenn diese an den allgemein unbedingt festzuhaltenden Forderungen der Ethik immer wieder scheitern. Und sie hält zugleich in ihren Geschichten, Lehren und Ritualen die ethischen Forderungen präsent, virulent und liebenswert. Als Religion der Vernunft darf sich jede Religion bezeichnen, deren Lehren in Übereinstimmung mit der letztlich am kategorischen Imperativ orientierten rationalen Ethik stehen oder ihr doch nicht blank widerstreiten. Deswegen spreche ich vom Primat der Ethik: Cohen «erzeugt» erklärtermassen den Begriff der Religion aus ihrem Verhältnis zur Ethik und belässt sie in deren systematischer Hoheit. Nach seinem Grundsystem ist der wissenschaftliche Begriff der Religion eben nicht aus dem «kleinsten gemeinsamen Vielfachen» aller Religionen die-

---

orientierte Auffassung von Strafe zeigen, wie fortschrittlich der ethische Sozialist Cohen in seiner Zeit war – und wie eng dies mit seiner systematischen Auffassung von der «Wissenschaft vom Menschen» zusammenhing.

31 Vgl. Badiou, Alain, Paulus. Die Begründung des Universalismus, aus dem Französischen von Heinz Jatho, München 2002, 11ff.

32 Rosenzweig berichtet davon unter anderem in einem Brief an Gritli vom 19.8.1919 «Dies alles muss ich nun wohl sagen, denn Eugen weiss es immer noch nicht recht. Seinen Glauben kann ich lieben, weil es sein Glaube ist. Aber abgesehen von meiner Liebe zu ihm ist mein Gefühl gegenüber seinem Glauben kaltes Entsetzen, ein ‹wie kann man nur!› Cohen half sich leichter aus der Affäre; er nahm subjektive Unwahrhaftigkeit an («es hat noch nie einer dran geglaubt»). Ich kann das nicht. Ich glaube an die subjektive Wahrhaftigkeit von Christen.» Rosenzweig, «Gritli»-Briefe, 390.

ser Welt zu gewinnen – vielmehr spottet Cohen in der Einleitung zur «Religion der Vernunft aus den Quellen des Judentums», dass es keinen Widerspruch gegen Vernunft und Sittlichkeit gebe, welcher nicht zur Leitidee irgendeiner sogenannten Religion gemacht worden sei.[33] Und alle Wissenschaft vom Menschen, alle Geisteswissenschaft hat, so Cohen schon in der «Ethik des reinen Willens», ihre Logik in der Ethik und ihr wissenschaftliches Faktum in der Rechtswissenschaft.[34]

Die Ethik allein jedoch bleibt auf der Ebene des Sollens. Das soll sie nun aber doch nicht. Innerhalb einer im Bereich des Sollens bleibenden Sprache erklärt Cohen (darin durchaus Kant folgend) vielmehr: das «Sein» des Sollens, d. h. die Möglichkeit, die Idee des Guten zu verwirklichen, *darf* der Ethik und dem Menschen überhaupt nicht gleichgültig sein. Zu diesem *Zweck* gibt es die Religion. Wir brauchen sie so wie das Recht die Unterstellung verantwortlichen Handelns auf Seiten der Rechtssubjekte braucht. Keine Gesellschaft, kein Rechtssystem würde ohne diese Unterstellung der Möglichkeit autonomer Entscheidungen für eine richtige oder eine kriminelle Handlung funktionieren. Und wo immer gültig geurteilt wird, «haben» wir in diesem jeweiligen Fall die Autonomie in die Wirklichkeit gebracht – auch wenn wir sie als Substanz nirgends nachweisen können. Ähnlich verhält es sich mit der Religion als einem Bezugsrahmen, in dem ein Mensch trotz und nach einem Schuldigwerden «sich reinigen» oder «Vergebung erlangen» und neu anfangen kann. Freier kann man nicht von Religion sprechen – denn das Ziel, an das sie hier gebunden ist, ist nichts anderes als die Freiheit selbst. So wie bereits in der «Ethik des reinen Willens» das Ziel die Autonomie ausmacht, nicht der vermeintliche Ursprung in der Zeit – Cohen spricht ja wie gesagt in ausdrücklicher Überbietung Kants pointiert von der Autonomie nicht als Gesetzgebung *des* Selbst, sondern als Gesetzgebung *zum* Selbst – so ist die Religion in der «Religion der Vernunft» eine Einrichtung zur besseren Ermöglichung einer Gesellschaft von freien Menschen, die sich gesagt sein lassen, was gut ist, und nach dessen Verwirklichung streben. Und an diesem Sichgesagtseinlassen setzt Rosenzweig mit seiner

---

33 «Es gibt keinen Widerspruch gegen Verstand und Vernunft, keinen Widerspruch gegen menschliche Sittlichkeit im weitesten Umfang, der nicht zum Schwerpunkt einer angeblichen Religion würde.» Cohen, Religion, 2.

34 «Die Ethik lässt sich als die Logik der Geisteswissenschaften betrachten. Sie hat die Begriffe des Individuums, der Allheit, sowie des Willens und der Handlung zu ihrem Problem. Alle Philosophie ist auf das Faktum von Wissenschaften angewiesen. [...] Das Analogon zur Mathematik bildet die Rechtswissenschaft. Sie darf als die Mathematik der Geisteswissenschaften, und vornehmlich für die Ethik als ihre Mathematik betrachtet werden.» Cohen, Ethik, 65f.

Arbeit am Begriff der Offenbarung ein. Er fragt danach, wie sich die Offenbarung dessen, was gut und was das Gebotene und was das Wirkliche ist, in der Zeit ereignet.

Getrieben von der Konversionsbedrängnis, in die ihn sein Freund und Feind Eugen Rosenstock gebracht hatte, getrieben ferner von der Todesangst in den Schützengräben des Ersten Weltkriegs, den er an der mazedonischen Front erlebte, mitdachte und überlebte, fing er genau mit dem Gegenteil eines mehr oder weniger behaglichen Systems an. Er suchte, er schrie förmlich danach, dass etwas «sei», dass an etwas zu glauben sei. Dies ist aber genau ein Anfang im Sinne von Cohens Logik des Ursprungs, allerdings ein Anfang ex negativo, ein Anfang vielleicht auch mit etwas wie der «bestimmten Negation» des Todes.

7. Zu Rosenzweigs Anfang eines «antiidealistischen» Systems der Philosophie

«Vom Tode, von der Furcht des Todes, hebt alles Erkennen des All an.» So lautet der berühmte erste Satz des *Stern der Erlösung*. Wieso hebt das «Erkennen des All» mit der Furcht des Todes an? Bringt uns die Todesfurcht nicht eher um den Verstand? Das Plädoyer Rosenzweigs zugunsten des Menschen, der sich in seiner verzweifelten Lage mit dem boethianischen und sonstigen «Trost der Philosophie» nicht abspeisen lassen will, verdient gerade in diesen Tagen eine ausführlichere Zitation:

> Mag der Mensch sich wie ein Wurm in die Falten der nackten Erde verkriechen vor den herzischenden Geschossen des blind unerbittlichen Todes, mag er es da gewaltsam unausweichlich verspüren, was er sonst nie verspürt: dass sein Ich nur ein Es wäre, wenn es stürbe, und mag er deshalb mit jedem Schrei, der noch in seiner Kehle ist, sein Ich ausschreien gegen den Unerbittlichen, von dem ihm solch unausdenkbare Vernichtung droht – die Philosophie lächelt zu all dieser Not ihr leeres Lächeln und weist mit ausgestrecktem Zeigefinger das Geschöpf, dem die Glieder in Angst um sein Diesseits schlottern, auf ein Jenseits hin, von dem es gar nichts wissen will. Denn der Mensch will ja gar nicht irgendwelchen Fesseln entfliehen; er will bleiben, er will – leben. Die Philosophie, die ihm den Tod als ihren besonderen Schützling und als die grossartige Gelegenheit anpreist, der Enge des Lebens zu entrinnen, scheint ihm nur zu höhnen.

Sobald ihm der Tod als reale Möglichkeit gegenwärtig ist, hört der Mensch auf, sich mit der Philosophie zu beruhigen und wird auf neue

Weise «realistisch». Denn, das ist Rosenzweigs Beweiskette in Sachen Erkenntnis: diese *Furcht* des Todes ist unabweisbar wirklich und informiert
den Menschen sozusagen darüber, dass er etwas wie eine Seele hat. Sie ist
so wirklich wie in manchen – freilich nicht in allen – Menschen der
Wunsch, es möchte nach dem Tode weiter gehen, es möchte da ein Gott
sein, der den gestorbenen Menschen heim und zu sich nehmen wolle in
etwas wie eine ewige Geborgenheit. Mag er seinen Wunsch nach irgendeiner metaphysischen Geborgenheit oder auch nur den nach einem irgendwie guten, gelingenden, angenehmen Leben vergessen, wenn es ihm
gut geht: In dem Augenblick, in dem ihn die Todesfurcht erwischt, «offenbart» sie dem Menschen die Wirklichkeit seines eigenen Bleibenwol-
lens, und damit, so Rosenzweigs zentrale These, überhaupt die Erkenntnis der Wirklichkeit des Alls.

Noch etwas ist zu diesem ersten Satz aus dem «Stern» hier anzumerken:
Was Rosenzweig im Verlaufe des Buches immer wieder als die «innere
Umkehr», durch die so mancher Begriff erst einmal gehen müsse, um zu
seiner Wahrheit zu gelangen, bezeichnen wird: hier hätte es schon seine
erste Potenz gezeigt, sofern man davon ausgehen wollte, dass der Wunsch
nach einer stabilen Welt, einem «stabilen Gott», einem stabilen Menschsein am Beginn alles menschlichen Theologisierens stehe. Was jedoch im
Geiste der kritischen Bemerkungen zu Beginn dieses Aufsatzes als eine
menschliche Wunschprojektion aufgefasst werden müsste.
    Dennoch: Die Idee, in einer harten Krisen- und Kriegssituation mit der
Furcht als dem Umkehrprodukt der *Sehnsucht*, des Triebes, des Wun-
sches zu beginnen, um einem luftigen idealistischen Konstrukt eine
menschliche Realität entgegenzusetzen und diese zum Zentrum der Offenbarung zu machen, bleibt ein genialer Aufschlag.[35]
    Man hat mit Recht in diesem Anfang mit der Selbstwahrnehmung des
Menschen in seiner individuellen Wirklichkeit, in diesem Anfang mit dem
Erwachen aus dem Traum der idealistischen Philosophie, eine Anknüpfung an Schellings Hegelkritik gesehen. Und selbstverständlich wären
sehr viele philosophiegeschichtliche Bezüge dieses Werks namhaft zu machen, das von seinem Autor einmal als «Kommentar unter Fortlassung
des Textes»[36] bezeichnet worden ist. Dazu ist hier jedoch nicht der Ort;

---

35 Dies umso mehr, da etwa zeitgleich Sigmund Freud sich in seiner Traumdeu-
    tung mit der innerlichen Verwandtschaft von Angst und Wunsch in den See-
    len, die er auf seiner Couch analysierte, auf ähnliche, freilich der eigenen Auf-
    fassung nach ganz und gar szientistische Weise befasste.
36 *Der Mensch und sein Werk, Gesammelte Schriften* Rosenzweig, Rachel / Ro-
    senzweig-Scheinmann, Edith/ Mayer, Reinhold (Hg.), Briefe und Tagebücher

die Forschungslage dazu ist inzwischen sehr gut.[37] Mir kommt es hier
stattdessen auf einen bestimmten Gedanken an, der mir für Rosenzweigs
«System der Philosophie» entscheidend zu sein scheint: Er verlegt die
Wirklichkeit der Offenbarung von Gott, Welt und Mensch in eine Bewegung. Sie «sind» – und zwar unabweisbar real, nicht abgeleitet aus einer
Denkbewegung – aber das wissen wir nur, weil wir uns an ihnen stossen.
Weil etwas in uns mit ihnen so, wie sie sich zeigen, nicht einverstanden
ist – oder doch nur sehr augenblicksweise. Weil «ich», wie er an anderer
Stelle schreibt, immer «ich aber» ist, «lautgewordenes Nein».[38] Rosenzweig beschäftigt sich dann sehr ausführlich mit der Frage, wie aus dem
«trotzigen Selbst» etwas wie Gottes geliebte Seele werden kann – aber
schon in der Vorstellung dieser aus dem trotzigen Selbst durch Gottes
liebende Anrede zur geliebten Seele erweckten Menschenseele ist der un-
überbrückbare Unterschied zwischen beiden, Gott und Mensch, ebenso
festgehalten wie die durchgängige Sympathie des Philosophen mit dem
sich selbst in der Todesfurcht allem Trost stets verweigernden, furchtsa-
men, kleinlichen und schrägen Menschen. Dieser ist als Teil vom Ganzen
immer auch von diesem getrennt – also einer, der das Ganze fragmentiert?

8. Nochmals: Wahrhaftigkeit: Tugend bei Cohen – letzte Zuflucht bei Rosenzweig

System und Fragment, Cohens Ordnung und Rosenzweigs Zweifel, kommen nun entsprechend nicht im Begriff der Wahrheit und ihrer Wirklichkeit in der objektiven Welt, sondern im Begriff der Wahrhaftigkeit zusammen (die sie beide *nicht* «subjektiv» nennen). Für Cohen ist der
Mensch, sein «sittliches Ich», «von Zerstreuungen, Konflikten und Widersprüchen durchbrochen, die es fortwährend mit Spaltung und Zersplitterung bedrohen»[39]. Die Einheit des Bewusstseins bezeichnet Cohen

---

Bd. 1, Dordrecht 2014, 1196. Aus Anlass dieser Bemerkung erschien 2004:
Brasser, Martin (Hg.), Rosenzweig als Leser. Kontextuelle Kommentare zum
«Stern der Erlösung», Tübingen 2004.

[37] Ich nenne von der Literatur dazu stellvertretend für viele und gleichsam zur
Einführung Schmied-Kowarzik, Wolfdietrich, Brief Illuminations on the Dialogue between Franz Rosenzweig and Hans Ehrenberg, in: Rosenzweig Jahrbuch 8/9, 87–111, 96, wo es in brillanter Kürze um die «negative Logik» geht.

[38] «Ich ist stets ein lautgewordenes Nein. Mit ‹Ich› ist immer ein Gegensatz auf-
gestellt, es ist stets unterstrichen, stets betont; es ist immer ein ‹Ich aber›».
Rosenzweig, Stern, 193.

[39] Cohen, Religion der Vernunft, 440.

in diesem Kontext als «das höchste Problem der systematischen Philosophie» – und erkennt im talmudischen Gebet um die Reinheit der Seele
ebenso wie im Vaterunser eine dieser Einheit des Bewusstseins dienende
Handlung.

> Denn in diesem Ziele des Gebetes auf Wurzelung des Bewusstseins in der
> Wahrhaftigkeit tritt Gott hervor als das Gegenglied der Korrelation. Gott ist
> der Gott der Wahrheit, und der Mensch soll der Mensch der Wahrhaftigkeit
> werden.[40]

Bei Rosenzweig ist das alles auch in den eingangs zitierten Brieffragmenten erhalten und enthalten. Nur ist Wahrhaftigkeit bei ihm nicht nur im
Gebet vor Gott geboten, sondern sie wird real auch im Stammeln des
Namens der Geliebten, solange die Liebe währt, und im redlichen Beider-Wahrheit-bleiben-Wollen, nachdem sie gescheitert ist.

9. Fazit

Weder Cohen noch Rosenzweig sprechen von einem ganzen ungeteilten
Dasein, als ob ihnen ein Begriff oder gar eine lebendige Anschauung davon zur Verfügung stünden. Sie haben sie weder in der Sprache noch gar
im Sein. Aber sie sehnen sich so sehr nach der «ganzen Wahrheit», dass
sie sich, der eine in lehrhaft systematischer Weise, der andere ebenfalls
lehrhaft, aber auch als verzweifelter Liebender in seinen Briefen, immer
nur mit radikaler Wahrhaftigkeit über die eigene Zersplitterung aussprechen können. Gerade dadurch erhalten sie sich als Menschen, die hoffen
dürfen, auch anders zu können. Hätten sie «das ganze ungeteilte Dasein»
schon in ihrem «ganzen ungeteilten Herzen», dann wäre weiter nichts
mehr möglich. Nur die noch nicht vollendete Einheit lässt überhaupt
Hoffnung zu. Gott wird in der Philosophie beider wohl doch vom
«Schlussstein der Ethik» zu einer Zuflucht ins Offene.

---

40 A. a. O., 443.

III. Konkretionen

Die Universalität der Menschenrechte
Ihre Begründung und eine Bestimmung ihres Verhältnisses zur Pluralität

Peter G. Kirchschläger

1. Die Menschenrechte und ihr Universalitätsanspruch

1.1 Menschenrechte schützen individuelle Einzigartigkeit

Im Zeitalter des Fragmentarischen und Pluralen zielt ein Ausgriff auf Absolutheit, Unbedingtheit und Universalität auf die Menschenrechte.

Die Menschenrechte sind als vorstaatlich begründete und subjektiv qua Menschsein gegebene Ansprüche gegenüber der öffentlichen Gewaltordnung zu verstehen, die auf gleiche Achtung jedes Menschen durch konstitutionell garantierte Grundrechte pochen. Als zunächst «gedachte» Vorbehalte gegenüber der Gefahr politischer Willkür regeln die Menschenrechte das Verhältnis zwischen denen, die politische Gewalt ausüben, und jenen, die dieser Gewalt unterworfen sind. Effektiv verwirklicht sind sie erst dann, wenn sie als verfassungsrechtlich einklagbare und völkerrechtlich überwachte Garantien politisch erkämpft und juristisch durchgesetzt sind. Der Begriff der Menschenrechte weist somit eine überpositive, eine juridische und eine politische Dimension auf.[1]

Aufbauend auf diesen konzeptionellen Grundzügen einer Begriffsbestimmung der Menschenrechte wäre in einer Zeit eines im Zuge der Globalisierung und der digitalen Transformation[2] rasant auseinanderklaffenden «governance gap»[3] sowie des wachsenden Potenzials zu einem positiven

---

[1] Pollmann, Arnd, Menschenrechte und Menschenwürde. Zur philosophischen Bedeutung eines revolutionären Projekts, Frankfurt a. M. 2022, 57.

[2] Vgl. Kirchschläger, Peter G., Digital Transformation and Ethics. Ethical Considerations on the Robotization and Automatization of Society and Economy and the Use of Artificial Intelligence, Baden-Baden 2021.

[3] «... the diminishing capacity of national governments to steer and constrain those dimensions of transnational business activity that affects the human rights of their populations [...] emerging as a result of the expanded power and capabilities of transnational business and weakened capabilities of states under conditions of economic globalization», Macdonald, Kate, Re-thinking

oder negativen Beitrag zur Realisierung der Menschenrechte von nicht-staatlichen Akteurinnen und Akteuren (z. B. Religions- und Weltanschauungsgemeinschaften)[4] der Begriff der «politischen Gewalt» auf «politische Gewalt und wirtschaftliche und soziale Macht» zu weiten. Gleichzeitig wäre auch das Verständnis der «verfassungsrechtlich einklagbaren und völkerrechtlich überwachten Garantien» im Kontext des Strebens nach einem UN-Treaty on Business and Human Rights[5] auf «verfassungsrechtlich und völkerrechtlich einklagbare Garantien» anzupassen. Aufgrund ihrer historischen Kontingenz wäre die Multidimensionalität noch mit einer historischen Dimension zu ergänzen,[6] wie im Folgenden deutlich werden wird.

Die Menschenrechte schützen Menschen in essenziellen Elementen und Bereichen der menschlichen Existenz, die es einem Menschen ermöglichen, zu überleben und «als Mensch» – mit Menschenwürde – zu leben.[7] Die «Menschenwürde»[8] umfasst das, was den Menschen zum Menschen macht. Sie hebt die Einzigartigkeit und Besonderheit jedes Menschen hervor und markiert die Differenz zwischen Menschen, die Trägerinnen bzw. Träger von Menschenwürde sind, und materialen Objekten, die keine Würde, aber einen Wert kennen. In anderen Worten kann bildlich einem materialen Objekt ein Preisschild umgehängt werden, während

---

‹Spheres of Responsibility›. Business Responsibility for Indirect Harm, in: Journal of Business Ethics 99/4, 2011, 549–563, 549.

[4] Vgl. Kirchschläger, Peter G., Menschenrechte und Religionen. Nichtstaatliche Akteure und ihr Verhältnis zu den Menschenrechten, (Gesellschaft – Ethik – Religion, Bd. 7), Paderborn 2016; ders. (Hg.), Die Verantwortung von nicht-staatlichen Akteuren gegenüber den Menschenrechten, (Religionsrechtliche Studien, Bd. 4), Zürich 2017.

[5] Vgl. zum Vorbereitungsprozess eines UN-Treaty on Business and Human Rights: United Nations Human Rights Council, Open-ended intergovernmental working group on transnational corporations and other business enterprises with respect to human rights, URL: www.ohchr.org/en/hr-bodies/hrc/wg-trans-corp/igwg-on-tnc [letzter Zugriff am 08.09.2022].

[6] Vgl. Kirchschläger, Peter G., Die Multidimensionalität der Menschenrechte – Chance oder Gefahr für den universellen Menschenrechtsschutz?, in: MenschenRechtsMagazin 18/2, 2013, 77–95.

[7] Vgl. Kirchschläger, Peter G., Wie können Menschenrechte begründet werden? Ein für religiöse und säkulare Menschenrechtskonzeptionen anschlussfähiger Ansatz, (ReligionsRecht im Dialog, Bd. 15), Münster 2013, 194–195.

[8] Vgl. Kirchschläger, Peter G., Missachtung der Menschenwürde als Schlüsselerfahrung, in: Krämer, Klaus / Vellguth, Klaus (Hg.), Menschenwürde. Diskurse zur Universalität und Unveräusserlichkeit, (Theologie der Einen Welt, Bd. 8), Freiburg i. Br. 2016, 193–206.

dies bei Menschen nicht geschehen sollte. Die «Menschenwürde» beinhaltet auch ein absolutes Instrumentalisierungsverbot der Menschen. Darüber hinaus gelingt es der Aussage «everybody matters»[9] klarzustellen, dass die Menschenrechte in ihrer Schutzfunktion für die Menschenwürde ohne ihren universellen Geltungsanspruch nicht allen Menschen den notwendigen Schutz zukommen lassen würden.

1.2 Acht Charakteristika der Menschenrechte

Die Menschenrechte bilden einen Minimalstandard, der sich der Garantie des Überlebensnotwendigen und Lebensnotwendigen verpflichtet weiss.[10] Diese Fundamentalität der Menschenrechte macht deutlich, dass die Menschenrechte keinen Luxus schützen.

Neben diesem Charakteristikum der *Fundamentalität* der Menschenrechte bestimmen sieben weitere Charakteristika die Menschenrechte: Universalität, kategorischer Charakter, Egalität, individuelle Geltung, Justiziabilität, Unveräusserbarkeit und Multidimensionalität.

Die *Universalität* der Menschenrechte[11] bedeutet, dass alle Menschen überall zu jeder Zeit Trägerinnen und Träger von Menschenrechten sind – unabhängig davon, was sie machen, was sie unterlassen, woher sie kommen, wo und wie sie leben, welche Nationalität sie besitzen, und unabhängig von ihrer Gesellschaft und ihrer Gemeinschaft sowie unabhängig von ihrem Geschlecht. Der Begriff der Universalität der Menschenrechte wird auch von den anderen sieben essenziellen Charakteristika der Menschenrechte beeinflusst:

Aufgrund ihres *kategorischen Charakters* machen die Menschenrechte den Menschen voraussetzungslos und bedingungslos zur Trägerin bzw. zum Träger von Menschenrechten. In anderen Worten heisst dies, dass der Mensch Menschenrechte besitzt, ohne dass sie bzw. er dafür eine Leistung erbringen bzw. irgendwelche Pflichten erfüllen muss.

Die *Egalität* der Menschenrechte besagt, dass alle Menschen im gleichen Ausmass Trägerinnen und Träger von Menschenrechten sind.

9   Appiah, Kwame Anthony, Der Kosmopolit. Philosophie des Weltbürgertums, München 2007, 174.

10 Vgl. Kirchschläger, Peter G., Die Menschenrechte als hermeneutischer Schlüssel zu ethischen Grundfragen des 21. Jahrhunderts. Begründung und Ausblick, in: Zeitschrift für katholische Theologie 140/4, 2018, 361–379.

11 Vgl. Kirchschläger, Peter G., Das ethische Charakteristikum der Universalisierung im Zusammenhang des Universalitätsanspruchs der Menschenrechte, in: Ast, Stefan u. a. (Hg.), Gleichheit und Universalität, (Archiv für Rechts- und Sozialphilosophie, Bd. 128), Stuttgart 2011, 301–312.

Menschenrechte in ihrer Konstitution als *individuelle Rechte* dienen dem Schutz jedes Menschen als einzelnem Individuum. Dies bedeutet, dass der Mensch als Individuum von den Menschenrechten geschützt wird, ohne dass er Teil eines bestimmten Kollektivs sein muss.

Die *Justiziabilität* als Charakteristikum der Menschenrechte bedeutet, dass die Menschenrechte in einem Rechtssystem durchsetzbar sind.

Menschenrechte sind zudem *unveräusserliche Rechte*, d. h. sie können weder erworben noch verloren werden, und sie stehen jedem Menschen zu.[12]

Menschenrechte sind schliesslich in ihrer *Multidimensionalität*[13] zu denken: Menschenrechte weisen eine rechtliche, eine politische, eine moralische und eine historische Dimension auf.

Die rechtliche Dimension der Menschenrechte umfasst:

> Internationale Menschenrechte sind die durch das internationale Recht garantierten Rechtsansprüche von Personen gegen den Staat oder staatsähnliche Gebilde, die dem Schutz grundlegender Aspekte der menschlichen Person und ihrer Würde in Friedenszeiten und im Krieg dienen.[14]

Daher verpflichten die Menschenrechte primär den Staat zum Schutz der Menschenrechte. Die staatliche Verpflichtung umfasst positiv ein Tun und negativ ein Unterlassen. Der Staat hat mit gesetzgeberischen und administrativen Mitteln dafür zu sorgen, dass die Menschenrechte Realität werden.

In der rechtlichen Dimension wird dieser nationale Menschenrechtsschutz durch regionale und internationale Menschenrechtsmechanismen ergänzt, um das staatliche Wirken zu überwachen und im Dienste der Gewährleistung des universellen Menschenrechtsschutzes substanziell zu ergänzen – im Zuge einer «dual positivization»[15]. Beide befinden sich in einer Beziehung der «mutual validation and legitimation»[16]. Auf der Basis der Allgemeinen Erklärung der Menschenrechte von 1948, die aufgrund

---

12 Vgl. dazu ausführlicher Willoweit, Dietmar, Die Veräusserung der Freiheit. Über den Unterschied von Rechtsdenken und Menschenrechtsdenken, in: Bielefeldt, Heiner u. a. (Hg.), Würde und Recht des Menschen. FS Johannes Schwartländer, Würzburg 1992, 255–268.

13 Vgl. Kirchschläger, Multidimensionalität.

14 Kälin, Walter u. a. (Hg.), Das Bild der Menschenrechte, Baden 2004, 17.

15 Neuman, Gerald, Human Rights and Constitutional Rights, in: Stanford Law Review 55/5, 2003, 1863–1900, 1864.

16 Besson, Samantha, Human Rights and Constitutional Law, in: Cruft, Rowan u. a. (Hg.), Philosophical Foundations of Human Rights, Oxford 2015, 279–299, 299.

ihres fehlenden rechtlich verbindlichen Charakters auch als politisches
Programm bezeichnet werden kann, wurden zahlreiche Menschenrechts-
verträge abgeschlossen (zum Beispiel internationaler Pakt über bürgerliche
und politische Rechte von 1966, internationaler Pakt über wirtschaftliche, soziale und kulturelle Rechte von 1966, UN-Kinderrechtskonvention
von 1989), die zu einer juristischen Verbindlichkeit der Menschenrechte
führten.[17]

Die rechtliche Dimension erweist sich für die Realisierung der Menschenrechte als entscheidend, weil die Verrechtlichung der Menschenrechte eine höhere Durchsetzbarkeit und eine Weiterentwicklung des
modernen Menschenrechtsschutzes, ausgehend von der Allgemeinen Erklärung der Menschenrechte von 1948, bewirkt.[18]

Menschenrechte in ihrer rechtlichen Dimension bilden das Ergebnis
von politischen Meinungsbildungs- und Konsensfindungsprozessen, was
zur *politischen Dimension der Menschenrechte* gehört.[19] Die politische
Dimension der Menschenrechte umfasst Argumente wie bessere Durch-
setzungsmöglichkeiten, geregelte und kontrollierbare Entscheidungsfindung und Gewährleistung der Rechte dank ihrer Institutionalisierung, die
eine Verrechtlichung der Menschenrechte befürworten – und natürlich
auch mögliche Gegenargumente dazu. Menschenrechte sind also Inhalt
und – in letzter Konsequenz – Ergebnisse des politischen Diskurses. Moralisch gerechtfertigte Menschenrechte werden – schematisch betrachtet –
durch einen politischen Meinungsbildungs- und Entscheidungsfindungs-
prozess in rechtliche Menschenrechte transformiert. Dabei dreht sich der
politische Diskurs nicht nur um die Schaffung der Menschenrechte an
sich, sondern insbesondere um die Auswahl, welche Elemente und Bereiche der menschlichen Existenz als essenziell und als des Schutzes der Menschenrechte würdig erachtet werden und deshalb in den Kanon der Menschenrechte aufgenommen werden sollen. Ausserdem dreht sich der poli-

---

17 Vgl. dazu Nowak, Manfred, Einführung in das internationale Menschenrechts-
system, Wien 2002; Opitz, Peter J., Menschenrechte und internationaler Menschenrechtsschutz im 20. Jahrhundert. Geschichte und Dokumente, München
2002; Weiss, Norman, Menschenrechtsschutz, in: Volger, Helmut (Hg.), Grundlagen und Strukturen der Vereinten Nationen, München 2007, 163–188.
18 Vgl. Kirchschläger, Multidimensionalität.
19 Vgl. dazu ausführlicher Kirchschläger, Peter G., The Relation between Democ-
racy and Human Rights, in: Grinin, Leonid E. u. a. (Hg.), Globalistics and Globalization Studies. Aspects & Dimensions of Global Views. Yearbook, Volgo-
grad 2014, 112–125; ders., Menschenrechte und Politik, in: Yousefi, Hamid
Reza (Hg.), Menschenrechte im Weltkontext. Geschichten – Erscheinungsformen – Neuere Entwicklungen, Heidelberg 2013, 255–260.

tische Diskurs auch um die Gestaltung der für diesen Schutz notwendigen Massnahmen und Institutionen. Öffentliche Erfahrung und Reflexion fliessen in diese Diskussion ein.

Darüber hinaus können Menschenrechte selbst als politische Aufgabe verstanden und angestrebt werden. Auch wenn die Menschenrechte nur einen Minimalstandard von essenziellen Elementen und Bereichen der menschlichen Existenz schützen, die der Mensch braucht, um zu überleben und als Mensch zu leben, bleiben sie Maximen, zu denen die Lebenswirklichkeit eine Differenz aufweist. Um diese Differenz zu verringern und aus der Welt zu schaffen, sind entsprechende politische Entscheidungen und Handlungen notwendig.

Damit geht die Gefahr von Missbrauch der Menschenrechte und von ihrer politischen Instrumentalisierung für andere Zwecke einher, was jeglicher Legitimation entbehrt und den Menschenrechten massiven und nachhaltigen Schaden zufügt.

Ausserdem ertönt in der politischen Diskussion angesichts von Unrechtserfahrungen die Sprache der Menschenrechte, um politische Anliegen zu vertreten. Menschenrechtsforderungen können auch als «Antworten auf exemplarische Unrechtserfahrungen»[20] wahrgenommen werden. Als Teil der politischen Dimension der Menschenrechte werden bis heute Unrechtserfahrungen, Ungerechtigkeiten und Verletzungen von elementaren Aspekten und Bereichen der menschlichen Existenz mithilfe der Sprache der Menschenrechte politisch bekämpft.

> Die Menschenrechte [sprechen], trotz der anhaltenden interkulturellen Auseinandersetzungen über ihre richtige Interpretation, eine Sprache, in der die Dissidenten ausdrücken können, was sie erleiden, und was sie von ihren repressiven Regimen fordern – in Asien, Südamerika und Afrika nicht weniger als in Europa und den Vereinigten Staaten.[21]

Darüber hinaus gilt es zu bedenken, dass freie politische Meinungsbildungs- und Entscheidungsfindungsprozesse ohne den Schutz der Menschenrechte nicht denkbar wären. Denn es sind gerade die Menschenrechte, die – unmittelbar u. a. durch den Schutz des Demokratieprinzips, der Meinungs- und Informationsfreiheit und der Versammlungsfreiheit und mittelbar u. a. durch den Schutz des Rechts auf Leben, des Rechts auf Bildung usw. – einen freien politischen Diskurs erst ermöglichen. Es

---

20 Brugger, Walter, Stufen der Begründung von Menschenrechten, in: Der Staat 31/1, 1992, 19–31; 21.

21 Habermas, Jürgen, Konzeptionen der Moderne. Ein Rückblick auf zwei Traditionen, in: ders., Die postnationale Konstellation. Politische Essays, Frankfurt a. M. 1998, 195–231, 221.

sind die Menschenrechte, die für ihren Kern – das Individuum mit seiner Autonomie – Sorge tragen[22] und das Individuum darin bestärken und ermutigen, sich in politische Prozesse einzubringen. Demokratische Meinungsbildung und Entscheidungsfindung ist demzufolge auf die Menschenrechte angewiesen.

Daran knüpft die Notwendigkeit der Orientierung des politischen Diskurses an die Menschenrechte als rechtlicher und ethischer Referenzrahmen an. Politische Auseinandersetzungen haben sich an gewisse Regeln zu halten, die menschenrechtlich definiert sind (zum Beispiel das Diskriminierungsverbot), und müssen innerhalb von bestimmten Grenzen verlaufen (zum Beispiel den Rahmenbedingungen des politischen Entscheidungsprozesses zum Schutz von Minderheiten vor einer Diktatur der Mehrheit).[23]

Wie diese Entscheidung bzw. wie die Schaffung der Menschenrechte und die gegenseitige Anerkennung aller Menschen als Trägerinnen und Träger von Menschenrechten begründet werden können, ist die Fragestellung in der moralischen Dimension der Menschenrechte. Diese Auseinandersetzung mit der Frage nach der Begründung der Menschenrechte stellt auch den Grund dafür dar, dass die moralische Dimension der Menschenrechte für die anderen Dimensionen der Menschenrechte und für die Menschenrechte als Ganzes konstituierend wirkt.[24] Denn nur die moralische Dimension kennt die *conditio sine qua non*, dass für eine moralische Begründung eine Universalisierbarkeit der Gründe notwendig vorausgesetzt werden muss.[25] Ihre eben beschriebene universell ausgerichtete Anlage erlaubt es der moralischen Dimension der Menschenrechte, der Universalität der Menschenrechte angesichts der Begründungsnotwendigkeit gerecht zu werden. Darin besteht ein wesentlicher Unterschied zur rechtlichen, politischen oder historischen Begründung. Denn eine Begründung der Menschenrechte in deren rechtlicher Dimension,

22 Vgl. Kirchschläger, Peter G., To What Extent Should the State Protect Human Beings from Themselves? An Analysis from a Human Rights Perspective, in: Mathis, Klaus / Tor, Avishalom (Hg.), Nudging – Possibilities, Limitations and Applications in European Law and Economics, Cham 2016, 59–67.

23 Vgl. Kirchschläger, Relation; ders., Menschenrechte und Politik.

24 Vgl. Kirchschläger, Peter G., Brauchen die Menschenrechte eine (moralische) Begründung?, in: ders. / Kirchschläger, Thomas (Hg.), Menschenrechte und Kinder, Internationales Menschenrechtsforum (IHRF), Bd. 4, Bern 2007, 55–63.

25 Vgl. Tugendhat, Ernst, Die Kontroverse um die Menschenrechte, in: Gosepath, Stefan / Lohmann, Georg (Hg.), Philosophie der Menschenrechte, Frankfurt a. M. 1999, 48–61.

basierend auf einem demokratischen Meinungsbildungs- und Ent-
scheidungsfindungsprozess, kann der Universalität der Menschenrechte
schon deshalb nicht gerecht werden, weil diese Begründung für Menschen, die nicht in diesem Staat leben, irrelevant bleibt. Beispielsweise erreicht der demokratische Entscheid eines vom Volk gewählten Parla-
ments im Land A, die UN-Konvention über die Rechte von Menschen mit
Behinderungen zu ratifizieren, keine unmittelbare Wirkung auf Menschen, die in anderen Ländern leben. Sie entfaltet höchstens einen Bei-
spieleffekt. Daher kann von universeller Strahlkraft keine Rede sein.

Ähnlich sieht es in der politischen und in der historischen Dimension
der Menschenrechte aus: Neben der gleichen Herausforderung der Partikularität, die der Universalität der Menschenrechte nicht gerecht werden
kann, kommt bei der historischen Dimension, die im folgenden Abschnitt
noch ausführlicher erläutert wird, hinzu, dass ihr Fokus auf der Genese
der Menschenrechte und nicht deren Geltung liegt.

Die den Menschenrechten zugrunde liegenden bzw. innewohnenden
philosophischen, weltanschaulichen und religiösen Ideen, Überzeugungen, Konzepte, Gedanken und Theorien können auch an ihrem Entste-
hungsort und an ihrem historischen Ort betrachtet und geschichtswissen-
schaftlich in einen Zusammenhang der Entstehung der Menschenrechte
gebracht werden, womit man sich in die *historische Dimension der Menschenrechte* begibt. Ihren Ausgangspunkt findet sie in der Anerkennung
der historischen Kontingenz der Menschenrechte: Menschenrechte sind
historisch gewachsen und somit durch die jeweilige Zeit ihrer Entstehung
und Entwicklung geprägt.

Der systematisch erhellende Beitrag, der von historischen Analysen
und Erklärungen ausgeht und sicherlich die historische Dimension der
Menschenrechte mit ausmacht,[26] verdeutlicht u. a. die partikulare Strahlkraft von historischen Ereignissen auf die Entstehung der Menschenrechte. Sie bleiben partikular und sollten auch in ihrer Rezeption nur in
ihrer Partikularität gewürdigt werden. Singuläre historische Ereignisse erzeugen nur partikulare und nicht universelle Strahlkraft und weisen daher
nur begrenzt einen begründenden Charakter auf. Mit der historischen Erklärung der Entstehung der Menschenrechte wird noch keine moralische
Begründung geleistet, warum alle Menschen Trägerinnen und Träger von
Menschenrechten sind. Es ist notwendig, Genese (Entdeckung) und Geltung (Begründung) zu differenzieren, weil sie beide versuchen, auf verschiedene Fragen Antworten zu geben. Während die Genese zu klären

---

[26] Vgl. u. a. Gut, Walter, Eine Sternstunde der Menschheit. Die Allgemeine Er-
      klärung der Menschenrechte von 1948, in: Schweizerische Kirchenzeitung
      176/49, 2008, 816–819.

versucht, wann und von wem ein Gedanke entwickelt und ein Ansatz konzipiert worden ist, geht es bei der Geltung um die Problemstellung, ob eine Einsicht allgemeingültig und wahr ist. Genese und Geltung sind zueinander in Bezug zu setzen, gleichzeitig aber auch sauber voneinander zu trennen.[27]

An dieser Stelle gilt es sogleich, ein mögliches Missverständnis auszuräumen: Diese Überlegungen sollten nicht dazu führen, die kontingente temporale und lokale Herkunft der Menschenrechte als ein Hindernis für deren universelle Geltung anzusehen. Denn dies wäre ein «genetischer Fehlschluss», da von der Genese einer Einsicht auf deren Wahrheitswert geschlossen wird, was auch der Fall wäre, wenn man zum Beispiel behaupten würde, dass der Kategorische Imperativ deswegen keine allgemeine Gültigkeit aufweist, weil er in Königsberg oder weil er vor über 200 Jahren entwickelt worden ist.

Die Menschenrechte bekommen unter Berücksichtigung ihrer historischen Verortung ihr positives Gewicht als deutliche Reaktion der Menschheit auf Unrechtserfahrungen, als kritischer Stachel, Menschen in der Gegenwart vor solchen Unrechtserfahrungen stets zu bewahren, und als in die Zukunft weisendes Zeichen, so etwas nie mehr zuzulassen.[28]

Es gehört zur Multidimensionalität der Menschenrechte, dass die vier Dimensionen – die rechtliche, die politische, die historische und die moralische – in ihrer Kombination eine höhere Erklärungskraft als jede Dimension je für sich allein erzeugen und sich komplementär ergänzen, die Grenzen zwischen den einzelnen Dimensionen nicht immer klar zu ziehen sind und die vier Dimensionen sich gegenseitig überschneiden.

Insbesondere der moralischen Dimension der Menschenrechte gelingt es, die Universalität der Menschenrechte abzubilden.

2. Das Prinzip der Verletzbarkeit als Begründung der Menschenrechte und ihrer Universalität

2.1 Wege der Begründung

Es ist Ausdruck der Achtung und des Respekts vor kultureller, religiöser und weltanschaulicher Pluralität sowie der Autonomie jedes Menschen,

– der Notwendigkeit einer ethischen Begründung der Menschenrechte

---

27 Vgl. Salmon, Wesley C., Logik, Stuttgart 1983, 25–32.
28 Vgl. dazu auch Fields, Belden A. / Narr, Wolf-Dieter, Human Rights as Holistic Concept, in: Human Rights Quarterly 14/1, 1992, 1–20.

und ihrer Universalität Rechnung zu tragen (denn beispielsweise verlangen Religions- und Weltanschauungsgemeinschaften nach Gründen, warum in ihren Gemeinschaften und für sie als Institutionen, aber auch für ihre Mitglieder die Menschenrechte gelten. Religions- und Weltanschauungsgemeinschaften stellen u. a. wegen ihrer Transzendenz, ihrer Autorität, ihres Wahrheitsanspruchs und ihres Wirkungsauftrags die Forderung nach einer Begründung der sie möglicherweise einschränkenden Menschenrechte und der mit den Menschenrechten korrespondierenden Verpflichtungen).

– die Frage nach der Begründung der Menschenrechte und ihrer Universalität konsequent zu stellen;
– nach einer präzisen Begründung der Menschenrechte zu streben.

Unter den moralischen Begründungsversuchen der Menschenrechte stösst man auf zahlreiche, mehrheitlich auf Immanuel Kant zurückgehende, *vernunftbasierte Begründungsansätze*. Vereinfacht folgen diese dem Argumentationsmuster: Der Mensch ist Träger von Menschenrechten, weil er Vernunft besitzt. Dabei tappt Kant nicht in die Falle, dass er unzulässig speziezistisch argumentiert, weil er nicht die Zugehörigkeit zur Spezies «Mensch» zur Voraussetzung für die Menschenrechte macht, sondern die Vernunft, was theoretisch auch nichtmenschliche Vernunftwesen zu Trägern von Menschenrechten macht.

Neben anderen Problemen, welche vernunftbasierte Begründungsansätze auslösen,[29] bereitet v. a. ihr Diskriminierungspotential Schwierigkeiten. Vernunft – im kantischen Sinne verstanden als Moralfähigkeit und Autonomie – zu *der* entscheidenden Eigenschaft oder Fähigkeit aus der Fülle der menschlichen Eigenschaften oder Fähigkeiten zu machen, beinhaltet die Gefahr einer Diskriminierung jener Menschen, die gerade bei dieser Eigenschaft bzw. bei dieser Fähigkeit anders sind, wie z. B. Menschen mit Behinderungen, Komapatienten, Embryonen. Dieses Diskriminierungspotential wird besonders deutlich bei Martha C. Nussbaum, wenn sie so weit geht, Menschen mit Behinderungen – dieser Linie folgend – das Menschsein abzusprechen, weil ihnen gewisse Fähigkeiten fehlen, und ihnen – um den Versuch zu unternehmen, diese Folgerung abzuschwächen – dennoch moralische Relevanz zuzusprechen:

> [...] that certain severely damaged infants are not human ever, even if born from two human parents: again, those with global and total sensory incapacity and/or no consciousness or thought; also, I think, those with no ability at all to recognize or relate to others. (This of course tells us nothing about what

---

[29] Vgl. dazu Kirchschläger, Menschenrechte, 33–36.

we owe them morally, it just separates that question from moral questions about human beings.)[30]

Der Versuch, die Menschenrechte *von menschlichen Bedürfnissen* abzuleiten, findet im theoretischen Diskurs viel Zustimmung und erfreut sich auch in der Menschenrechtspraxis hoher Beliebtheit. Gerade beispielsweise im Handlungsfeld der sozialen Arbeit wird aus menschenrechtlicher Perspektive oft mit den Bedürfnissen des Menschen argumentiert, und die Menschenrechte werden daraus abgeleitet. Vereinfacht könnte man diesen Begründungsansatz auf das folgende Argumentationsmuster reduzieren: Weil der Mensch die folgenden Bedürfnisse X, Y, Z hat, ist er Träger von Menschenrechten, die diese Bedürfnisse abdecken. Während der bedürfnisbasierte Begründungsansatz zwar auf die Frage eine Antwort zu geben versucht, wie begründet werden kann, dass der Mensch diese spezifischen Rechte hat (und andere Bereiche und Elemente der menschlichen Existenz nicht durch die Menschenrechte geschützt werden), gibt er keine Antwort auf die Frage, warum die Menschen überhaupt Trägerinnen und Träger von Menschenrechten sind. Zusätzlich unterläuft einem bei diesem Ansatz ein naturalistischer Fehlschluss. Die empirische Beobachtung, dass der Mensch Bedürfnisse aufweist, trifft zwar zu, beinhaltet aber noch keine Normativität. Nur weil der Mensch Bedürfnisse besitzt, heisst dies noch lange nicht, dass diese durch Menschenrechte geschützt werden müssen und dass der Mensch daher Träger von Menschenrechten ist und damit korrespondierende Pflichten hat. Aus zwei deskriptiven Prämissen (z. B. P1: Alle Menschen haben Bedürfnisse; P2: Die Menschenrechte schützen diese Bedürfnisse) lässt sich keine normative Schlussfolgerung (z. B. S: Alle Menschen sollen Menschenrechte haben) ableiten.

Schliesslich gelingt dem bedürfnisbasierten Ansatz selbst im Bereich der spezifischen Menschenrechte kein Beitrag zur Begründung, warum jetzt bestimmte Bedürfnisse durch die Menschenrechte geschützt werden und andere nicht. Denn die Abgrenzung zwischen menschenrechtlich zu schützenden und menschenrechtlich nicht zu schützenden Bedürfnissen verlangt nach einem Kriterium, das ausserhalb der Bedürfnis-Kategorie liegt und auch nicht durch Bedürfnisse begründet werden kann. Dies führt dazu, dass sich bedürfnisbasierte Begründungsansätze auf ein Fundament ausserhalb der Bedürfnis-Kategorie abstützen müssen.

---

30 Nussbaum, Martha C., Human Capabilities, Female Human Beings, in: dies. / Glover, Jonathan (Hg.), Women, culture, and development. A study of human capabilities, Oxford 1995, 61–104, 82.

2.2 Das Prinzip der Verletzbarkeit

Die Menschenrechte zu begründen, strebt ein Begründungansatz auf der Basis des Prinzips der Verletzbarkeit an. Dieser soll nun im Folgenden im Fokus stehen:

2.2.1 Erster Filterungsschritt

Der auf dem Prinzip der Verletzbarkeit basierende Begründungsansatz der Menschenrechte[31] findet seinen Anfang darin, dass der Mensch sich in seiner eigenen Verletzbarkeit selbst wahrnimmt – ein *erstes* Element des Prinzips der Verletzbarkeit.[32] Der z. B. jetzt gesunde Mensch weiss, dass er morgen krank werden könnte. Diese Möglichkeit der Selbstwahrnehmung betrifft alle Menschen. Dabei durchläuft der Mensch einen Prozess der Verunsicherung. Denn es wird ihm seine Verletzbarkeit und in letzter Konsequenz seine Vergänglichkeit vor Augen geführt.[33] Bei der Bewusstwerdung der eigenen Verletzbarkeit handelt es sich um eine Selbstwahrnehmung des Menschen, deren empirische Richtigkeit sich als irrelevant erweist. Entscheidend ist, dass der Mensch aufgrund dieses Bewusstseins seiner Verletzbarkeit etwas unternehmen möchte, um sich vor der Verletzbarkeit zu schützen bzw. einen sinnvollen Umgang mit ihr zu finden. Auch davon sind alle Menschen betroffen.

Einen essenziellen Teil des Prinzips der Verletzbarkeit bildet *zweitens* die «Erste-Person-Perspektive»[34] und das «Selbstverhältnis». Während des Bewusstseinsbildungsprozesses der eigenen Verletzbarkeit eröffnet sich dem Menschen *ex negativo* die «Erste-Person-Perspektive» und das «Selbstverhältnis». Diese umfasst die Wahrnehmung des Menschen, dass er zum einen als Ich Subjekt der Selbstwahrnehmung ist, die ihm einen Zugang zu seiner Verletzbarkeit bietet. Zum anderen erlebt er diese anthropologische Grundsituation der Verletzbarkeit als das Ich-Subjekt (d. h. als die erste Person Singular). Die Handlungen, die Entscheidungen, das

---

31 Vgl. zum Folgenden: Kirchschläger, Menschenrechte; ders., Das Prinzip der Verletzbarkeit als Begründungsweg der Menschenrechte, in: Freiburger Zeitschrift für Philosophie und Theologie 62/1, 2015, 121–141; ders., Menschenrechte und Religionen.
32 Vgl. dazu ausführlicher Kirchschläger, Peter G., Menschenrechte, 231–267.
33 Vgl. Hoffmaster, Barry, What Does Vulnerability Mean?, in: The Hastings Center Report 36/2, 2006, 38–45, 42.
34 Vgl. Runggaldier, Edmund, Deutung menschlicher Grunderfahrungen im Hinblick auf unser Selbst, in: Rager, Günter u. a. (Hg.), Unser Selbst – Identität im Wandel neuronaler Prozesse, Paderborn 2003, 143–221.

Leiden, das Leben des Menschen gehen auf ihn selbst als Ich-Subjekt zurück. Des Weiteren interpretiert er diese anthropologische Grundsituation der Verletzbarkeit als das Ich-Subjekt:

> Denn handelnd und leidend erfährt er sich als das Lebewesen, das nicht einfach lebt wie alle anderen Lebewesen, sondern das nur lebt, indem es sein Leben führt. Sich zu sich zu verhalten, weder naturnotwendig noch beliebig zu handeln, sondern sich an Gründen zu orientieren und frei gewählte Zwecke zu verfolgen, macht die Lebensform aus, die ihn mit allen Menschen als seinesgleichen verbindet. Sie macht ihn zugleich verletzbar, ist doch das zu seiner Lebensform gehörende Selbstverhältnis auf fundamentale Realisierungsbedingungen angewiesen.[35]

Letztere[36] können zu beiden Arten der Verletzbarkeit – der grundlegenden Verletzbarkeit sowie der selektiven und variablen Verletzbarkeit –, sowie zu den inneren und äusseren Bereichen und Aspekten der Verletzbarkeit zählen und in einer inneren und in einer äusseren Form zum Zuge kommen.

Schliesslich merkt der Mensch, dass er sich zu sich selbst verhalten bzw. auf sich selbst beziehen kann.

Die Verletzbarkeit wird *drittens* vom Menschen aus seiner «Erste-Person-Perspektive» ebenfalls für die «Erste-Person-Perspektive» selbst und das «Selbstverhältnis» wahrgenommen und ausgesagt.

Dieser Bewusstwerdungsprozess über seine Verletzbarkeit und seine «Erste-Person-Perspektive» führen *viertens* zu einer Verortung des Menschen in einem Selbstverhältnis und in einem Verhältnis zu allen anderen Menschen. Im Zuge dieser Verortung wird ihm klar, dass er sich nicht durch die Verletzbarkeit von anderen Menschen unterscheidet, sondern die Verletzbarkeit mit allen Menschen teilt.

Dies ermöglicht dem Menschen *fünftens* im Zuge der Wahrnehmung der eigenen Verletzbarkeit und der Verletzbarkeit aller anderen Menschen die Bewusstwerdung, dass er mit allen anderen Menschen nicht nur

---

[35] Honnefelder, Ludger, Theologische und metaphysische Menschenrechtsbegründungen, in: Pollmann, Arnd / Lohmann, Georg (Hg.), Menschenrechte. Ein interdisziplinäres Handbuch, Stuttgart 2012, 171–172.

[36] Vgl. dazu Höffe, Otfried, Transzendentale Interessen. Zur Anthropologie der Menschenrechte, in: Kerber, Walter (Hg.), Menschenrechte und kulturelle Identität, München 1991, 15–36; Martha C. Nussbaum, Menschliches Tun und soziale Gerechtigkeit. Zur Verteidigung des aristotelischen Essentialismus, in: Micha Brumlik / Hauke Brunkhorst (Hg.), Gemeinschaft und Gerechtigkeit, Frankfurt a. M. 1993, 324–363.

die Verletzbarkeit, sondern auch die je individuelle «Erste-Person-Perspektive» auf die je eigene Verletzbarkeit und auf die Verletzbarkeit von allen anderen Menschen sowie das je individuelle «Selbstverhältnis» teilt: Jeder Mensch ist Subjekt seines Lebens. Die «Erste-Person-Perspektive» und das «Selbstverhältnis» erkennt der Mensch so als Bedingung der Möglichkeit eines Lebens als Mensch.

Auf der Grundlage der Wahrnehmung der Verletzbarkeit der eigenen «Erste-Person-Perspektive» und des eigenen «Selbstverhältnisses» wird sich der Mensch der gleichen Verletzbarkeit für die «Erste-Person-Perspektive» und das «Selbstverhältnis» von allen anderen Menschen bewusst. Der Mensch, der in erster Linie überleben und als Mensch leben will, wird sich bewusst, dass die Verletzbarkeit sowohl sein und das Überleben von allen anderen Menschen als auch sein Leben als Mensch und das Leben als Mensch von allen anderen Menschen betrifft, weil die Verletzbarkeit auch vor der «Erste-Person-Perspektive» und dem «Selbstverhältnis» als Bedingung der Möglichkeit eines Lebens als Mensch nicht Halt macht. Angesichts seiner Verletzbarkeit will der Mensch in erster Linie überleben und ein menschenwürdiges Leben führen. Überleben und menschenwürdiges Leben sollen dem Menschen nicht genommen werden dürfen. Sie müssen rechtlich durchsetzbar sein, um sich ihres Schutzes auch sicher sein zu können, und in verschiedenen Dimensionen gelten, denn die Verletzbarkeit kann die rechtliche, die politische, die historische und die moralische Dimension erfassen. Für Überleben und menschenwürdiges Leben sollen wegen ihrer oben erwähnten höchstprioritären Bedeutung und aufgrund der Unberechenbarkeit der Verletzbarkeit keine Bedingungen und Voraussetzungen erfüllt werden müssen. Dieses Anliegen, überleben und menschenwürdig leben zu können, teilt der Mensch mit allen anderen Menschen in gleichem Masse. Denn dieses Anliegen zeichnet sich nicht durch eine individuelle Note aus, auch wenn es sich dabei um ein je individuelles Anliegen handelt, das sich dem Individuum je in seiner «Erste-Person-Perspektive» und seinem «Selbstverhältnis» erschliesst.

Da sich der Mensch seiner Verletzbarkeit bewusst ist, gleichzeitig aber nicht weiss, ob und wann sich seine Verletzbarkeit bemerkbar macht oder sich in Verletzung wandelt, entfaltet sich *sechstens* die Bereitschaft, als für ihn vernünftigste und vorteilhafteste Lösung sich selbst und damit – aufgrund der diesbezüglichen Gleichheit aller Menschen – allen Menschen die «Erste-Person-Perspektive» und das «Selbstverhältnis» zuzugestehen. Dies bedeutet, sich und alle anderen Menschen aufgrund der sogar auch die «Erste-Person-Perspektive» und das «Selbstverhältnis» umfassenden Verletzbarkeit aller Menschen mit Rechten, die allen Menschen zustehen – d. h. mit Menschenrechten –, zu schützen. Dieser Schutz durch die Menschenrechte zielt darauf ab, zum einen eine Transformation von Verletzbarkeit zu einer konkreten Verletzung zu verhindern oder zum anderen im Falle einer eventuellen Transformation von Verletzbarkeit zu konkreten Verletzungen bzw. bei konkreten Verletzungen aktive Kompensation zu erfahren. Dabei sind sich die Menschen bewusst, dass dieser Schutz der Menschenrechte auch mit den Menschenrechten korrespondierende Pflichten umfasst, da es sich ja um keine exklusiven Rechte, sondern um Menschenrechte handelt, die allen Menschen zustehen.[37]

Hinsichtlich dieses sechsten Schrittes stellt sich die Frage, ob es wirklich für jeden beliebigen Menschen vorteilhaft ist, sich auf die Menschenrechte zu einigen. Denn es ist denkbar, dass ein Mensch vor seinem religiösen oder weltanschaulichen Hintergrund Verletzbarkeit bzw. Verletzungen nicht scheut, sondern sucht, oder dass Verletzbarkeit für ihn (heils-)irrelevant ist. Ein Argument gegen diesen Einwand wäre, dass sich eine solche Bezugnahme auf die Freiheit der Gedanken, der Überzeugungen, des Gewissens, des Glaubens, der Religion und der Weltanschauung ebenfalls als verletzbar erweist. Dies bedeutet, dass auch in diesem Fall das Eintreten für einen menschenrechtlichen Schutz vernünftig und vorteilhaft wäre.

Ein weiterer möglicher Einwand zum sechsten Element des ersten Filterungsschrittes lautet, dass es doch eigentlich nicht mehr klug ist, sich und allen anderen Menschen Menschenrechte zuzugestehen und sich an die eingegangenen Verpflichtungen zu halten, wenn es keine Durchsetzung der Menschenrechte oder keine Sanktionen bei ihrer Verletzung mehr gäbe. Auch hier dient die Unberechenbarkeit der Verletzbarkeit bzw. die Unberechenbarkeit einer eventuellen Transformation von Verletzbarkeit zu Verletzung als Gegenargument. Denn angesichts der Unsicherheit in Bezug auf die eigene individuelle Situation und die individuellen Aussichten erweisen sich die Menschenrechte mit der ihnen innewohnenden Gerechtigkeit und mit ihrer Gleichbehandlung aller Menschen als beste Lösung.

Diese bisherigen sechs Punkte zum Prinzip der Verletzbarkeit machen deutlich, dass *siebtens* die Verletzbarkeit an sich keine moralische Qualität aufweist, sondern dass das Prinzip der Verletzbarkeit mit der Verletzbarkeit, der «Erste-Person-Perspektive» und dem «Selbstverhältnis» als

---

37 Vgl. Kirchschläger, Peter G., Human Rights and Corresponding Duties and Duty Bearers, in: International Journal of Human Rights and Constitutional Studies 2/4, 2014, 309–321; ders., Verantwortung.

moralischem Anspruch normativ geladen ist. Das Prinzip der Verletzbarkeit betrifft alle Menschen und unterscheidet sie von allen anderen Lebewesen. Wegen des Prinzips der Verletzbarkeit sprechen sich die Menschen gegenseitig Menschenrechte zu. Denn sie einigen sich darauf, mit Menschenrechten zum einen für sich selbst und für alle Menschen eine Transformation von Verletzbarkeit zu einer konkreten Verletzung zu verhindern oder zum anderen für alle Menschen im Falle einer eventuellen Transformation von Verletzbarkeit zu konkreten Verletzungen bzw. bei konkreten Verletzungen eine aktive Kompensation vorzusehen. Es handelt sich dabei um eine Entscheidung der moralischen Gemeinschaft, dass sich die Menschen gegenseitig aufgrund des Prinzips der Verletzbarkeit Menschenrechte zusprechen und so alle Menschen zu Trägerinnen und Trägern von Menschenrechten machen.

Demzufolge sind Menschen nicht Trägerinnen und Träger von Menschenrechten aufgrund ihrer Verletzbarkeit. Sie sind Trägerinnen und Träger von Menschenrechten, weil sie sich mit ihrer Verletzbarkeit und deren Relevanz auseinandersetzen, sich der «Erste-Person-Perspektive» und des «Selbstverhältnisses» ihrer selbst und aller Menschen bewusstwerden, diese als Bedingung der Möglichkeit eines Lebens als Mensch erkennen und die sogar die «Erste-Person-Perspektive» und das «Selbstverhältnis» umfassende Verletzbarkeit aller Menschen wahrnehmen – wegen des Prinzips der Verletzbarkeit. Die Menschen differenzieren Verletzbarkeit basierend auf Unrechtserfahrungen, Ungerechtigkeit und Verletzungen, und sie etablieren wegen des Prinzips der Verletzbarkeit einen Schutz von Elementen und Bereichen der menschlichen Existenz mit spezifischen Menschenrechten. Das Prinzip der Verletzbarkeit stellt daher einen Anfangspunkt der Begründung von Menschenrechten an sich und von spezifischen Menschenrechten dar.

Achtens ist es angesichts des Prinzips der Verletzbarkeit durchaus möglich, dass die Menschen neuen Leidens- und Unrechtserfahrungen ausgesetzt sind, die aufgrund ihres bedrohlichen Charakters menschenrechtlichen Schutz notwendig machen.[38] Diese Notwendigkeit ruft eine Formulierung von Rechten hervor, die über die bisherigen Menschenrechte hinausgeht. Damit in Kohärenz erweist sich die oben angesprochene Dynamik, welche die Menschenrechte für neue Herausforderungen, die möglicherweise auftreten können, offenlässt. Das Prinzip der

---

[38] Vgl. dazu Kirchschläger, Peter G., Menschenrechte als Schlüssel; ders., Transformation.

Verletzbarkeit besitzt hier eine «Entdeckungsfunktion»[39] und führt zu neuen Aktualisierungen und Präzisierungen des Menschenrechtsschutzes.

2.2.2 Zweiter Filterungsschritt

Der zweite Filterungsschritt nimmt die bisherigen Überlegungen auf und präzisiert sie hinsichtlich der Schutzbereiche, auf die alle Menschen als Trägerinnen und Träger von Menschenrechten einen Anspruch besitzen. Denn der Konsens über den Schutz vor der Verletzbarkeit und ihren Folgen umfasst nicht alle möglichen Elemente und Bereiche der menschlichen Existenz. Welche Elemente und Bereiche der menschlichen Existenz sollen aber unter den Schutz der Menschenrechte gestellt werden? Welche Kriterien sollen die Auswahl dieser Elemente und Bereiche der menschlichen Existenz leiten?

Ausgangspunkt sind historische Leidens- und Unrechtserfahrungen, denen der Mensch aufgrund des Prinzips der Verletzbarkeit des Menschen ausgeliefert ist bzw. sein könnte. Angesichts dieser historisch gravierenden Unrechts- und Verletzungserfahrungen und aufgrund des Prinzips der Verletzbarkeit stimmt der Mensch zu, mit Menschenrechten zum einen für sich selbst und für alle Menschen eine Transformation von Verletzbarkeit zu einer konkreten Verletzung zu verhindern und zum anderen für alle Menschen im Falle einer eventuellen Transformation von Verletzbarkeit zu konkreten Verletzungen bzw. bei konkreten Verletzungen aktive Kompensation vorzusehen.

Nicht allen historischen Verletzungserfahrungen gilt der Menschenrechtsschutz. Eine Auswahl von historischen Unrechtserfahrungen ist notwendig, die den Schutz der Menschenrechte verlangen. Dies wiederum bedingt Kriterien für diesen Auswahlprozess. Diese können aus der obigen Beschreibung des Menschen und der obigen Gewichtung gewonnen werden, da sich darin zeigt, wogegen sich der Mensch schützen will. Dies erlaubt es zu verstehen, welche Charakteristika dazu führen, dass eine historische Verletzungserfahrung den Menschenrechtsschutz braucht. Der Mensch will in erster Linie überleben und als Mensch leben (Fundamentalität). Denn der Mensch wird sich bewusst, dass die Verletzbarkeit sowohl sein Überleben und das Überleben aller anderen Menschen als auch sein Leben als Mensch und das Leben als Mensch eines jeden Menschen betrifft (Universalität), weil die Verletzbarkeit auch vor der «Erste-Person-Perspektive» und dem «Selbstverhältnis» als Bedingung der Mög-

---

[39] Habermas, Jürgen, Das Konzept der Menschenwürde und die realistische Utopie der Menschenrechte, in: ders., Zur Verfassung Europas. Ein Essay, Berlin 2011, 13–38, 18.

lichkeit eines Lebens als Mensch nicht Halt macht. Überleben und menschenwürdiges Leben sollen dem Menschen nicht genommen werden dürfen (Unveräusserlichkeit). Sie müssen rechtlich durchsetzbar sein (Justiziabilität) und in verschiedenen Dimensionen gelten (Multidimensionalität), denn die Verletzbarkeit kann die rechtliche, die politische, die historische und die moralische Dimension erfassen. Für Überleben und menschenwürdiges Leben sollen wegen ihrer oben erwähnten höchstprioritären Bedeutung und aufgrund der Unberechenbarkeit der Verletzbarkeit bzw. einer eventuellen Transformation von Verletzbarkeit zu Verletzung keine Bedingungen und Voraussetzungen erfüllt werden müssen (kategorischer Charakter). Dieses Anliegen, überleben und menschenwürdig leben zu können, teilt der Mensch mit allen anderen Menschen in gleichem Masse (Egalität). Denn es zeichnet sich nicht durch eine individuelle Note aus, auch wenn es sich dem Individuum je in seiner «Erste-Person-Perspektive» und seinem «Selbstverhältnis» erschliesst (individuelle Geltung). Daher bestimmen die folgenden acht Kriterien die Auswahl derjenigen historischen Verletzungserfahrungen und Verletzbarkeiten, in denen alle Menschen den Schutz durch spezifische Menschenrechte erfahren sollen: Fundamentalität, Universalität, Unveräusserlichkeit, Justiziabilität, Multidimensionalität, kategorischer Charakter, Egalität und individuelle Geltung.

Den zweiten Filterungsschritt des Begründungswegs, der auf dem Prinzip der Verletzbarkeit basiert, charakterisiert eine immanente Offenheit für neue Bedrohungen, Risiken und Unrechtserfahrungen, die sich in der Gegenwart dem Bewusstsein und der Vorstellungskraft entziehen oder noch nicht aufgetreten sind, sowie die Offenheit für Unrechtserfahrungen, die sich in unterschiedlichen Religionen, Kulturen, Traditionen, Zivilisationen und Weltanschauungen ergeben.

2.2.3 Dritter Filterungsschritt
Dieser umfasst die Anwendung der oben erwähnten acht Kriterien mit dem Ziel, die Elemente und Bereiche der menschlichen Existenz zu identifizieren, die den Schutz der Menschenrechte benötigen.

Beim Kriterium «Fundamentalität» hängt dessen Erfüllung von der Prüfung ab, ob eine historische Unrechtserfahrung ein Element oder einen Bereich der menschlichen Existenz berührt, der überlebensnotwendig oder für ein Leben als Mensch notwendig ist.

Beim Kriterium «Universalität» und bei der oben erwähnten Herausforderung der historischen Kontingenz sowie der Universalisierung von partikularen Unrechtserfahrungen müssen zur Erfüllung rationale Gründe angegeben werden, warum eine Unrechts- und Verletzungserfahrung menschenrechtsrelevant ist und ein Element bzw. einen Bereich der menschlichen Existenz betrifft, das bzw. der für alle Menschen überall und immer geschützt werden muss. Die Voraussetzung der Angabe von rationalen Gründen ermöglicht den Übergang von einer subjektiven Unrechts- und Verletzungserfahrung zur universalisierbaren Unrechts- und Verletzungserfahrung.[40]

Beim Kriterium «Unveräusserlichkeit» bedingt dessen Erfüllung, dass von einem Element oder einem Bereich ausgesagt werden kann, dass das damit korrespondierende Recht weder erworben noch verloren werden kann und als jedem Menschen zustehend gedacht werden kann.

Beim Kriterium «Justiziabilität» hängt dessen Erfüllung von der Möglichkeit ab, das damit korrespondierende Recht in einem Rechtssystem durchsetzen zu können.

Beim Kriterium «Multidimensionalität» bedingt dessen Erfüllung, dass es in der rechtlichen, politischen, moralischen und historischen Dimension gedacht werden kann.

Beim Kriterium «kategorischer Charakter» wird dessen Erfüllung erreicht, indem gezeigt wird, dass keine Voraussetzungen von einem Menschen erwartet werden, um diese Verletzbarkeit, diese Verletzung oder das damit korrespondierende Recht, das vor dieser Verletzbarkeit oder vor dieser Verletzung schützt, zu haben.

Bei der «Egalität» ist das Kriterium erfüllt, wenn die Möglichkeit besteht, dass jeder Mensch in den Genuss des korrespondierenden Rechts ohne Unterschied kommen kann.

Beim Kriterium «individuelle Geltung» beinhaltet dessen Erfüllung die Möglichkeit, das korrespondierende Recht als Individuum unabhängig von einem Kollektiv zu besitzen.

Eine Begründung der Menschenrechte und ihrer universellen Geltung muss so gestaltet sein, dass sie nicht nur die Menschenrechte an sich begründet, sondern auch für alle einzelnen Menschenrechte durchgeführt werden kann. Die auf dem Prinzip der Verletzbarkeit basierende Begründung der Menschenrechte lässt sich auf die spezifischen Menschenrechte anwenden, wie exemplarisch an einzelnen Menschenrechten an anderer Stelle bereits gezeigt werden konnte.[41] Die Begründung der Menschen-

---

40 Hörnle, Tatjana, Zur Konkretisierung des Begriffs «Menschenwürde», in: Joerden, Jan C. u. a. (Hg.), Menschenwürde und moderne Medizintechnik, Baden-Baden 2022, 57–76, 67.
41 Vgl. Kirchschläger, Menschenrechte, 390–335; ders., Verletzbarkeit.

rechte auf der Basis des Prinzips der Verletzbarkeit erweist sich für religiöse und säkulare Menschenrechtskonzeptionen[42] als anschlussfähig. Die Menschenrechte sind also in ihrer Universalität ethisch begründbar.

Die vorgelegte mehrstufige Begründung für die Universalität der Menschenrechte kann zeigen, dass nicht leichtfertig auf die Menschenrechte als ethisch verantwortete Handlungsgrundlage zurückgegriffen wird, sondern sich in einem solchen Vorgehen ein ethischer Konsensprozess spiegelt, welcher der vielfältigen Komplexität der Wirklichkeit von Gesellschaft, Politik, Kultur, Religion und Weltanschauung bewusst Rechnung trägt.

3. Menschenrechtlicher Schutz und Förderung von Pluralität

Die Universalität der Menschenrechte sieht sich mit Kritik konfrontiert, die zugespitzt im folgenden Vorwurf zusammengefasst werden kann: «Der ‹Westen› kann doch nicht der ganzen Welt vorschreiben, wie sie zu leben hat!» In diesem Einwand steckt ein Missverständnis: Die Menschenrechte schützen und ermöglichen gerade kulturelle, religiöse und weltanschauliche Pluralität, u. a. durch das Diskriminierungsverbot und das Recht auf Religionsfreiheit.[43] Darin, in der Ermöglichung einer Vielfalt von Wertesystemen, liegt ihr Alleinstellungsmerkmal als ethischer Referenzrahmen.

Dieses Argument löst möglicherweise den Einwand aus, dass doch gerade die Menschenrechte menschenrechtsverletzende Praktiken verbieten und somit scheinbar Pluralität eingrenzen. Das stimmt insofern, als die Menschenrechte das Prinzip der Unteilbarkeit kennen. Dies bedeutet, dass alle Menschenrechte optimal verwirklicht werden müssen – Hand in Hand.[44] So muss z. B. eine religiöse Praxis alle anderen Menschenrechte respektieren.

Des Weiteren löst die Rede vom «Westen» Zweifel aus, denn menschenrechtsähnliche oder menschenrechtliche Ideen finden sich in diver-

---

[42] Vgl. Kirchschläger, Peter G., Adaptation – A Model for Bringing Human Rights and Religions Together, in: Acta Academica 47/2, 2015, 163–191.

[43] Vgl. Kirchschläger, Peter G., Religionsfreiheit – ein Menschenrecht im Konflikt, in: Freiburger Zeitschrift für Philosophie und Theologie 60/2, 2013, 353–374.

[44] Vgl. Kirchschläger, Peter G., Ethik und Menschenrechte, in: Ancilla Juris 9, 2014, 59–98.

sen Philosophien, Kulturen, Religions- und Weltanschauungsgemeinschaften auf der ganzen Welt[45] – also bereits lange vor der Aufklärung.
So stört z. B. Antifon (5. Jh. v. Chr.) die Sklaverei, da alle Menschen gleich
sind.[46] Darüber hinaus sind geografische Kategorien (wie z. B. «Westen»,
«Osten») hinsichtlich ihrer normativen Aussagekraft anzuzweifeln, da sie
sich erstens als rassistisch erweisen, indem sie suggerieren, dass Menschen
an einem Ort in überlebens- und lebensnotwendigen Elementen anders
seien. Geografische Kategorien bleiben zweitens stets in wesentlichem
Ausmass relativ zum Ausgangspunkt. So liegt z. B. Wien im «Osten» von
Luzern – entgegen der üblichen Zuordnung von Wien zum «Westen».
Kategorien wie «Osten» und «Westen» erweisen sich drittens wegen ihrer
Pluralität und Dynamik als nicht greifbar. So zeigt sich viertens, dass eine
solche Schematisierung «Osten versus Westen» auf einer übersimplifizier-
ten Konstruktion vermeintlich monolithischer, homogener, unveränder-
barer, separater und entgegengesetzter Welten basiert. Die geografische
Zuordnung von normativen Aussagen vermag schliesslich fünftens insofern nicht zu überzeugen, als sich denkbare Positionen und Gegenposi-
tionen überall finden lassen. Gewiss stehen sie unter dem Einfluss des
jewieligen Kontexts, aber wenn sich ihre Begründung allein auf den Her-
kunftsort abstützt, zerfällt ihre normative Geltung.

Beim Zusammenspiel zwischen Menschenrechten und Ausdrucksfor-
men, Praxis und Institutionen kultureller, religiöser und weltanschaulicher Pluralität kann das Konzept der «Adaption»[47] weiterhelfen, welches
das Verhältnis zwischen Menschenrechten und Kulturen sowie Religions-
und Weltanschauungsgemeinschaften als dialogische Begegnung rezipro-
ker Kritik unter Partnerinnen und Partnern denkt. Adaption berücksichtigt die implizite Einladung von 1948 an Kulturen sowie Religions- und
Weltanschauungsgemeinschaften, aus ihrer Perspektive, vor ihrem Glau-
bens-, Wissens-, Denk- und Verstehenshorizont sowie in ihrer Sprache
die Menschenrechte zu begründen.[48] Kulturen sowie Religions- und
Weltanschauungsgemeinschaften beteiligen sich zudem als kritische Stimmen am Menschenrechtsdiskurs. Gleichzeitig führt menschenrechtliche

---

[45] Vgl. Hersch, Jeanne, Das Recht, ein Mensch zu sein. Leseproben aus aller
Welt zum Thema Freiheit und Menschenrechte. Idee, Konzept und Auswahl,
Basel 1990.
[46] Vgl. The Oxyrhynchus Papyri XI, in: Grenfell, Bernhard P. / Hunt, Arthur S.
(Hg.), The Oxyrhynchus Papyri XI, Oxford 1915; Merlan, Philip, Alexander the
Great or Antiphon the Sophist?, in: Classical Philology 45/3, 1950, 161–166.
[47] Vgl. Kirchschläger, Adaptation.
[48] Vgl. Maritain, Jacques, Introduction, in: UNESCO (Hg.), Human Rights.
Comments and Interpretations, Paris 1948, I–IX.

Peter G. Kirchschläger

Kritik zu einer Veränderung in Kulturen sowie Religions- oder Weltanschauungsgemeinschaften. Schliesslich wird gewürdigt, dass die Menschenrechte durch die Garantie der Selbstbestimmung des Individuums
kulturelle, religiöse und weltanschauliche Pluralität schützen, ermöglichen und gezielt fördern.[49]

4. Schlussbemerkungen

Dank ihrer Universalität und mit ihrem kritischen Charakter tragen Menschenrechte dazu bei, dass Menschenrechtsverletzungen beim Namen genannt sowie bekämpft werden und dass alle Menschen die Realisierung
ihrer Menschenrechte erfahren. Solange Menschenrechte in einem Span-
nungsverhältnis zur Lebenswirklichkeit stehen und nicht gelebtes Leben,
sondern Maximen humanen Lebens beschreiben, gibt es diesbezüglich
dringenden Handlungsbedarf, diesen Mindeststandard der Menschenrechte im Dienste des Überlebens und menschenwürdigen Lebens aller
Menschen einzuhalten. Dabei entfaltet sich das Prinzip der Verletzbarkeit
zu einem Appell aller Menschen gegenüber allen Menschen, da sich die
Menschen ihrer Verletzbarkeit bewusstwerden und wahrnehmen, dass sie
auf beiden Seiten der Macht stehen könnten. So können die Menschenrechte ihre Wirkung entfalten und durch den Schutz der Selbstbestimmung des Individuums kultureller, religiöser und weltanschaulicher Pluralität Schutz, Ermöglichung und gezielte Förderung bieten.

Vgl. Kirchschläger, Peter G., Human Dignity and Human Rights. Fostering
   and Protecting Pluralism and Particularity, in: Interdisciplinary Journal for
   Religion and Transformation in Contemporary Society 6/1, 2020, 90–106.

Der Gottesdienst als Darstellung der «Gegenwart des ganzen ungeteilten Daseins» und seiner Brüche

Wilhelm Gräb †

1. Eine Formel für die religiöse Erfahrung und ihr Passungsverhältnis zum Gottesdienst

Menschen drängt es, einen Gottesdienst zu feiern, am ehesten dann, wenn etwas eintritt, was ihr Leben in seiner Ganzheit auf erschütternde oder beglückende Weise betrifft. An den Einschnitten, den Krisen- und Wendepunkten, die den Gang des Lebens unterbrechen, bei Katastrophen, die die Gesellschaft als Ganze bewegen, werden seit jeher und in allen Kulturen religiöse Rituale begangen. In Krisensituationen wie sie biografische Brüche und Umbrüche oder auch einschneidende gesellschaftliche Bedrohungen und Katastrophen darstellen, zeigen Religionen ihre Fähigkeit, durch liturgische Praktiken dem Gefühl menschlicher Ohnmacht wirksam begegnen zu können. Gottesdienstliche Liturgien ermöglichen die Kontaktaufnahme mit transzendenten göttlichen Mächten. Angesichts sinnverwirrender Konfrontation mit dem Unverfügbaren erinnert die Feier des christlichen Gottesdienstes an Gottes Barmherzigkeit und seine ewige Treue. Sie erneuert Gottes Heilsversprechen und trägt so zur Krisenbewältigung und neuer Sinnstiftung bei.

Wo wir Menschen vor die Ganzheit unseres Lebens geraten, ist dies zugleich immer mit der Erfahrung verbunden, dass diese sich entzieht. Wir sind und haben diese Ganzheit nicht. Sie zerfällt uns sehr viel eher in die Bruchstücke unserer Lebensgeschichte, als dass wir sie durch unsere Erzählungen zu einem stimmigen Ganzen zusammenzufügen in der Lage wären. Wo wir vor die Ganzheit unseres Lebens geraten, geraten wir zugleich in die paradoxe Situation, dass wir uns zu dieser Ganzheit unseres Lebens nur verhalten können, indem wir auf ein anderes ausgreifen, das uns selbst transzendiert, von dem wir aber, gleichsam von aussen, dann doch wieder auf uns zurückkommen können. Die Rede vom Gottesdienst als Darstellung des ganzen ungeteilten Daseins zielt auf solche Akte der Herstellung einer Beziehung zu einem ganz anderen, von dem her unser endliches, verletzliches, zerbrechendes Leben auf heilsame Weise ganz werden kann. Die Rede vom Gottesdienst als Darstellung der Gegenwart des ganzen ungeteilten Daseins trifft sehr genau, allgemeiner gesagt, die kulturanthropologischen Veranlassungsgründe für die Begehung religiöser, die Beziehung zur Transzendenz herstellender humaner Praktiken und Rituale.

Wenn ich hier vom Gottesdienst spreche, kommt es mir entscheidend auf die Erschliessung seines humanen Sinns an. Ich werde deshalb vor allem auf die Praxis derjenigen Gottesdienste Bezug nehmen, denen in unserer vielfach, wenn auch fälschlich als säkular bezeichneten Gesellschaft immer noch eine bemerkenswerte, die normalen Sonntagsgottesdienste weit übertreffende Attraktivität zukommt. In der Praktischen Theologie bezeichnen wir sie als Kasualgottesdienste, eben, weil sie gefeiert werden, wenn ein Kasus eintritt, der unser Leben auf erschütternde oder beglückende Weise im Ganzen betrifft. Auf diese Gottesdienste blickend möchte ich zeigen, dass in ihnen nicht die Verkündigung der biblischen Botschaft Regie führt, sondern die religiöse, auf transzendente Ganzheit ausgreifende Deutung lebensgeschichtlicher Umbruchs- und Grenzerfahrungen.[1]

Der liturgische Gottesdienst am Sonntagmorgen, wie er nach konfessionsspezifischen Traditionen gefeiert wird, folgt inzwischen mehr und mehr ebenfalls dem Schema der Kasualgottesdienste. Auch er findet sein Proprium, das, was in ihm zum religiös relevanten Thema wird, oft nicht mehr so sehr im liturgischen Kalender und im kirchenamtlich für diesen Sonntag verordneten biblischen Text, sondern in der religiösen, existenziellen, politischen und sozialen Situation, zu der aus christlicher Sicht hier und jetzt Stellung zu beziehen ist. Der normale liturgische Gottesdienst sucht auf diese Weise seine Chance, nicht immer mehr zu einer gesellschaftlich marginalen Angelegenheit der immer weniger werdenden Traditionschristen zu werden.

Doch bevor ich näher zu beschreiben versuche, wie der Gottesdienst zur Erfahrung der Gegenwart des ganzen ungeteilten Daseins und seiner Brüche wird, möchte ich der von Henrich Steffens aufgebrachten[2] und von Schleiermacher übernommenen[3] Rede vom religiösen Gefühl als der

---

1 Näher ausgeführt habe ich das, in: Gräb, Wilhelm, Religion als Deutung des Lebens. Perspektiven einer Praktischen Theologie gelebter Religion, Gütersloh 2006, 67–166, sowie ders., Predigtlehre. Über religiöse Rede, Göttingen 2013, 27–32.

2 Vgl. Steffens, Henrich, Von der falschen Theologie und dem wahren Glauben. Eine Stimme aus der Gemeinde, Breslau 1823, 99f.

3 Schleiermacher, Friedrich, Der christliche Glaube nach den Grundsätzen der evangelischen Kirche im Zusammenhange dargestellt. Zweite Auflage (1830/31), Teilband 1, in: (KGA), I. Abt., Bd. 13, 1, Berlin / New York 2003, § 3, 23f.

Erfahrung der Gegenwart des ganzen ungeteilten Daseins nachgehen. Die Rede vom religiösen Gefühl als Ort der Präsenzerfahrung des ganzen ungeteilten Daseins diente beiden dazu, überhaupt den anthropologischen Zugang zur Religion zu öffnen und erfüllte damit zugleich den Zweck, die in der *conditio humana* liegende Veranlassung für den praktischen Vollzug des religiösen Ausgriffs auf Transzendenz aufzuzeigen. Beide allerdings, Steffens wie Schleiermacher, das wird dann auch deutlich werden, wären vermutlich nicht dafür gewesen, mit dieser anthropologischen Formel die Intention des christlichen Gottesdienstes zu beschreiben. Insbesondere Steffens zog, wie ich gleich näher zeigen werde, eine strenge Grenze zwischen dem anthropologischen Ort der Religion und ihrem sich der biblischen Gottesoffenbarung verdankenden und im Gottesdienst ereignenden Vollzug. Auch für Schleiermacher gehörte seine Konzeption des religiösen Gefühls in die religionsphilosophische Grundlegung der Glaubenslehre.[4] Diese sieht von der Praxis des christlichen Glaubens ab und entwickelt eine allgemeine Theorie religiöser Erfahrung. Deren christliche Bestimmtheit bzw. die im Gottesdienst sich versammelnde und den christlichen Glauben bekennende christliche Gemeinde, setzt die Glaubenslehre voraus, indem sie zugleich den Lebensvollzug des christlichen Glaubens inhaltlich entfaltet. Ebenso tut dies die Christliche Sittenlehre, in der Schleiermacher seine Auffassung vom Gottesdienst als «darstellendem Handeln» entwickelt hat.[5] Schleiermacher stellte seine Lehre vom Gottesdienst dezidiert unter die Voraussetzung, dass da eine christliche Gemeinde zum Zweck der Darstellung und Mitteilung des christlichen Glaubens versammelt ist. Nach der Christlichen Sittenlehre praktiziert die christliche Gemeinde das Christentum entweder durch ihr wirksames, den christlichen Geist in der Welt verbreitendes Handeln, oder durch ihr darstellendes, die aktuale Präsenz des christlichen Geistes artikulierendes Handeln. Der Gottesdienst fällt unter das darstellende Handeln. Denn für Schleiermacher bestand der Sinn des Gottesdienstes nicht darin, Menschen zum christlichen Glauben zu bringen. Er sollte keine Missionsveranstaltung sein, sondern der Erbauung der im Glauben versammelten Gemeinde dienen.

---

4   Sie liegt vor in der Einleitung in die Glaubenslehre, vgl. Schleiermacher, Glaube, 1–180.

5   Schleiermacher, Friedrich, Die christliche Sitte nach den Grundsätzen der evangelischen Kirche im Zusammenhange dargestellt. Aus Schleiermachers handschriftlichem Nachlasse und nachgeschriebenen Vorlesungen, Jonas, Ludwig (Hg.), Friedrich Schleiermachers Sämtliche Werke, I. Abt., Zur Theologie, Bd. 12, Berlin ²1884, 502–705.

Im Blick auf die heutige religiöse Lage scheint mir die Anwendung der Formel von der «Darstellung der Gegenwart des ganzen ungeteilten Daseins» auf den Gottesdienst, wie sie der Titel meines Beitrags ankündigt, ihre Stärke allerdings gerade darin zu haben, dass sie eine von dogmatisch-theologischen Voraussetzungen unbelastete Einweisung in den Gottesdienst als Ort der Artikulation religiöser Erfahrung gibt. Die Rede vom Gottesdienst als der Darstellung der Gegenwart des ganzen ungeteilten Daseins lässt Gesichtspunkte zur Geltung bringen, die zeigen, warum der Gottesdienst an den Krisen- und Wendepunkten des Lebens für Menschen auch dann attraktiv ist, wenn sie weder den christlichen Offenbarungsglauben teilen noch einer im Glauben gefestigten Gemeinde angehören. Doch um das verständlich zu machen, muss ich zunächst auf die literarischen Zusammenhänge näher eingehen, in denen Henrich Steffens die Formel von der Religion als der Gegenwart des ganzen ungeteilten Daseins vorgebracht und Friedrich Schleiermacher sie dann aufgegriffen hat.

2. Die «Gegenwart des ganzen ungeteilten Daseins» bei Steffens und Schleiermacher

«Von der falschen Theologie und dem wahren Glauben. Eine Stimme aus der Gemeinde durch Henrich Steffens», so lautet der Titel des 1823 erschienenen theologischen Traktats, in dem die Formel vom religiösen Gefühl als der Gegenwart des ganzen ungeteilten Daseins vorkommt.[6] Henrich Steffens, ein Freund und Weggefährte Schleiermachers, war damals Inhaber des Lehrstuhls für Philosophie mit dem Schwerpunkt Naturphilosophie an der Universität Breslau. Doch als eine «Stimme der Gemeinde» ergriff er mit dieser Schrift das Wort. Es ging ihm um eine Verteidigung des altlutherischen Glaubens und dabei des Predigers seiner örtlichen Gemeinde, der sich, wie Steffens meinte, zurecht der preussischen Union verweigert hatte.

In diese Schrift streute Steffens Überlegungen zu einer naturphilosophisch ausweisbaren Anthropologie des religiösen Gefühls ein, wobei er zu dieser trefflichen Formel für das Gefühl als dem anthropologischen Ort der Religion fand. Das Gefühl, so sagt er da, ist die «Stätte der Religion in der menschlichen Seele»[7], um dann den Gefühlsbegriff in eben dieser Weise zu fassen, dass er hinzufügt:

---

[6] Steffens, Henrich, Theologie, 99f.
[7] A. a. O., 99.

> Was wir hier Gefühl nennen, ist die unmittelbare Gegenwart des ganzen, unge-
> theilten, sowohl sinnlichen als auch geistigen Daseins, der Einheit der Person
> und ihrer sinnlichen und geistigen Welt.[8]

Dieses Gefühl, so führt Steffens im Anschluss an dessen begriffliche Bestimmung erstaunlicherweise aus, will sich uns im wirklichen Leben aber
gar nicht einstellen. Wir merken, dass wir diese integren, die Gegensätze
des Lebens zum Ausgleich und in ein sinnvolles Ganzes fügenden Persön-
lichkeiten weder sind noch aus eigener Kraft werden können. Zu sehr
dominieren unsere selbstbezogenen Durchsetzungsinteressen, als dass die
Einheit des Ganzen, in das wir einbezogen sind, durch uns zum Vorschein
kommen könnte. Wo das Gefühl uns in unmittelbaren Kontakt zu uns
selbst und der Verfassung unseres Daseins bringt, nehmen wir nicht dessen Einheit und Ganzheit wahr, sondern unser Ich zerfällt in den Widerstreit differenter Motive, Neigungen und Interessen.

Steffens' eindrückliche Formel für das religiöse Gefühl als der Gegenwart des ganzen ungeteilten Daseins ist Bestandteil einer nominalen Begriffsbestimmung. Sie sagt nur etwas darüber aus, was unter einem religiösen Gefühl in seiner Zugehörigkeit zur menschlichen Natur verstanden
werden kann. Mit ihr ist für Steffens nichts über das tatsächliche Auf-
kommen dieses Gefühls personaler Ganzheit in uns Menschen gesagt. Auf
der Basis naturphilosophischer und anthropologischer Überlegungen, die
Steffens zu seiner Gefühlsformel führen, lassen sich für ihn darüber auch
gar keine abschliessenden Aussagen machen. Deshalb besteht er darauf,
dass sein Begriff des Gefühls lediglich die «Stätte der Religion in der
menschlichen Seele» bezeichne, aber «wir nie zugeben können, dass sie
aus diesem Gefühle hergeleitet werden könne»[9]. Dass einem Menschen
die ungeteilte Ganzheit seines Daseins gegenwärtig wird, verdankt sich
für Steffens gerade keiner natürlichen Gefühlserfahrung. Um der ungeteilten Ganzheit der eigenen Person ansichtig werden zu können, bedarf
es für ihn des energischen Ausgriffs auf die Transzendenz. Nur hat Steffens das so nicht ausgedrückt. An Luthers Theologie sich orientierend,
kommt für ihn die natürliche Gefühlserfahrung gewissermassen der Erfahrung des Lebens unter dem Gesetz gleich, die nach der Erlösung durch
das Evangelium verlangen lässt. Um von der Erfahrung des ganzen ungeteilten Daseins sprechen zu können, braucht es den Sprung in den allein
aus Gnade rechtfertigenden Glauben. Erst im Licht der heilsamen Gnadenzusage erkennt der Mensch überhaupt erst die Tiefe seiner abgrundtiefen Zerrissenheit. Daraus auch erst entsteht die Bereitschaft, sich dem

---

[8] A. a. O., 99f.
[9] Ebd.

Evangelium zu öffnen. Dieses führt den sich bekehrenden Sünder über sich und seine Zerrissenheit hinaus. Im Vertrauen auf Gottes Gnadenzusage wird er dessen gewiss, dass in Gottes Augen auch sein Leben sich zur ungeteilten, versöhnten Ganzheit fügt.[10]

Die Entstehung der Religion, worunter Steffens den selig machenden, weil das ganze ungeteilte Dasein zum Vorschein bringenden Glauben verstand, verdankt sich keiner Deutung humaner Gefühlserfahrung, sondern gründet in dem auf das Schriftwort sich verlassenden Offenbarungsglauben. Folglich hätte sich Steffens energisch dagegen gewehrt, seine Formel für das religiöse Gefühl direkt auf den christlichen Gottesdienst angewandt zu wissen. Zur Darstellung der Gegenwart des ganzen ungeteilten menschlichen Daseins wird für ihn der im Abendmahl gipfelnde lutherische Gottesdienst, an dessen bekenntnistreuer Form er strikt festzuhalten wissen wollte, erst durch das Ereignis der Gegenwart des den reuigen Sünder suchenden und in die erlösende Seligkeit führenden Heilandes.[11]

Auf seine treffliche Formel für das religiöse Gefühl als der Gegenwart des ganzen ungeteilten Daseins kommt Steffens in seinem theologischen Traktat gar nicht mehr zurück. Er verlässt die anthropologische Argumentation und springt in die Semantik des lutherisch verstandenen christlichen Glaubens. Danach ist die die menschliche Zerrissenheit überwindende Ganzheitserfahrung ein Ergebnis des dem Evangelium vertrauenden und die heilsame Gegenwart des Erlösers an sich erfahrenden Glaubens.

Auch Schleiermacher, der zur begrifflichen Bestimmung des religiösen Gefühls als der Vollzugsgestalt unmittelbaren Selbstbewusstsein im § 3 der Einleitung in die Glaubenslehre, in dem er sein Verständnis der Frömmigkeit darlegt, auf Steffens Formel verweist, ist nicht dazu übergegangen, diese Formel direkt auf den Gottesdienst anzuwenden. Auch für ihn gehörte sie in die Anthropologie der Religion. Dieser hat er allerdings in der religionsphilosophischen Einleitung in seine Glaubenslehre tiefgreifende Überlegungen gewidmet. Ihnen soll im Folgenden ein wenig nachgegangen werden, weil sie zeigen, dass Schleiermacher Steffens Formel von der Gegenwart des ganzen ungeteilten Daseins einerseits konsequent auf die Gefühlserfahrung bezogen, andererseits aber diese auch mit einem notwendigen Ausgriff auf Transzendenz verbunden sah. Schleiermachers Umgang mit Steffens' Formel scheint mir deshalb bessere Möglichkeiten für eine Anwendung auf die heutige Gottesdienstpraxis anzuzeigen, auch wenn Schleiermacher einen Bezug zu seinem Verständnis des Gottesdienstes selbst nicht hergestellt hat. Dies eben deshalb nicht, weil auch er den

---

10 A. a. O., 109–131.
11 A. a. O., 211–236.

Gottesdienst als eine Vollzugshandlung der im Glauben versammelten Gemeinde verstand, für deren Beschreibung die in der Einleitung in die Glaubenslehre vorgelegte religionsphilosophische Theorie des religiösen Gefühls einschliesslich der Bestimmung seiner existenziellen Bedeutung noch nicht ausreicht.

Dankbar jedoch verweist Schleiermacher in einer Anmerkung zu dem den Begriff der Frömmigkeit bestimmenden § 3 auf Steffens Formulierung.[12] Die Rede vom Gefühl als der «Gegenwart des ganzen ungeteilten Daseins» bringe sehr gut zum Ausdruck, warum die Religion im Gefühl und nicht im Wissen oder Tun ihren Sitz im menschlichen Leben habe. Im Wissen und Tun sind wir objektorientiert, suchen wir die Welt zu erkennen oder sie zu gestalten. Im Gefühl bleiben wir unmittelbar auf uns selbst bezogen, kommt uns unwillkürlich zu Bewusstsein, was mit uns geschieht und wie es um uns steht. Gerade nicht so, dass wir uns beobachten oder auf uns reflektieren. In jedem Akt der Selbstreflexion und Selbstbeobachtung entsteht ja ein Gegensatz zwischen uns als Beobachtenden und uns als Beobachteten. Im Gefühl hingegen kommt uns das uns in der Ganzheit unseres Daseins Bestimmende auf unmittelbare Weise, nicht durch gegensatzbestimmte Reflexion gebrochen, zum Bewusstsein. Dieses Gefühl, das unmittelbar in uns aufkommt, ist dabei weder durch uns bewusst veranlasst, noch sind wir imstande eine Gegenwirkung darauf auszuüben. Schleiermacher nennt als Beispiele «Gefühlzustände» wie «Freude und Leid» als «überall auf dem religiösen Gebiet bedeutenden Momente»[13], oder auch «Gefühlszustände» wie «Reue, Zerknirschung Zuversicht Freudigkeit zu Gott»[14]. Wo solche Gefühlszustände auftreten, sind wir im Allgemeinen geneigt, so meint Schleiermacher, von religiösen Gefühlsäusserungen zu sprechen. Gerade weil es Schleiermacher auf die vorreflexive Unmittelbarkeit des dem Gefühl entsprechenden Selbstbewusstseins ankam, konnte er Steffens' Rede von der im Gefühl sich ereignenden «Gegenwart des ganzen ungeteilten Daseins» so gut aufgreifen. Nur das Gefühl, wie es unmittelbar in uns aufkommt, zeigt uns an, wie wir unser Dasein und Sosein im Ganzen gerade empfinden.

Dabei ist aber auch klar, dass unser Selbstgefühl nur anzeigt, wie es im Moment um uns steht. Es ist dem Wechsel der Zustände und Situationen, in die wir geraten, unterworfen. Die Ganzheit, die es uns gegenwärtig macht, ist immer eine im Vorübergehen. Sie verändert sich sowohl durch den Wechsel unserer situativen Lebensumstände wie dann mit un-

---

[12] Schleiermacher, Glaube, § 3, 23.
[13] Ebd.
[14] A. a. O., § 3, 30.

serem Tun und Lassen, durch das wir auf diese aktiv einwirken. So versetzen uns unsere Gefühle zwar in eine das Ganze unseres leiblich-seelischen Daseins ergreifende Gestimmtheit, aber sie machen uns zugleich auch immer dessen bewusst, dass wir das Ganze unseres Daseins gerade nicht vor uns bringen können, es uns nicht gegenwärtig ist. Indem unsere Gefühle uns anzeigen, wie es im Ganzen momentan um uns steht, signalisieren sie uns zugleich, dass sich uns die Ganzheit unseres Daseins permanent entzieht. Es tritt massiv hervor, wie uns die Ganzheit unseres Daseins im Grunde in unsere ständig wechselnden Gefühlszustände zerfällt, sodass wir statt einer uns einenden und zusammenhaltenden Ganzheit letztlich sehr viel eher das Fragmentarische, Brüchige und Zerrissene unserer Existenz erfahren.

Das Merkwürdige ist dennoch, dass diese Erfahrung, die uns zeigt, dass wir kein zusammenstimmendes Verhältnis zur Ganzheit unseres Daseins gewinnen, uns dennoch das Gefühl für diese Ganzheit nicht rauben kann. Und hier eben bringt Schleiermacher das religiöse Grundgefühl als das Gefühl schlechthinniger Abhängigkeit ins Spiel. Mit ihm appelliert er an den Tatbestand, von dem er meint, dass er jedem und jeder, der oder die einiger Selbstbeobachtung fähig ist, zugänglich sei. Schleiermacher versucht das Argument zu plausibilisieren, dass das Gefühl schlechthinniger Abhängigkeit, das passiv in uns aufkommt, uns die Gründung der Ganzheit unseres Daseins in einem transzendenten Grund anzeigt.

Das Gefühl schlechthinniger Abhängigkeit zeichnet sich für Schleiermacher gegenüber allen anderen Gefühlen dadurch aus, dass es die Passivität seines Aufkommens mit dem Bewusstsein von dessen transzendenter Gründung im Unbedingten verbindet. Wo das religiöse Gefühl in uns aufkommt, werden wir uns dessen bewusst, dass wir zwar nicht über unser Dasein im Ganzen selbst verfügen, gleichwohl aber mit unserem ganzen Dasein im Unendlichen gründen. Das religiöse Gefühl ist als Gefühl schlechthinniger Abhängigkeit deshalb eben dieses tröstliche Bewusstsein, aller Brüchigkeit und der Endlichkeit des Daseins zum Trotz, aufs Ganze gesehen doch nicht verloren zu gehen.

Diese Argumentation Schleiermachers[15] ist nur dann recht nachvollziehbar, wenn man sieht, dass er Gefühl und Bewusstsein, und damit eine unmittelbare Gestimmtheit und deren reflexive Deutung zusammenführt. Im religiösen Gefühl kommt uns die Gegenwart unseres ganzen ungeteilten Daseins als eine solche zu Bewusstsein, die wir nicht selbst hervorzubringen in der Lage sind, die wir aber unserer Gründung im Unbedingten

---

15 Schleiermacher führt sie im § 4 der Einleitung in die Glaubenslehre aus, vgl.
    a. a. O., 32–39.

verdanken. Das religiöse Gefühl verbindet sich deshalb besonders mit Erfahrungen, in denen sich uns zeigt, dass wir uns nicht selbst ins Dasein gebracht haben und nicht über unser Geschick im Ganzen bestimmen können. Es ist dies deshalb auch für Schleiermacher ein Gefühl, das insbesondere in unseren Endlichkeits- und Kontingenzerfahrungen aufkommt. In Erfahrungen, in denen wir vor die Ganzheit unseres Lebens geraten, wird uns zugleich unmittelbar bewusst, dass wir des Ganzen unseres Daseins selbst nicht mächtig sind, sondern von uns unverfügbaren Voraussetzungen abhängen. Das religiöse Gefühl macht für Schleiermacher deshalb uns nicht nur das Ganze unseres Daseins in vorreflexiver Unmittelbarkeit gegenwärtig, es lässt uns auch auf das transzendente Von-Woher der Gegenwart unseres ganzen ungeteilten Daseins ausgreifen.

Dass das Ganze unseres Daseins, das uns im Gefühl gegenwärtig wird, in einem transzendenten Grund gründet und von ihm uns zukommt, entspringt zweifellos einer reflexiven Deutung des unmittelbar in uns aufkommenden Abhängigkeitsgefühls. Schleiermacher hat den Übergang vom unmittelbar aufkommenden Gefühl zur reflexiven Deutung dessen, was uns mit ihm ins Bewusstsein kommt und dann auch seine leibhaftgestische und sprachlich Artikulation findet, nicht hinreichend ersichtlich gemacht. Für uns entscheidend ist jedoch, dass Schleiermacher die im Gefühl stattfindende Präsenzerfahrung unweigerlich mit einem Ausgriff auf Transzendenz verbunden sieht. Seine Argumentation läuft darauf hinaus, dass das religiöse Gefühl uns in Situationen, in denen wir vor die Ganzheit unseres Lebens geraten, zugleich eines ganz anderen, von dem her wir sind und in dem wir gründen, gewärtig werden lässt. Weil es uns unbedingt vorausliegt, können wir dieses ganz andere nicht vor uns bringen und zum Gegenstand unseres Wissens und Handelns machen wollen. Wir können aber der abgrundtiefen Abhängigkeit von diesem ganz anderen uns bewusst werden und damit zur Klarheit darüber kommen, dass wir immer schon nicht nur von uns transzendierenden Voraussetzungen leben, sondern diese auch der Grund unserer Freiheit wie der Fähigkeit sind, unsere Kontingenz- und Endlichkeitserfahrungen in der Gewissheit eines letztlich unbedingten Gehalten- und Getragen-Seins bewältigen zu können.

Wenn das Gefühl schlechthinniger Abhängigkeit uns unser ganzes ungeteilte Dasein gegenwärtig macht, dann deshalb, weil es uns zugleich auf den uns transzendierenden unbedingten Grund bezieht, in dem wir mit unserem Dasein gründen. Von diesem Grund können wir uns getragen, in ihm geborgen und aufgehoben wissen. Dieser Grund, der unser ganzes Dasein in sich einbezieht, erlaubt es nicht, dass wir ihn zum Gegenstand

unseres Wissens oder Handelns machen, da er ja auch allen Akten unserer
Selbsttätigkeit als sie bedingend immer schon vorausliegt. Die gebräuch-
liche religiöse Sprache, so meint Schleiermacher, legt es deshalb nahe,
dass wir den transzendenten Grund des Von-Woher der Präsenzerfahrung der Ganzheit unseres Daseins «Gott» nennen. Dann kann, so meint
er, das Gefühl schlechthinniger Abhängigkeit auch unserer bewussten Beziehung zu Gott gleichgesetzt werden.

Des ganzen ungeteilten Daseins werden wir nur gewärtig, so lassen
sich Schleiermachers Überlegungen zusammenfassen, wenn wir zugleich
auf Transzendenz ausgreifen. Das ganze ungeteilte Dasein, das uns in der
Unmittelbarkeit des Gefühls präsent wird, wird zugleich als von Ander-
wärts her uns zukommend bewusst. Wir werden der Präsenz des Für-uns
Seins des Ganzen unseres Daseins als einer solchen bewusst, die wir nicht
selbst im Griff haben und deren wir selbst nicht mächtig sind, die uns
aber in der Gegenwart Gottes und gleichsam als Erfahrung von deren
Realität zufällt.

Schleiermachers Aufnahme von Steffens' Beschreibung des Gefühls als
der Gegenwart des ganzen ungeteilten Daseins führt dahin, in diesem Gefühl den anthropologischen Ort der Religion zu erkennen, weil dieses Gefühl zugleich den Ausgriff auf Transzendenz vollzieht. Was uns Menschen zum religiösen Vollzug veranlasst, ist der Tatbestand, dass wir im
bewussten Verhältnis zu uns selbst in der Ganzheit unseres Daseins stehen. Dass wir dabei zugleich über uns selbst hinausgehen und auf unsere
Gründung im Transzendenten uns zu beziehen veranlasst sind, liegt dann
weiterhin daran, dass wir die im Gefühl aufkommende Erfahrung der
Präsenz der Ganzheit unseres Daseins passiv an uns geschehen lassen
müssen.

Damit sind wir wieder beim Gottesdienst und bei der Feststellung,
dass es Menschen heute am ehesten in solchen Situationen in die Kirche
und zur Teilnahme an gottesdienstlichen Liturgien drängt, in denen sie
vor die Ganzheit ihres Lebens geraten, aber zugleich dessen ansichtig werden, dass diese sich ihnen entzieht. Man wird jedoch auch sagen müssen,
dass im Vollzug eines jeden Gottesdienstes beides geschieht. Es findet die
Gefühlsgestimmtheit derer, die zu diesem Gottesdienst gekommen sind,
ihren Ausdruck. Sie werden diesen Gottesdienst als schön und wohltuend
empfinden, wenn in ihm zur Sprache kommt, was sie bewegt und belas-
tet, erfreut und mit neuem Mut erfüllt. Ebenso bringen sie aber auch die
Erwartung mit, dass im Vollzug des Gottesdienstes sich Gottes segnende
Hand auf sie legt und ihr Menschsein in seiner Vollkommenheit und
Ganzheit, so, wie Gott es gemeint hat, zum Vorschein kommt.

3. Gottesdienste an den Sollbruchstellen des Lebens

Geboren werden und Sterben, Erwachsen werden und Heiraten zeigen Stationen im Lebenszyklus an, an denen sich in nahezu allen Kulturen religiöse Passageriten angelagert haben, eben um die Brüche und Umbrüche im Lebensgang begehbar und in das Ganze eines Lebens durch den Ausgriff auf Transzendenz integrierbar zu machen.[16] Wenn etwas geschieht, was unser Leben als Ganzes betrifft, dann geraten wir auf eigentümliche Weise vor uns selber, sehen wir uns nach dem Woher und Wohin gefragt, nach Zufall oder Fügung, nach unserer Bestimmung, werden wir dessen bewusst, dass wir der Bedingungen unseres Daseins insgesamt nicht mächtig sind. Wo wir vor die Ganzheit unseres Lebens geraten, stehen wir vor dem rational letztlich Unbestimmbaren. Deshalb ist die religiöse Deutung gefragt, eine Deutung, die auf eine transzendente Sinninstanz rekurriert, auf einen Gott und seine uns in sich einbeziehende unendliche Gegenwart.

Die Fälle, in denen es auch heute noch Menschen in die Kirche drängt, sind vor allem die Wende- und Krisenerfahrungen im Lebenszyklus. Für die, die diese Gottesdienste zu gestalten haben, besteht die grosse theologische Herausforderung deshalb darin, die Symbole des christlichen Glaubens in eine nachvollziehbare Deutung der sich mit dem Kasus verbindenden existenziellen Erfahrungen und Erwartungen zu überführen. Vielfach verlangt der konstruktive Anschluss an den biblisch-dogmatischen Deutungshorizont eine enorme theologisch-semantische Innovationskraft. Es müssen neue Metaphern für die religiöse Dimension der Transzendenzerfahrung, die die Menschen machen, gefunden werden. Was Steffens ebenso wie auch Schleiermacher noch gegeben schien, nämlich die mit der traditionellen Sprache des christlichen Glaubens vertraute und im Lebensvollzug dieses Glaubens versammelte Gemeinde, davon können wir heute nicht mehr ausgehen.

Hinzu kommt, dass heute viele säkulare Ritualagenten mit ebenfalls religiösen Deutungsangeboten zur Verfügung stehen. Die Kirchen müssen

---

16 Vgl. Riesebrodt, Martin, Cultus und Heilsversprechen. Eine Theorie der Religionen, München 2007, 125–135. Riesebrodt verfährt in seiner Religionstheorie (vgl. a. a. O., 132) so, dass er das religiöse Handeln als soziale Praxis versteht, deren Sinn sich am ehesten dann erschliesst, wenn man sich den gottesdienstlichen Liturgien zuwendet. In einer Hermeneutik der liturgischen Handlungen im Grunde aller Religionen tritt für Riesebrodt hervor, dass in ihnen der Ausgriff auf Transzendenz bzw. der Verkehr mit übermenschlichen Mächten in der Absicht erfolgt, Unheil abzuwehren, Krisen zu bewältigen und das Heilsversprechen zu erneuern.

um ihre Konkurrenzfähigkeit fürchten. Inzwischen sind sie deshalb dazu übergegangen ist, in den grossen Städten Ritualagenturen und Segensbüros einzurichten, die kirchliche Kasualgottesdienste allen anbieten, ob sie nun Mitglieder der Kirche sind oder nicht. Die Erfahrung der Gegenwart des ganzen ungeteilten Daseins ist zu einem Sehnsuchtsmotiv geworden, das die Macht des Religiösen in unserer angeblich säkularen Gesellschaft zeigt. Es ist jedoch so, dass dieses Motiv inzwischen auf einen Markt von Ritualanbietern trifft, auf dem die Kirchen ihre Offenheit und allgemeine Zugänglichkeit unter Beweis stellen müssen.

Wenn etwas der Fall ist, was unser Leben als Ganzes betrifft, dann geraten wir an die Grenzen unserer analytischen Fähigkeiten, an die Grenzen unseres Verstehens. Wir stossen an die Grenzen unserer ethischen Sicherheit und Entscheidungsfähigkeit und oft auch an die Grenzen unserer Leidensfähigkeit. Erst recht in Situationen, in denen wir vor der Frage stehen, was kann man machen, wenn man nichts mehr machen kann, ist der Ausgriff auf Transzendenz verlangt. Denn nur von ihr her wird die kontrafaktische Vergegenwärtigung der sich uns in der Immanenz unseres Daseins entziehenden Ganzheitserfahrung möglich.

Die Offenheit für den Transzendenzbezug und damit für die spirituelle Dimension unseres Lebens wird auch von den säkularen Ritualanbietern aufgenommen. Menschen suchen nach Lebensanschauungen, die das Versprechen der Ganzheitlichkeit mit sich führen. Der boomende Markt einer die spirituelle Dimension immer offensiver ansprechende Lebensratgeberliteratur legt davon Zeugnis ab.

Die Offenheit für den Transzendenzbezug und die spirituelle Dimension des Daseins, wie sie sich vielen gerade an den Lebensübergängen und den Sollbruchstellen ihrer Lebensgeschichte einstellt, nehmen aber auch die kirchlichen Kasualgottesdienste auf. Dann bemühen sie sich um die Deutung dessen, was mit unserem Leben als Ganzem in letzter Hinsicht der Fall ist. Was ist mein einziger Trost im Leben und im Sterben, diese Frage aus dem Heidelberger Katechismus wird auch heute verstanden. Was gibt mir Halt, auch noch auf brüchigem Lebensgelände, was gibt mir Hoffnung, auch wenn ich ganz und gar am Ende bin?

Der Gottesdienst wird zur Darstellung der Erfahrung der Gegenwart des ganzen ungeteilten Daseins, wenn er die Situation anspricht, in der Menschen den Dank für erfahrenes Glück zum Ausdruck zu bringen oder auch voll Verzweiflung nach dem Sinn des Ganzen fragen. Aus der Situation allein wachsen die Kräfte ihrer Bewältigung jedoch nicht zu. Der Ausgriff auf Transzendenz ist verlangt und vom christlichen Gottesdienst somit deren Deutung in der Sprache des christlichen Glaubens.

4. Gottesdienste als christliches Lebensdeutungsangebot

Damit wären wir wieder dort, wo auch Steffens und Schleiermacher das menschliche Verlangen nach der Erfahrung der Gegenwart des ganzen ungeteilten Daseins an die Rede von dem durch Christus erlösenden Gott verwiesen haben. Der Unterschied ist nur der, dass die christlich-religiöse Sicht auf das Ganze eines Lebens als eine mögliche, wenn auch vorzügliche Lebensdeutungsperspektive anzusprechen ist. Im Ausgang von der Situation, die Menschen vor das Ganze ihres Lebens stellt, ist zu zeigen, zu welcher Haltung und zu welchem Umgang mit dieser Situation das Vertrauen auf Gott befähigen kann. Der Ausgriff auf Transzendenz und damit die Beziehung zu Gott ist durch die Lebensdeutung zu plausibilisieren, die sie ermöglicht. Die Chance, dass verstanden wird, worum es mit dem Glauben an den Gott des Evangeliums geht, ist am grössten, wenn deutlich wird: Es geht um ein Gegenüber, dem wir den Dank sagen können für das wunderbare Geschenk des Lebens. Es geht um den unergründlichen göttlichen Grund, in dem wir uns auf unbegreifliche Weise auch noch an den Sinnabgründen gehalten und getragen wissen können. Es geht darum, dass wir um den Mut bitten können, auch noch angesichts einer ungewissen, bedrohlichen Zukunft an der Hoffnung auf einen guten Ausgang festhalten zu können.

Immer häufiger ergeben sich heute Erfahrungen, in denen die Sehnsucht nach der Teilhabe an der Gegenwart des ganzen ungeteilten Daseins mächtig aufkommt und die deshalb auch nach Gottesdiensten, die solche Teilhabe ermöglichen, verlangen lassen. Orientiert man sich an den religiösen Lebenssinndeutungsinteressen der Menschen, kommt man eher auf ein Zu-Wenig an Kasualkirche, denn auf ein Zu-Viel. Katastrophen wie die Corona-Epidemie oder jetzt der Krieg in der Ukraine verlangen nach religiöser Deutung, die eine Erneuerung der Lebenszuversicht ermöglicht.

Je unübersichtlicher das gesellschaftliche Lebensgelände wird, desto deutlicher wächst das Bedürfnis, Fixpunkte für die individuelle Lebensgeschichte zu schaffen, rituell begangene Lebenshöhepunkte, die der eigenen Biografie und ihren Stationen Bedeutungssteigerungen eintragen, im Kreis der Familie und darüber hinaus soziale Anerkennung erfahren lassen. Deshalb werden die Einschulungen der Kinder gefeiert, die runden Geburtstage, die silbernen und goldenen Ehejubiläen. Aus dem familiären Kontext heraus und den Erinnerungen, die sich mit ihm verbinden, entscheiden sich die Menschen für die kirchlichen Ritualangebote oder eben auch – wo sich ihnen säkulare Alternativen nahelegen – für andere, frei-

religiöse Formen der Ritualisierung und Symbolisierung lebensgeschichtlicher Stationen und Übergänge. Die kirchlichen Kasualgottesdienste haben
kein Monopol mehr auf die Vermittlung spiritueller Präsenzerfahrung.
Sie haben jedoch immer noch die Chance, auch dort, wo sie über kirchliche Ritualagenturen und Segensbüros angeboten werden, durch ihren
inhaltlich überzeugenden Ausgriff auf Transzendenz attraktiv zu sein.

Deshalb ist es wichtig, die Kasualgottesdienste und nach Möglichkeit
alle anderen Gottesdienste auch, so zu gestalten, dass die existenziellen
Erfahrungen der Endlichkeit und Zerbrechlichkeit menschlichen Lebens,
von Schuld und Versagen, von Krankheit und Sterben, aber genauso auch
des Glücks und der Freude über das wunderbare Geschenk des Lebens
aufgenommen werden. Dann kann herauskommen, dass der Sinn der
Feier eines Gottesdienstes sich in der Erfahrung zeigt, dass wir uns konstruktiv zu all dem faktisch Unverfügbaren, manchmal Wunderbaren,
dann wieder Ungeheuren unseres Lebens verhalten können. Die gottesdienstliche Liturgie entwirft Szenen der Erinnerung und sie imaginiert Erwartungen, die das Bruchstückhafte unseres Daseins, das Unvollkommene, Schuld und Versagen ebenso wenig verleugnen wie sie den Grund
für Freude, Zuversicht und Hoffnung zum Ausdruck bringen. Dabei eben
kommt das andere immer hinzu, die Transzendenzperspektive, die göttliche Sicht der Dinge. Christlich ist die Deutung menschlichen Daseins in
der Transzendenzperspektive am Leitfaden des Kreuzes Christi zu voll-
ziehen. Dann konkretisiert sich im Versprechen der Erlösung die Fügung
der faktischen Bruchstücke eines Lebens zu einem kontrafaktischen Ganzen. Die Zusage göttlicher Rechtfertigung legt einen Menschen nicht fest
auf seine Taten und Leistungen, seine Verfehlungen und sein Versagen.
Sie eröffnet jedem Menschen die Möglichkeit, darauf zu vertrauen, in
Gottes Augen im Ganzen wertgeachtet, anerkannt, geliebt zu sein.

Wenn etwas geschieht, das uns in der Ganzheit unseres Lebens betrifft, sei es Freudiges, sei es Trauriges, geraten wir bereits ins Religiöse.
Es ist nicht klar, was werden wird, aus dem gemeinsamen Leben, mit dem
Neugeborenen, mit den Jungen und Mädchen, die nun anfangen erwachsen zu werden, mit dem Toten, der zu Grabe getragen wird, mit den Trau-
ernden, die den Verlust verarbeiten müssen. Die Schwelle, der Lebens-
übergang bereits ist die Unterbrechung der Alltagsroutinen und somit
eine Konfrontation mit der grundsätzlich offenen Möglichkeit des An-
derswerdens: Jenseitserfahrung mitten im Diesseits. Im Gottesdienst, der
an der Schwelle gefeiert wird, ist dann zu sehen, wie die Übergangserfah-
rung und somit auch das Jenseitige, das Unverfügbare, das in ihr aufscheint, symbolisiert, zeichenhaft gedeutet wird. Dass lebensgeschichtliche Transzendenzerfahrungen explizit religiös gedeutet werden, das wird

von der Kirche erwartet. Was der christliche Glaube zur Sinnverständigung über Geborenwerden und Sterben, über die Geschichte eines Lebens, die Beziehungen, die sich in ihm ergeben und verloren haben, das Glück des Gelingens, das die Freude am Leben immer steigert, beizutragen vermag, will herauskommen.

Sinnerfahrungen und damit das Gefühl dafür, dass ich mich mit meinem eigenen Leben im Ganzen identifizieren kann, werden heute vor allem in sozialen Beziehungs- und Anerkennungsverhältnissen gemacht. Akzeptanzerfahrungen in der Partnerschaft, in der Familie, im Beruf und Freundeskreis, entbinden die stärksten Kräfte, wenn es darum geht, dass mir das eigene Dasein im Ganzen als zustimmungsfähig erscheint. Es sind genau dies jedoch auch die Motive, die im kirchlichen Gottesdienst aufgenommen und christlich-religiös vertieft werden können.

Dem Selbstverständnis christlichen Glaubens ist das Kreuz Christi eingezeichnet. Es ist sein zentrales Symbol. Auch wenn dieses Symbol weithin nicht mehr verstanden wird, auch wenn sich seine Bedeutung nicht mehr unmittelbar erschliesst, was verstanden wird, ist doch dies, dass der christliche Glaube noch einmal einen anderen Blick auf das menschliche Dasein eröffnet. Es ist dies ein Blick, der einen Menschen nicht nur danach beurteilt, was er oder sie aus ihrem Leben gemacht hat. Es gibt in Gottes Augen überhaupt kein im Ganzen verfehltes Leben. In Gottes Augen steht die Unterscheidung zwischen den Taten eines Menschen und der Person, der immer die Chance zur Umkehr offensteht und der im Ganzen die Zusage der Vergebung gilt und der Weg der Versöhnung offensteht.

Wer auch den Negativitätserfahrungen, dem Bruchstückhaften gegenüber, all dem, was keinen Sinn mehr ergeben will, nicht sprachlos bleiben will, muss das Negative und Bruchstückhafte in einen umgreifenden, aufs Ganze gehenden Sinnrahmen integrieren. Diesen Sinnrahmen stiftet der christliche Gottesdienst. Mit seiner Rede vom bedingungslos rechtfertigenden Gott schafft er Raum dafür, dass der Sinn einer Lebensgeschichte nicht nur ihrem Glücken oder den Leistungen, die sich vorweisen lassen, zugeschrieben werden muss. Es sind zuletzt immer nur Bruchstücke, auf die wir blicken, wenn uns unser Leben gegenwärtig wird. Fragmente, die kein sinnvolles Ganzes ergeben. Vor Gott und in der Hinwendung zu ihm, wie sie jeder christliche Gottesdienst vollzieht, kann dennoch die Gewissheit wachsen, dass nichts vergeblich war und auch dieses Leben, auch mein Leben, im Ganzen gut ist und gut gewesen sein wird.

Transzendenzausgriffe in der Musik
Drei metaphysische Exerzitien über Totalität und Fragmentarität in der Musik

Stefan Berg

«Musica est exercitium metaphysices occultum nescientis se philosophari animi»[1], übersetzt: «Die Musik ist ein verborgenes metaphysisches Exerzitium» bzw. «eine verborgene Übung in der Metaphysik, bei der die Seele nicht weiss, dass sie philosophiert». Ohne hier auf den Kontext dieses Satzes eingehen zu können, zeigt Schopenhauer in ihm eine bemerkenswerte Hochschätzung der Musik. Wenn der Mensch musiziere, so vollziehe seine Seele dabei metaphysische Exerzitien, also praktische Übungen in diesem Teilbereich der Philosophie – und zwar ohne sich dessen bewusst zu sein, einfach indem sie tut, was sie tut.

Im ersten Moment erscheint diese Annahme sehr gewagt. Man vermutet darin eine Überhöhung der Musik, die sich aus der persönlichen Liebhaberei Schopenhauers erklärt. Anderseits spielen akustische Phänomene ja auch in den Ontologien der Antike und des Mittelalters eine nicht unerhebliche Rolle. Und auch sonst finden sich regelmässig substanzielle philosophische Reflexionen, die anhand von oder in Bezug auf Musik durchgeführt werden, etwa bei Descartes, Nietzsche, Husserl oder Nancy.[2]

Was hat es mit der Musik auf sich, dass sie für solches in Betracht kommt? Bietet sie emotional besonders intensive Anlässe zum Philosophieren? Oder eignet ihr eine besondere phänomenale Qualität, sodass man im Denken irgendwie weiterkommen kann, wenn man in der Reflexion von ihr ausgeht: höher hinaus, womöglich gar bis in transzendente Sphären hinein?

---

1   Schopenhauer, Arthur, Die Welt als Wille und Vorstellung, Werke in fünf Bänden, (Bd. 1), Lütkehaus, Ludger von (Hg.), Zürich 1988, 350.
2   Vgl. Descartes, René, Musicae compendium / Leitfaden der Musik, Brockt, Johannes (Hg.), Darmstadt ²1992; Nietzsche, Friedrich, Die Geburt die Tragödie, in: Colli, Giorgio / Montinari, Mazzino (Hg.), Kritische Studienausgabe in 15 Bdn., (Bd. 1), München 1980, 9–156; Husserl, Edmund, Phänomenologie des inneren Zeitbewusstseins, Bernet, Rudolf (Hg.), Hamburg 2013; Nancy, Jean-Luc, Zum Gehör, übers. v. Osten, Esther von der, Zürich / Berlin 2010.

Um dies genauer auszuloten, nehme ich Schopenhauers Satz versuchsweise als Prämisse für diesen Beitrag und setzte mich im Folgenden mit musikalischen Beispielen auseinander, die in irgendeiner Weise als metaphysische Exerzitien in Betracht kommen. Ich tue dies vor dem Hintergrund der Frage dieses Bandes, nehme also in den Blick, wie Ausgriffe auf Transzendenz oder verwandte Grössen gestaltet und konzeptionell gefasst werden. Der Fokus liegt also ganz auf der Figur des Ausgriffs: eine Bewegung, die im Fall der Musik bei einem klanglichen Phänomen der Welt ansetzt und von ihm aus ein Anderes in Spiel bringt,[3] wie auch immer dies im jeweiligen Fall konkret gefasst ist.[4] Dabei soll auch auf Phänomene von Brüchigkeit und Fragmentarität geachtet werden, also solche, in denen sich Störungen bemerkbar machen. Dies können Störungen des Ausgreifens sein, worin sich bemerkbar macht, dass die entsprechende Bewegung nicht reibungslos funktioniert; es können aber auch Störungen sein, die sozusagen das Ziel der Bewegung betreffen – etwa in Gestalt des Zweifels, ob man bei solchem Ausgreifen denn auch tatsäch-

---

[3] Es geht mir demnach um hermeneutische Prozesse, die in einer bestimmten Situation bei einem konkreten ästhetischen Phänomen ansetzen und anlässlich seiner eine religiöse Dimension ins Spiel bringen. Ich gehe also konzeptionell davon aus, dass religiöse Qualitäten nicht an und für sich bestehen, also nicht bereits im Phänomen Musik vorliegen oder angelegt sind, sondern dass diese erst im Zuge eines hermeneutischen Geschehens an der Musik hervortreten (vgl. Berg, Stefan, Spielwerk. Orientierungshermeneutische Studien zum Verhältnis von Musik und Religion, Religion in Philosophy and Theology, Tübingen 2011). Damit setze ich anders an als etwa Rainer Bayreuther, der im Rahmen seines ontologisch-musikphilosophischen Ansatzes davon ausgeht, dass bestimmte musikalisch-ästhetische Erfahrungen per se als religiöse Erfahrungen gelten können (vgl. Bayreuther, Rainer, Was ist religiöse Musik?, Badenweiler 2010, insbesondere 290f.) bzw. dass Gott dem Menschen unmittelbar vernehmbar sei (vgl. ders., Der Sound Gottes. Kirchenmusik neu denken, München 2021, insbesondere 185–189).

[4] Ich investiere hier bewusst nicht in weitere Begriffsklärungen oder den Aufbau eines umfassenden theoretischen Rahmens. Genauer gesagt: Ich nehme die offene Struktur des Ausgriffs und beobachte anhand einiger musikalischer Beispiele, wie diese in einem bestimmten Zusammenhang konzeptionell gefüllt wird. Damit erhoffe ich mir, die Verschiedenartigkeit unterschiedlicher Weisen des Ausgriffs in den Blick bekommen zu können. Methodisch möchte ich das Folgende als musikwissenschaftlich informierte Religionsphilosophie charakterisieren. Das heisst, ich verwende musikalisches Material als Gegenstand für eine religionsphilosophische Reflexion.

lich etwas in die Finger bekommt, oder der Befürchtung, dass solche metaphysisch-musikalische Übung letztlich nicht mehr sein könnte als ein Haschen nach Wind.

Es folgen also drei metaphysisch-musikalische Exerzitien. Um grössere Entwicklungslinien in den Blick zu bekommen, entnehme ich das Material dazu möglichst unterschiedlichen historischen Kontexten: die erste einem antik-mittelalterlichen, die zweite einem neuzeitlichen und die dritte einem gegenwärtigen Kontext.

1.   Erstes metaphysisches Exerzitium: das Weltmonochord

Als Material für die Betrachtung antik-mittelalterlicher Zusammenhänge möchte ich auf eine Darstellung zurückgreifen, die zwar aus etwas späterer Zeit stammt,[5] dennoch aber das Wesentliche in überaus anschaulicher Weise zusammenfasst: das Weltmonochord.

Was sehen wir vor uns? – nicht weniger als das Ganze: die ganze Welt, die Totalität des Wirklichen, die Struktur allen Seins, jedenfalls dem Anspruch nach. Wir sehen in der linken Spalte die Ordnung der Planeten und Gestirne, inklusive – ganz unten – die vier Elemente. Dies ist der Makrokosmos. In der rechten Spalte sehen wir wiederum die Ordnung des abendländischen Tonsystems: die Töne im Umfang zweier Oktaven. Diese rechte Spalte steht für den Mikrokosmos. Zusammengenommen sehen wir also Mikro- und Makrokosmos und damit das Ganze.

[5]   Die Abbildung geht zurück auf Robert Fludd (1574–1637); einen englischen Mediziner, Naturphilosophen, Theosophen und Rosenkreuzer. Damit gehört sie in den Kontext der Hermetik, also jener in der Antike verwurzelten und vor allem in der Renaissance wirksamen Geistesströmung. Die Hermetik hat viel Okkult-Esoterisches an sich und steht in diversen Grenz- und Abgrenzungskonflikten mit den sich zeitgleich formierenden Naturwissenschaften. So gehört die hier gezeigte Darstellung in den Kontext einer Kontroverse zwischen Fludd und Johannes Keppler. Zur Einordnung Fludds, vgl. Knobloch, Eberhard, Harmonie und Kosmos. Mathematik im Dienste eines teleologischen Weltverständnisses, in: Sudhoffs Archiv 78/1, 1994, 14–40. Die Darstellung ist entsprechend mit einer gewissen Vorsicht zu behandeln; denn streng genommen handelt es sich bei ihr um ein frühneuzeitliches Kondensat antik-mittelalterlichen Denkens.

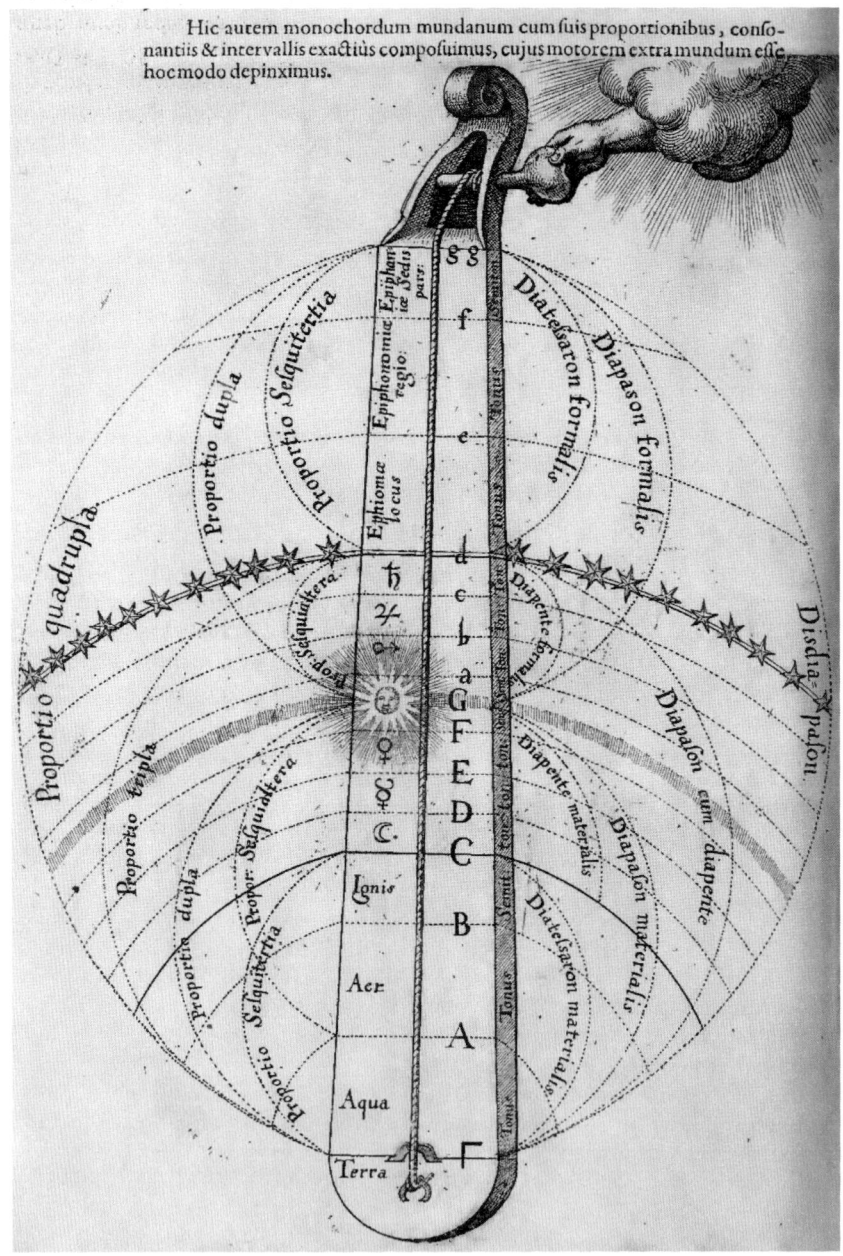

Abbildung 1: Das Weltmonochord (Robert, Fludd, Utriusque cosmi historia, Oppenheim/Frankfurt a. M. 1617, I/I,3 [90]).

Wir sehen nun weiter, dass dieses Gefüge nach einheitlichen Prinzipien geordnet ist. Dies ist dargestellt durch die Bogenschläge, die rechts und links aussen eingezeichnet sind. Diese Strukturen setzten die einzelnen Teile nach bestimmten Proportionen und Symmetrien miteinander in Beziehung. Die Pointe ist: Es sind ein- und dieselben ordnenden Prinzipien, die für das Ganze gelten. Letztlich sind sie es, die das Einzelne zusammenhalten und so das Ganze konstituieren. Das Ganze baut sich demnach als geordnetes Netz von Beziehungen auf.

Wie ist diese Ordnung begründet? Die Antwort erschliesst sich von der Mitte her, ausgehend vom Monochord. Es handelt sich um ein Instrument mit nur einer Saite. Man begegnet ihm heute noch gelegentlich in esoterischen Therapieräumen und schulischen Physiksälen. Letzteres ist kein Zufall, denn das Monochord ist bestens dazu geeignet, eine bestimmte physikalisch-akustische Beobachtung zu machen: das Phänomen der Sonanzgrade. Kurz zur Erinnerung, worum es geht: Wenn man eine klingende Saite in der Mitte teilt, also im Verhältnis 1:2, dann erhält man einen Klang, der gegenüber der ungeteilten Saite einen extrem hohen Sonanzgrad aufweist, sich also in höchstem Masse konsonant zum Klang der ungeteilten Saite hinzugesellt. Teilungen in anderen Verhältnissen bringen andere Sonanzgrade hervor. Hohe Sonanzgrade liegen etwa bei den Teilungen 3:4 oder 2:3 vor. Je weiter die Teilungen davon abweichen, das heisst, je weniger sie auf gemeinsame mathematische Teiler zurückgeführt werden können, desto geringer ist der Sonanzgrad, desto stärker dissonant wird also der Zusammenklang mit der ungeteilten Saite. Dieses Phänomen ist das wesentliche strukturierende Prinzip unseres Tonsystems. Das Verhältnis 1:2 ist die Oktave, 3:4 die Quarte und 2:3 die Quinte. Dies sind die wichtigsten Intervalle im System – wichtig insofern, als diese Konsonanzen im abendländischen Tonsystem vorrangig gesucht, Dissonanzen hingegen vermieden werden.

Doch zurück zum Weltmonochord! Inwiefern liefert es eine Begründung der Ordnung als Ganzer? Dass sich die Disposition des abendländischen Tonsystems am Phänomen der Sonanzgrade orientiert, haben wir gesehen. Der erste daran anschliessende Schritt ist die Übertragung vom Mikro- auf den Makrokosmos. Dies funktioniert über den nicht abwegigen Analogieschluss, dass dasselbe Ordnungsprinzip in allen Bereichen der Wirklichkeit waltet. Über derartige Analogieschlüsse breitet sich die Ordnung gleichsam ausgehend vom Monochord auf alles aus – und bildet so den Kosmos als den umfassend-geordneten Zusammenhang von allem mit jedem.

Man könnte hier einwenden, dass es beim Monochord ja nur um physikalische, also in Zahlen darstellbare Proportionen gehe, entsprechend um Phänomene, deren Organisation auf Quantifizierbarkeit beruhen muss. Dies greift jedoch zu kurz und übersieht, dass sich das wesentliche Grundprinzip von der Zahlhaftigkeit abstrahieren lässt. So konnte am Monochord mit den Sonanzgraden auch die Beobachtung gemacht werden, dass «richtige» Verhältnisbestimmung Konsonanz und Harmonie erzeugt, «falsche» hingegen Dissonanz und Disharmonie. Davon ausgehend lässt sich – vereinfacht gesagt – formulieren, dass das Gute, Wahre und Schöne dort gefunden wird, wo die Teile untereinander in harmonische Beziehungen gebracht sind, oder anders gesagt: wo die Dinge den optimalen Platz im Gesamtgefüge eingenommen haben. Diese Strategie ist in der antiken Philosophie omnipräsent und begegnet etwa in den Platonischen Dialogen, wenn eine Verhältnisbestimmung nach der anderen absolviert wird.[6] Jeglicher menschliche Versuch, sich in dieser Kosmos-Welt zu orientieren, muss so verfahren, dass der handelnde, sprechende und denkende Mensch seine aktuelle Position im Gefüge lokalisiert und versucht, diese gegebenenfalls zu korrigieren, um den ihm angemessenen Ort einzunehmen, was wiederum zwingend Harmonie erzeugen wird.[7]

Noch einmal zurück zum Monochord! Seine Abbildung verweist noch auf eine weitere nicht unwesentliche Pointe. Indem es symbolisch auf das Phänomen der Sonanzgrade verweist, bezieht es sich auf das Ereignis einer sinnlichen Evidenz für die Richtigkeit der hier dargestellten Ordnung. Dass bestimmte Verhältnisbestimmungen angenehme Konsonanzen erzeugen, andere aber schmerzhafte Dissonanzen, ist dem Ohr eindeutig vernehmbar. Es ist also sinnlich evident, dass richtige Verhältnisbestimmungen sozusagen belohnt werden, sich falsche aber nachteilig auswirken. Ich gehe davon aus, dass diese sinnliche Evidenz ein nicht unwesentlicher Faktor bei der Ausbildung antiker Ontologien und ihrer leitenden Prämissen gewesen ist.

Ein Element der Darstellung habe ich bislang ignoriert. Oben rechts greift die Hand Gottes nach dem Wirbel des Weltmonochords, um den Kosmos zu stimmen und damit die Ermöglichungsbedingungen für jegliches harmonische Zusammenspiel zu schaffen. Das ist raffiniert gemacht, denn hier wird etwas abgebildet, das gar nicht so leicht zu fassen ist. Dabei ist entscheidend, dass Gott nicht innerhalb der Weltordnung lokalisiert ist und entsprechend nicht in ihr angetroffen werden kann. Er ist

---

6 Das Prinzip wird von Platon am klarsten im Zuge der Definition der Dialektik benannt. Vgl. Platon, Sophistes 253bc.
7 Vgl. Berg, Spielwerk, 114–212.

eindeutig ausserhalb platziert. Ist die Weltordnung als Ganze hier die Immanenz, dann ist das dort oben rechts die Transzendenz: etwas, das durch einen kategorialen Bruch von der Immanenz geschieden ist. So haben wir auf der einen Seite die Totalität der Welt als Immanenz, auf der anderen Seite die Transzendenz, die gegenüber der Immanenz als das kategorial Andere fungiert. Innerhalb dieser Struktur bildet der Griff nach dem Wirbel ab, dass über den kategorialen Bruch hinweg dennoch eine Beziehung besteht. Das Ausgreifen des Menschen auf die Transzendenz bezieht sich demnach ganz präzise darauf: auf Gottes Griff nach dem Wirbel des Weltmonochords.

Wie funktioniert das Ausgreifen in diesem ontologischen Modell genau? Indem hier der Vorgang des Stimmens dargestellt wird, ist daran gedacht, dass bestimmte Phänomene als Ausgangspunkt des Ausgreifens privilegiert sind –, nicht weil sie der Transzendenz ontologisch näher lägen, sondern bloss, weil sie sich als Ausgangsort einer gewissen Reflexion besonders eignen. Dies sind diejenigen Phänomene, in denen das Geordnet-Sein der Dinge prägnant hervortritt, zum Beispiel eben bei den Sonanzgraden. Von ihnen aus wird auf die Transzendenz ausgegriffen, indem angesichts ihrer nach der ordnenden Kraft bzw. der Ermöglichungsbedingung immanenter Harmonie gefragt wird.

Es fällt auf, dass dieses Ausgreifen nichts Waghalsiges oder Prekäres hat; es ist ganz unspektakulär, kann bei alltagsweltlich zugänglichen Phänomenen ansetzen und braucht dafür nicht einmal eine besondere religiöse Markierung. Jegliche Musik, die sich in ihren Melodien, Harmonien und rhythmischen Strukturen als harmonisches Gefüge präsentiert, kommt als Ausgangspunkt des Ausgreifens infrage; und es sind konzeptionell keine Spielräume vorhanden, die die Möglichkeit des Ausgreifens in Zweifel ziehen oder ihre Durchführung scheitern lassen könnten.

2. Zweites metaphysisches Exerzitium: Abbildung mit Gefühl

2.1 Jean-Féry Rebel, Les Élemens

Mein erstes von zwei Beispielen für die Neuzeit ist die Ballettmusik «Les Élemens», ein Werk des französischen Barockkomponisten Jean-Féry Rebel (1666–1747). Die Komposition stellt dar, wie sich aus dem uranfänglichen Chaos nach und nach die vier Elemente Erde, Wasser, Luft und Feuer herausbilden, indem sich die Materie den Naturgesetzen unterwirft. Mir geht es hier allein um den Anfang: die musikalische Darstellung des Chaos.

Abbildung 2: Le Cahos (Jean-Féry Rebel, Les Élemens, Erstdruck, Paris o. J.
[1737], 1)

Dabei interessiert mich wiederum vor allem der erste Akkord. Bei ihm
handelt es sich um ein Cluster, das aus den Tönen D, E, F, G, A, B und
Cis besteht. Der Grundton ist D, sodass wir uns eindeutig im Tonraum
von D-Moll befinden. In diesem Cluster des ersten Akkords klingen demnach *alle* Töne des Tonraums D-Moll im selben Moment. Man kann sagen: Wir haben es mit einer D-Moll-Totalität zu tun.

Dies ist das Kernelement einer überaus intelligenten kompositorischen
Idee. Die Totalität von D-Moll enthält ja alle Töne von D-Moll. Das bedeutet, dass in diesem Cluster alle harmonischen und melodischen Möglichkeiten von D-Moll vorliegen. Entsprechend lässt Rebel im Folgenden
aus dieser Totalität von Möglichkeiten heraus Schritt für Schritt seine vier
musikalischen Elemente hervorgehen, verwirklicht also vier der in der
Totalität liegenden musikalischen Möglichkeiten: die Erde mit liegenden
Tönen und erdbebenartigem Rumpeln im Bass; das Wasser im melodiö-
sen Auf und Ab der Flöten; die Luft in locker gesetzten Figuren der Pic-
colos; und das Feuer durch die lebendige und brillante Aktivität der Vio-
linen.

Auf diese Weise kann Rebel mit musikalischen Mitteln abbilden, was man in gebildeten Kreisen zur damaligen Zeit wohl mit der Weltentstehung assoziierte. So wie bei der Weltentstehung aus einer Totalität von Möglichkeiten heraus bestimmte Möglichkeiten verwirklicht wurden,[8] so geschieht dies bei Rebel in der Entwicklung vom Cluster zu den vier musikalischen Elementen. Dieses raffinierte Spiel mit Möglichkeitstotalität und Verwirklichung zeugt von den Freuden des französischen Barocks, wo man sich daran berauschte, alle möglichen Sujets musikalisch darstellen zu können: nicht bloss die Elemente, sondern auch Federballspiele oder Gallensteinoperationen.[9]

Was trägt dies nun für unser Thema aus? Zunächst lässt sich festhalten, dass hier nicht von einem Ausgreifen auf die Transzendenz gesprochen werden kann. Diese kommt, obwohl thematisch nicht abwegig, schlicht nicht explizit vor. Stattdessen haben wir es mit dem Ausgreifen auf eine Totalität zu tun: nämlich auf die Totalität von Möglichkeiten bei der Entstehung der Welt. Dieses Ausgreifen auf das Weltganze funktioniert im Wesentlichen nach dem Abbildungs- bzw. Analogieprinzip: Die relative Totalität von D-Moll verweist auf die totale Totalität der Welt. Im Herzen dieses Ausgreifens steht also eine Art Verdoppelung der Totalität: Es wird eine relative Totalität im Raum der Musik konstruiert, um sie dann als Ausgangspunkt zu nutzen, von dem aus auf die totale Totalität rekurriert werden kann.

Die Konstruktion des Ausgangspunktes ist ein wesentlicher Punkt. Die Konstruktion der relativen Totalität als Ausgangspunkt entscheidet nämlich ganz erheblich über die Plausibilität des Ausgreifens. Liesse sich keine plausible relative Totalität konstruieren, so würde die Analogiebildung nicht funktionieren und der Rekurs käme nicht zustande. Weil die relative Totalität als konstruierte nur eine solche innerhalb der Systeme unserer Kultur sein kann, legt sich der Verdacht nahe, dass diese Strategie des Ausgriffs auf keinen Fall von den kulturellen Kontexten, in denen sie geschieht, gelöst werden kann.

Dies bestätigt sich insofern, als man dem Cluster ja nicht ansehen oder anhören kann, dass es eine Abbildung des uranfänglichen Weltchaos sein soll. Auf diesen Gedanken kommt man nur dank der Paratexte, die Rebel seiner Komposition beigibt: insbesondere der Titel, ebenso aber auch das erläuternde Vorwort. Gleiches gilt in anderen Zusammenhängen: Wenn Bach in seinen Werken die Welt musikalisch thematisiert, dann finden

---

8   Am prominentesten greifbar ist dies als G. W. Leibniz' Annahme, dass nicht irgendeine Welt wirklich wurde, sondern die beste aller möglichen.

9   So Marin Marais in Le Jeu de Volant und Le Tableau de l'Operation de la Taille (Pièces de viole, Livre V, Paris 1725, Nummern 87 und 108).

sich immer Oktavsprünge.[10] Dies hat ein wenig mit dem ersten Exerzitium zu tun, wonach dem höchsten Sonanzgrad eine besondere Bedeutung im Hinweis auf das Ganze und seinen Ermöglichungsgrund zukommt. Es hat aber auch mit der Idee Rebels zu tun, und zwar insofern als diese Oktave eine Totalität, nämlich alle Töne, in sich schliesst. Diese Symbolisierung ist also schlüssig, aber auch hier käme man ohne den Kontext, in diesem Fall den gesungenen Vokaltext, nicht auf die Idee, dass die Welt adressiert wird. Auch hier hängt die Plausibilität also ganz wesentlich an den Kontexten; nur von ihnen her erfährt sie ihre Sinnhaftigkeit.

Damit hat sich bereits der Fokus verlagert: Es geht nun weniger um Ordnung des Weltganzen und mehr um die Ordnung unserer kulturellen Systeme. Damit rückt auch der Mensch in den Fokus, und ich nehme das zum Anlass, zum nächsten Beispiel überzugehen.

2.2 Ausgriffe auf Unaussprechliches

Ich beginne wiederum mit einem musikalischen Beispiel: dem ersten Satz aus Beethovens fünfter Symphonie mit seinem überaus prägnanten thematischen Einsatz. Aus hermeneutischen Gründen setze ich nun aber nicht beim Notentext an, sondern bei dem, was diese Musik in einem prominenten Rezensenten auslöste. E. T. A. Hoffmann ist von Beethovens Musik so überwältigt, dass sie ihn zu einer grundsätzlichen Reflexion animiert.

> Die Musik schliesst dem Menschen ein unbekanntes Reich auf; eine Welt, die nichts gemein hat mit der äussern Sinnenwelt, die ihn umgibt, und in der er alle durch Begriffe bestimmbaren Gefühle zurücklässt, um sich dem Unaussprechlichen hinzugeben.[11]

Zunächst lässt sich festhalten, dass zwei Sphären voneinander abgehoben werden. Auf der einen Seite haben wir die Sphäre der äusseren Sinnenwelt; sie umgibt den Menschen und ist ihm bekannt; hier gibt es Gefühle, die sich mithilfe von wortsprachlichen Begriffen bestimmen und entsprechend aussprechen lassen. Auf der anderen Seite haben wir ein unbekanntes Reich, das nichts mit der äusseren Sinnenwelt gemein hat. Es liegt im Jenseits begrifflicher Bestimmbarkeit, und entsprechend sind die Gefühle, die hier eine Rolle spielen, im Medium der Wortsprache unaussprechlich.

---

10 Beispielsweise in der Motette «Jesu, meine Freude» (BWV 227), Takte 162–164.
11 AmZ (1810) zitiert nach: Kunze, Stefan (Hg.), Ludwig van Beethoven. Die Werke im Spiegel seiner Zeit, Laaber 1987, Sonderausgabe 1996, 100.

Was nun die Beziehung dieser beiden Sphären betrifft, so finden sich einerseits Hinweise auf einen kategorialen Bruch, andererseits aber auch Indizien für die Möglichkeit, diesen Bruch zu überwinden. Dabei zeigt sich der Bruch dort, wo mit den äusseren Sinnen und der Wortsprache operiert wird, die Möglichkeit zum Bogenschlag wiederum dort, wo die Musik ins Spiel kommt. Pointiert: Sie ist es, die die Möglichkeit zum Bogenschlag generiert.

Dabei ist zu bedenken, dass E. T. A. Hoffmann hier nicht Musik im Allgemeinen meint, sondern die romantische Musik, genauer gesagt die reine Instrumentalmusik, wie sie in den Symphonien Haydns, Mozart und vor allem Beethovens vorliegt. Diese Einschränkung ist entscheidend, denn sie macht verständlich, in welcher Weise hier von Gefühlen und deren Bestimmbarkeit die Rede ist. Dazu muss man sich vergegenwärtigen, dass man bis weit ins 18. Jahrhundert hinein Musik als Sprache der Gefühle verstand. Dabei ging man davon aus, dass diese Sprache durchaus eindeutige Kommunikation ermöglicht, und zwar deshalb, weil die musikalischen Elemente (Figuren) in einem so hohen Mass kodifiziert waren, dass man beim Hören eines Stückes im Idealfall exakt dechiffrieren konnte, von welchem Gefühl musikalisch die Rede ist.[12] Dieses System

---

12   Mustergültig ist die Kodifizierung, die Mattheson im Vollkommenen Capellmeister vornimmt: «§ 56. Da [...] die Freude durch Ausbreitung unsrer Lebens-Geister empfunden wird, so folget vernünfftiger und natürlicher Weise, dass ich diesen Affekt am besten durch weite und erweiterte Intervalle ausdrücken könne. / § 57 Weiss man hergegen, dass die Traurigkeit eine Zusammenziehung solcher subtilen Theile unsers Leibes ist, so stehet leicht zu ermessen, dass sich zu dieser Leidenschaft die engen und engsten Klang-Stuffen am füglichsten schicken.» (Johann Mattheson, Vollkommener Capellmeister, I, 3, §§56 und 57, zitiert nach der Bärenreiter Studienausgabe, Neusatz des Textes und der Noten, Kassel u. a. 2020). Neben Freude und Traurigkeit bespricht Mattheson im Weiteren noch Liebe (in verschiedenen Graden, Arten und Gattungen), Hoffnung, Begierde, Reue, Leid, Busse, Zerknirschung, Klage, Elend, Lob Gottes, frohlockendes Danken, Stolz, Hochmut, Hoffart, Demut, Geduld, Hartnäckigkeit, Zorn, Eifer, Rache, Wut, Grimm, Eifersucht, Furcht, Kleinmütigkeit, Verzagtheit, Schrecken, Entsetzen, Verzweiflung, Mitleid und Gelassenheit. Sollten jemandem weitere emotionale Zustände in den Sinn kommen, würde Mattheson nicht zögern, sie in diesen Katalog aufzunehmen. Es ist demnach an eine totale anthropologische Potenz der Musik gedacht, wobei auffällig ist, dass kein Unterschied zwischen religiösen und nicht-religiösen Zuständen gemacht wird. Das bedeutet, dass die Musik nicht nur dafür in Betracht kommt, das emotionale Potenzial des Menschseins in seiner Totalität abzubilden, sondern dabei auch Segmentierungen zu überwinden, die ansonsten im Leben bestehen.

kommt nun in dem Moment an seine Grenze, wo eine reine Instrumentalmusik entsteht, die so komplexe Werke wie eine klassisch-romantische Symphonie hervorbringt. Man war zwar nach wie vor überzeugt, dass diese Musik Gefühle artikuliert oder zu solchen anregt, aber man sah sich nicht mehr dazu in der Lage, eindeutig anzugeben, welche dies sind. E. T. A. Hoffmanns Aussage steht im Kontext dieser Entwicklung und markiert darin gleichsam einen hermeneutischen Umschlagpunkt. An ihm kommt einiges zusammen: dichterischer Unsagbarkeitstopos, romantische Aufklärungskritik und die skizzierte musikästhetische Entwicklung.[13] Heraus kommt der Gedanke, dass Musik die Grenzen des sinnlich Zugänglichen und begrifflich Bestimmbaren überwinden und als Sprache des Unaussprechlichen fungieren könnte: Sie kann Gefühlswelten eröffnen, die zuvor verschlossen waren. Im Grunde ist es überraschend, was damit passiert: Die musikästhetische Verlegenheit, dass man das, was die Musik als eine Sprache der Gefühle aussagt, nicht mehr eindeutig dechiffrieren kann, wird zu ihrem grössten Vorzug umgedeutet, sodass sie zu einer Sprache des Unaussprechlichen wird. Damit kann sie überall andocken, wo man um die Grenzen menschlich-wortsprachlichen Ausdrucksvermögens weiss. So ergeben sich unzählige Anknüpfungspunkte zur romantischen-idealistischen Religionsphilosophie, insbesondere natürlich zu Schleiermacher.[14] Was Ausgriffe auf Transzendentes, Absolutes, Totales usw. angeht, wird Musik damit im 19. Jahrhundert zu einem so populären wie philosophisch anschlussfähigen Medium. Auch Schopenhauers Zitat, mit dem ich ganz zu Beginn eingestiegen bin, steht faktisch in demselben Zusammenhang.

Sieht man sich E. T. A. Hoffmanns Zitat nun noch einmal hinsichtlich des Ausgreifens genauer an, so fällt auf, dass dieses ein charakteristisch anderes Profil besitzt, als es im ersten Exerzitium der Fall war. Der kategoriale Bruch liegt hier nicht zwischen immanenten Weltganzen und einer kategorial anders verfassten Transzendenz. Vielmehr ist er gleichsam in das Subjekt hinein verlegt. Dies ist daran erkennbar, dass Gefühle hüben wie drüben eine Rolle spielen: auf der einen, gleichsam immanenten, Seite als Gefühle, die mit Sinnlichkeit, Wortsprachlichkeit, Aktivität und Rationalität zusammenhängen, auf der anderen, quasi transzendenten, als

---

13 Vgl. Dahlhaus, Carl, Die Idee der absoluten Musik, Kassel ³1994, 66–68.
14 Siehe dazu Scholz, Gunter, Schleiermachers Musikphilosophie, Göttingen 1981, der zusammenfassend schreibt, Schleiermacher begreife Musik als «bewegtes Selbstbewusstsein» (133). Vgl. Korsch, Dietrich, Das Universum im Ohr. Umrisse einer theologischen Musikästhetik, in: ders. u. a. (Hg.), Das Universum im Ohr. Variationen zu einer theologischen Musikästhetik, Leipzig 2011, 15–23.

Gefühle, die im Jenseits von Sinnlichkeit, Wortsprachlichkeit, Aktivität und Rationalität liegen. Dieses Jenseits liegt aber eben nicht in einem Jenseits der Welt, sondern ist innerhalb des Subjekts lokalisiert. Dass sich dies gut etwa mit Schleiermachers Gefühl schlechthinniger Abhängigkeit in Verbindung bringen lässt, liegt auf der Hand.

Damit ist das Ende des zweiten Exerzitiums erreicht. Die beiden Beispiele haben recht Unterschiedliches ans Licht gebracht. Bei Rebel scheint das, wonach ausgegriffen wird, in weite Ferne gerückt zu sein. Es kommt als Transzendenz nicht mehr vor und wird als Totalität nicht ergriffen, sondern nur abgebildet, und zwar mithilfe relativer Totalität im Raum der Kultur. Bei E. T. A. Hoffmann finden wir ein anderes Extrem: Das, wonach ausgegriffen wird, ist in die grösste Nähe gerückt, die sich denken lässt: es findet sich in uns, sodass Distanznahme weder möglich noch vorgesehen ist. Beides ist in gewisser Hinsicht anfällig für Störungen, denn ist das eine zu fern, um im Ausgreifen noch etwas zu erreichen, so ist das andere zu nah, um noch im eigentlichen Sinn von einem Ausgreifen sprechen zu können. Es deutet sich an: Die Sache wird prekär.

3. Drittes metaphysisches Exerzitium: Prekäre Ganzheit

3.1 Zerbrechen

Für das letzte Exerzitium springe ich in die Gegenwart. In der Ankündigung der Tagung, für die dieser Beitrag entstand, ist von der Gegenwart als ein Zeitalter des Fragmentarischen und Pluralen die Rede. Ich möchte kurz skizzieren, inwiefern das überhaupt für die Musik gilt.

Ganz grundsätzlich gab es im Bereich der Klangkunst ja schon immer eine gewisse Pluralität: sich wandelnde Moden und Strömungen, einander gegenüberstehende Schulen und Nationalstile. Die Unübersichtlichkeit, die im 20. Jahrhundert entsteht, hat aber noch einmal einen anderen Charakter. Zweierlei kommt dabei zusammen.

Zum einen ist bereits im Verlauf des 19. Jahrhunderts eine Relativierung musikästhetischer Prämissen zu beobachten. Eine zentrale Rolle spielt der Musikkritiker Eduard Hanslick. Mitte des 19. Jahrhunderts plädiert er für eine strenge Autonomie musikalischer Kunst: «*Tönend bewegte Formen* sind einzig und allein Inhalt und Gegenstand der Musik»[15], so schreibt er. Dies bricht mit allen damals wichtigen Konzepten:

---

15 Hanslick, Eduard, Vom Musikalisch-Schönen. Ein Beitrag zur Revision der Ästhetik der Tonkunst, in: ders., historisch-kritische Ausgabe, (Bd. 1), Strauss, Dietmar (Hg.), Saarbrücken 1978, 75.

dem der Darstellung, dem des Gefühlsausdrucks sowie dem der Sprach-
ähnlichkeit. Weil es aber weiterhin (und bis heute) Komponistinnen und
Komponisten gibt, die sich an den überkommenen Konzepten orientieren, führt Hanslicks Kritik nicht mehr zur Dominanz eines neuen Ansatzes, sondern zu einem Nebeneinander verschiedener Ansätze. Alles wird
relativer und diffuser. Oder mit anderen Worten: Das Potenzial, dass in
musikalischen Situationen Störungen aufbrechen, nimmt zu.[16]

Zum anderen kommt es etwas später zu einer fundamentalen hermeneutischen Umstellung in der Musikästhetik. Dies geschieht nicht zuletzt
durch Schönbergs Zwölftonmusik. Seine Methode der Komposition mit
zwölf nur aufeinander bezogenen Tönen beruht darauf, dass ein Komponist eine individuelle Reihe konstruiert, um aus ihr die gesamte harmonische und melodische Faktur des Stückes abzuleiten. Das heisst: Das Verstehen von Musik kann sich nicht länger an den allgemeingeltenden
kulturellen Ordnungen der Tonalität orientieren, sondern muss sich aus
der Auseinandersetzung mit dem konkret zu verstehenden Stück ergeben.
Im Serialismus, der die Zwölftontechnik fortschreibt, weitet sich dies
noch einmal aus, indem das Prinzip von Melodie und Harmonie auf alle
anderen musikalischen Parameter übertragen wird. Das Verstehen entscheidet sich damit vollständig am einzelnen Stück bzw. der konkreten
musikalischen Situation. Allgemein verbindlich ist unter diesen Bedingungen lediglich, dass sich das Verstehen jedes Mal neu einen Weg bahnen
muss. Welcher dies ist, das muss von Stück zu Stück herausgefunden werden. Die kulturelle Grösse «Musik» zerfällt so in gewisser Weise in eine
Pluralität einzelner musikalischer Ereignisse.

Entsprechend lässt sich als Exerzitium nicht auf ein im eigentlichen
Sinn typisches Beispiel zurückgreifen. Ich habe zwei ausgewählt, hätte
aber ebenso gut andere nehmen können. Die Wahl fiel auf die folgenden,
weil sie so unterschiedlich sind.

3.2 Stockhausen LICHT

Als erstes Beispiel wähle ich ein Werk von Karlheinz Stockhausen (1928–
2007). Er ist vermutlich einer der grössten Exzentriker der deutschen Mu-
sikkultur seit Richard Wagner. Tatsächlich steht Stockhausen in gewissen

---

16 Dies ist für Arnold Schönberg eindrücklich dokumentiert, in: Eybl, Martin
    (Hg.), Die Befreiung des Augenblicks. Schönbergs Skandalkonzerte 1907 und
    1908, Eine Dokumentation, (Wiener Veröffentlichungen zur Musikgeschichte
    4), Wien 2004.

Hinsichten in Wagners Tradition und schreibt dessen Konzept des Ge-
samtkunstwerks fort.[17] So schuf Stockhausen zwischen 1977 und 2003
einen monumentalen, siebenteiligen und 29-stündigen Opernzyklus:
«LICHT. Die sieben Tage der Woche» – ein Werk, das so hohe musikalische und theatralische Anforderungen stellt, dass bis zum heutigen Tag
nur einzelne Opern daraus, nie jedoch alle sieben gemeinsam aufgeführt
wurden. Dabei ist das titelgebende «Licht» unverkennbar eine Metapher,
die auf Göttliches zielt. Entsprechend kommt dieser Opernzyklus als gigantischer Versuch in Betracht, auf die Transzendenz auszugreifen – oder
für diesen Fall vielleicht exakter formuliert: auf eine Totalität der Wirklichkeit.

Um das Werk hier vorzustellen, ist es sinnvoll, an dessen Anspruch
anzusetzen. Thomas Ulrich, der auf religiöse bzw. theologische Themen
in Stockhausens Œuvre spezialisiert ist, gibt diesen treffend wieder:

> Der LICHT-Zyklus zielt auf das noch nie Dagewesene – wenn man die Aus-
> maße des Werkes bedenkt, den Aufwand, den man treiben muss, wer immer
> es realisieren will. Doch nicht nur das; es gilt auch für den Gehalt des Opern-
> zyklus, der den Anspruch erhebt, nicht weniger als ein Gesamtbild menschli-
> chen Lebens und humaner Aufgaben vorzustellen, das alle wesentlichen Be-
> reiche unserer Existenz umgreift.[18]

Wie wenig diese Charakterisierung übertreibt, belegen persönliche Äusse-
rungen Stockhausens. Ulrich selbst zitiert Folgendes aus einem Interview:

> Ich bete, […] dass sich in diesem Werk Wahrheit verwirklichen möge: Das,
> was nicht von mir erfunden ist, sondern im ganzen Kosmos gilt, dass das auch
> die Musik formt, mein Werk formt, damit es für alle Menschen eines Tages
> Bedeutung bekommt.[19]

Der Komponist greift mit seinem Anspruch also denkbar hoch: so hoch,
dass es schwerfällt, noch eine Grenze zwischen «Kunst» bzw. «Musik»

---

17 Vgl. Zorn, Magdalena, Stockhausen unterwegs zu Wagner. Eine Studie zu
    den musikalisch-theologischen Ideen in Karlheinz Stockhausens Opernzyklus
    LICHT (1977–2003), Hofheim 2016.
18 Ulrich, Thomas, Stockhausens Zyklus LICHT. Ein Opernführer, Köln 2017,
    47. Ulrichs Opernführer ist überaus hilfreich, um sich in diesem gigantischen
    Werk zu orientieren. Ulrich hat als studierter Theologe zwar eine bestimmte
    Perspektive, vermag es aber, die grossen Zusammenhänge im Blick zu behal-
    ten, sodass ich mich im Folgenden immer wieder auf seine Einführung beziehe.
19 Stockhausen, Karlheinz, Texte VII, in: Blumenröder, Christoph von (Hg.),
    Texte, Bd. 7–10. Texte zur Musik 1984–1991, Kürten 1998, 264.

und «Religion» zu erkennen.[20] In der zitierten Interviewäusserung finden
sich jedenfalls eine Vielzahl religiös-theologischer Aspekte. Diese kreisen
um eine Struktur mit zwei Seiten: Auf der einen steht der gesamte Kosmos
und die eine Wahrheit, die in ihm gilt, auf der anderen Seite das Werk
Stockhausens.

Bemerkenswert ist dabei vor allem, wie die Beziehung zwischen den
beiden Seiten konzipiert wird. Sie wird von Stockhausen nicht als eine
Bewegung des Ausgreifens verstanden, die von ihm oder den Rezipientin-
nen und Rezipienten ausgeht, sondern sie verläuft umgekehrt, also von
der Wahrheit ins Werk. Genauer gesagt: Die Wahrheit verwirklicht sich
im Werk, indem sie das Werk formt, also geformte Musik bzw. geformtes
Musiktheater wird. Dies hat unverkennbar die Struktur von Offenbarung
und besitzt durch das Moment der Formung sogar einen geradezu inkar-
natorischen Charakter. Dies bringt freilich eine Spannung zur Person des
Komponisten mit sich: Einerseits tritt er als eine geradezu messianische
Figur auf, die komponierend an der Inkarnation mitwirkt, indem das Of-
fenbarte anlässlich seines Werkes in Erscheinung tritt.[21] Andererseits betont er seine Passivität im Schaffensprozess, zieht sich also auf die Rolle
des blossen Offenbarungsmittlers zurück, der nichts Eigenes einträgt. Es
stellt sich damit in gewisser Weise die Frage, ob man wirklich von einem

---

20 Thomas Ulrich sieht diese Grenze gewahrt. Er betont, dass «LICHT kein welt-
    anschauliches Unternehmen, sondern ein künstlerisches Werk» (Ulrich,
    LICHT, 48) sei. Dies erläutert er etwas später: «Es gehört zum Wesen grosser
    Kunst, dass sie uns nicht die Zeit vertreiben will, sondern dass wir in ihr dem
    begegnen, was unser Leben erfüllt. Aber dadurch ist sie noch nicht selber Re-
    ligion (auch wenn sie, wie bei Stockhausen, aus religiösem Geist entstanden
    ist)» (ebd., mit Anspielung auf Ulrich, Thomas, Neue Musik aus religiösem
    Geist. Theologisches Denken im Werk von Karlheinz Stockhausen und John
    Cage, Saarbrücken 2006). Damit wird das Vorhandensein dieser Grenze zwar
    behauptet, aber nicht befriedigend erläutert, wo sie verläuft und warum sie
    wirklich gewahrt wird. Dazu müsste Ulrich insbesondere klären, was der Un-
    terschied zwischen einem musikalischen Thematisieren von Religion und ei-
    nem musikalischen Vollzug von Religion ist. Bei Stockhausen ist diese Grenze
    meines Erachtens immer wieder verwischt – ähnlich wie bei Wagners Parsifal
    (vgl. Berg, Stefan, Der Gebrauch des Parsifal. Richard Wagners Bühnenweih-
    festspiel und die Frage nach der Gestalt gelebter Kunstreligion, in: Korsch,
    Dietrich [Hg.], Religion der Liebe. Drei Fallstudien zur Oper in theologisch-
    musikästhetischer Betrachtung, Leipzig 2018, 136–172).
21 Hinzu kommt, dass Stockhausen sich die eschatologische Rolle eines Bitten-
    den zuschreibt, der – wie oben zitiert – darum betet, dass es, also nicht er oder
    die Wahrheit, sondern das Werk, «eines Tages für alle Menschen Bedeutung
    [bekommen]» möge.

Ausgreifen auf die Transzendenz sprechen sollte. Geht es nicht eher um Offenbarung?

Nun sollte man Selbstdeutungen von Komponistinnen und Komponisten mit einer gewissen Vorsicht behandeln. In kreativen Prozessen nehmen ja viele Menschen ein Moment von Unverfügbarkeit bzw. eines Empfangens oder Zufallens wahr, sodass die Analogie zu einem Offenbarungsgeschehen auch für Stockhausen nahe gelegen haben dürfte. Gleichwohl darf man nicht übersehen, dass Stockhausen aktiv, bewusst und intentional eine musikalische Situation kreiert hat, von der er annimmt, dass in ihr die eine kosmische Wahrheit real vernehmbar wird. Ein Moment aktiven Ausgreifens durch Kreieren dieser spezifischen Situation ist also in jedem Fall vorhanden.

Wie also ist dieses Ausgreifen gestaltet? Entscheidende Bedeutung hat ohne Frage die Kompositionstechnik. Stockhausen hat mit «Form» im oben zitierten Interviewausschnitt bereits das entscheidende Stichwort geliefert. Das Werk basiert nämlich auf seiner Technik der sogenannten Formelkomposition. In dieser Weiterentwicklung der Zwölftontechnik bzw. des Serialismus wird ein Werk in seiner Mikro- und Makrostruktur von einer einzigen musikalischen Formel bestimmt. Im Fall von «LICHT» ist es die sogenannte Superformel.[22] Sie wird über den Zyklus immer wieder (in Ausschnitten) hörbar und ist ein musikalisch überaus vielschichtiges Konstrukt: nicht nur, weil die dreistimmige Formel selbst recht komplex ist und neben Tonhöhen und Rhythmen auch andere musikalische Parameter organisiert, sondern ebenso, weil ihr Einsatz mit verschiedenen Ableitungs- und Transformationsprozessen einhergeht.

Die für die gestellte Frage entscheidende Pointe liegt in Stockhausens Annahme, dass in dieser Superformel bzw. im aus ihr abgeleiteten Werk tatsächlich die oben benannte Verwirklichung der kosmischen Wahrheit vorliegt. Um Missverständnisse zu vermeiden: Die Beziehung zwischen Stockhausens Werk und der Wirklichkeit ist nicht bloss nach dem Muster einer Analogie gedacht, sondern Stockhausens Anspruch geht weiter und besagt, dass sich die kosmische Wahrheit *tatsächlich* im Werk verwirklicht bzw. sich die Gesetzmässigkeiten, welche die Wirklichkeit gesamthaft durchwalten, in der Superformel manifestieren. Es geht nicht um eine Analogie, sondern um eine reale Faktizität.

Dieser beinahe verwegene Gedanke erklärt sich daraus, wie Stockhausen eine Formel innerhalb seiner Kompositionstechnik versteht, also ganz grundsätzlich und unabhängig von «LICHT»:

---

22 Eine Darstellung der Superformel mit einigen einführenden Erläuterungen findet sich unter http://stockhausenspace.blogspot.com/2014/09/a-brief-guide-to-licht-pt-2-super.html [letzter Zugriff am 06.09.2022].

Wenn die Wirklichkeit geprägt wird, von energetischen Kräften, die alles in Schwingung versetzen, dann ist die Formel der Ort, an dem eine Konfiguration solcher Kräfte in den Bereich des Hörbaren tritt. Sie erscheint musikalisch als Formel. Diese ist also die akustische Erscheinung der Kräfte, die im Wirklichen wirken, es mit Leben erfüllen, in eine bestimmte Bewegung drängen und prägen.[23]

Einfacher gesagt: In jeder Formel manifestiert sich ein Teil der Wirklichkeit bzw. ein Teil der in ihr waltenden und sie gestaltenden Prinzipien. Die Eigenart der Superformel im Gegensatz zu anderen Formeln ist es, dass sich in ihr nicht solche Prinzipien manifestieren, die nur einen Teil der Wirklichkeit prägen, sondern diejenigen, die den Kosmos als Ganzen bestimmen.[24]

Dies schlägt sich erstens in der Dreistimmigkeit der Superformel nieder. Jede der drei Stimmen ist einer der allegorischen Hauptfiguren der Opern zugeordnet, wobei der Erzengel Michael für das Erlösende, Gute und Schöpferische steht, Luzifer für das Böse, Zerstörerische und Rationale sowie Eva für das Mütterlich-Vermittelnde.[25] Die Drei stehen mithin für drei wesentliche Kräfte, welche die Wirklichkeit bestimmen. Als zweite Ebene ist darüber eine Gliederung in sieben Wochentage gelegt, was mit diversen sinnhaften Bezügen wie Farben, Elementen und menschlichen Sinnen aufgeladen ist. Dem *Mittwoch* zum Beispiel sind Gelb, Luft und Sehen zugeordnet. Zusammengenommen ergibt sich so die Möglichkeit, das Miteinander der drei Kräfte im charakteristischen Gepräge des jeweiligen Wochentages musiktheatralisch durchzuspielen.

Die Superformel ist somit ein Gebilde, das die musikalisch-formale Idee der Formelkomposition mit diversen inhaltlichen, genauer gesagt:

---

[23] Ulrich, LICHT, 34.

[24] Insofern ist der Vergleich zwischen Stockhausens Superformel und dem, was populärerweise unter dem Begriff «Weltformel» fungiert, alles andere als aus der Luft gegriffen. Zur Illustration sei auf die im Internet leicht auffindbaren Fotos von Stockhausens Grabstein auf dem Friedhof in Kürten verwiesen, auf dem eine riesige Gravur der Superformel prangt. Die Superformel ist für Stockhausen ganz offenkundig das, was die Welt im Innersten zusammenhält und Ewigkeitscharakter besitzt.

[25] Eine Übersicht gibt Ulrich, LICHT, 28–30. Dabei kommt auch zur Sprache, dass Michael von Stockhausen mit Jesus und Eva mit Maria in Verbindung gebracht wird.

religiösen, kosmologischen, philosophischen, anthropologischen, naturwissenschaftlichen sowie vielen weiteren Ideen verknüpft. Die Offenheit dieser Aufzählung markiert, wo das Problem liegt: Stockhausen fährt in «LICHT» ein kaum mehr zu überblickendes eklektisches Konglomerat verschiedenster Traditionen und Gedanken auf.[26] In alldem ist das Bestreben erkennbar, möglichst viele relative Totalitäten abzubilden – *alle* Wochentage, *alle* Farben, *alle* Elemente, *alle* Sinne und mit den drei Hauptfiguren natürlich auch *alle* Weltprinzipien –, um dann alles miteinander zu einer totalen Totalität zu vereinen. Aber: All das ist letztlich nur additiv nebeneinandergestellt und assoziativ miteinander verknüpft. Es ist unmöglich, dies alles in einem kohärenten System zu vereinen. Schon die Verbindung von sieben Wochentagen mit sieben Farben, sieben Elementen und sieben Sinnen geht nicht auf und ist letztlich vollkommen willkürlich.

So wirkt das Ganze am Ende beinahe tragisch. Es wird eine immense Konstruktion vorgelegt, aber sie wird in ihrer Konstruiertheit kaschiert und auf eine Offenbarung zurückgeführt. Es wird eine Totalität heraufbeschworen, die alles Denkbare integrieren will, aber es entsteht dabei bloss ein eklektisches Gebilde, das Totalität vorgaukelt, ohne sie wirklich zu fassen. Und es wird ein riesiges Arsenal an möglichen Transzendenzbezügen aufgeboten, ohne dass einer der zugehörigen Bewegungen wirklich Vertrauen entgegengebracht wird. So wirkt Stockhausens Ausgreifen auf mich wie ein panisches Schnappen auf alle möglichen Arten und Weisen. Die Situation, in der es geschieht, ist eigentlich total prekär und voller Störungen, doch soll dies durch die überbordenden internen Sinnbezüge und die Intensität des ästhetischen Erlebens kaschiert werden. Zeigt dieses Beispiel also unter dem Strich, dass ein Ausgreifen nach Transzendenz und Totalität heute unmöglich geworden ist?

3.3 Mark Andre: iv 5

Als letztes sei kurz ein Werk vorgestellt, das sich, was das Ausgreifen angeht, geradezu als Gegenentwurf zu Stockhausen präsentiert. Die Idee dazu habe ich Markus Gabriel zu verdanken, der in «Sinn und Existenz» auf den Gedanken zu sprechen kommt, dass «[z]umindest einige unserer

---

26 Wesentliches geht auf das Urantia-Buch zurück, das für sich beansprucht, Offenbarungen höherer Wesen mitzuteilen und in den USA seit seiner Publikation 1955 eine gewisse Popularität erlangte. Vgl. Ulrich, LICHT, 42–45.

ontologischen Grundbegriffe, ‹[...] die Natur entlang ihren Fugen ein[tei-len]›»[27]. Das Stichwort sind «die Fugen der Natur», und der Komponist, der mir dabei in den Sinn gekommen ist, ist Mark Andre (*1964) mit seinem Stück *iv 5* (2013) für Oboe solo.[28]

In diesem Stück wird kein konventioneller Ton gespielt. Wir hören Klappen- und Resonanzgeräusche, in denen man das Instrument als Objekt wahrnehmen kann; wir hören den Atem und den Mund des Instrumentalisten; und was wir an Klängen hören, das ist ein Klappern, Strömen, Pfeifen und Schnarren, gelegentlich gefärbt durch Tonhöhen, am deutlichsten noch bei den Spalttönen, die zwischen zwei Tönen schillern. Andre ist offenkundig überhaupt nicht an den Tönen der Notenskala interessiert, sondern an den klanglichen Möglichkeiten, die jenseits dessen für das Instrument Oboe bestehen. Dabei sucht das Stück gezielt Grenzphänomene: wo Geräusch in Klang kippt und Klang in Geräusch übergeht. An diesen fragilen Momenten komponiert Andre entlang. Und so horcht seine Musik gleichsam den Fugen der Natur nach.

Es hätte andere Stücke gegeben, an denen man Ähnliches hätte zeigen können. Andre interessiert sich sozusagen auch für klangliche Schatten und akustische Abdrücke. Er lässt eine Posaune in einen nicht-gedämpften Flügel hineinspielen, zeichnet den Nachhall auf und verwendet ihn elektronisch weiter, gelegentlich zu Hybriden gemischt mit anderen Klängen. Und er hat sich auch schon mal nachts in der Grabeskirche in Jerusalem einschliessen lassen, um die klanglich-akustische Signatur des Raumes mit seiner Elektronik einzufangen und dies dann in seiner Oper «wunderzaichen» weiter zu verarbeiten.[29] Er tat dies unter der Prämisse, dass sich darin klangliche Spuren bzw. ein Nachhall dessen finden lassen müsste, was dort einst mit Jesus geschah. Er sucht also gleichsam nach Spuren der Transzendenz – und zwar in einer geradezu naiv-realistischen Weise.

Es fällt beinahe schwer, dieses ebenso naive wie (gerade darin) subtile Vorgehen, als Ausgriff auf die Transzendenz zu bezeichnen. Dazu arbeitet Andre viel zu sehr mit Leerräumen, Fragilitäten und Indirektheiten. Der

---

27 Gabriel, Markus, Sinn und Existenz, Berlin ³2021, 15, mit Anspielung auf den Band Keim Campell, Joseph u. a. (Hg.), Carving Nature at Its Joints. Natural Kinds in Metaphysics and Science, Cambridge MA 2011.

28 Das Stück ist zugänglich über https://soundcloud.com/mark-andre/iv-5-fu-r-oboe [letzter Zugriff am 06.09.2022]. Zum Komponisten vgl. Tadday, Ulrich (Hg.), Mark Andre (Musik-Konzepte 167), München 2015.

29 Dokumentiert auf der DVD «Yearning for the Presence. The Originating Process of the Opera Wunderzaichen» (Mark Andre), ein Film von Aumüller, Uli, EuroArts / Oper, Stuttgart 2015.

technisch-elektronische Aufwand, den er betreibt, ist zwar extrem, doch verfolgt er damit nach eigenem Bekunden den Anspruch, die Eigentümlichkeit des Klangmaterials freizulegen. Versucht Stockhausen die Transzendenz in einem konstruktiven Furor in den Griff zu bekommen, so unternimmt Andre grösste Anstrengungen, um das Material dazu zu bringen, selbst etwas von sich preiszugeben und ihm, dem Komponisten oder uns, den Hörerinnen und Hörern, etwas zuzuspielen. Auch hier ist eine Sehnsucht nach der Transzendenz, jedoch eine, die den Mut zur Passivität aufbringt – ein Ansatz, der mir für unsere Gegenwart ungleich sinnvoller erscheint als derjenige Stockhausens.

4. Fazit

Als Fazit meiner Überlegungen, möchte ich folgende drei Punkte hervorheben.

Mit meinen Ausführungen hoffe ich *erstens* grundsätzlich gezeigt zu haben, dass sich Musik als Gegenstand einer religionsphilosophischen Reflexion metaphysischer Fragen eignet. Auch wenn man nicht gleich mit Schopenhauer von «metaphysischen Exerzitien» sprechen muss, hat die Beschäftigung mit Musik dabei geholfen, die Figur des Ausgreifens aus spekulativen Höhen herabzuholen und mit einem alltagsweltlich zugänglichen Phänomen zu verknüpfen. Dies hat insbesondere den Blick dafür geschärft, dass jedes Ausgreifen kulturell-lebensweltlich in bestimmter Weise loziert ist und in seiner Plausibilität nicht unwesentlich von diesem Kontext abhängt.

Zweitens habe ich mit den drei Exerzitien drei unterschiedliche Kontexte untersucht. Die Figur des Ausgreifens begegnete in jedem von ihnen – allerdings mit erheblich unterschiedlichen Profilen. Die grösste Stimmigkeit ergab sich für mich beim ersten Exerzitium, also in einem ontologischen Zusammenhang. Mit der klaren Separierung von immanenter und transzendenter Sphäre sowie dem darin sich vollziehenden Schluss auf einen Ermöglichungsgrund wirkte dieser Kontext wie die Heimat der Figur. Noch immer stimmig, aber bereits mit leichten Trübungen durch aufbrechende Störungen, konnte das Ausgreifen innerhalb eines subjektphilosophischen Konzepts abgebildet werden, und zwar durch Verlegung in das Innere des Subjekts. Für das dritte Exerzitium möchte ich ein gemischtes Fazit ziehen. Stockhausen steht für mich für ein Scheitern des Ausgreifens in der Gegenwart. Der Versuch, den Griff nach der Totalität zu erzwingen, führt bei ihm zu eklektischer Beliebigkeit und überbordendem Pathos. Anders ist es aus meiner Sicht bei Mark Andre gelagert –

und weil sein Weg für mich der weiterführende ist, ist ihm der letzte Punkt gewidmet.

Bei Mark Andre deutet sich nämlich *drittens* eine Strategie an, die anders funktioniert und mit etwas zu tun hat, was auf unserer Tagung mehrfach positiv erwähnt wurde: mystische Praktiken. Es wäre demnach zu bedenken, ob man nicht davon absehen sollte, in eine weitere Erhöhung des Aktivitätslevels des Ausgreifens zu investieren, seien dies noch präzisere Schlussverfahren oder noch mutigere Spekulation, noch tiefere psychologische oder subjektphilosophische Grabungen, oder noch entschiedenere und gegenüber der Moderne noch stärker opponierende Lebensformen. Vielleicht sollte man umgekehrt eher auf eine Senkung des Aktivitätslevels setzen, damit in Selbstrücknahme und Stille das Ausgreifen zur Ruhe kommt – und sich Raum für die Möglichkeit auftut, selbst ergriffen zu werden.

Autorinnen und Autoren

PD Dr. Stefan Berg
Stefan Berg ist Privatdozent an der Universität Basel und Pfarrer in der Evangelisch-Reformierten Kirchgemeinde Solothurnisches Leimental. 2011 wurde er an der Universität Zürich mit der Arbeit Spielwerk. Orientierungshermeneutische Studien zum Verhältnis von Musik und Religion 2011 promovierte. Er habilitierte sich 2020 an der Universität Basel zum Thema Gott und Mensch. Differenziologische Analysen zur Grammatik des Systems christlicher Existenz. 2020-2021 nahm er eine Lehrstuhlvertretung an der Rheinischen Friedrich-Wilhelms-Universität Bonn wahr.

Publikationen:
Berg, Stefan, Spielwerk. Orientierungshermeneutische Studien zum Verhältnis von Musik und Religion, Tübingen 2011.
Dalferth, Ingolf U.; Berg, Stefan (Hg.), Gestalteter Klang – gestalteter Sinn. Orientierungsstrategien in Musik und Religion im Wandel der Zeit, Leipzig 2011.
Berg, Stefan; Sass, Hartmut von (Hg.), Regress und Zirkel. Figuren prinzipieller Unabschließbarkeit, Architektur – Dynamik – Problematik, Hamburg 2016.
Berg, Stefan, Die künftige Kirche und ihre Musik. Überlegungen zur Zukunft der Kirchenmusik in evangelischer Perspektive, in: Wahle, Stephan; Walter, Meinrad; Hoping, Helmut (Hg.), GottesKlänge. Religion und Sprache in der Musik, Freiburg i. Br. 2021, 86–105.
Berg, Stefan, Gott und Mensch. Differenziologische Analysen zur Grammatik des Systems christlicher Existenz, Tübingen 2021.

Prof. Dr. Matthias Ederer
Matthias Ederer ist seit 2020 ordentlicher Professor für Exegese des Alten Testaments an der Theologischen Fakultät der Universität Luzern. Nach dem Studium der Katholischen Theologie sowie der Judaistik und seiner Promotion im Jahre 2010 im Fach Altes Testament wirkte er von 2011 bis 2020 in Regensburg als Akademischer Rat bzw. Oberrat und hatte zeitweise eine Lehrstuhlvertretung an der Fakultät für Katholische Theologie der Ludwig-Maximilians-Universität München inne. 2017 habilitierte er sich im Fach Altes Testament in Regensburg.

Publikationen:

Ederer, Matthias, Ende und Anfang. Der Prolog des Richterbuchs (Ri 1,1–3,6) in «Biblischer Auslegung», Freiburg im Breisgau 2011.

Ederer, Matthias, Aufbrüche zur Exodustheologie. Das Itinerar Num 33,1–49 als theologische Deutung der Wüstenzeit Israels, Stuttgart 2014.

Ederer, Matthias, Das Buch Josua, Stuttgart 2017.

Ederer, Matthias, Identitätsstiftende Begegnung. Die theologische Deutung des regelmäßigen Kultes Israels in der Tora, Tübingen 2018.

Ederer, Matthias; Schmitz, Barbara (Hg.), Exodus. Interpretation durch Rezeption, Stuttgart 2018.

Prof. Dr. Markus Gabriel

Markus Gabriel hat seit 2009 den Lehrstuhl für Erkenntnistheorie/Philosophie der Neuzeit und Gegenwart an der Rheinischen Friedrich-Wilhelms-Universität in Bonn inne. Seit 2012 ist er dort auch Direktor des Internationalen Zentrums für Philosophie NRW und seit 2017 Direktor des Center for Science and Thought. Des Weiteren ist er seit 2022 Academic Director des The New Institute in Hamburg. Er wurde 2005 an der Ruprecht-Karls-Universität Heidelberg mit einer Dissertation über die Spätphilosophie Schellings promoviert und habilitierte sich 2008, ebenfalls an der Ruprecht-Karls-Universität Heidelberg, mit einer Habilitationsschrift über «Skeptizismus und Idealismus in der Antike».

Publikationen:

Gabriel, Markus, Warum es die Welt nicht gibt, Berlin [8]2013.

Gabriel, Markus (Hg.), Der neue Realismus, Berlin [3]2016.

Gabriel, Markus, Sinn und Existenz. Eine realistische Ontologie, Berlin [3]2016.

Gabriel, Markus, Ich ist nicht Gehirn. Philosophie des Geistes für das 21. Jahrhundert, Berlin [3]2017.

Gabriel, Markus, Moralischer Fortschritt in dunklen Zeiten. Universale Werte für das 21. Jahrhundert, Berlin 2020.

Gabriel, Markus, Der Sinn des Denkens, Berlin März [2]2020.

Gabriel, Markus; Priest, Graham, Everything and Nothing, Cambridge 2022.

Prof. Dr. Wilhelm Gräb †

Wilhelm Gräb war emeritierter Professor für Praktische Theologie an der Humboldt Universität zu Berlin sowie Extraordinary Professor an der Theologischen Fakultät der Universität Stellenbosch in Südafrika. Zum Dr. theol. wurde er 1979 in Göttingen promoviert. Nach seiner Habilitation 1987 wirkte er mehrere Jahre im Studentenpfarramt und als Privatdozent für Praktische Theologie in Göttingen. 1993–1999 hatte er den Lehrstuhl für Praktische Theologie an der Ruhr-Universität Bochum und 1999–2016 den Lehrstuhl für Praktische Theologie an der Humboldt-Universität zu Berlin inne. Des Weiteren war er als Universitätsprediger und Direktor des Instituts für Religionssoziologie und Gemeindeaufbau tätig.

Publikationen:
Gräb, Wilhelm, Sinn fürs Unendliche. Religion in der Mediengesellschaft, Gütersloh 2002.
Gräb, Wilhelm, Religion als Deutung des Lebens. Perspektiven einer Praktischen Theologie gelebter Religion, Gütersloh 2006.
Gräb, Wilhelm, Predigtlehre. Über religiöse Rede, Göttingen 2013.
Gräb, Wilhelm, Vom Menschsein und der Religion. Eine praktische Kulturtheologie, Tübingen 2019.
Weyel, Birgit; Gräb, Wilhelm (Hg.), Religion in der modernen Lebenswelt. Erscheinungsformen und Reflexionsperspektiven, Göttingen 2006.

Prof. Dr. Elisabeth Gräb-Schmidt

Elisabeth Gräb-Schmidt ist seit 2010 Professorin für Systematische Theologie und Direktorin des Instituts für Ethik an der Evangelisch-theologischen Fakultät der Eberhard Karls Universität in Tübingen. Sie wurde 1992 in Mainz zur Dr. theol. promoviert und habilitierte sich 2001 in Tübingen mit einer Arbeit zur Technikethik. Seit 2013 ist sie Mitglied in der Zentralen Ethikkommission der Bundesärztekammer und Mitglied im Rat der Evangelischen Kirche in Deutschland. Des Weiteren ist sie seit 2015 Mitglied in der Senatskommission für Grundsatzfragen der Genforschung der Deutschen Forschungsgemeinschaft und seit 2018 Mitglied des Deutschen Ethikrats. 2002–2010 war sie Professorin für Systematische Theologie an der Universität Giessen und 2007–2009 Direktorin des Instituts für Religionsphilosophie an der Johann Wolfgang Goethe-Universität in Frankfurt.

Publikationen:
Gräb-Schmidt, Elisabeth; Achtner, Wolfgang (Hg.), Was ist Religion? Über das Verständnis von Menschenbild und Religion, Gießen 2008.
Gräb-Schmidt, Elisabeth (Hg.), Was heißt Natur? Philosophischer Ort und Begründungsfunktion des Naturbegriffs, Leipzig 2015.
Gräb-Schmidt, Elisabeth; Preul, Reiner (Hg.), Anthropologie, Leipzig 2017.
Gräb-Schmidt, Elisabeth; Häfele, Benjamin; Hölzchen, Christian P. (Hg.), Transzendenz und Rationalität, Leipzig 2019.
Gräb-Schmidt, Elisabeth; Leppin, Volker (Hg.), Medium und Botschaft, Leipzig 2022.

PD Dr. Alexander Heit
Alexander Heit ist Privatdozent für Systematische Theologie an der Universität Basel und seit 2012 Pfarrer in Herrliberg (ZH). Er ist mit einer Arbeit zu Kants Religionsphilosophie an der Universität Göttingen promoviert worden, wo er von 2000 bis 2004 Assistent für Systematische Theologie war. Danach hatte er von 2005 bis 2012 eine Oberassistenz für Systematische Theologie mit Schwerpunkt Ethik an der Universität Basel inne und hat dort seit 2007 auch das Forschungskolleg am Zentrum für Wirtschaft und Politik (ZRWP) koordiniert. Mit einer Arbeit zur Selbstverortung der Theologie in der Moderne hat er sich 2011 in Basel habilitiert.

Publikationen:
Heit, Alexander, Versöhnte Vernunft. Eine Studie zur systematischen Bedeutung des Rechtfertigungsgedankens für Kants Religionsphilosophie, Göttingen 2006.
Pfleiderer, Georg; Heit, Alexander (Hg.), Wirtschaft und Wertekultur(en). Zur Aktualität von Max Webers «Protestantischer Ethik», Zürich 2008.
Heit, Alexander, Arbeitsleben. Die geschichtlichen Bedingungen des modernen Arbeitsethos und seine ethische Reflexion aus theologischer Perspektive, in: Krebs, Angelika; Pfleiderer, Georg; Seelmann, Kurt (Hg.), Ethik des gelebten Lebens. Basler Beiträge zu einer Ethik der Lebensführung, Zürich 2011, 139–167.
Pfleiderer, Georg; Heit, Alexander (Hg.), Religions-Politik I. Zur historischen Semantik europäischer Legitimationsdiskurse, Zürich 2013.
Heit, Alexander, Sinnbildung in der Moderne. Selbstverortung der Theologie am Beispiel von Ernst Troeltsch, Paul Tillich, Wolfhart Pannenberg und Eilert Herms, Zürich 2018.

Prof. Dr. theol. lic. phil. Peter G. Kirchschläger
Peter G. Kirchschläger ist Professor für Theologische Ethik und Leiter des Instituts für Sozialethik (ISE) an der Universität Luzern. Er ist Co-Gründer des Internationalen Menschenrechtsforum Luzern und des Zentrums für Menschenrechtsbildung der Pädagogischen Hochschule Luzern. Er wurde 2008 an der Theologischen Fakultät der Universität Zürich promoviert und habilitierte sich 2012 in Theologischer Ethik mit Schwerpunkt Sozialethik an der Theologischen Fakultät der Universität Fribourg. Nebst zahlreichen Lehraufträgen war er zeitweise Mitglied des Direktoriums des Schweizerischen Kompetenzzentrums für Menschenrechte und ist Gründer und Leiter der «Lucerne Summer University: Ethics in a Global Context LSUE» und Gründer und Leiter der «Lucerne Graduate School in Ethics LGSE». Des Weiteren arbeitet er in beratender Funktion für internationale Organisationen und ist Mitglied verschiedener Ethikkommissionen, unter anderen der Eidgenössischen Ethikkommission für die Biotechnologie im Ausserhumanbereich (EKAH).

Publikationen:
Kirchschläger, Peter G., Wie können Menschenrechte begründet werden? Ein für religiöse und säkulare Menschenrechtskonzeptionen anschlussfähiger Ansatz, Münster 2013.
Kirchschläger, Peter G., Menschenrechte und Religionen. Nichtstaatliche Akteure und ihr Verhältnis zu den Menschenrechten, Paderborn 2016.
Fritzsche, Karl Peter; Kirchschläger, Peter G.; Kirchschläger, Thomas, Grundlagen der Menschenrechtsbildung. Theoretische Überlegungen und Praxisorientierungen, Schwalbach 2017.
Kirchschläger, Peter G., Mass-Losigkeit und andere ethische Prinzipien des Neuen Testaments, Leuven 2017.
Kirchschläger, Peter G., Digital Transformation and Ethics. Ethical Considerations on the Robotization and Automation of Society and the Economy and the Use of Artificial Intelligence, Baden-Baden 2021.

Dr. Anne Louise Nielsen
Anne Louise Nielsen ist seit 2022 Pfarrerin in der Simon Peters Kirche, Kopenhagen. Sie studierte Nordische Literatur und Sprache sowie Theologie an der Aarhus Universität. Nach weiteren Studien in Literaturwissenschaft und Philosophie studierte sie Hermeneutik und Religionsphilosophie in Zürich. Nach diversen Forschungsaufenthalten in Deutschland und Dänemark wurde sie 2016 in der Systematischen Theologie an der Aarhus Universität promoviert. Ebenfalls 2016 wurde sie als Pfarrerin

ordiniert. 2020–2022 war sie Oberassistentin am Fachbereich Systematische Theologie/Ethik der Universität Basel.

Publikationen:
Nielsen, Anne Louise, Existential Practice. Relating to the Infinite, in: Topos Journal for Philosophy and Cultural Studies 1, 2014, 68–77.
Nielsen, Anne Louise, A Figurative Necessity in Dealing with Selfhood in Kierkegaard's Thinking, in: Kierkegaard Studies Yearbook 1, 2016, 39–49.
Nielsen, Anne Louise, Den gående – om subjektivitet og tilblivelsens teologi hos Søren Kierkegaard (1813–1855), Aarhus 2016.
Nielsen, Anne Louise, Revisiting Karl Barth's Crisis Theology in Relation to Søren Kierkegaard in a new Time of Crisis, in: Pöder, Christine; Baark, Sigurd (Hg.), Crisis and Reorientation. Karl Barth's Römerbrief in the Cultural and Intellectual Context of Post WW1 Europe, London 2023, 153–177.
Nielsen, Anne Louise, Die Abgründigkeit der Schuld in der 'Depressions-Trilogie' von Lars von Trier, in: ThZ 79 (2023), 67–88.

Dr. Gesine Palmer
Gesine Palmer ist seit 2007 freie Autorin, Übersetzerin und Trauerrednerin. Seit 2021 ist sie zudem in einem Projekt zum katholisch-jüdischen Gespräch an der Katholischen Akademie Berlin tätig. Sie studierte Pädagogik, evangelische Theologie, Judaistik und allgemeine Religionsgeschichte und wurde 1996 im Fach Historische Theologie an der Freien Universität Berlin promoviert. Als wissenschaftliche Mitarbeiterin war sie am Institut für Evangelische Theologie mit Fachgebiet Religionsgeschichte der FU Berlin und später am Projekt «Religion und Normativität» an der FEST Heidelberg tätig. Des Weiteren nahm sie diverse Lehraufträge wahr.

Publikationen:
Palmer, Gesine, Ein Freispruch für Paulus. John Tolands Theorie des Judenchristentums, Berlin 1996.
Palmer, Gesine (Hg.), Fragen nach dem einen Gott. Die Monotheismusdebatte im Kontext, Tübingen 2007.
Palmer, Gesine, Konversionen und andere Gesinnungsstörungen. Zur bleibenden Relevanz des jüdischen Denkens nach Hermann Cohen und Franz Rosenzweig, Berlin 2016.
Palmer, Gesine; Brose, Thomas (Hg.), Religion und Politik. Das Messianische in Theologien, Religionswissenschaften und Philosophien des zwanzigsten Jahrhunderts, Tübingen 2013.
Palmer, Gesine, Tausend Tode. Über Trauer reden, Berlin 2020.

Prof. Dr. Georg Pfleiderer

Georg Pfleiderer ist seit 1999 Professor für Systematische Theologic/Ethik an der Theologischen Fakultät der Universität Basel. Er wurde 1991 von der Evangelisch-Theologischen Fakultät der Ludwig Maximilians-Universität in München promoviert und habilitierte sich dort 1998. 1987–1992 sowie 1996–1999 war er Assistent bei Prof. Dr. Gunther Wenz zuerst in Augsburg dann in München. Pfleiderer ist Gründungsdirektor des Karl Barth-Zentrums für reformierte Theologie an der Universität Basel, 2011–2015 war er Präsident der Eidgenössischen Ethikkommission für die Biotechnologie im Ausserhumanbereich (EKAH), 2004–2006 sowie 2016–2018 wirkte er als Dekan der Theologischen Fakultät der Universität Basel.

Publikationen:

Pfleiderer, Georg, Karl Barths praktische Theologie. Zu Genese und Kontext eines paradigmatischen Entwurfs systematischer Theologie im 20. Jahrhundert, Tübingen 2000.

Matern, Harald; Pfleiderer, Georg (Hg.), Krise der Zukunft I. Apokalyptische Diskurse in interdisziplinärer Diskussion, Zürich 2020.

Pfleiderer, Georg; Evers, Dirk (Hg.), Sünde, Schuld, Scham und personale Integrität. Zur neuen Debatte um die theologische Anthropologie, Leipzig 2022.

Pfleiderer, Georg; Matern, Harald (Hg.), Die Religion der Bürger. Der Religionsbegriff in der protestantischen Theologie vom Vormärz bis zum Ersten Weltkrieg, Tübingen 2022.

Pfleiderer, Georg; Tietz, Christiane; Wüthrich, Matthias D. (Hg.), Zentrierte Theologie Karl Barths Beitrag zur Verständigung der theologischen Disziplinen, Göttingen 2023.

Prof. em. Dr. Jan Rohls

Jan Rohls ist emeritierter Professor für Systematische Theologie. Er wurde 1978 in München zum Dr. theol. promoviert, war von 1980 bis 1988 als Pfarrer tätig und habilitierte sich 1982 im Fach Systematische Theologie. Nach mehrjähriger Tätigkeit als Privatdozent wurde er 1988 Professor (C2) für Systematische Theologie mit besonderer Berücksichtigung der Theologiegeschichte in München. Nach Lehrstuhlvertretungen für Eberhard Jüngel wie auch für Wolfhart Pannenberg wurde er 1992 Professor (C3) für Systematische Theologie mit besonderer Berücksichtigung der Philosophie. Von 1999 bis 2003 war er Dekan der Evangelisch-Theologischen Fakultät der Ludwig-Maximilians-Universität München.

Publikationen:
Rohls, Jan, Geschichte der Ethik, Tübingen 1992.
Rohls, Jan, Philosophie und Theologie in Geschichte und Gegenwart, Tübingen 2002.
Rohls, Jan, Offenbarung, Vernunft und Religion, Tübingen 2012.
Rohls, Jan, Schrift, Tradition und Bekenntnis, Tübingen 2013.
Rohls, Jan, Gott, Trinität und Geist, Tübingen 2014.
Rohls, Jan, Protestantische Theologie der Neuzeit, Tübingen 2018.

Prof. Dr. Margit Wasmaier-Sailer

Margit Wasmaier-Sailer ist seit 2019 Professorin für Fundamentaltheologie an der Universität Luzern. Sie wurde 2006 von der Hochschule für Philosophie SJ in München promoviert. Vor ihrer Habilitation im Jahr 2017 hat sie 2008 bis 2018 als wissenschaftliche Mitarbeiterin des Exzellenzclusters «Religion und Politik» in Münster gewirkt, von 2012 bis 2013 Lehraufträge am Institut für Katholische Theologie der Universität Kassel wahrgenommen und von 2016 bis 2017 als Vertretung des Lehrstuhls für Philosophische Grundfragen der Theologie an der Theologischen Fakultät der Katholischen Universität Eichstätt-Ingolstadt gearbeitet.

Publikationen:
Wasmaier-Sailer, Margit, Zwischen Pragmatismus und Realismus. Eine Analyse der Religionsphilosophie von William P. Alston, Frankfurt 2007.
Wasmaier-Sailer, Margit, Liebe und All-Einheit. Ethischer Realismus und das Universalitätsprinzip in der Religionsphilosophie George Rusts, in: Fürst, Alfons; Hengstermann, Christian (Hg.), Die Cambridge Origenists. George Rusts Letter of resolution concerning Origen and the chief of his opinions. Zeugnisse des Cambridger Origenismus, Münster 2013, 165–176.
Wasmaier-Sailer Margit; Hoesch Matthias (Hg.), Die Begründung der Menschenrechte. Kontroversen im Spannungsfeld von positivem Recht, Naturrecht und Vernunftrecht, Tübingen 2017.
Wasmaier-Sailer, Margit, Das Verhältnis von Moral und Religion bei Johann Michael Sailer und Immanuel Kant. Zum Profil philosophischer Theologie und theologischer Ethik in der säkularen Welt, Regensburg 2018.
Wasmaier-Sailer Margit, Erfahrung als (Erkenntnis-)Quelle von Metaphysik. Die Postulatenlehre gegen Kant gelesen, in: Münchener Theologische Zeitschrift (4), 2022, 389–404.

Personenregister

Christentum und Kultur

Basler Studien zu Theologie und Kulturwissenschaft des Christentums
Herausgegeben von
Albrecht Grözinger, Georg Pfleiderer und Ekkehard W. Stegemann †